JN418406

개정판

국제마케팅

International Marketing

최상래 | 김현지 공저

도서출판 두남

개정판 머리말

지식정보화·글로벌화시대로 표현되는 21세기에 각 기업은 무한경쟁의 세계시장에 노출되어 있다. 무한경쟁시대 속에서 기업의 목표달성을 위한 경영전략은 어느 때보다 국제화·글로벌화를 요구하고 있는 것이다. 이러한 시대적 변화의 환경하에서 기업의 국제경영전략과 국제마케팅전략은 기업의 목표달성을 위한 핵심적 성공요인으로 부상하게 되었다.

기업은 성공적 경영성과를 거두기 위해 국내·외의 경제적, 정치적, 사회문화적, 법적환경을 면밀히 조사·분석하고 이를 토대로 한 효율적이고 창조적인 제품과 가격전략 그리고 유통과 촉진전략을 수립하여 실천함으로써 글로벌시장의 소비자로부터 만족과 감동을 얻어 제품과 서비스에 대한 새로운 가치와 수요를 창출하여야 할 것이다. 즉 글로벌시장의 소비자 행동과 욕망의 변화에 적응하고 리드할 수 있는 새로운 디자인과 브랜드의 제품을 생산하여 소비자에게 제공함으로써 새로운 가치와 이익을 창출할 수 있는 혁신적인 국제마케팅전략만이 기업의 목표달성과 성공적 성과를 이룰 수 있을 것이다.

이와 같이 국제마케팅의 새로운 환경과 패러다임의 변화를 이끌어 갈 수 있는 혁신적 국제마케팅전략은 기업의 경쟁력 제고를 통해 그 기업의 목표를 달성할 뿐만 아니라 글로벌시장의 소비자에게도 더 많은 만족과 감동 그리고 이득을 제공할 수 있게 된다.

국제마케팅전략의 성공을 위해 무엇보다 중요한 것은 제품과 서비스의 공급자와 소비자간의 거래를 통한 신뢰감 형성과 거래 상대방의 의견을 존중하는 타협의 정신이다. 서로의 신뢰감과 타협의 정신은 국제시장에서 거래질서를 지키고 약속의 성실한 이행을 토대로 한 국제거래의 매너를 바탕으로 이

루어질 것이다. 이러한 경영철학을 바탕으로 하여 기업과 소비자에게 상호이익을 제공할 수 있는 새로운 국제마케팅전략의 가치를 강조하고 싶다.

따라서 본 교재에서는 국제마케팅환경의 중요성은 물론 국제기업측면의 마케팅관리와 믹스전략을 중심으로 하여 국제경영전략과 국제마케팅전략을 수립하는 기업인과 국제마케팅연구자 그리고 이를 공부하는 학생들에게 국제마케팅 전반에 대해 이해할 수 있도록 최선을 다하였다.

그동안 이 책의 출간을 위해 힘써주신 도서출판 두남의 전두표 사장님, 그리고 책이 나오기까지 최선을 다해 주신 편집부 관계자 및 주위에서 많은 도움을 주신 모든 분들께 깊은 감사를 드리며, 아무쪼록 국제기업에 종사하는 마케팅실무자와 국제마케팅전문인으로서 활동하고자 하는 학생들과 여러분의 국제마케팅전략에 많은 도움이 될 수 있기를 기대해 본다.

2014년 2월
저 자 씀

제 1 부 국제마케팅의 개관

제 2 부 국제마케팅 환경

제 3 부 해외시장 진출전략

제 4 부 국제마케팅 관리

제 5 부 국제마케팅 전략

제 6 부 국제마케팅 믹스전략

제 1 부

국제마케팅의 개관

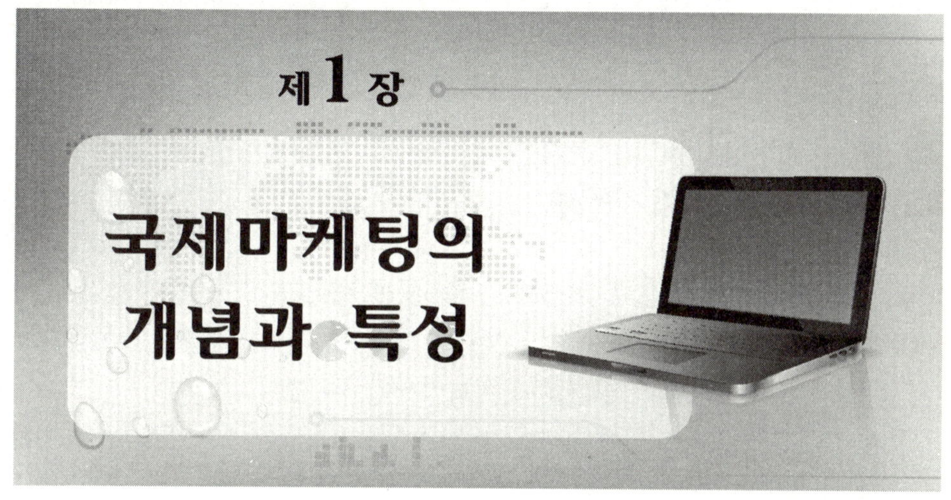

1. 마케팅의 개념

국제마케팅(International Marketing)을 성공적으로 수행하기 위해서는 우선 미국마케팅협회(American Marketing Association : AMA)에서의 마케팅의 의의를 알아야 할 것이다. AMA에 의하면 "마케팅이란 생산자로부터 소비자 또는 사용자에 이르기까지의 상품 내지 서비스의 흐름을 방향 짓게 하는 기업활동의 수행과정"이라고 정의하고 있다.

국제마케팅은 최근 미국을 비롯하여 선진공업국은 물론 개발도상국에서도 더욱 관심을 갖게 되었다. 대량소비단계(high mass consumption)에 들어선 선진국은 각국의 보호무역 장벽에 대해서도 수출활동을 포함한 해외시장활동

을 한 나라의 경제 및 기업발전의 기본적인 요인과 전략으로 이해하고 있다. 이러한 환경에서 마케팅활동의 전개도 국내마케팅활동(domestic marketing activities)으로부터 수출마케팅활동(export marketing activities)으로 발전되었고 또 다시 국제마케팅활동과 글로벌 마케팅활동으로 확대되게 되었다.

2. 국제마케팅의 개념

국제마케팅은 국제기업이 수행하는 마케팅활동으로서 "국경을 넘어서 이루어지는 모든 형태의 마케팅활동"이라고 말할 수 있다. 이러한 국제마케팅에 관하여 여러 학자들의 정의를 살펴보면 다음과 같다.

먼저 크래머(Kramer R. L)교수는 국제마케팅을 다른 나라 국민들과 관련된 기업의 경영과 이에 관련된 서비스활동이라고 말하고 있다(International marketing is the conduct of business and related services with people in other countries). 즉, 국제마케팅이란 2국 이상의 국가에 있어서 소비자 혹은 사용자에게 제품 혹은 서비스를 유통시키는 기업활동이라고 정의할 수 있으며 마케팅 제 활동이 국내뿐만 아니라 복수국가에서 전개된다는 점이 가장 큰 특징이다. 이러한 점에서 본다면 국제마케팅 역시 기업활동 임에는 틀림없다. 그러나 기업활동이 그 기업이 속해 있는 국가의 국민경제적 영역에서만 연관되는 것이 아니라 타국의 국민경제적 영역에까지 확대되는 것이 그 특색인 것이다.

따라서 국제마케팅은 국내시장만을 그 활동대상으로 하는 국내마케팅(domestic marketing)과는 전혀 차원이 다른 마케팅이다. 그러나 국제마케팅에 있어서나 국내마케팅에 있어서 그 기본적인 이념은 동일하며 양자의 차이는 마케팅의 메커니즘(mechanism)에 있는 것이 아니라 마케팅 프로그램(marketing program)이 전개되는 환경의 차이에서 비롯되는 불확실성, 문제의 다양성, 복잡성에 있는 것이다.

이와 같이 해외시장을 대상으로 하여 재화와 용역을 판매 내지 마케팅하는 활동을 설명하는 용어에는 수출마케팅, 해외마케팅, 국제마케팅, 다국적마케팅(Multinational marketing), 글로벌마케팅 등이 있다.

더불어 세계마케팅환경(World marketing environment)도 계속 급변하고 각국마다의 보호무역이 증가하고 있기 때문에 국제마케팅의 중요성도 날로 증가하고 있는 실정이다.

이러한 과정에서 맥도날드(MacDonald, J.G)교수는 국제마케팅의 전개 내용을 ① 상품수출활동(merchandise export activities), ② 기술수출활동(technique export activities), ③ 해외사업활동(overseas business activities), ④ 국제기업활동(international enterprise activities) 등으로 설명하고 있다. 이러한 정의를 종합하면, 국제마케팅이란 일국 이상의 잠재적 소비 내지 사용자의 만족을 목표로 하여 제품과 용역을 설계하고, 측정하며, 가격정책을 하고, 유통하는 것과 상호 연관된 제반 기업활동의 총체라고 정의할 수 있다.

국제마케팅의 유사개념

카테오라(Philip R. cateora) 교수는 국제마케팅의 정의에 대하여 1개국 이상에 있는 소비자나 사용자에 대한 기업의 제품이나 서비스의 흐름을 관리하는 기업활동의 수행이라고 했다. 따라서 국제마케팅 개념이라면 아직까지는 국경을 넘어서 전개되는 모든 형태의 마케팅활동에 포괄적으로 적용되는 총괄개념으로 보는 것이 일반적이다.

먼저 국제마케팅과 유사한 표현으로는 수출마케팅(export marketing)이 있다. 수출마케팅의 대응어로는 수입마케팅(import marketing)이 있으며, 이들을 합쳐 흔히 수출입마케팅(export-import marketing)이라고 한다. 수출입마케팅은 곧 무역마케팅(trade marketing)을 뜻하기도 한다. 이러한 무역마케팅은 '국경'을 의식하게 될 때 해외마케팅(overseas marketing), 또는 외국마케팅(foreign marketing)이라고 한다. 그 외에도 '외국'이나 '국외'라는 표현에서 더 나아가 글로벌마케팅(global marketing)도 있다.

이러한 일련의 갖가지 국제마케팅의 유사개념들을 뚜렷하게 구별할 수 있는 기준은 없다. 다만 한 가지 분명한 것은 이상에서 열거된 유사개념들 모두가 국제마케팅이라는 표현으로 총칭되고 있다.

그러한 의미에서 국제마케팅은 국경을 넘어선 모든 형태의 마케팅개념을 포괄한 총칭으로서 이해할 때 국제마케팅 이외의 유사개념에 관해서는 각기 다음과 같은 범주의 것으로 요약할 수 있다.

1. 수출마케팅(export marketing)

수출마케팅은 자국의 생산기지로부터 제품을 선적함으로써 해외시장에 진출할 때 시작되는 것으로, 이러한 수출마케팅은 수출판매(export selling)와는 구별된다. 즉 수출판매는 제품과 판매에 중점을 두는 마케팅의 개념과 같은 것이며, 여기에서 마케팅 믹스의 주요요소는 자국시장의 경우와 동일하게 고정되며, 유통만이 현지시장에 적응하게 된다.

수출마케팅은 고객과 환경에 초점을 두고 전략적 관리를 중시하는 전략적 마케팅 개념과 비슷한 것이다. 따라서 수출판매와는 달리 제품을 고정된 것으로 취급하지 않으며, 표적시장의 선호에 따라 수정된다. 그리고 시장 및 경쟁상황 그리고 전체적인 마케팅전략에 적합하게 하기 위하여 가격・커뮤니케이션 및 유통전략을 조정한다.

따라서 수출마케팅은 자국에서 생산된 제품 및 서비스의 해외시장에서의 통합적 마케팅을 말한다. 그러므로 수출마케팅은 ① 표적시장 환경의 이해와 모든 마케팅도구의 적용, ② 마케팅조사의 사용과 시장잠재력의 확인, ③ 마케팅 믹스의 요소에 관한 결정, ④ 조직, 계획수립 및 통제에 관한 것을 필요로 한다.

무엇보다도 수출마케팅의 핵심은 한 국가에서 생산된 제품을 다른 국가에 공급한다는 점에 있다. 특히 수출마케팅은 자국으로부터 완성품의 수출을 주된 내용으로 하지만, 국제마케팅은 해외시장에서 생산, 판매, 수출활동을 부가하는 점에서 구별된다고 할 수 있다.

기업의 수출행동은 다음의 6가지 단계로 구분할 수 있다.

① 기업이 수출을 원하지 않는 단계
② 기업이 자발적인 수출주문에는 응하지만 수출의 가능성을 탐색하지 않는 단계
③ 기업이 수출활동의 가능성을 탐색하는 단계
④ 기업이 하나 또는 그 이상의 시장에 실험적으로 수출하는 단계
⑤ 기업이 하나 또는 그 이상의 시장에 수출경험을 갖는 단계
⑥ 기업이 범세계적 시장기회를 평가하고 그리고 마케팅 전략 및 계획에 포함시키기 위하여 최선의 표적시장을 심사하는 단계 등이 있다.

2. 해외마케팅(overseas marketing)

해외마케팅이란 수출마케팅보다는 진일보한 개념으로, 일명 외국마케팅(foreign marketing)이라고도 할 수 있다. 이것은 자국베이스(domestic base)에서 생산된 상품을 단순하게 수출마케팅만 하는 것이 아니라 기술제휴를 비롯한 합작투자 등 주로 해외에서의 현지생산, 또는 현지판매에 관련된 해외사업 활동 등에 관한 마케팅을 의미한다.

따라서 해외마케팅은 해외에서의 사업 활동이 점차 발전됨으로써 해외시장 또는 외국시장에서의 마케팅이며, 수출마케팅은 해외시장 또는 외국시장으로의 마케팅이나 다름없다.

결국 해외마케팅이란 오늘날의 국제마케팅개념과 별로 다를 것도 없다. 그러므로 해외마케팅은 국제마케팅으로 발전하는 단계에 있어서 과도기적 개념이며, 수출마케팅과 국제마케팅이라는 양 개념 사이의 중간 개념이 바로 해외마케팅이라고 할 수 있다.

3. 다국적 마케팅(multinational marketing)

수출마케팅의 가장 근대적이며 혁신단계적인 유사개념이 다국적마케팅 또는 다수국마케팅이다. 즉, 이는 「외국시장으로의 수출」을 위주로 한 전통적이며 기초적인 수출마케팅단계에서부터 「외국시장에서의 수출」인 해외마케

팅을 거쳐, 차차 합작투자는 물론 단독투자에 의한 기업진출에까지 이르게 된 국제마케팅의 근대적인 별칭이라 할 수 있다. 다시 말해서 국제마케팅의 대상시장을 단일적인 해외시장에서 다수국가시장에 있어서의 마케팅활동이 바로 다국적마케팅이다. 그러므로 다국적마케팅을 다른 말로 다수국마케팅이라고 일컬어지게 된다.

따라서 다국적마케팅은 세계적(global) 시장기회에 대한 기업조직의 제 자원과 목표를 집중하는 과정(process)이라고 요약하기도 하지만, 종래의 국내시장 또는 해외시장이라는 개념이 세계적 시장(global market)이라는 개념으로 대체되어야 할 정도로 오늘날의 국제화시대의 획기적인 표현이 되고 있는 것이 바로 다국적마케팅이다.

4. 글로벌 마케팅(global marketing)

다국적마케팅 과정이 더욱 발전한 것이 범세계적마케팅이라고 할 수 있다.

그러나 다국적마케팅과 범세계적마케팅은 구별되어야 한다. 즉 다국적기업이 범세계적 시장에 대한 판매를 하게 될 경우에는 범세계적 기업으로 이행하게 된다. 다국적기업과 범세계적 기업은 엄밀히 볼 경우 동일하지 않다. 다국적기업은 특정국가의 현지시장조건에 대한 적응과 그에 따른 비교적 높은 비용을 인정하지만, 범세계적 기업은 전 세계를 하나의 단일한 또는 몇 개의 표준화된 시장으로 인정하여 완전히 일관성 있게 그리고 그에 따른 저비용으로 운영하며, 전 세계적으로 동일제품을 동일한 방법으로 제조·판매한다. 이러한 마케팅이 범세계적 마케팅이다. 예를 들면 그러한 제품으로는 고급기술(high-tech) 및 고감도(high touch)의 제품과 콜라(cola)와 같은 제품을 들 수 있다.

범세계적 마케팅에 따른 제품 및 마케팅 프로그램의 표준화로 경제성과 효율성을 얻을 수 있지만, 국제마케팅관리자들은 범세계적 마케팅이 너무 광범위하여 실제적인 것이 아니라고 생각하고 있다. 범세계적 마케팅은 결점을 갖고 있지만, 제품의 표준화로 비용을 인하시킬 수 있고, 효과적인 조정활동으로 최선의 제품 및 마케팅에 관한 아이디어를 개발할 수 있다는 이점이 있

다. 따라서 오늘날 중요한 문제는 범세계적 마케팅을 채택할 것인가의 여부에 관한 것이 아니라, 각 기업에 적합하도록 범세계적 마케팅 개념을 설계하는 방법과 그것을 실시하는 방법이라고 할 수 있다.

제3절 국제마케팅의 중요성과 특성

1. 국제마케팅의 중요성

1960년대부터 기업의 국제화가 크게 대두되면서 국제마케팅은 그 시대적인 중요성이 더욱 부각되고 이에 대한 중요성의 인식은 세계적으로 업계는 물론 정부나 학계에서도 날로 늘어나고 있다.

오늘날과 같이 급격히 변화하는 국제기업 환경 하에서 기업목표 달성을 위한 국제기업화와 국제운영 확장의 문제는 단순히 관세, 외환관리 또는 국제운송기관 등 무역실무(Trade mechanics)만을 이해하려 했던 종래의 수출위주로만 해결될 수 없다는 사실이다. 기업이 해외시장에 진출하거나 확장함에 있어서 하나의 필수조건은 해외시장의 이해와 측정, 적절한 국제제품 개발과 가격결정, 능률적인 유통관리, 효과적인 촉진(promotion) 프로그램의 설계와 집행 등에 대한 능력과 잠재력이 있어야 할 것이다. 이것은 마케팅이 국내시장에서와 같이 해외시장에서도 기업의 성과를 증가시키는데 있어서 중심적인 역할과 기능을 수행하여야 하기 때문이다. 이러한 관점에서 마케팅의 중요성을 좀더 구체적으로 살펴보면 다음과 같다.

첫째, 각 국가간의 무역촉진에 따라 경제교류가 증대하게 되고 더욱이 기업의 국제화는 해마다 그 양상을 달리할 정도로 촉진됨에 따라서 국제마케팅에 대한 학문적·실무적 중요성은 더해가고 있다. 노동력과 기술의 격차(gap of technology and labour productivity), 그리고 자연적 조건(natural conditions)에 의한 국제기업의 분업화촉진은 국제적인 측면에서 산업분포의

재조정을 가능하게 하였을 뿐만 아니라 비교생산비의 원리에 따라서 경제적 효과를 크게 달리하고 있다는 데서 기인한 것이다.

둘째, 오늘날 각국에 있어서 기업규모의 확대는 상품의 수출입과 같은 무역활동, 서비스의 국제적 이동 등과 같이 국제적 기업진출을 목적으로 하여 비약적으로 전개됨으로써 이를 실천하기 위해서는 국제마케팅활동이 필요하게 되었다는 점이다. 즉, 투자, 기술개발 등과 같은 여러 면에서 확대되어 상호작용을 조성하고 있는 현실의 국제환경 속에서 국제마케팅의 중요성을 찾아볼 수가 있는 것이다.

셋째, 국제적인 비즈니스(big business)의 대두와 이의 파급적 효과로서 동업종간 또는 이업종간에 콩그로머리트(congromerlate)를 형성하여 이것들이 세계기업(world enterprise)을 목표로 하여 국제기업화 하였다는 데서 찾아볼 수가 있다. 예컨대 미국기업의 활발한 대유럽진출이라든가, 일본기업의 대선진국진출 및 동남아지역 진출 그리고 유럽각국의 선진기업 해외진출 등은 이와 같은 현상을 뒷받침하는 것이라고 할 수 있다.

넷째, 제2차 세계대전 이후 개발도상국의 경제개발 및 공업화 전략에 의한 계획적인 해외진출은 새로운 경제협력방식으로 선진국과 개발도상국 두 그룹 간의 경제교류에 대한 활발한 관계를 조성하여 주었다는 점이다.

이상에서 살펴본 바와 같이 오늘날 국제마케팅은 종래의 평면적인 것(plane marketing)으로부터 입체적인 것(cubic marketing)으로 발전되어 왔으며 또 기업, 국가 및 공공단체에 의한 다층적인 마케팅활동이 수행되고 있는 것이 그 특징이라고 할 수 있다.

이러한 관점에서 국제마케팅을 특별히 연구하는 이유로서는 다음과 같다.

첫째, 마케팅의 전략 도구자체에 있는 것이 아니라 마케팅전략도구를 활용하여 마케팅운영(marketing operation)을 수행하여야 하는 각 나라 시장의 특이한 마케팅환경(heterogeneity in the marketing environment of different marketing countries)이 다르기 때문이다. 그러므로 국제마케팅관리자는 각 시장별로 주어진 환경조건에 적합한 마케팅전략 믹스(marketing strategy mix)를 결정하고 추진해 나가야 할 것이다.

둘째, 국제마케팅의 개념, 기법, 전략 등 전문적 지식(marketing expertise)을 가지고 각국 특유의 시장환경을 파악하여 대처할 수 있는 능력(capability)을 갖추어야 한다.

셋째, 국제마케팅은 다국적기업을 추진하는 과정에서나 다국적기업이 이루어졌을 때에도 중추적인 역할을 담당하여 기업의 목적인 최대 이익을 창출하기 위하여 생산, 재무, 인사, 계획, 통제 등 모든 관리 분야에 걸쳐 조직적인 관리자를 양성해야 한다.

2. 국제마케팅의 특성

국제마케팅 이론은 다음과 같은 각기 다른 3개의 학문분야를 그 이론적 기초로 하고 있다. 즉, 첫째, 국제무역경영론(Business Administration of International Trade), 둘째 국제기업론(International Corporation), 셋째, 마케팅이론이다〈그림 1-1 참조〉.

〈그림 1-1〉 국제마케팅 이론

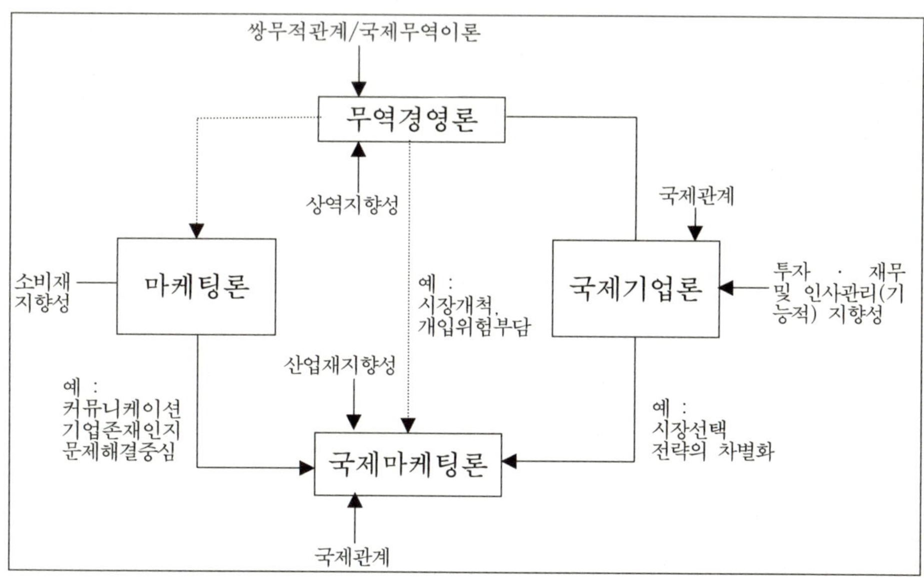

자료 : H.G. Meissner, Forschungskonzepte und methode im Internation- alen Marketing, Referat beim 3. gemeinsamen Symposium ber die gegenw rtigen Wirtschaftsprobleme Republik Korea-Bundesrepublik Deutschland am 13, April 1984.

무역경영론에서는 시장개척 및 시장개입의 이론이 받아들여졌고, 마케팅 이론에서는 커뮤니케이션(communication) 이론이, 국제기업론에서는 전략적 차별화의 이론이 응용되었다. 이러한 학문분야에서 각각 차별적인 중점과 상이한 테두리가 국제마케팅이론으로 합쳐진 것이다.

국제마케팅의 본질과 특성은 기업경영철학 및 기업목표면에서 또는 정보획득처리방법 혹은 마케팅수단으로 보더라도, 특정 국가마다 차이가 없고 상이한 점이 있다면 개별적인 시장 및 환경구조의 상황과 그로부터 연유되는 수단의 활용에 다른 점이 있을 뿐이다. 어떤 특정한 국가의 수요구조를 살펴보면, 이념이나 방법면에서 볼 때는 하등의 원칙적인 차이는 없는 것이다.

그럼에도 불구하고 실제의 마케팅활동에 있어서는 많은 차이점이 나타난다. 기업의 국제활동에 있어서 기업의 정보욕구가 양적 또는 비정상적으로 증가하므로 정보를 수집하는 데 따르는 어려움이 증대하거나 또는 국경을 넘어서 재화, 원료 및 금융수단이 이전한다는 사실 때문에 국내마케팅에 있어서는 필요 없는 정보도 추가적으로 요청된다. 따라서 불완전한 정보 및 정보의 평가분석에 따르는 이러한 어려움 때문에 국제마케팅에 있어서 의사결정은 항상 커다란 위험을 안고 있다.

일반적으로 국제마케팅의 특성을 규정짓는 환경적 요인으로는 학자마다 또는 그 필요에 따라 임의로 구분하고 있으므로 그것에 대한 통설은 아직 찾아보기 어렵다.

예컨대 크래머(Kramer, R. L.)는 보다 고차적인 관점에서 환경상의 특색으로서 ① 주권(sovereignty) ② 국가통화제도(national monetary system) ③ 정부통제(government regulation) ④ 국가경제정책(national economic poli- cies) ⑤ 상이한 언어와 관습(different languages and customs)에서 찾고 있다.

또한 페이어웨더(J. Fayerweather)는 ① 경제적 차원(economic dimen-sion) ② 정치적 차원(political dimension) ③ 사회적 차원(social di-mension) ④ 문화적 차원(cultural dimension)에서 찾고 있다.

혹자는 이를 세분하여 ① 지리적 조건(geographical regional conditions)

② 경제적 조건(economic conditions) ③ 정치 · 법률적 조건(law and po-liti- cal conditions) ④ 금융적 조건(financial conditions) ⑤ 사회 · 문화 · 교육적 조건(social cultural educational conditions)에서 국제마케팅의 특성을 규정하여 주는 환경상의 차이를 찾고 있는 경우도 있다. 그러나 마케팅은 어디까지나 개별기업의 유통활동의 중심이 된다는 관점에서 본다면 그 초점이 외국시장의 구매관습이나 소득별 계층과 같은 외국고객과 직접적인 관련을 가지고 있는 특색에서 찾을 수 있을 것이다.

국제마케팅의 특성을 규정지어 주는 환경요인은 더 나아가 국제마케팅의 실천을 위한 프로그램에도 영향을 미칠 수 있다. 그러므로 최고 경영자(top management)는 국제마케팅 활동을 전개하기에 앞서 우선 국제마케팅환경의 결합인 환경시스템을 충분히 인식해야 할 것이다.

3. 국내마케팅과 국제마케팅의 관계

국내마케팅(domestic marketing)과 국제마케팅의 관계를 살펴보면, 국제마케팅(international marketing)은 일국 이상의 국경을 넘나드는 모든 형태의 마케팅활동을 총칭하는 것으로 국내마케팅의 대응개념이 된다.

이러한 국내마케팅과 국제마케팅 활동의 기본원리는 양자에 그대로 적용되지만, 실제적인 응용면에서는 커다란 차이점이 있다. 무엇보다도 국경을 넘나들면서 이루어지는, 국내시장과는 전혀 다른 이질적인 기업환경(business environment)의 차가 국내마케팅과 국제마케팅을 구별하는 유일한 특성이다.

국내마케팅과 국제마케팅이 제품(product), 가격(price), 경로(distribution), 커뮤니케이션(communication), 서비스(service) 등과 같은 마케팅 활동(marketing activities)의 기본면에서는 똑 같으나 일국 이상의 이질적인 국제환경 속에서 전개되어야 하는 국제마케팅활동과 그 과정면에서는 전혀 다르게 된다.

국내마케팅에 있어서의 기업환경이라 할 수 있는 국내환경의 변동은 일반적으로 서행적이라 할 수 있으며, 급격한 변동은 별로 없는 것이 보편적이다.

국내마케팅과정에서의 환경요인인 국민의 일반적 세계관, 문화적 및 종교

적 가치, 정치적이거나 사회적 구조, 사회의 기본적인 경험 등은 차별적 환경요인으로서가 아니라 통합적인 요인(forces)으로서 작용하는 경우도 많으므로 심각한 의미를 부여하지는 않는다. 그러나 국제마케팅은 그 활동 전개가 되는 환경공간이 국내공간이 아닌 해외공간으로 이어지므로 매우 이질적이라는 특색이 있다.

그러므로 국내마케팅과 국제마케팅의 특성은 환경공간의 차이를 중심으로 전개되는 것이므로 국경을 초월한 마케팅활동과 해외시장에서의 이질적인 기업 환경, 글로벌 전략의 구축 등이라 할 수 있다. 따라서 국제시장에서의 기업환경에 적응하기 위해서는 글로벌 마케팅전략에 관심을 가져야 할 것이다.

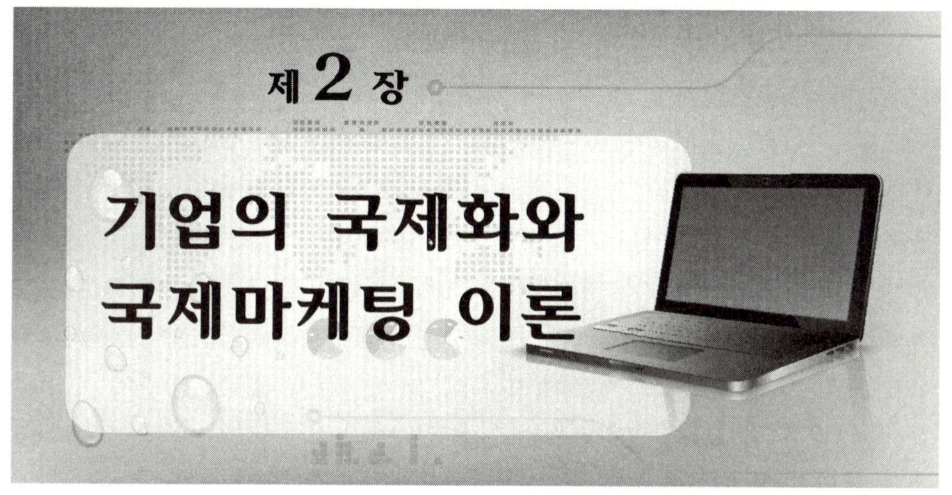

1. 기업의 국제화 과정

국제기업이 본국내의 기업 활동에 만족하지 않고 해외 여러 나라에 투자와 생산 활동을 통하여 적극적으로 진출하려고 하였는가에 대해서는 일률적으로 단정하기는 어렵다.

즉, 기업이 지니고 있는 제 우위성을 기반으로 하여 세계시장에서 마켓 쉐어(market share)의 확대를 통한 국제적 독과점 체제를 형성하려 하였으며 국제시장 지향적 행동으로, 더 나아가서는 해외에 진출하려는 이유만으로 국제화를 규정할 수 없다. 따라서 우리는 1960년대에 어떤 특수한 여건이나 조건이 존재하였으며, 그러한 조건하에서 기술적 경영상의 제 우위를 누리고

있던 미국을 중심으로 한 선진국 대기업들의 해외 진출확대를 위한 노력이 국제기업 및 다국적기업의 형태로 변화시켰다고 보는 것이다.

국제기업의 발상지라고 할 수 있는 미국의 경우, 기업의 해외진출에 따른 국제기업의 형성은 다음 몇 가지 이유에서 비롯되었다고 볼 수 있다.

첫째, 아이젠하워정권이 주도하였던 기술수출장려책이 실패한데 대한 반성이 기업의 해외진출이라는 새로운 양상으로 변화하게 되었다. 그 당시 해외진출의 일반적인 양상이던 기술수출은 국제수지의 개선을 목적으로 이루어졌다. 그러나 이것은 미국이 보유하고 있는 최첨단의 기술이나 생산방법 그리고 과학적인 경영방법 등을 해외 다른 국가들에게 노출시키는 결과를 초래하게 되어 해외 기업으로 하여금 미국 기업 못지않게 생산성을 향상시켜 주었다. 따라서 미국의 기술수출은 국제경쟁의 측면에서 보면 역으로 미국기업에게 불리한 효과를 야기하게 된 것이다.

둘째, 1950년대 후반 미국 기업의 국내이윤율이 저하하는 경향을 나타내었다. 비교적 고수준이었던 미국 국내기업의 자기자본 순이익률이 1950년 후반부터 계속 저하하는 경향을 나타내어 월남전쟁이 시작되었던 1963년까지 지속되었다. 이러한 경향은 1958년 경기후퇴 이후 현저하게 나타났음에도 불구하고 해외에서 얻을 수 있는 이윤은 안정된 추세를 나타내게 되어 성장하게 되었다. 따라서 국내에서의 기업 활동이 해외로 초점을 돌리기 시작한 것이다.

셋째, 구주공동체(EEC) 형성에 의한 역외국가에 대한 차별관세정책이 실시되었다. EEC는 이러한 차별정책에 대한 적극적인 대응책을 전개하는 방법으로 EEC지역에 직접 현지사업단위를 설치하는 방안이 실행되었다.

넷째, 독과점 금지법(Anti-trust Law) 시행에 의한 기업활동의 확대와 자유로운 이윤추구 활동에 제제를 걸었다는 점이다. 일반적으로 독과점금지법은 과점 및 부당한 거래제한으로부터 소비자를 보호하고자 1890년 「Sherman Anti-trust Act」를 시초로 하여 1914년 그것을 보완한 「Clayton Anti-trust Act」, 「Federal Trade Commission Act」에 의해 계승되어 왔다.

독점 및 부당한 거래제한은 미국이 자본주의 경제체제를 유지하고 보다 활발하게 운용하기 위하여 독과점을 배제하여야 할 사회악으로 취급하여 일관

되게 실시하여 온 것이다. 이러한 정부의 규제는 미국의 대기업으로 이어졌으며 이에 대한 대응책으로 대기업들은 해외에 눈을 돌리기 시작한 것이다. 즉, 활동에 제약을 받는 국내에서의 기업노력을 그러한 제약도 없으며 자유롭게 이윤을 추구할 수 있는 해외시장으로 돌린 것이다.

다섯째, 이중과세방지의 혜택을 이용하기 위해서이다. 이중과세방지를 위한 제도는 1963년 「Heavens Act」에 의해 실시되어 세금도피지역(tax heavens)이나 그것을 조장하여 해외에서의 수익을 보장해 주는 것이기 때문에 해외진출을 활성하게 만들어 주었다.[1)]

이상과 같이 미국기업이 해외에 진출하게 된 직접적 요인은 다양하지만, 이러한 제 요인은 미국의 기업들에게만 독특하게 작용한 것이며 타 국가의 기업이 국제기업으로 나아가게 된 동기는 각각 상이할 것이다. 아울러 미국기업의 해외진출 동기는 무엇보다도 관세나 수입제한 등의 법적제한과 저렴한 생산비용이 될 것이다.

2. 기업의 국제화 단계

기업의 국제화 단계는 시대적으로 국제화의 활동이 생성되긴 하였으나, 한 기업이 국제화단계를 거치는 데 있어서는 일반적으로 수입에 의존하는 단계에서 국제화를 시작하게 되면 단순수출에 의존하게 된다.이러한 순서가 반드시 지켜질 수도 없고, 또한 많은 단계 사이의 구분이 반드시 명확하다고 볼 수 없다.

그러므로 각 단계에 따라 개별적으로 수출마케팅(Export marketing), 국가간마케팅(International marketing), 해외 마케팅(Foreign marketing), 다국적 마케팅(multinational marketing) 및 국제마케팅이라는 용어가 있으나 모두 국제마케팅(international marketing)의 개념 속에 통합화 할 수 있다.

1) 심재현,「다국적기업경영론」, 경음사, 1988, pp. 79~80.

제2절 기업 국제화의 동기

1. 국제기업의 개념

국제마케팅활동의 주체는 개별경제로서의 기업이며 국제마케팅활동을 전개하는 기업은 모두 국제기업(international enterprise)이라고 할 수 있다. 따라서 국제마케팅의 성패는 국제기업의 활동 여하에 달려 있게 된다. 이러한 국제기업은 「1국 이상의 국민경제적 영역에 걸쳐 마케팅활동을 전개하는 기업」이라고 할 수 있다.

킨들버거(Kindleberger)는 국제기업이란 해외활동을 하면서도 그 기업의 국적이 어떤 한 나라에 속하는 기업으로서, 기업의 소유자가 특정국의 국민에 한정되고, 총 매출액에서 해외활동의 비중이 작은 기업으로 정의하였다. 또한 기업의 각 부분에서 해외활동을 하기보다는 국제부를 따로 두고 있으며, 해외주식소유에 잠재적인 관심은 가지고 있으나 단지 본국을 기반으로 하여 그 밖의 국가에서는 외국기업으로 취급되는 상태의 기업이라고 하여 국제적 기업활동에 부분적으로 참가하는 기업을 국제기업이라고 정의하고 있다. 즉, 국제기업(international enterprise)이란 일국 이상의 국경을 넘나드는 국제마케팅활동의 주체이며, 또 그것이 바로 「일국 이상의 타국의 국민경제적 영역에 걸쳐 마케팅활동을 전개하는 모든 기업의 총칭」이라면 그 유사개념으로서 다국적기업(multinational enterprise)도 국제기업에 포함될 수 있다.

국제기업이라는 표현은 모든 형태의 국제마케팅활동 주체에 공통적으로 적용되며, 더불어 국제연합에서 채택된 공식용어인 초국가기업(transnational corporation)도 국제기업의 범주에 포괄되어야 할 것이다.

한편, 버어만(Behrman)은 국제기업이란 특허를 포함하여 영업지사나 지점에 상당한 해외투자를 하고 있는 대기업이라고 정의하고 총매출액 중에서 수출의 비중이 큰 기업이라고 하여 곧 국제기업이라고 할 수 없다고 함으로서 수출기업과 국제기업의 개념을 구분하고 있다.

롤프(Rolfe)는 국제기업이란 매출액, 투자, 생산 혹은 고용의 해외비율이 25% 이상인 기업으로 정의하여, 매출, 생산 및 투자에서의 일정비율을 국제기업의 기준으로 제시하고 있다. 이것을 구분하여 설명하면 다음과 같다.

첫째, 국제상사(International Firm)란 국제적 관심과 전문지식은 오직 국제부에만 있는 기업체이다. 그러나 기능적 전문지식은 국내부 및 국내지향적 직원들이 소속된 부서에 집중되어 있기 때문에 경영방침의 결정은 해외시장 진출 전략에는 큰 비중을 두지 않고 국내지향성에 대하여 큰 비중을 둔다. 이 회사에서는 아직 강력한 중앙집권적 통제가 유지되고 있으며 해외부문의 중요한 자리는 투자국에서 모두 차지하고 있다.

둘째, 국제기업(International Corporation)은 다국적기업보다는 해외활동비중이 낮은 기업을 말한다. 캐나다의 산업구조감당관실은 국제기업을 '국외에서 활동하면서 모국의 경영방식이나 법률의 우위성을 선호하는 기업'이라 정의하고 있다.

셋째, 국제기업이란 해외활동을 하면서도 어떠한 나라에 소속된 기업으로서 기업의 소유주가 특정국의 국민에 한정되고 총매출액에서 차지하는 해외활동의 비중은 적으며, 기업의 각 부문에서 해외활동을 하기 보다는 국제부가 따로 있다. 또한 해외주식소유에는 잠재적 관심을 갖고 있으나 단지 특정 모국을 기반으로 하여 국제적 기업활동에 부분적으로 참가하는 기업을 말한다.

넷째, 국제회사(International company)란 특허권 사용자를 포함하여 영업지사나 지점에 상당한 해외투자를 수행하고 있는 대기업체이다. 그러나 국제회사는 총매출액 중에서 수출의 비중이 큰 기업체라고 하여 국제기업이라고 말할 수 없다. 또한 매출액, 투자, 고용, 생산 등의 해외부문 비율이 25% 이상을 차지하는 기업체를 의미한다. 즉, 여기서는 해외투자비율을 기준으로 삼고 있다.

2. 기업국제화의 동기

기업의 국제화(company internationalization)란 국내의 자국시장에 대한 외부적인 원천으로부터 획득되는 사업에 대하여 기업 및 경영자가 관여하는 정도 및 유형이라고 정의할 수 있다.

기업이 해외시장기회를 탐색하거나 투자하는 주된 동기는 이익의 탐색과 해외경쟁기업에 의한 시장지위상실의 방지라고 할 수 있다. 그러한 의사결정은 기업의 전략적 마케팅수립의 연장이며, 국내의 전략적 마케팅수립에 영향을 주는 모든 변수는 국제마케팅의 전략적 계획수립에도 동일한 영향을 준다. 기업이 해외시장기회를 탐색하는 동기를 구체적으로 보면 다음과 같다.

첫째, 해외고객의 수요이다. 해외 고객의 자사 제품에 대한 수요는 국내기업이 국제화하는 가장 중요한 이유이다.

둘째, 특정한 산업은 그 성격상 국제적인 것이며 국제적인 규모로 운영될 필요가 있다.

셋째, 생산이나 마케팅비용절감을 들 수 있다. 기업은 저렴한 원료, 노동력 및 경제적 환경을 통하여 생산이나 마케팅의 비용을 절감하기 위하여 해외에 진출하게 된다.

넷째, 경쟁은 기업의 국제적 경영을 필요로 한다.

다섯째, 환경오염산업의 후진국으로의 이전을 들 수 있다. 선진국은 높은 생산수준으로 많은 공장을 건설하게 되므로 지역사회에서는 환경오염적인 시설을 좋아하지 않게 된다. 그러므로 이러한 산업은 자연스럽게 후진국으로 이전하게 되는 것이다.

여섯째, 기업의 국제적인 관여의 정도가 제품 라이프 사이클에 입각하는 경우가 있다. 즉 제품의 도입기, 성장기, 성숙기, 쇠퇴기별로 생산과 전략에 따라 본국을 비롯한 그 밖의 시장으로 진출하게 된다.

일곱째, 환율변동의 위험으로부터 벗어나기 위해 수출을 해외직접투자로 전환하게 된다. 환율변동은 해외시장에 수출보다 직접투자를 선호하게 한다. 그 예로 폭스바겐(Volkswagen) 자동차회사의 미국 생산 공장 설립결정을 들 수 있다. 1970년대 중엽 이전에는 미국시장에 수출로 진출하였으나, 1970년

에서 1975년까지 독일 마르크화에 대한 미국 달러화의 환율이 50% 정도 평가절하가 되었다. 그로 인하여 미국에서의 Volkswagen 수입품의 가격이 크게 상승하게 되어 미국에 생산 공장을 설립하게 되었다.

3. 한국기업의 국제화 성공요인

한국 기업은 다음과 같은 요인에 의해 성공적으로 국제화를 하게 되었다.

첫째, 저임금, 저생산성생산체제에서 고임금, 고생산성체제로의 전환

둘째, 고기술, 고부가가치의 제품생산으로의 변화

셋째, 국내시장의 완전개방이라는 국제적 요구에 국내산업, 특히 금융, 통신, 유통과 같은 서비스산업의 대응능력의 제고

넷째, 국내의 정치적, 경제적, 사회문화적 제여건의 정비 개선-소득분배의 개선, 공해방지시설의 확대, 실업보험 등

다섯째, 사회간접자본(SOC)의 확대

여섯째, 정부, 기업, 개인 등 경제주체의 구조조정을 통한 경쟁력 강화 등을 들 수 있다.

제3절 국제 마케팅이론

1. 중상주의이론(Theory of mercantilism)

중상주의는 16세기에서 18세기의 중반에 걸쳐 유럽의 정치계에 보급된 최초의 상업정책 사상을 말한다. 국가의 부를 나타내는 기본요소로 금과 은을 중시하였으며, 이것을 획득하기 위하여 수출을 장려하는 상업정책을 편중시킨 것이 특색이다. 이는 1660년대에 토마스 만(Tomas mann)이 주장한 무역차액설을 중심으로 하는 것으로서 이러한 정책에 공통적인 귀금속을 중시하

는 중상적 사상에 착안하여 “marchantilis"이라고 불리었다.

프랑스에서는 제상 「콜베르」가 농업을 희생하여 이 정책을 실현한 것을 “Corbertism”이라고 부르는 바, 이는 중농주의자의 반항을 일으켰다. 아담스미스(Adam Smith)의 자유무역론도 "merchantilism"의 비판에서 나타난 것이다.

중상주의의 완화된 형태로 드골정권하의 프랑스를 들 수 있다. 드골은 미국으로부터 세계경제의 주도권을 뺏기 위하여, 프랑스의 수출을 증가시키고, 수입 특히 미국상품의 수입을 억제하였으며, 미국의 프랑스에 대한 대금지불은 금으로 할 것을 주장하였다.

2. 절대우위이론(Theory of absolute advantage)

1) 절대우위의 개념

중상주의시대의 정부통제에 대한 불만의 증대에 따라 18세기에는 산업에 관한 정부 보호의 축소와 자유무역을 주장하는 이론이 나타나기 시작했다.

아담 스미스(Adam Smith)는 「국부론(The Wealth of Nations, 1776년)」에서 금을 축적하기 위한 무역은 어리석은 일이며, 자유로운 무역을 통하여 일국은 자국에서 생산되지 않는 상품을 얻을 수 있다는 것이다. 자유무역의 조건하에서 일국이 가장 효율적으로 생산할 수 있는 상품의 생산에 전문화함으로써 그 국가는 국제무역을 통하여 부를 증가시킬 수 있다고 하였다.

그것은 한 나라가 다른 나라보다 생산에 있어서 절대우위가 있는 경우 국제분업에 의한 무역은 무역참가국들에 이익을 가져온다는 것이다.

이를 위하여 노동의 생산성을 증대시키기 위한 분업(division of labor)의 필요성을 역설하고 이를 국내무역에 적용하여 각국의 절대생산비(absolute cost)의 차이를 통해 국제무역의 논리를 규명하였다.

즉, 스미스의 이론은 두 가지 상품 중에서 하나를 무역상대국보다 더 낮은 실질비용으로 생산한다고 가정하고 있다. 그 때 각국은 다른 나라보다 더 낮은 실질생산비로 생산할 수 있는 상품에 절대우위를 가지고 특화하여 이를 수출하고, 절대적 열위에 있는 상품은 수입함으로써 이득을 얻게 된다고 주장한 이론을 절대우위론이라고 한다.

아담 스미스의 절대우위를 예를 들어 설명하기로 한다. 만약 세계에서 영국과 포르투칼의 두 나라가 있고 각각 포도주와 모직물을 생산하는 경우를 가정해 본다. 또한 아담 스미스는 노동가치설에 의해 상품의 가치는 인간의 노동에 의하여 결정되며, 노동이 유일한 생산요소이며, 생산비는 그 상품을 생산하기 위해 투입된 노동량에 의해 측정된다고 가정한다.

〈표 2-1〉 재화 1단위 생산에 필요한 노동의 양

	영국	포르투갈
포도주	7명	14명
모직물	10명	8명

이 경우 포도주 1단위를 생산하는 데 필요한 노동량이 영국에는 7명이고 포르투갈에서는 14명이므로 영국은 포도주를 포르투갈보다 값싸게 생산하게 된다. 그러므로 영국은 포도주의 생산에 절대우위가 있으며, 모직물의 경우에는 포르투갈이 영국보다 값싸게 생산하여 절대우위를 가지게 된다.

따라서 영국은 포도주 생산에 특화하여 포르투갈에 수출하고 그 대가로 직물을 수입하게 되며, 포르투갈은 모직물 생산에 특화하여 영국에 수출하고 포도주를 수입하게 되어 국제적 분업에 의해 무역이 발생하게 된다.

2) 국제분업과 무역

무역에 의한 이득(gains from trade)을 살펴보자. 무역전 두 나라에서 생산되는 상품을 모두 합하면 포도주 2단위와 모직물 2단위이다. 특화에 의해 무역이 이루어져, 영국은 17명의 노동을 전부 포도주 생산에 투입하게 되면 포도주 1단위 생산에 7명의 노동이 필요하므로 17/7단위의 포도주를 생산하게 된다. 그리고 포르투갈은 22명의 노동을 전부 직물 생산에 투입한다면 직물 1단위 생산에 8명의 노동이 소요되므로 22/8단위의 모직물을 생산할 수

있게 된다. 그러므로 무역은 두 나라의 포도주 생산을 3/7단위 증가시키고 모직물 생산을 3/4단위만큼 증대시키게 되어, 이러한 생산의 증가분이 무역 참가국들의 무역이득이라 할 수 있다.

3) 절대우위론의 한계

아담스미스(Adam Smith, 1776)는 노동의 분업으로 인하여 생산비가 절감되고 생산비의 절대적 차이에 의해 국내에서 분업이 발생한다고 설명한다. 그는 국제간의 분업도 동일한 원리에 입각하여 한 나라가 다른 나라에 비해 생산비에 있어서 절대적 우위가 있는 부문에 특화(specialization)하게 된다고 보고 있다. 그러나 스미스의 절대우위론은 경제발전의 차이가 있는 선·후진국 무역의 경우 어느 한 나라가 타국에 비하여 비교되는 재화 모두에 절대우위를 가질 경우에 무역을 설명하지 못한다는 한계를 가지고 있다. 이 경우에도 무역으로 이익이 생길 수 있음을 리카아도는 설명하고 있다.

3. 비교우위이론(Theory of comparative advantage)

1) 비교우위의 개념

리카도(David Ricardo)의 비교생산비설(theory of comparative cost of production)은 비교우위이론에 의한 국제분업의 구조를 설명한 최초의 학설이라고 할 수 있다. 비교우위란 두 상품의 우위 차이를 비교하여 그 우위가 보다 큰 것을 가르킨다. 이 이론은 각국이 타국에 비하여 비교적 유리한 상품을 특화하여 이를 교환하면 양국의 총생산량 증가, 총생산요소 절약, 소비자의 이익증가를 가져올 수 있다는 국제분업이론에 근거를 두고 있다.

리카도의 비교우위의 개념을 예를 들어 설명하여 본다. 세계에 영국과 포르투갈 두 나라가 존재하고, 포도주와 모직물의 두 교역상품이 존재한다고 가정한다. 이때 두 교역상품의 생산비는 다음과 같다.

〈표 2-2〉 재화 1단위 생산에 필요한 노동의 양

	영국(A)	포르투갈(B)	A/B
포도주	8명	12명	2/3
모직물	9명	10명	9/10

영국은 두 상품 모두 포르투갈보다 값싸게 생산할 수 있지만 두 상품의 우위의 정도를 비교하여 보자. 영국은 포도주 생산에서 포르투갈 생산비의 2/3가 드는 반면, 모직물 생산에는 포르투갈 생산비의 9/10가 들게 되므로 영국은 직물 생산보다는 포도주 생산에 그 우위가 더욱 크게 되어 포도주 생산에 비교우위가 있다. 그러므로 영국은 비교우위가 있는 포도주의 생산에 전문화하여 포르투칼에 수출하고 생산을 포기한 모직물은 포르투갈로부터 수입하는 것이 경제적으로 유익하게 된다는 것이다.

2) 비교우위와 무역

한편, 무역의 이익을 살펴보면, 무역전 영국은 17명, 포르투갈은 22명의 노동으로 각 국은 포도주와 모직물 각 1단위씩을 생산하였다. 무역이 발생하게 되어 영국이 포도주 생산에 17명의 노동을 전부 투입한다면, 포도주 1단위 생산에 8명이 소요되므로 17/8단위의 포도주를 생산할 수 있게 된다. 그리고 포르투갈은 모직물 생산에 22명의 노동을 전부 투입한다면, 모직물 1단위 생산에 10명이 소요되므로 포르투갈은 22/10단위의 모직물을 생산하게 된다.

전 세계적으로 무역전에는 두 교역상품의 생산은 각 2단위였지만, 무역개시 후에는 포도주 17/8단위와 모직물 22/10단위로, 두 교역상품의 생산량이 각각 1/8단위, 2/10단위 만큼 증가하여 이익이 발생하게 됨을 알 수 있다.

3) 비교우위론의 한계

비교우위이론의 이점은 어떤 제품이 국제무역의 대상이 될 수 있는가를 예측할 수 있다는 것이다. 그러나 리카도의 비교우위론은 몇 가지 한계점을 가지고 있다. 우선, 일반적인 경우 자국의 비교우위가 있는 상품의 생산에만 모든 노동을 투입하기 보다는 비교열위의 상품도 생산하게 되는 부분특화가 발생하는 것이 보통이다. 또한 실제 세계 무역의 양상은 보호무역주의, 상이한 정치이론, 특별한 이해집단, 국방의 필요 등으로 인하여 언제나 무역이론이 예측하는 대로 움직이지 않는다는 것이다.

이러한 문제점에도 불구하고, 이 이론은 여전히 국제무역을 규제하는 중요한 기준이 되고 있다. 대부분의 국가들은 국제무역의 이점을 극대화하고 자국경제에 관한 부정적 영향을 극소화시키려고 하기 때문이다. 그리고 국제적인 판매자는 해외 시장진출을 위하여 생산, 마케팅, 재무 또는 경영관리에 있어서 비교우위를 가지는 상품을 선정해야 할 것이다.

4. 상호수요설(Law of reciprocal demand)

1) 교환비율의 중요성

밀(J.S. Mill)은 두 상품의 국내교환비율과 국제교환비율에 의해 무역이 발생함을 설명하고 있다. 즉, 국내교환비율이 양국 사이의 교역의 가능성을 결정하고, 국제교환비율에 따라 교역 당사국 사이에 무역이익이 배분된다는 것이다.

첫째, 국내교환비율이 무역의 가능성에 미치는 영향에 관하여 예를 들어 설명하면 다음과 같다. 양국이 똑같이 1명의 노동을 투입하여 영국에서는 포도주(X) 2병과 모직물(Y) 3단위를 생산할 수 있고, 포르투갈에서는 포도주(X) 2병과 모직물(Y) 4단위를 생산할 수 있다고 가정하자.

생산비를 노동투입량으로 보아 양국이 모두 1명의 노동을 투입하였으므로 생산비는 생산량의 역수로 표시된다. 영국의 포도주(X) 생산비는 1/2, 모직물(Y) 생산비는 1/3이 된다. 포르투갈의 경우 포도주(X) 생산비는 1/2, 모직물(Y) 생산비는 1/4이다. 비교우위론에 따르면 포르투갈은 모직물(Y) 생산에 비교우위가 있으므로 모직물(Y)을 특화하여 생산하고, 영국은 포도주(X) 생산에 특화하여 서로 생산물을 교환하는 경우 이익이 발생하게 된다.

〈표 2-3〉 노동 한 단위로 생산 가능한 재화의 양

	영국	포르투갈
포도주(X)	2	2
모직물(Y)	3	4

밀(J.S. Mill)에 의하면 두 상품의 국내교환비율의 차이가 교역의 가능범위를 결정하게 된다. 위의 예에서 영국의 국내교환비는 2X : 3Y이며 포르투갈의 국내교환비는 2X : 4Y이므로 양국의 교역은 국내교환비율이 2X : 3Y와 2X : 4Y 내의 범위에서만 가능하다.

영국의 입장에서 보면 만약 국내교환비율보다 작은 2X : 2Y의 비율로 무역이 이루어진다면 영국이 국내에서 교환할 때 보다 오히려 1Y를 손해보게 되며, 2X : 5Y의 비율로 무역을 요구하게 되면 포르투갈이 국내교환보다 1Y의 손해를 보게 되므로 무역거래가 발생하지 않을 것이다. 그러므로 양국의 거래가 이루어질 수 있는 국내교환비율의 범위는 2X·3Y : 4Y가 된다.

2) 상호수요에 의한 교역조건 결정

밀(J. S. Mill)은 이러한 교역가능범위 안에서 두 상품의 교역조건은 교역상품에 대한 상대국의 상호수요에 의해 결정된다고 주장하였다.

교역조건은 일국의 수출상품과 수입상품의 장기적인 국제교환비율을 말하며, 상호수요가 일치하는 점에서 결정되며, 외국의 수입상품에 대한 자국의 수요탄력성이 크면 자국의 교역조건이 불리해지고, 자국의 수출상품에 대한 외국의 수요탄력성이 크면 자국의 교역조건이 유리해진다는 것을 밝혔다.

한편, 이러한 교역조건은 양국 사이의 무역이익을 배분하게 됨을 설명하고 있다. 교역이 가능한 범위 안에서 교역조건이 자국의 국내교환비율과 괴리될수록 그 국가의 무역이익은 커지게 된다. 예를 들면 교역조건이 2X : 3Y로부터 2X : 4Y로 움직일수록 영국의 무역이익은 증가한다.

밀의 상호수요설은 수요의 개념을 도입하여 교역조건의 결정요인을 밝힘으로써 무역이익의 분배 문제를 다루고 있다는 점에서 기여했다고 볼 수 있다. 그러나 교역조건이 결정에 있어 너무 수요측면의 강조에 의해 공급측면이 무시되었다는 한계도 있다.

5. 요소부존이론(Factor proportions theory)

비교생산비 차이의 근본적인 원인을 추구하는 가장 대표적인 연구가 핵셔(Heckscher)에 의해 처음 시작되었으며, 그 후 오린(Ohlin)에 의해 더욱 발전하게 되어 핵셔·오린 정의(Heckscher-Ohlin Theorem)를 발표하게 되었다.

이 정의는 두 개의 명제를 제시하고 있다. 그 하나는 "한 나라가 다른 나라에 비하여 상대적으로 보다 풍부히 부존된 생산요소를 보다 집약적으로 사용하여 생산한 상품에 비교우위를 갖는 경향이 있다"라는 명제이며, 이것을 요소부존이론이라고 한다. 또 다른 하나는 "완전한 자유무역은 양 당사국의 생산요소 가격을 상대적으로나 절대적으로 균등화시키는 경향이 있다"라는 명제로 요소가격균등화이론이다.

이와 같은 H-Ohlin 정의의 주된 내용을 요약하면 다음과 같다.

첫째, 요소부존도의 국제적 차이에 의해 나라에 따라 요소의 부존량에 상대적 차이가 있다.

둘째, 재화에 따라 1단위 생산에 필요한 요소량은 각기 다르다. 노동이 많이 필요한 어떤 재화는 노동집약적(labor intensive)이며, 또 다른 상품은 자본집약적(capital intensive)이다. 국제분업을 형성하는 요인은 노동, 자본, 기술과 같은 기본적 생산요소의 부존량 이외에도 기후조건의 차, 천연자원의 차 등을 들 수 있으나 기타 요인이 동일하다고 해도 비교생산비의 차이가 생길 수 있는 원인으로서 생산요소의 부존량에 달려 있다는 것을 지적한 점에서 H-Ohlin 정의의 의의가 있는 것이다.

셋째, 그 결과 생산능력의 국가적 차이에 의해서 노동이 풍부한 국가에서는 노동집약적인 상품을 낮은 생산비로 생산하고 타국에 수출한다. 한편 자본이 풍부한 국가에서는 자본집약적인 상품을 수출한다. 따라서 어느 나라이든 그 나라에 풍부한 생산요소를 많이 사용하는 상품을 수출하고 희소한 생산요소를 많이 사용하는 상품은 수입하게 된다.

6. 국제제품수명주기이론(Theory of international product life cycle)

제품수명주기이론은 버논(R. Vernon, 1966)과 월스(Louis T. Wells, 1968)에 의해 마케팅에서 개발 발전된 이론으로, 하나의 새로운 제품이 시장에 도입되어 처음 시장에 알려져 판매되기 시작한 후 시간이 경과함에 따라 매출액 및 침투율이 변화되어 최종적으로 쇠퇴되어 사라져 가는 과정을 나타낸 것이다. 그러므로 각 제품은 최초의 도입기로부터 성장단계와 성숙단계를 거쳐 쇠퇴기에 이르는 라이프사이클을 가지고 있다고 했다.

이러한 제품수명주기를 국제적 차원으로 확대발전시켜, 각국의 기술 및 소득수준의 차이와 제품의 시장국별 도입시기의 차이에 근거하여 특정제품의 국제무역패턴과 해외생산입지의 변화과정을 설명하고 이를 국제제품수명주기이론이라고 한다. 버논(R. Vernon)의 연구관점은 기술혁신의 시간성, 규모의 경제, 시장의 불확실성 및 경쟁변수의 변화 등에 초점을 맞추고 있다.

이 이론의 기본가정은 첫째, 정보 및 지식의 국제적 이동이 제한되어 있으며, 둘째, 제품은 시간의 흐름에 따라 그 생산 및 마케팅 성격이 변화하고 이 변화는 예측가능하며, 또한 생산가정은 규모의 경제에 의해 특징지워지고, 그리고 국가별로 기호가 다르다는 것을 전제로 이론을 전개하고 있다.

국제제품수명주기이론의 구성은 크게 다음의 세 가지로 구분할 수 있다.

첫째, 국내시장에서의 상품수명주기이론과 마찬가지로 기업의 제품 활동은 일반적으로 국제시장내에서도 도입기, 성장기, 성숙기, 쇠퇴기 등의 활동단계를 거친다.

둘째, 선진국과 후진국 사이에는 소득, 기술수준, 노동 등 생산요소의 비용면에서 차이가 나며, 소비・생산면에서 시차(time lag)가 존재한다.

셋째, 상품수명주기와 선・후진국간의 소비수준, 생산능력 격차로 선・후진국 사이의 무역 및 투자패턴은 수명주기단계별로 다르게 나타나는데, 초기에는 기술주도의 무역 및 투자패턴이 나타나고 후기로 갈수록 생산요소비용이 무역 및 투자패턴결정의 주요 변수가 된다.

아울러 국제제품라이프사이클은 이전의 동태적 이론인 R&D이론, 기술격

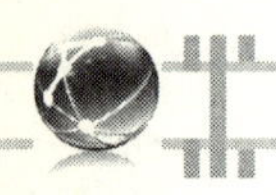

차론, 노동숙련설, 규모의 경제론, 제품차이화론을 포괄할 뿐만 아니라 대표적 수요이론과의 관계는 물론 유통면의 마케팅도 감안한 무역발생 원인의 분석이론인 것이다.

일반적으로 제품수명주기단계는 도입기, 성장기, 성숙기, 쇠토기로 구분할 수 있다.

1) 도입기

도입기에서는 기업활동의 우위가 어느 기업이 다른 기업들보다 먼저 신제품을 시장에 성공적으로 도입하는가에 달려있다. 이 단계에서는 제품기술개발을 위한 R&D활동이 중점이 되므로 기술개발력과 가격이 높은 신제품에 대한 소비가 가능한 고소득 국가가 우선적인 신제품개발국이 될 잠재성이 높다.

또한 제품이 시장에 도입된 이후에도 생산기술과 제품의 모델이 아직 불안정한 상태에 있기 때문에 엔지니어링의 역할이 점차 커지게 되며, 동 제품에 대한 수요층이 구성되어 가격탄력성이 낮게 나타난다. 따라서 초기제품가격은 기업의 독점가격전략에 의해 고가격전략이 설정되기 때문에 생산과 소비가 도입기 초기에는 소득수준이 높은 선진국 시장을 중심으로 나타나게 되고 국제무역이나 해외투자는 발생하지 않게 된다.

2) 성장기

제품의 성장단계에 이르면 제품에 대한 수요가 늘어나며, 동 제품에 대한 높은 수익성에 의해 우발 진입기업이 나타나게 되고, 이에 따라 가격도 과점가격전략에 의해 약간 낮아지게 된다. 이 단계에서는 동 제품에 대한 정보가 외국 소비자들에게도 확산되어 외국시장에서도 혁신적 성향의 소비자층을 중심으로 동제품에 대한 수요가 발생하게 된다.

생산방법은 고정적인 대량생산방식이 도입되며 이에 따른 원가절감으로 가격이 저하되고 제품에 대한 수요의 가격탄력성도 증가한다. 이 단계에 이르면 기술선진국의 입장에서는 외국시장의 초기 수요가 규모의 경제를 달성하기는 미약하므로 해외생산은 이루어지지 않고, 수출증대에 노력하게 된다.

또한 타 선진국 등에서도 수요가 한층 확대됨에 따라 생산이 시작되며, 상대적으로 개발도상국이 되는 외국시장에서는 국내생산의 가능성을 모색하게 되고, 관세 및 비관세장벽을 강화하여 수입대체를 시작하는 단계가 된다.

3) 성숙기

성숙단계에서는 제품의 수요확대와 더불어 생산기술의 안정화가 진행되며, 표준화된 기술에 기초하여 상대적으로 자본집약도가 높은 생산이 행하여지며, 이에 따라 노동숙련도의 중요성도 상대적으로 저하된다. 가격 및 제품차별화가 중요한 경쟁력 결정요인으로 작용하며, 선진국으로부터 개발도상국으로의 직접투자가 증대되고, 개발도상국 측에서도 생산설비의 수입이 활발해진다.

한편, 이 시기는 외국시장에서 본격적인 수입대체단계에 접어들고, 시장규모는 급격히 성장하게 되어 선진국과 비슷한 수요패턴을 가지게 된다.

선진국기업들은 해외시장의 수입규제와 수요 증대 그리고 본국에서의 가격경쟁심화로 외국에서의 생산이 시작되며, 초기에는 현지 기술수준 등을 감안하여 주로 저급제품의 생산에 주력하게 된다. 이러한 국가간 생산체계의 차이는 선진국은 후진국에 고급품을 후진국은 선진국에 저급제품을 수출하는 교차무역의 형태로 나타나게 된다.

4) 쇠퇴기

제품의 표준화가 완전히 이루어지고, 가격경쟁이 더욱 치열해 지며, 생산입지는 선진국보다 노동비용이 싼 개발도상국이 더 유리하게 된다.

선진국 시장에서는 동 제품이 사양화 되면서 기술개발이나 마케팅 투자가 이루어지지 않으며, 후진국의 생산기지로 공공시설이 이전됨으로써 선진국 생산기지의 공동화 현상이 나타나게 된다. 또한 생산원가가 싼 개도국의 생산기지에서 선진국시장으로의 역수출이 나타나게 되며, 기술과 자본은 선진국에서 후진국으로 이전하게 된다.

따라서 개도국 기업들은 선진국으로 역수출하게 되며, 수출경쟁력은 어느 나라의 기업이 싸고 효율적인 생산능력을 갖추고 있는가에 달려 있기 때문에 비교우위가 주요 결정변수가 된다.

〈표 2-4〉에서는 제품의 각 수명주기별 특성을 생산, 소비, 무역, 마케팅관계를 중심으로 요약하고 있다.

〈표 2-4〉 제품의 국제수명주기이론 단계별 특성

	도입기	성장기	성숙기	쇠퇴기
생산지	최초개발국	기타 선진국확대	기타 선진국 등 외국 생산증가	후발개도국
소비지	미국 등 선진국에서만 소비	외국에서와 선진국에서 소비	외국의 소비규모 증가	선진국의 신규수요 감소
마케팅	고가격전략	가격인하	가격인하	원가수준
	엔지니어링	대규모생산체제, 마케팅노력증대	마케팅노력증가	마케팅투자 없음
기술요소	제품혁신	모방	R&D	R&D 없음
경쟁양상	독과점 양상	신규진입에 의한 경쟁증가	경쟁증가 제품차별성 중요	완전경쟁
무역방향	무역발생	기술격차 무역	무역 : 쌍방무역 후→선(저급품)선→후(고급품)	무역 : 후→선

자료 : 이장로 외, 무역개론, 2002. p.47 일부수정

제 2 부

국제마케팅 환경

제1절 국제마케팅 환경의 개관

1. 국제환경과 국제마케팅

일국이 국경을 넘어 전개하는 국제기업의 마케팅활동은 국내환경(domestic environment)과는 전혀 다른 환경에서 전개된다. 이와 같이 국내환경과 다른 국경을 넘어선 다양한 환경을 국제환경(international environment)이라고 한다.

국제환경(International environment)은 국내환경과 달리 국경을 넘어서 기업활동에 미치는 여러 가지 환경 즉, 국제시장에서 전개되는 국제기업의 활동에 영향을 미치게 되는 제요소로, 이는 국내환경과 다르게 경제적, 정치적, 사회적 등으로 이질적이라는데 특징이 있다. 이러한 국제환경은 국제마

케팅활동에 커다란 영향을 미친다.

흔히 기업의 국제마케팅활동에 있어 무엇보다도 글로벌전략(global strategy)을 강조하게 되는 것도 이러한 이질적인 국제환경에 적응하기 위해서이며, 국내와 같이 단순환 마케팅전략만으로는 그 목적을 달성할 수 없기 때문이다.

마케팅전략은 기업을 둘러싼 환경변화에 적절하게 적응해가는 마케팅활동을 말한다. 또한 국제마케팅전략은 변화하는 국제환경조건에 능동적으로 적응하도록 하여야 하며. 이는 경제적 환경이 으뜸이지만 외국시장에서의 정치적, 사회적, 문화적 환경변화에 적절히 대처하여야 한다.

이러한 관점에서 국제기업환경(International business environment)이란 국제 비즈니스 환경을 나타내는 것으로 국제환경에서 국제기업경영에 영향을 미치는 요인을 말한다. 또한 국제마케팅환경(International marketing environment)은 국제 경제적 관점에서 국제기업의 모든 마케팅 활동에 영향을 미치는 환경을 말한다.

2. 국제기업환경

1) 세계무역기구(WTO)

(1) GATT의 기본원칙

WTO(World Trade Organization)는 1947년 자유무역을 통한 세계무역증대와 경제발전을 목적으로 설립된 관세와 무역에 관한 일반협정(General Agreement on Tariffs and Trade : GATT)에 기원을 두고 있으며, 그동안 GATT에서 논의된 모든 다자간협정 이행을 감독하는 책임을 부여 받은 보다 강력한 기구로서 1995년 1월에 출범하였다. GATT는 별도의 기구로서는 존재가 없어지고 WTO의 일부가 되었다. WTO의 출현을 보다 잘 이해하기 위해, GATT의 목적과 그 목적을 달성하기 위해 사용한 수단에 대해 간단히 살펴보고자 한다.

① 최혜국대우의 원칙

최혜국대우(most favored nation)는 GATT 회원국 중 어느 한 국가가 다른 국가에게 관세인하 조치와 같은 경제적인 권리 및 이익을 부여할 경우, 제3국에 대해서도 동일한 조치를 취하는 것으로, 무차별원칙을 구체화 한 것이다. 이러한 최혜국대우의 원칙에 의하여 GATT 회원국간에 평등교역이 보장될 뿐만 아니라, 2국간 협상의 결과가 다국간으로 확대 실시될 수 있다. 그러나 최혜국대우원칙의 적용에는 일정한 예외규정이 있다.

② 상호주의 원칙

이것은 GATT의 한 회원국이 관세를 인하하게 되면, 상대국도 반드시 그에 상응하는 관세인하를 단행해야 한다는 것이다. 이와 같은 상호주의 의무의 구체화는 자유무역과 관련된 무임승차문제를 사전에 방지하기 위한 것이다.

③ 수입제한의 철폐

GATT는 수량제한이나 외환통제 등의 수입규제 수단을 통한 수입제한은 가격경쟁력에 관계없이 직접 수입을 제한 할 수 있어, 관세보다도 더 강력한 무역장벽이 되기 때문에 수입제한철폐가 무역자유화의 관견이 된다고 본 것이다.

④ 관세의 인하

GATT는 수입제한 철폐와 관세인하를 통하여 자유무역을 실현하는 것을 기본원칙으로 하고 있다. 따라서 GATT는 회원국들간에 관세인하 교섭을 실시하여 관세율을 인하하도록 하고, 이것을 회원국 전체에 적용하도록 하는 최혜국대우원칙을 구정하고 있다.

(2) GATT의 다자간 협상

GATT체제하에서의 관세인하 교섭은 1947년 제네바에서 시작된 이래 제8차 우루과이 라운드(1986~1993년)까지 이루어졌다. GATT의 다자간협상은 제5차까지는 주로 관세인하에 초점을 두었으나, 제6차 케네디 라운드(1964~1967년)부터는 이러한 관세인하 교섭만으로는 다자간 협상의 목적을 달성할 수 없게 되어 비관세장벽에 관하여 관심을 두기 시작하였다. 특히 케네디 라

운드에서는 약 30,000여개의 품목에 대하여 평균 35%의 관세인하가 이루어져 국제무역협상에서 큰 의미를 가진 협상이 되었다. 그러나 관세는 인하되었으나 관세 이외의 비관세장벽을 사용하는 회원국들로 인하여 관세인하효과가 상쇄될 우려가 높았기 때문에 동경라운드(1973~1979년)에서는 관세인하뿐만 아니라 비관세장벽의 완화 및 철폐에 관한 협상이 주요 내용으로 다루어 졌다. 그리고 1986년에 시작되어 1993년에 타결된 우루과이 라운드에서는 관세장벽 및 비관세장벽뿐만 아니라 농산물 교역, 서비스 무역, 지적재산권 등 새로운 분야의 협상이 포괄적으로 이루어졌다.

(3) WTO의 출범

국제마케팅에 영향을 미치는 세계경제환경 중의 하나는 세계무역기구(WTO)이다. 세계무역기구는 125개국 등이 상호간의 무역 증진을 위하여 합의한 조약인 GATT가 해체되면서 발전적으로 결성된 기구이다.

GATT의 가장 두드러진 업적은 공산품에 대한 선진국의 평균관세를 1947년 40%에서 1990년에 4% 이하로 낮춤으로써 특정 상품의 관세와 수입할당장벽을 낮추었지만, 무역서류 절차를 간소화하고 질적인 무역장벽을 낮추고 또한 덤핑을 줄인 것 역시 중요한 업적으로 지적된다.

세계의 환경변화에 대응하기 위해 탄생한 WTO는 GATT에 의해 포함되지 않았던 서비스, 농업과 같은 많은 분야가 국제규칙에 의해 다루어지고 있어 국제무역협정의 범위를 보다 넓혀주었다. 2005년 11월 현재 149개의 회원국을 보유하고 있는 WTO는 회원국간의 보다 신속한 분쟁조정절차가 개선되어 의사결정과정이 간소화될 수 있도록 자유무역을 위한 글로벌 파수꾼 역할하고 있다.

한편, WTO가 노력해야 될 주요 분야를 보면 첫째, WTO는 상품과 서비스, 특히 농업분야와 서비스분야에서의 무역자유화를 계속 추진하는 것이다. 농업은 모든 국가가 자국농민을 보호하려고 하기 때문에 언제나 어렵다.

둘째는 무역과 환경을 연결시킨 그린라운드(Green Round), 무역과 노동을 연계시킨 기술라운드(Technology Round) 그리고 경쟁정책과 관련된 경쟁라운드(Competition Round) 등 무역정책의 새로운 문제들이다. 예를 들

면, 미국과 유럽은 어린이 노동금지와 노동조합자유와 같은 노동기준을 주장하지만, 개도국은 저임금이 그들 수출의 많은 부분의 기초가 된다고 주장한다. 세 번째는 지역무역협정의 확산이다. 지역 욕구와 글로벌 욕구간의 잠재적인 갈등을 해결할 필요가 있다.

WTO의 출범은 국제무역질서의 규범을 마련하게 되어 국제기업들에게는 기회와 도전을 동시에 제공하므로 국제기업은 이러한 환경변화를 기회로 활용할 수 있도록 철저한 대비와 분석을 해야 할 것이다.

2) 경제통합과 지역경제협력

제2차대전 이후 무역의 자유화 및 역내 경제적 이익의 극대화를 도모하기 위하여 경제적 여건이 비슷하고 지리적으로 인접한 몇 몇 국가간의 협력으로 지역내 상품 교류와 경제협력이 행해지게 되었다.

〈그림 3-1〉 지역경제통합의 유형

경제 통합 발전 단계	회원간 관세 철폐	공동외부 관세	생산요소 이동의 자유	경제정책의 조정	사회정책의 조정
자유무역지역	■				
관세동맹	■	■			
공동시장	■	■	■		
경제동맹	■	■	■	■	
완전경제통합	■	■	■	■	■

자료 : Jean-Pierre Jeannet and H. David Hennessey, "Global Marketing Strategies", Houghton Mifflin Co. 2001. 이수형, 글로벌마케팅, 2004. 일부수정.

WTO, IMF, World Bank는 자유무역이 무역에 참가하는 국가에 이익을 부여한다는 믿음으로 세계적 관점에서 무역장벽을 낮추어 무역을 촉진하려고 노력하고 있다. 이러한 사고가 지역적 수준에서 일어난 것이 지역경제통합이

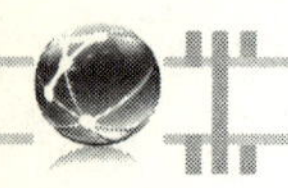

다. 무역자유화과정에서 부분적인 조치로서 국가들은 제한된 형태의 경제통합 방향으로 진행하기 시작했다. 경제통합의 형태는 다양하나, 발라사(Balassa)는 경제통합을 자유무역지역, 관세동맹, 공동시장, 경제동맹 그리고 완전경제통합의 5단계 주요 형태로 나누었다.

1) 지역경제통합 형태

(1) 자유무역지역(Free Trade Areas)

가장 단순한 형태의 통합은 자유무역지역이다. 자유무역지역내에서는 회원국간의 상품과 서비스에 대한 무역장벽은 제거된다. 그러므로 회원국간의 무역을 왜곡시키는 차별적인 관세, 수입할당이나 기타 무역장벽은 허용되지 않는다. 그러나 비회원국으로부터의 수입품에 대해서 각국은 독자적인 관세를 부과할 수 있다. 북미자유무역협정(North American Free Trade Agreement)과 유럽자유무역지역(European Free Trade Agreas)이 여기에 해당된다.

(2) 관세동맹(Customs Unions)

한 단계 더 진전된 형태의 경제통합인 관세동맹은 자유무역지역의 특성 이외에 공동의 외부 무역·관세정책을 취한다. 개별 국가는 독자적으로 비회원국과 무역협정을 맺는 권리를 포기한다. 초국가적인 정책수립 위원회가 이들을 결정한다.

(3) 공동시장(Common Markets)

경제통합의 3번째 단계는 공동시장이다. 회원국은 관세동맹의 모든 특성을 가질 뿐만 아니라, 회원국간에 자본과 노동, 기술과 같은 생산요소의 이동에 제한이 없다. 그리하여 이민, 국가간 투자에 대한 제한에 폐지된다. 예를 들면, 만약 독일에는 일자리가 많고, 이탈리아에서는 일자리가 부족하면, 노동자들은 엄격한 이민제한에 대한 걱정 없이 이탈리아에서 독일로 이동할 수 있다. 공동시장에서는 일반적으로 세법, 사회복지시스템 그리고 자원배분에 영향을 미치는 다른 법률에 대해 조정하려고 한다. 마지막으로 각국은 자신

의 화폐를 가지지만, 회원국간의 환율은 종종 고정되거나 아주 한정된 범위 내에서만 변동될 수 있다.

(4) 경제동맹(Economic Unions)

경제동맹은 공동시장보다 훨씬 긴밀한 경제통합과 협력을 필요로 한다. 공동시장과 마찬가지로 회원국간에 생산요소의 자유로운 이동뿐만 아니라, 진정한 경제통합은 통화정책, 재정정책에서 동맹국들의 조정과 협력체제를 유지하여 공동경제정책을 수행한다. 동맹국들은 이러한 높은 수준의 경제통합으로 국가주권의 상당부분을 포기하게 된다.

(5) 완전경제통합(complete economic integration)

경제총합형태의 최후의 단계로서 전 세계를 동일시장으로 간주하는 형태이다. 제반 경제정책에서 공동보조를 취하는데 그치지 않고 금융·재정·사회정책에서의 일괄된 정책을 추구하는 초국가적 기관 설립을 목표로 한다. 이런 상태에서는 경제면뿐만 아니라 사회·정치적 통합까지도 추구하는 형태라 할 수 있다.

이상에서 설명한 지역경제통합은 2개 이상의 국가가 무역 및 관세장벽을 줄이는 데 동의할 때에 탄생한다. 회원국은 관세를 줄이거나 제거함으로써 무역을 촉진시키고, 비회원국의 가입에게는 공통의 관세장벽을 취할 수도 있다. 회원국은 다른 국가와 동맹을 맺음으로써 더 큰 경제적 안정을 얻을 수 있다. 또한 경제통합으로 공동시장이 된 지역내에 있는 기업은 자국시장만을 대상으로 할 때보다 규모의 경제를 누릴 수 있어 비용절감을 가져올 수 있다.

3) 주요 지역경제통합체

제2차 세계대전 이래로 세계시장에 영향을 주는 주요 경제발전 중의 하나는 지역경제통합이다. 경제통합에 의해, 회원국들은 서로 간에 상품, 서비스 및 생산요소의 자유로운 이동을 위해 관세와 비관세장벽을 제거함으로써 무역을 증대시키고 있다. 다음은 국가의 무역 내지 개별기업의 글로벌경영에 영향을 미치는 주요 지역경제 통합체를 보기로 한다.

(1) 유럽연합(European Union : EU)

유럽통합의 본격적인 움직임은 1951년 유럽석탄철강공동체의 설립으로 시작되어 1957년 유럽경제공동체(European Economic Community : EEC)의 설립에 의해 그 기초가 공고히 되었다. 그 후, 1973~1974년의 제1차 오일쇼크와 그것에 뒤이어 보호주의적인 움직임에 의해 미국과 일본과의 경쟁에 뒤지고, 신흥공업국(NIES)의 추격도 받게 되자, 다시 한번 예전의 영광을 되찾기 위한 움직임이 활발해지기 시작하여 오늘날의 EU를 형성하게 되었다.

1980년대 이후의 움직임으로는 1985년 「EC역내시장통합백서」와 1986년 「단일유럽의 정서」에는 노동, 상품, 자본, 서비스의 이동을 자유화하고, 1992년 말까지 시장을 통합한다는 방향이 나타나고 있었다. 그리고 1993년 1월에 유럽단일시장이 출현하여, 사실상 EC역내에서의 거래는 국경을 넘는 수출입에 있어서도 관세나 다른 지역에서는 필요한 무역수속의 문제도 없어져, 마치 국내에서 지역간 거래와 동일하게 되었다. 또한 1993년 11월 마스트리히트(Maastricht)조약이 발효되어 EC는 EU(European Union : 유럽연합)로서 다시 태어나 시장통합뿐만 아니라 통화·정치통합을 추진하기 시작하였다. 유럽에 있어서 이러한 일련의 움직임은 단순히 횡적인 지역통합의 확장을 의미할 뿐만 아니라, 이른바 지역내의 결속강화 내지는 심화의 움직임도 있기 때문에 EU의 국제정치경제상의 의미는 아주 크다고 하지 않을 수 없다.

이러한 EU의 일련의 움직임은 경제적으로 보면, 규모의 경제로 유럽경제를 활성화하기 위한 자구책이었다고 할 수 있다. 그리고 역내 기업간 네트워크가 형성되어 지역간 분업의 추진에 의해 적절한 자원배분이 달성되면, 해당지역이 전체로서 생산성은 보다 높아지고, 지금까지 높은 수준을 유지해 온 각국의 경제수준도 더 한층 향상되어 가는 것이 용이하게 될 것이다.

그리고 이 경제권을 보다 견고하게 하는 것이 통화통합이다. 이 통화통합의 장점으로는 먼저 역내 소비자측에서 보면, ① 환전수수료가 들지 않으며, ② 쉽게 국경을 넘어 쇼핑이 가능하다는 것이 있으며, 기업측에서 보면, ① 기업의 지점전략을 유럽전역으로 전개하기 쉽다는 장점이 있으며, 이로 인해 ② 기업간 경쟁이 격화되어 경제가 활성화될 수 있다는 것이다.

한편 EU통합의 최종단계로서 통화통합에 대한 일련의 조치가 계속 취해지

고 있다. 1999년 1월부터 통일통화 「유로 : EURO」가 채택되었다. 이 EURO 도입을 시작으로 하여, 금융정책의 중심으로 되는 EMU(유럽통화동맹 : European Monetary Union)에 참가하고 있는 나라는 마스트리히트조약에 의해 결정된 재정적자나 인플레 율 등의 일정조건을 충족시키지 않으면 안 된다.

(2) 북미자유무역협정(North American Free Trade Agreement : NAFTA)

한 나라로서도 거대한 시장규모를 자랑하는 미국이 현재, 캐나다 및 멕시코를 끌어들여 거대한 시장권을 형성하고 있다.

당초 미국은 EU의 경제정책에 대항하기 위하여 캐나다와 1988년 1월에 자유무역협정을 체결하여, 미국·캐나다 자유무역지역이 1989년부터 공식적으로 존재하게 되었다. 이 협정에 의하면 양국은 10년 이내에 서로 관세를 철폐하고, 금융서비스와 투자의 자유화 등을 행하도록 되어 있다. 그 후, 1992년 미국, 캐나다, 멕시코 3국이 합의한 역재 자유무역협정을 체결하여, 미국·캐나다 자유무역협정은 북미자유무역협정(NAFTA)으로 발전하였다. 이 자유무역의 구체적인 내용은 ① 무역의 자유화, ② 공정경쟁의 촉진, ③ 투자기회의 확대, ④ 지적소유권의 보호, ⑤ 분쟁처리방법의 결정 등이다. 이것에 의해, 2001년 1월부터 역내관세는 철폐되어 3국의 시장은 완전히 통합되게 되었다. 이에 따라 이 경제권의 인구는 EU를 상회하고, 국내총생산도 EU에 필적하는 규모로 되었다.

(3) 아세안(Association of South East Asian Nations : ASEAN)

ASEAN은 브루나이, 인도네시아, 라오스, 말레이시아, 미얀마, 싱가포르, 필리핀, 태국 베트남으로 구성되어 있으며, 싱가포르를 제외한 모든 국가는 노동이 풍부한 개발도상국이다. ASEAN의 기본적인 목적은 회원국간의 자유무역을 촉진하고 산업정책에 있어서 협력을 이루는 것이다. 예를 들면, 2003년까지 회원국간에 최대 5% 수준으로 관세를 낮추는 것이다. ASEAN 회원들은 부유하지는 않지만, 인구가 유럽과 미국보다 많은 5억의 시장으로 잠재력

이 대단하다고 볼 수 있다.

(4) APEC (Asia Pacific Economic Cooperation)

아시아-태평양권 국가들간의 경제적 상호의존성이 증대됨에 따라 1989년 창설된 APEC은 한국, 미국, 일본, 중국을 포함하여 18개의 회원들로 구성되어 있다. 비공식 토론그룹으로 시작된 APEC은 자유무역과 경제협력을 촉진하는 데 있어서 주요 기구로 되었다. 1991년 APEC 회원들은 다음과 같은 세부적인 목적에 합의했다.

① 이 지역의 성장과 발전에 협력
② 상품, 서비스, 자본 및 기술의 이동을 촉진
③ 자유로운 다자간 무역시스템의 발전과 강화
④ 참여자간의 상품과 서비스 교역에 대한 장벽을 줄임

(5) MENCOSUR

남미의 공동시장인 MERCOSUR는 아르헨티나, 브라질, 파라과이, 우루과이가 회원국이다. MERCOSUR는 역사가 비교적 짧지만, 회원국들이 설탕과 자동차를 제외한 대부분의 상품에 대해 관세를 급격하게 낮춤으로 인해, 역내무역은 1990년 40억 달러에서 1997년 180억 달러로 증대하였다. MERCOSUR 가 노력하고 있는 주요 3가지 목적을 보면, 첫째로는 자유무역지역의 창설, 둘째는 공동의 역외관세, 셋째는 자본, 노동 및 서비스의 자유로운 이동이다.

3. 국제마케팅의 직접적 환경

국제마케팅의 직접적 환경은 비통제요소로서 일반환경과는 달리 어느 정도 혁신적으로 대처해 나갈 수 있는 환경을 말한다.

1) 대외경제제도

제2차 세계대전 후 세계경제는 미국의 거대한 경제력을 바탕으로 국제통화

기금(IMF) 및 GATT체제하에서 급진전되어 왔다. 그러나 그 과정속에서도 각국 경제의 불균등 발전에 따른 대외불균형의 발생, 보호주의 및 지역주의의 급증, 남북문제의 격차 증대, 환경문제의 심각화, 자원문제의 발생 등 여러 가지 문제가 발생하게 되었다. 특히 석유를 비롯한 자원문제는 세계경제에 광범위한 영향을 미쳐 각국의 경제성장의 가능성에 대해서도 커다란 제약이 되고 있다.

이와 같은 국민경제적 환경에서 주요 대외경제제도를 보면 관세법 및 규칙, 무역협정, 경제통합, 특혜조치, 수입규제 등이 있다.

2) 경쟁구조

경쟁(competition)이란 고객에게 판매하기 위해 형성되는 조직화된 대결관계(organized rivalry)라 할 수 있으며 경쟁과 마케팅은 서로 다음과 같은 관련을 가지고 있다.

첫째, 경쟁이라는 동태적인 마케팅환경이 존재하기 때문에 지각 있는 기업에 있어서는 이익기회를 변화시켜 주게 되는 것이다.

둘째, 경쟁은 변동적인 마케팅 기회를 적응하기 위해 혁신을 효율적으로 관리하게 한다.

이상과 같은 관점에서 국제시장에서의 경쟁구조요소로는 해당 상품의 현재 수요, 국산품과 수입품의 비율, 종래 공급국의 명칭별·가격별·수량별 현황, 경쟁품·대체품의 유무, 상품의 공업소유권(licence) 관계, 가격의 추세, 현지생산자나 판매업자의 판매방법 및 서비스 등이 있다.

3) 유통구조

기업에서 생산된 상품은 도매상과 중간상인을 거쳐 간접적으로 유통·판매되고 있다. 이러한 상품의 유통과 관련되는 기업활동을 수행하는 제조업이나 도·소매상을 유통기관이라 하며, 이러한 유통기관 전체가 형성하는 전체적 기구를 유통구조 또는 유통기구라 한다.

이러한 유통기관의 기능에는 교환기능(매매기능), 실체적 이전기능(운송,

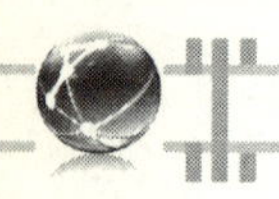

보관, 하역), 조성기능(표준화, 시장금융, 시장정보, 위험부담) 등이 있다.

국제환경측면에서 유통구조(distribution system)는 유통경로와 상관습으로 구분된다. 유통경로는 횡단적(수직적)으로는 도매업과 소매업으로, 종단적(수평적)으로는 상품별 유통경로로 대별된다. 그러나 이러한 유통경로는 각국의 경제구조, 사회적 제도, 소비관습, 지리적 조건 등 여러 가지 여건하에서 독특하게 그리고 제각기 다양하게 구성되고 있다.

보통 각국의 상관습은 업계별로 거의 일정한 관습이 형성되어 있어 그러한 관습에 따르지 않는 국제마케팅활동은 거의 실패로 연결되기 쉽다. 특히 현지진출 초기의 국제기업에게는 반드시 그 나라의 상관습을 존중해야 하는 것이 철칙으로 되고 있다.

상관습 가운데서도 그 나라의 광고제도에 따른 상관습의 존중도 중요하다. 무엇보다도 현지에서 적절한 광고나 판촉을 실시하기 위해서는 각종 매스컴(masscom)매체나 광고매체의 발달정도, 이용관습, 이용가능성 및 비용, 촉진효과, 광고대리점의 능력과 관습 등에 관한 충분한 사전지식이 필수적이다.

주요 유통구조의 요소에는 시장기구, 거래관습, 광고매체 및 비용, 광고업자, 광고효과, 판매원, 소매구조, 물적유통구조, 유통경로 등이 있다.

4) 산업구조

산업구조(industrial structure)는 각 기업마다 형성되어 있는 특정업종의 산업과 더불어 한 나라의 국민경제상에서 차지하는 해당 산업의 비중이 어떻게 구성되어 있는가를 나타내는 것이다.

산업은 일반적으로 기업이 수행하는 활동이나 생산하는 제품의 유형(type)에 따라 달라진다. 이러한 분류에 따른 산업으로는 농림수산업, 광업 및 채석업, 건설업, 제조업, 운송 통신, 공익사업, 도매업, 소매업, 금융 보험 및 부동산업, 서비스업 등과 같은 것이다.

일반적 마케팅 환경으로서의 산업환경적 특성이란 산업의 발달상태, 동일업종의 경쟁기업 존재, 시장에서의 경쟁상태 등을 가리킨다. 특히 경쟁기업의 제품 성질 및 디자인, 시중판매가격, 판매점에 대한 마진(margin), 거래조건, 판매촉진, 광고활동 등의 상이는 그 나라에서의 국제마케팅 전략에 영향을 미치게 된다.

5) 시장환경

시장의 수요와 잠재력은 수요경쟁 및 유통에 관한 순수한 시장적 측면이 고려되어야 하므로 국제마케팅에 있어서는 데이터의 선정 및 해석상의 실제적인 어려움이 많게 된다. 그러므로 해외시장의 수요 잠재력이나 시장구조를 분석하는 것이 가장 중요하다.

일반적으로 시장의 규모는 인구 및 인구증가율, 지리적 인구분포, 인구의 연령별 구조, 소득분배, GNP 등을 통하여 알 수 있다. 특히 1인당 GNP는 실질적인 구매력을 반영하지 못한다는 등의 이유로 시장의 규모를 알아보는 수단으로 적합하지 않다.

6) 수요구조

시장의 성질이란 부존자원, 경제활동, 사회간접자본(물적 유통이나 유통기구를 위한 투자), 도시화 및 기타 경제적 특성을 망라한 것이다.

시장의 주요 수요구조는 고객의 지역적·소득별·계층별 분포, 구매동기 및 구매관습, 생활양식 및 생활주기, 구매의사결정 등에 의해 나타나게 된다.

이와 같이 국제마케팅환경은 국내마케팅환경보다 복잡하고 다양화되기 때문에 위의 모든 고려요소를 빠짐없이 그 환경에 집약하여 분석하는 일이 용이하지 않다. 또한 환경요소들을 집약시켰다 하더라도 합리적으로 분석하여 상호 관련시킴으로써 국제마케팅활동을 효율적으로 수행해 나갈 수 있는 전략수립을 행한다는 것은 더욱 어려운 것이다.

제2절 국제마케팅 환경요인

국제마케팅의 환경적 요인은 학자들에 따라 많은 분류방법이 있다. 먼저 크래머(Kramer)는 주권, 국가통화제도, 정부통제, 국가경제정책, 서로 다른 언어와 관습 등으로 분류하고 있다. 한편, 페이어웨더(Fayerweather)는 경제적 차원, 정치적 차원, 정치적 차원, 사회적 차원, 문화적 차원에서 보고 있다.

그러나 이상의 분류는 개별 다국적기업의 입장에서 보면, 통제불능요인(incontrollable factor)이 많은 마케팅환경요인들이기 때문에 관점을 바꾸어 국제마케팅에서는 해외시장 창조활동이라는 관점에서 보아, 그 초점을 당연히 구매관습이나 소득계층과 같은 외국시장의 창조와 직접적인 관련을 갖는 환경적 특색에 두어야 할 것이다.

기업은 스스로 통제 가능한 요소로서의 마케팅 수단인 제품, 가격, 유통구조, 판매촉진 등을 갖고 이러한 마케팅 믹스에 의한 프로그램을 원칙적으로는 통제불가능한 환경요인하에 전개한다. 이 경우 그 환경이란 기업이 본국에서 기업을 둘러싼 환경과 해외시장에서의 환경 시스템에서 이룩된다고 생각된다. 〈그림 3-2〉에서는 Hess와 Cateora에 이러한 환경을 설명하고 있다.

국제마케팅의 환경적 요인으로서 국내외의 통제가능요인과 통제불가능요인을 나누어 보면 다음과 같다.

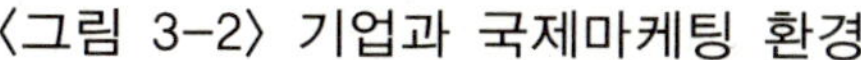

〈그림 3-2〉 기업과 국제마케팅 환경

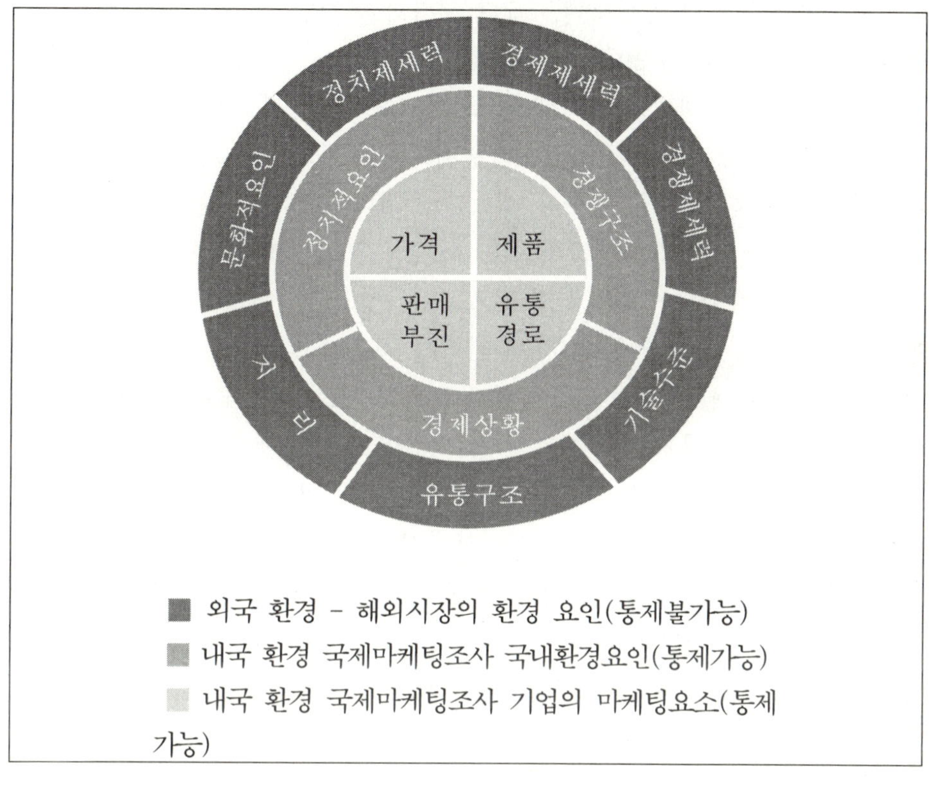

1. 통제가능요인

국제마케팅통제(International Marketing Control)를 한마디로 요약하면 표준의 설정, 실적의 측정, 편차의 수정 이러한 3단계의 프로세서를 거치게 된다고 할 때, 이는 그 어떠한 경우의 통제활동에 있어서도 똑같이 적용되는 과정이다. 통제가능 요인(Controllable factors)은 기업 스스로 경영관리를 통해 통제가 가능한 요인으로 생산, 판매, 인사, 재무 등이 이에 속한다. 일반적으로 기업의 통제하에 있는 국제마케팅 프로세서는 국제마케팅 전략 수립, 국제마케팅조사, 국제마케팅 믹스(가격, 제품, 유통, 판촉)의 단계로 진행된다. 이 가운데 기업이 해외사업경영에서 마케팅에 실제로 투입되는 요소는 국제마케팅 믹스인 제품, 가격, 유통, 판촉이다. 만일 국내외 통제 불가능 요인이 적용되거나 해결된다면, 그 다음 다국적기업의 사업성패는 바로 국제마케팅 믹스의 최적 수행에 있다고 볼 수 있다.

외국시장에서 마케팅 프로그램을 조정하여 적합한 마케팅을 구사할 수 있는 마케팅담당자는 각 통제불가능한 경제요소가 마케팅계획에 부여하는 영향과 충격을 충분히 예측 판단하지 않으면 안 된다. 통제불가능한 요소는 광의로 보아 문화를 구성하는 제요소이다. 왜냐하면 그 문화란 문명, 언어, 미학, 교육, 종교, 태도나 가치관, 사회기구 등을 의미하기 때문이다. 문화란 결국 현지기업 활동을 수행할 때에 자기 환경에 순응하고 인생을 통한 제 경험에 의해서 달성해야 할 제 2의 천성이므로 문화적응을 위한 과제는 국제마케팅을 담당하는 경영관리자가 직면하는 가장 어렵고도 중요한 문제라고 생각된다.

따라서 마케팅담당자는 조화되지 않는 문화에 마케팅을 적응시켜 미지의 시장에 대처하지 않으면 안 되며, 의사결정을 수행할 때 현지시장의 잠재력을 평가하지 않으면 안 된다. 사실 제 판단력은 문화과정의 결정인 경험에서 얻은 것이지만, 그 기준(frames of reference)은 사회적이라기보다 비사회적인 것으로 경영자가 그 후에 직면하는 상황에 대한 반응을 결정하거나 수정할 때 중요한 요인이 된다. 대개 이러한 경험은 관습행동으로 나타나는 전례가 별로 없었기 때문에 한 번에 완벽하게 얻을 수 있는 것은 아니다.

2. 통제불가능요인

1) 외국환경의 통제불가능요인

통제불가능요인(incontrollable factors)은 국내·외적으로 기업이 통제할 수 없는 요인으로 정치세력, 경제력, 지리, 문화적 격차 등을 들 수 있다.

외국환경의 통제불가능 요인으로는 정치제세력, 경제제세력, 경쟁제세력, 기술수준, 유통구조, 지리·문화적 제 세력 등이다. 이러한 여러 요인은 불확실성을 원천으로 야기되기 때문에 국제마케팅을 수행할 때 평가과정에서 문화적·정치적·경제적 등 많은 통제불가능 요인이 발생된다.

일반적으로 마케팅환경으로서 제시되는 지리적인 요인, 문화·사회적 요인, 정치·경제적인 요인, 법적인 요인 등은 인정할 수 있는 요인들이지만, 그 급변하는 요인과 통제에 대해서 구체적으로 무엇이 어떻게 작용하며, 어떠한 전략으로 어떻게 접근해야 하는 가는 매우 어려운 것이다. 그렇기 때문에 다국적기업의 경우 다수국에서 해외사업 활동을 전개하고 있는 비즈니스맨은 경영상 여러 결정이 정치적 안전성, 계층구조, 경제상황과는 정반대로 될 때가 많다. 특히 개도국에서 해외사업활동을 전개할 때는 현지의 단기적 변동이 상당히 동태적으로 움직이기 때문에 문화적·정치적·경제적 상황을 잘 파악할 필요가 있다. 외국의 불확실성 문제는 현지기업보다 외국기업에게는 예상 밖의 큰 충격을 주기 쉽다는 점도 명심해야 할 것이다.

그러므로 통제불능의 환경적 요인에 적응하여 충격을 극소화시킬 수 있도록 하기 위해서는 현지의 정치적·문화적 환경요인에 적응할 수 있는 경영관리자나 관리조직 체제를 구비하도록 해야 한다. 따라서 불확실성이란 경영환경변화에 대하여 사전에 또는 적절히 대응하는 방안을 세우는 것이 최선의 방법이라고 할 수 있다.

2) 국내환경의 통제불가능요인

기업경영상 마케팅의 역할을 중시하고 기업 전체의 입장에서 마케팅활동을 구축하여 모든 기업활동을 통합·조정하여 경영을 행하는 것을 시장지향 내지 고객지향적 마케팅이라고 한다. 이것을 기초로 하는 경영관에 입각하여 국내 및 상대국의 환경과 각국의 국민환경상호간의 연관성에서 생기는 시장격차현상에 대응하여 마케팅의 여러 기능을 유기적으로 통합·조정할 수 있는 활동이 바로 국제마케팅의 기본과제이다.

이와 같이 국제마케팅을 수행하는데 있어서는 국외의 통제불가능요인만 있는 것이 아니라, 국내 제환경요인도 해외사업활동의 성패여부에 중요한 영향을 미치는 요인으로 작용하게 된다. 국내환경의 통제불가능 요인으로는 정치제세력, 경제성장, 경쟁구조 등이다. 단 국내 제환경요인은 국외 제환경요인과는 달리 사회·문화적 요인(문화, 언어, 지리, 교육, 종교, 사회기구, 가치

관, 기술수준) 등은 제외된다.

그러나 정치·경제·경쟁요인은 해외에 진출하여 해외사업경영을 수행하는 다국적기업의 경우에는 국내정책도 국제마케팅 성패여부에 중대한 영향을 미치게 된다. 또한 동일 해외시장에 동일투자국기업인 경쟁기업이 대거 진출하게 되면, 당해 기업의 마케팅목표달성에 불확실성을 안겨준다.

한편, 국내 경제환경도 해외시장에서 기업의 경쟁적 지위에 광범위한 영향을 미치고 있다. 예를 들어 공장 및 시설에 대한 투자능력은 국내경제활동에 큰 함수가 되는데, 그것은 자본이 최적 이용되기 위해서는 유통되어야 하기 때문이다. 또한 국내 경제적 제 조건이 악화되면 국내경제를 강화하기 위해서 해외투자 및 수입에 제한을 가하기도 한다. 이렇게 볼 때 국내경제환경이 변화하면 기업의 해외경영활동은 제한을 받기 마련이다. 대개 국내환경의 변화가 국외에, 국외환경의 변화가 국내에 영향을 미치는 수가 많기 때문에 국내·외 환경요인이 기업의 국제마케팅활동에 연쇄적으로 큰 영향을 미치게 된다는 것을 의미한다.

국제기업의 마케팅활동에 직접적이며 핵심적인 영향을 미치는 국제환경은 무엇보다도 개별시장의 경제적 환경이 중요하다. 그러므로 국제마케팅 담당자가 특정 해외 시장에서 마케팅활동을 수행하기 전에 반드시 분석해야 할 중요한 요소를 흔히 과업환경(task environment)이라고도 한다.

경제적 환경으로는 경제체제, 경제안정도, 경제개발계획의 유무와 그 내용, 경제성장률, 경제조직, 주요산업, 주요 운송제도, 주요자원, 노동사정, 물가사정, 국민소득, 금융, 세제, 국제수지, 지리적 요인 등을 들 수 있다.

1. 경제체제

세계의 경제체제는 자원의 배분방식과 소유형태에 따라 국가들을 시장경제체제, 통제경제체제, 혼합경제체제 그룹(Group)으로 분류할 수 있다(Hill, 2002). 이러한 경제체제는 정치이념과 서로 밀접한 관계를 가지고 있다.

첫째, 시장경제체제는 공동의 목적보다는 개인의 목적이 우선되는 국가의

경제체제로 일명 자본주의 경제체제라고도 한다. 이 체제하에서는 시장에 의해 자원이 배분되며, 완전한 시장경제에서는 모든 생산활동은 국가가 소유하지 않고 개인이 소유한다. 또한 한 국가에서 생산과 소비되는 재화의 양은 수요와 공급의 상호작용에 의해 결정되며 그 최고 결정권자는 소비자가 된다. 즉, 소비자의 구매패턴(pattern)이 생산되는 상품의 종류와 수량을 결정하게 되며, 정부의 역할은 경쟁을 촉진하고 소비자를 보호하는 것이다. 그러므로 시장경제체제의 국가에 진출하는 기업은 그 나라의 소비자 특성이나 소비자 성향(trend)이 상대적으로 더욱 중요하기 때문에 이들 자료를 분석하여 마케팅전략 수립시 고려하여야 할 것이다. 이러한 체제는 많은 국가들이 실행하고 있으며, 특히 미국, 일본 그리고 서유럽국가가 대표적이며, 많은 사회주의 국가들도 시장경제체제를 도입하고 있다.

둘째, 통제경제체제는 사회주의 경제체제하에서 이루어지고 있는 것으로 시장의 자유는 제한되기 쉬우며 계획배분방식에 의해 어떤 제품이 어떤 방식에 의해 생산되는가를 정부의 계획에 의해 결정하여 많은 기업을 통제하게 된다. 이와 같은 체제하에서는 수요가 공급을 초과하게 되므로 마케팅믹스(제품의 차별화, 가격, 광고 및 촉진)전략이 주요변수가 되지 않는다. 1980년대 후반 공산주의가 붕괴된 이래 통제경제시스템을 사용하는 국가 수는 급격히 줄어들었지만, 쿠바와 북한은 아직도 통제경제체제를 채택하고 있다. 이러한 통제경제체제를 채택하는 국가는 외국기업에 대한 통제나 영향도 크기 때문에 특히, 직접투자를 하는 기업은 진출전에 정치적 환경 등에 대한 충분한 분석을 할 필요가 있다.

셋째, 현실적으로 순수한 시장경제체제나 통제경제체제를 채택하는 나라는 지구상에는 없다. 시장경제는 통제부문을 가지며, 통제경제는 마찬가지로 시장부문을 가진다. 그러나 상대적으로 보다 많은 혼합경제시스템으로 경제를 운영하는 국가로는 프랑스, 이탈리아, 스웨덴와 같은 서유럽국가를 혼합경제로 분류될 수 있다. 이들 나라에서는 개인의 소유가 사회의 이익을 위해 가장 좋은 방법이 아니라고 믿는 재정부분에 정부가 개입한다. 영국과 스웨덴은 모든 시민에게 보편적인 건강보호를 제공하기 위해 건강시스템에 대해 국가가 광범위하게 개입하고 있으며, 미국의 경우도 국민생산에서 재정부분이

32%를 차지하고 있다(Keegan & Green, 2005).

2. 시장발전단계

특정시점에서 각국 시장은 상이한 발전단계와 시장잠재력을 가지고 있다. 1인당 GNP는 국가를 분류하는 데 유용하며, 키건(keegan)은 1인당 GNP를 기준으로 하여 국가를 4가지 형태로 분류하였다.

첫째, 저소득 국가군이다. 이들 저소득 국가는 1인당 GNP가 $785 미만으로 세계인구의 37%를 이루고 있지만, GNP는 3%미만을 차지하고 있다. 이러한 저소득 국가들의 특성은 산업화가 제한적이고 농업에 종사하는 인구비율이 높으며, 출생률과 문맹률, 해외원조 의존도가 높으며, 정치적 불안이 높다.

많은 저소득 국가는 상품의 판매시장으로서 뿐만 아니라 투자의 기회도 제한적이며, 정치적으로 불안하기 때문에 대부분의 기업은 이들 국가에 투자할 경우에는 신중을 기하여야 한다. 이들 국가는 주로 아프리카 사하라 사막 이남에 집중되어 있다.

둘째, 중하층 소득 국가군이다. 중하층 소독국가란 1인단 GNP가 $785에서 $3,125 사이에 있는 국가로서 일반적으로 산업화 초기단계에 있으며 세계인구의 39%가 여기에 해당하지만, GNP는 세계 GNP의 10%에 지나지 않는다. 이들 국가들은 장난감이나 직물과 같이 노동집약적 산업이나 표준화된 산업에 주요 경쟁우위가 있다. 인도네시아의 경우 가장 좋은 예로써 우리나라의 나이키(nike)와 계약하에 운동화 생산공장이 몇 개가 있다.

셋째, 중상층 소득 국가군이다. 개발도상국가로 알려진 중상층 국가들은 1인당 GNP가 $3,126에서 $9,655 사이에 있는 국가이다. 이들 국가에서는 사람들이 산업부문으로 이동하고, 도시화 정도가 증대함에 따라 농업에 종사하는 인구가 급격히 줄어든다. 이들 국가는 선진 교육시스템을 가지고 있으며, 문맹률이 낮지만, 선진국에 비해서는 임금이 상당히 낮은 수준으로 말레이시아, 칠레, 헝가리 등이 이 그룹에 속한다.

넷째, 고소득 국가군이다. 선진국, 산업화된 국가 또는 탈공업화 국가로 알려진 고소득 국가는 1인당 GNP가 $9,656 이상인 국가이며 몇 몇 산유국은

제외하고, 이 범주에 있는 국가들은 지속적인 경제성장과정을 통해 현재의 고소득 수준에 이르게 되었다. 이들 국가들은 단지 소득만 높은 것이 아니고, 혁신이 우연한 발명이라기보다 이론적인 지식의 바탕에서 이루어지며, 서비스부문이 GNP의 50%를 차지하는 등의 특성이 있다.

이들 고소득 국가 중에는 미국, 일본, 프랑스, 영국, 캐나다 그리고 이탈리아로 구성된 이른바 G국제마케팅조사7(Group of Seven)이 있다. 이들 국가의 대통령, 재무부장관 및 중앙은행장들이 모여 세계경제의 번영과 통화안정을 위해 노력해 오고 있다. 고소득 국가들이 구성하고 있는 또 다른 기구로는 경제개발협력기구(Organization for Economic Cooperation and Development: OECD)이다. OECD는 2003년 현재 시장경제시스템을 지지하는 31개 국가들로 구성되어 있으며, 기본적인 임무는 회원국이 지속적으로 높은 경제성장을 달성하고 사회·경제적으로 국민들의 복지를 증진시키는 것이다.

이러한 시장발전단계는 국제마케팅관리자에게 있어서는 잠재구매자의 비율이나 가정에서 특정제품의 소유비율, 그리고 제품포화수준을 평가하는 데 지침이 될 수 있다.

3. 인구

해외 특정시장의 인구는 그 시장의 규모를 나타내는 중요한 지표 중의 하나이며, 세계적으로 보편적인 소비욕구를 가지고 있는 필수품의 경우는 인구수가 바로 잠재적인 수요를 나타내기 때문에 중요한 의미를 지니고 있다.

〈표 4-1〉에서 보면 세계인구는 2005년 현재 65억에 이르고 있으며, 1억 이상의 인구 대국은 중국, 인도, 미국, 인도네시아 등 10개국이다.

국제마케팅관리자는 현재의 인구는 물론, 인구에 대한 자료를 보다 잘 활용하기 위하여 인구증가율, 연령분포, 가족규모, 도시화 정도 등과 같이 세부적으로 자료를 구분하여 분석해 보는 것이 중요한다.

2005년 현재 1억 이상의 인구를 가지며, 고소득 국가(1인당 GNP가 $9,656 달러 이상인 국가)에 속하는 국가는 미국과 일본 2개국뿐이며, 나머지는 중

혹은 저 소득 국가들이다. 또한 인구증가율 면에서도 고소득 국가들은 현저히 낮을 것으로 예상하고 있다. 인구에 대한 이러한 예측은 향후 선진국에서는 학교에서 사용되는 상품의 수요와 어린이들에 의해 구매되는 상품의 수요는 감소될 것임을 보여주고 있다. 그러나 의료 및 의료관련 상품, 관광 등의 수요는 증가될 것으로 보인다.

〈표 4-1〉 세계 주요국의 인구 현황 및 예상치

국 명	2005년 인구(백만 명)	인구비율(%)	2050년 예상인구(백만 명)
중국	1,315.8	20.4	1,392.3
인도	1,103.4	17.0	1,592.7
미국	298.2	4.6	395.0
인도네시아	222.8	3.4	284.6
브라질	186.4	2.9	253.1
파키스탄	157.9	2.4	304.7
러시아연합	143.2	2.2	111.8
방글라데시	141.8	2.2	242.9
나이지리아	131.5	2.0	258.1
일본	128.1	1.9	112.2
세계전체	6,464.7	100.0	9,075.9

주 : 2005년 기준 자료임

자료 : World Development Indicators database, World Bank, August, 2005.

4. 소득

해외시장 진출을 위한 마케팅 전략에서 제품의 시장은 사람뿐만 아니라 구매력도 필요로 한다. 수요를 결정하는 기본적인 요소인 인구를 제외하고는 소득이 대부분의 소비재와 산업재에 대한 시장 잠재력을 측정하는 데 가장

유용한 시장의 구매력과 관련한 지표이다.

한편, 1인당 GNP는 구매력을 평가하는 데 제일 중요한 하나의 지표로 사용되지만 주의가 필요하다. 즉, 1인당 GNP는 그 나라의 평균적인 소득수준을 나타내는 것이지 제품에 대한 목표시장소비자들의 소득수준 또는 구매력을 나타내는 것은 아니다. 선진국에서는 인구에서 상위 부자 10%가 모든 재화의 20%를 소비하고, 개발도상국에서는 상위 10%부자가 모든 재화의 47%를 소비한다(Czinkota & Ronkainen, 2002). 경제가 발전할수록 소득분포가 점점 더 중산층으로 수렴하는 경향이 있다.

한편 GNP는 시장잠재력을 나타내는 일반적인 지표이지만, 몇 가지 이유로 인하여 왜곡을 가져올 수 있다. 2차 지표로 사용되는 GNP는 종종 미국 달러로 표시되지만, 환율에 왜곡이 일어날 수 있기 때문에 상이한 경제발전단계에 있는 국가들간 실질소득의 차이를 정확하게 반영할 수 없게 되어 진정한 구매력을 반영하지 못할 수도 있다. 또한 제품의 코스트가 국가에 따라 상당히 다르기 때문에 제품의 코스트가 고려되어야 한다.

〈표 4-2〉 1인당 국민소득과 구매력

(단위 : 달러)

1인당 소득		1인당 구매력 조정소득	
일본	40,986	룩셈부르크	47,569
룩셈부르크	40,947	미국	35,855
노르웨이	38,748	노르웨이	32,184
스위스	36,947	스위스	31,831
미국	36,693	아일랜드	30,367
덴마크	32,119	덴마크	29,166
아일랜드	31,142	벨기에	29,058
스웨덴	26,615	싱가포르	28,950
싱가포르	26,562	일본	28,735
홍콩	26,421	캐나다	28,647

주 : 2003년 기준임.

자료 : Warren Keegan Associates, Inc., 2005.

〈표 4-2〉는 2003년 환율을 기준으로 한 10개국의 1인당 국민소득과 실제 구매력으로 조정된 소득을 보여주고 있다. 일본은 국가가 부유함에도 불구하고, 물가수준이 높기 때문에 다른 선진국의 평균 가정에서 누리는 높은 수준의 생활을 즐기지 못한다. 상대적으로 미국의 1인당 국민소득은 지표상 5위를 나타내고 있지만, 미국의 기본적인 생필품에 대한 물가수준이 다른 선진국에 비해 낮기 때문에 실제 화폐의 구매력을 기준으로 보면 2위를 나타내고 있다.

5. 소비패턴

생필품에 사용된 소득의 비율로 시장의 발전단계는 물론 소비자가 다른 구매를 위해 어느 정도의 돈을 쓸 수 있는지를 알 수 있기 때문에 일반적인 소비패턴에 대한 자료도 국제마케팅관리자에게 귀중한 것이 될 수 있다.

가정의 소득이 증가함에 따라 식료품에 대한 지출은 줄어들고 다른 구입비율은 증가하게 되는 엥겔지수는 소비자의 소비패턴에 대해 약간의 일반적인 사실을 제공해 주기 때문에 정확한 자료를 얻을 수 없을 때에 유용하게 사용할 수 있다.

한편, 특정 상품을 소유하고 있는 가정의 비율에 대한 정보는 그 시장의 잠재력을 보다 더 정확하게 평가하는 데 도움을 줄 수 있다.

6. 산업기반시설

국제마케팅관리자는 수송, 커뮤니케이션 및 에너지에 대해서는 현지시장이 제공하는 서비스에 주로 의존할 것이기 때문에 인프라의 수준과 이용가능성은 해외에서의 마케팅활동을 평가하는 데 아주 중요하다.

특히 도로, 철도, 수로 및 항공에 의한 수송 네트워크는 물적유통을 위해 필수적이며, 커뮤니케이션 역시 수송과 마찬가지로 중요하다. 국내외에 있는 그룹내의 회사들과 커뮤니케이션을 할 수 있는 기업의 능력은 커뮤니케이션의 인프라인 전화, 컴퓨터, 방송매체, 인쇄매체 등에 대한 자료에 의해 측정

할 수 있다. 동유럽 국가들은 세계에서 가장 열악한 전화시스템을 가지고 있다. 전화시스템을 개선하는 데 비용이 비싸지만, 세계시장에서 경쟁하고 국제투자가를 유치하기 위해서는 개선을 하지 않으면 안 될 것이다.

한편, 어떤 경우에는 사회기반시설이 시장기회를 결정짓게 해 줄 수도 있다. 아시아의 20억 인구가 1,000명당 16명만이 전화를 사용할 수 있다면, 아시아시장은 전기·발전·통신·수송산업에서 시장잠재력이 매우 높다.

7. 국제거래에 대한 현지정부의 규제

해외시장의 각국 정부는 해외기업과의 거래에 대해 광범위한 통제권을 행사하고 있다. 정부통제의 일반적 요인으로는 국내산업의 보호와 국내기업가의 개발육성, 고용과 관련한 실업 문제, 국가간의 서로 다른 가치체계 등을 들 수 있다. 해외시장 진출에 관심을 가지고 있는 국제마케팅관리자는 현지정부가 해외기업의 진출을 어느 정도 허용하는지를 아는 것이 중요하다. 외국기업 진출에 대한 현지정부의 입장은 특정시장에서 국가별 해외직접투자의 정도와 그러한 투자를 규제하는 규칙을 분석함으로써 알 수 있다.

1. 사회 · 문화적 환경의 개념

사회계급(class)이란 공통적인 가계, 부, 교육 및 유사한 직업을 가진 개인들의 집단을 말하며, 유사한 생활방식 · 관념 · 느낌 및 태도를 가지고 그들 자신을 사회의 다른 집단들과는 차이가 있는 여러 가지 명시성을 가진 것으로 간주한다.

세계의 어느 나라든 제각기 고유의 사회와 문화가 있게 마련이며, 교육수준에도 많은 차이가 있다. 그 나라 국민의 생활양식, 소비성향, 구매태도, 사용되는 상품종류, 언어, 문장 등 모든 사회적 사상은 모두가 그 나라의 사회적 · 문화적 소산이다. 이를테면 소비자가 바라는 상품의 종류는 문화의 발달여부에 따라 결정되며, 또 그 나라의 국민에게 접근되는 상품의 디자인이나 색채는 그 나라의 전통적 문화나 풍습을 표현하는 것이다.

주요한 사회적 환경요소는 해당국가의 후생 · 교통 · 통신시설, 인구수 TV 및 승용차 보급률, 인종별 분포, 소득분포, 문화수준, 사회공공시설, 인구증

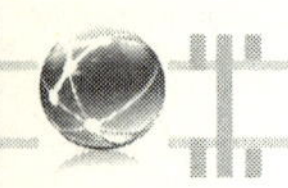

가율, 생산양식, 사회적 계급 등이다. 이 외에도 인종 및 사회제도, 교육제도, 종교제도, 가족제도, 국민성 등이 그 주된 구성요소에 포함된다.

국제기업이 하나의 사회구성체로서 속하게 되는 그 나라의 국민경제적인 영역에서 일체의 인구 특성, 소득 특성, 사회적 조건 등을 가리킨다. 이러한 환경요소는 항상 변화하며, 각국의 기본적 마케팅시스템을 구성하는 종교·가족·교육·사회의 각 시스템의 중요성과 소득별 계층분포의 예가 국제환경으로서 사회·문화적 환경의 의의를 강조하고 있다.

주요한 사회·문화적 환경요인으로는 종교제도, 가족재도, 교육제도, 사회심리적 요인(국민의 이념, 외국인에 대한 태도, 민족주의의 본질, 사회적 지위에 관한 사고방식), 언어 및 풍습의 차이, 색체감각 등을 들 수 있다.

2. 문화의 개념 및 구성요소

(1) 문화의 정의

문화인류학자인 홉스테드(Hofstede, 1991)는 문화를 "한 그룹의 구성원과 다른 그룹의 구성원을 구별 짓는 마음의 집단적 프로그램"이라고 정의하였다. 또한 트렙스트라와 데비드(Trepstra & David, 1991)는 문화를 "한 사회의 구성원들에게 일련의 방향성을 제시해 주는 의미를 지닌 학습되고, 공유되며, 강제적이고 상호 연관된 상징들의 집합체"로 보다 경영 지향적인 정의를 내리고 있다.

이러한 문화에 대한 다양한 정의에도 불구하고, 다음과 같은 공통적인 요소들이 있다. 첫째, 문화는 유전자를 통해 저절로 전해지는 것이 아니라 사람들에 의해 학습된다는 것이다. 한 사회의 문화는 가정이나 학교 등과 같은 동료그룹에 의해 한 세대에서 다음 세대로 전해지는 것이다. 두 번째로는 모두 서로 관련되어 있는 많은 상이한 부문들로 구성되어 있다. 예를 들면, 한 사람의 사회적 지위는 그 사람이 사용하는 언어에 영향을 미친다.

따라서 문화란 한 사회의 인간 행동을 규정짓는 사회적 규범과 양식의 총체적체계(Robock and Simmonds, 1989)로서 한 사회를 다른 사회와 구별하게 만들고, 각 사회마다 고유한 특성을 지니게 하는 것이 문화라고 할 수 있다.

(2) 문화의 구성요소

문화는 서로 관련된 많은 요소들로 구성되어 있다. 이들 요인들에 대한 깊은 통찰력이 없으면 문화를 잘 이해할 수 없다.

① 언어

언어는 문화의 거울로서 표현되고 있듯이, 그것은 사람들간의 의사소통수단 그 이상의 의미를 지니고 있다. 특히, 언어는 국제마케팅관리자들에게는 고객과의 의사소통의 중요한 수단이기 때문에 각국의 언어에 대한 이해는 필수적이다.

또한 언어는 사람들이 사물을 인지하는 방식에 영향을 주기 때문에 문화를 구분하는 데 도움을 준다. 예를 들면, 캐나다는 영어를 사용하는 문화와 불어를 사용하는 문화가 있듯이, 2개 이상의 언어를 가진 나라에서는 역시 2개 이상의 문화가 종종 존재함을 볼 수 있다. 따라서 2개 이상의 언어를 사용하는 국가에서는 서로 다른 마케팅전략 등이 필요할 수도 있으므로 이들 국가에 진출하는 기업은 이러한 문화적 차이를 고려할 필요가 있다고 하겠다.

② 종교

종교는 사회의 믿음과 태도 및 가치의 중요한 원천이므로 인간의 구매동기와 관습을 이해하는 데 그들의 종교에 대한 이해가 때로는 중요하다. 이러한 믿음은 그 사회와 개인의 가치나 태도에 영향을 주며, 또한 이러한 가치와 태도는 그 문화 구성원들의 행동에 영향을 주며 많은 사회에서 중요한 역할을 한다.

종교적 금기로 인해 기업은 종종 그들의 마케팅전략을 현지화해야 되는 경우도 있다. 예를 들면, 인도에서는 맥도날드(McDonald's)는 소를 공경하는 힌두교도들을 기분 나쁘게 하지 않기 위해, 쇠고기가 든 햄버거를 판매하지 않는다. 또한 어떤 냉장고 메이커(marker)는 선반 중앙에 햄 덩어리가 올려져 있는 냉장고 광고 사진을 찍어, 이런 사진을 여러 번 직기가 어려워 가능한 한 여러 지역에 똑같은 사진을 사용하였다. 그러나 햄을 먹지 않는 이슬람교도들이 살고 있는 중동지역에서는 이 광고가 전혀 의미를 가지지 못했다.

그리고 중동에서는 비즈니스에서 여성의 역할이 종교와 밀접한 관련을 가지고 있다. 예를 들면, 이슬람국가에서는 여성 판매원을 통해서만 종종 여성에게 접근하는 것이 가능할 수도 있다. 또한 기업에서 여성관리자는 아주 제한되어 있으며, 식료품 구매를 제외하고는 남성들이 최종 구매결정을 한다(〈표 5-1〉 참조).

〈표 5-1〉 이슬람교와 마케팅

이슬람교 요소	마케팅 시사점
1. 매일 기도	방문 판매, 작업일정 및 고객과의 거래 등을 계획할 때에 고려해야 됨
2. 고리대금업 금지	마케팅 수단으로서 외상판매 금지
3. 강제적인 기부	과도한 이익은 자선목적을 위해 사용
4. 종교적 휴일 (예 : 라마단이 끝나는 날)	식료품, 옷 및 선물의 주요 판매시기
5. 성차별	여성소비자에게 접근은 여성판매원, 카탈로그, 가정전시 및 여성상점에 의해서만 가능함.

자료 : Vern Terpstra and Ravi Strathy, International Marketing, The Dryden Press, 2000.

③ 물질문명에 대한 관점

물질문명은 주로 한 사회내의 상품과 서비스의 생산, 유통, 소비를 하기 위해 사용되는 기술을 의미한다. 물질문명의 차이는 많은 소비재의 수요 패턴과 수준의 차이 때문에 생긴다고 볼 수 있다. 에너지 소비의 경우를 보면, 개도국보다 선진국이 훨씬 높을 뿐만 아니라, 선진국은 핵에너지와 같은 보다 발전된 형태에 의존한다. 이러한 환경차이를 극복하기 위해 경영자는 그들의 제품을 적응화하지 않으면 안 된다. 예를 들면, 청량음료산업에서 미국 이외의 많은 나라에서 미국에 비해 상품판매 공간이 아주 비좁고, 냉장고는 용량이 훨씬 적다. 이로 인해 청량음료 판매업자는 2리터 병보다는 1~1.5리터 병을 판매한다. 또한 인도는 도로사정이 좋지 못하기 때문에, 코카콜라 회사는 좁은 도로에 맞추어 콜라를 운송하기 위해 큰 삼륜차를 사용한다(Kotabe & Helsen, 2001).

④ 사회조직

사회조직이란 그 사회구성원이 서로 어떤 형태로 관련되어 있는가를 의미한다. 사회조직은 친족, 성별, 연령, 혹은 공동 관심사 등에 따라 구성되며, 친족관계는 사회조직의 가장 중요한 예에 속한다.

친족개념은 사회에 따라 상당히 다르다. 대부분의 서방국가에서는 가족단위는 부모와 자식으로 구성된 핵가족을 의미하지만, 개도국에서의 가족단위는 먼 친척을 포함한 훨씬 범위가 넓은 그룹으로 구성된 대가족을 의미한다. 이러한 가족의 범위는 기업에 중요한 영향을 미치고 있다. 대가족으로 구성된 나라에서는 중요 구매결정은 많은 사람들의 참여로 이루어진다. 예를 들면, 재봉틀 같은 비교적 비싼 상품을 구매하기 위해서 많은 구성원들의 돈을 모아 구매하기도 한다. 또한 히스패닉 가족을 표적으로 한 LA의 한 라디오 방송국은 디즈니랜드에 갈 수 있는 표 2매를 제공하는 콘테스트를 하였으나 실패하였다. 왜냐하면, 대가족 중에 단지 2명을 뽑는 것은 어려웠기 때문이다.

한편, 구매의사결정에서 가족 구성원의 영향력도 나라에 따라 상당히 다르다. 홍콩의 한 조사연구소는 12개국에서 식료품 구매시 부부의 의사결정영향력을 조사하였는데, 의사결정자의 31%는 남편인 것으로 나타났다. 이는 서방국가에서는 10% 미만인 것과는 아주 대조적인 결과이다.

그리고 개인의 준거집단도 소비자의 구매결정과정에 미치는 영향은 사회마다 상이한 것으로 나타나고 있다. 예를 들면, 미국의 경우, 새로운 브랜드 운동화에 대한 구매의도는 자신의 개인적 태도가 중요한 반면, 한국에서는 사회적 규범이 중요한 역할을 하는 것으로 보고되고 있다.

⑤ 교육

교육은 문화를 한 세대에서 다음 세대로 연결해 주는 중요한 수단 중의 하나이다. 문화가 국제마케팅관리자에게 주는 2가지 중요한 의미는 교육수준과

교육의 질이다. 교육수준이 낮은 나라에서는 제품라벨, 인쇄광고 및 연구조사와 같은 문제에 대해 주의할 필요가 있다. 예를 들면, 교육수준이 낮아 문맹률이 높은 나라에서 광고할 때에는 문자 대신 그림을 활용하는 것이 효과적일 수 있을 것이다.

한편, 기업은 교육의 질에 대해서도 역시 관심을 가져야 한다. 특정분야에 자질을 갖춘 인력이 부족하면, 기업은 유능한 인재를 확보하기 위해 서로간에 치열한 경쟁을 하지 않을 수 없게 된다. 만약, 현지시장에 유능한 인력이 부족하면, 현지 인력이 적절히 훈련될 때까지 본국의 인력을 파견하지 않으면 안 된다.

⑥ 미적 감각

미적 감각이란 하나의 문화가 색상이나 음악, 형상의 관점에서 미와 상품에 대한 선호경향을 나타내는 생각이나 지각이라고 할 수 있다. 국제마케팅 관리자는 미적 감각의 차이가 시장에 따라 많은 차이가 있을 수 있기 때문에 주의하기 않으면 안 된다.

색상의 경우를 보면, 미국이나 유럽에서는 검정색이 죽음을 의미하지만, 흰 카네이션이 아시아인들에게 죽음과 재앙을 상징한다는 것을 몰랐던 유나이티드 항공이 홍콩 첫 비행 축하의 뜻으로 승객들에게 흰 카네이션을 승객에게 선사하였다. 나중에 이 사실을 알고 난 후, 즉시 빨간 카네이션으로 바꾸어주었다고 한다. 또한 싱가포르에서 녹색은 죽음이나 질병과 연관되어 있기 때문에 기업의 상징적인 색으로 사용하기에 부적절하며, 중국에서 붉은 색은 행운을 의미한다.

3. 문화의 변화

문화는 항구적인 것이 아니라 시간이 흐름에 따라 진화한다. 그 변화는 느리며, 또한 사회에 고통스러울 수도 있다. 예를 들면, 오늘날 러시아와 같은 이전의 많은 공산주의 국가들의 가치시스템은 이들 국가가 집단주의를 강조하는 가치에서부터 개인주의를 강조하는 방향으로 옮겨감에 따라 상당한 변화를 겪고 있다. 사회적 혼란은 불가피한 결과이다.

이러한 문화의 변화는 경제적 발전과 글로벌화의 결과로 나타날 수 있다. 경제가 발전함에 따라 집단주의에서 개인주의로 가치의 이동이 일어나는 것이 밝혀지고 있다. 글로벌화에 대해서는 수송과 통신기술의 발전 및 글로벌 기업의 등장 등으로 문화가 비슷해지는 문화의 수렴성 조건이 만들어지고 있다는 것이다. 맥도날드 햄버그, 리바이스, MTV 등으로 세계 도처에 청년문화가 형성되고 있어, 문화적 차이가 좁아지는 조건이 나타나고 있다고 본다(Hill, 2002). 그러나 한편으로는 이슬람 원리주의나 캐나다 퀴백(Quebec)에서의 분리주의 등과 같은 반대추세도 있다는 점을 무시해서는 안 된다.

1. 정치적 환경의 개념

국제기업의 마케팅활동에는 무엇보다도 상대국의 정치체제와 정치안정성, 경제정책과 경제법규, 세제와 관세제도, 그리고 외국기업 활동이나 외국자본에 대한 법적 기반 등이 커다란 영향을 미치는데, 이러한 환경요인을 정치적 환경이라고 말한다.

자유주의국가에서는 사유재산제와 경영자의 자유 의사결정이 정치적 환경의 기초가 되고 있으므로 자유경쟁이 원칙적으로 승인된다고 볼 수 있다. 이에 반하여 사회주의국가에서는 생산수단의 사유는 원칙적으로 인정되지 않으므로, 중앙계획경제체제(Zentralistische Planwirtschaftssystem)에 따르게 된다. 이러한 관점에서 주요한 정치적 환경요소로는 정치체제, 정치의 안정도, 수출국에 대한 정치적 태도, 외국인의 입국・거주・투자에 대한 법제도, 노동법상의 규제, 통상협정, 공업소유권법, 관세법, 외국환관리제도, 상법,

과실송금에 대한 규제 등을 들 수 있다.

현지국의 정치적 환경은 기업의 국제마케팅활동에 다양한 영향을 준다. 훌륭한 관리자는 그 기업이 활동하고 있는 국가의 현존하는 환경에 대한 이해뿐만 아니라, 향후 일어날 수 있는 변화를 예측하여 계획을 수립할 수 있어야 한다.

2. 정치적 위험의 유형

기업은 보통 안정적이고 우호적인 정부를 가진 국가에서 경영하기 원하지만, 그러한 정부를 발견하는 것이 언제나 쉬운 것은 아니다. 모든 나라에는 정치적 위험이 있지만 그 위험의 범위는 나라마다 다르다. 또한 모든 해외진출에도 위험이 따르지만, 그 정도는 진출방법에 따라 다르다. 해외직접투자는 수출이나 라이센싱 등에 비해 그 위험의 정도가 매우 크다. 이 때문에 직접투자에 있어서는 투입하는 경영자원, 그 결과로서 기대할 수 있는 성과 및 발생할 수 있는 손해를 신중히 검토하게 된다. 즉, 수출보다는 상세하고 많은 종류의 정보를 대량으로 수집하여 분석할 필요가 있다.

정치적 위험은 여러면에서 분석될 수 있으나, 해외직접투자와 관련하여 고려될 수 있는 정치적 위험을 중심으로 발생할 때에 손해가 큰 것부터 순차적으로 다음과 같이 4가지로 분류될 수 있다.

① 전쟁위험

전쟁, 혁명, 내란 등에 의해 현지정부가 국내의 질서를 유지할 수 없게 되고, 그 결과로서 자산에 대한 손해, 업무정지 등에 빠지는 위험이다. 이것은 현지국의 정치시스템이 예측을 초월하여 급격히 변화하는 것에 의해 일어난다.

② 소유나 지배와 관련된 위험

소유권과 관련된 위험으로서는 몰수(confiscation)와 수용(expropriation) 그리고 내국화(domestication) 등을 들 수 있다. 수용과 몰수는 외국기업으로부터 현지국가로 소유권이 이전된다는 점에서는 비슷하다. 상이한 점은 수용은 기업에 보상이 이루어지지만, 몰수는 보상 없이 기업의 자산을 빼앗는 것이다. 그러나, 수용의 경우에는 현재 소유자에게 현지국 정부가 보상을 해

주지만, 보상협상은 소유자에게 불만족스러운 형태로 끝난다. 이러한 수용이나 몰수는 에너지, 은행 등과 같이 현지국 경제에 중요한 산업이 다른 산업에 비해 위험이 높다.

한편, 많은 국가에서는 몰수와 수용에서 내국화와 같은 보다 교묘한 형태의 통제로 바꾸고 있다. 내국화란 점진적으로 기업의 관리와 운영책임 및 소유권을 시간이 지남에 따라 현지 기업에게 넘기는 것을 말한다. 현지 정부는 내국화를 통하여 소유권과 경영책임의 일부 이전을 요구하고, 보다 많은 상품이 현지에서 생산되고, 이익의 많은 부분이 현지국에 사용되도록 규제를 한다.

내국화는 다음과 같은 몇 가지 이유로 국제마케팅관리자에게 심각한 영향을 줄 수 있다. 첫째, 기업은 관리자로서 현지인을 고용하도록 요구받기 때문에, 이런 결과로 협력이나 의사소통에 나쁜 영향을 가져올 수 있다. 둘째, 현지부품 사용 요구는 부품을 현지에서 구입해야 하기 때문에 결과적으로 비용이 증가될 수 있으며, 또한 상품의 품질이 떨어질 수 있다.

③ 운영상의 위험

운영상의 위험으로는 수입제한, 가격통제, 노동문제 등이 있다.

첫째, 수입제한은 원료, 기계 등의 수입에 대한 선별적인 제한으로 이들을 현지국에서 충당해야 하며, 이는 결과적으로 현지국 산업을 보호하게 된다. 현지국 산업의 보호목적으로 이루어지는 수입제한은 현지국에 적절한 공급원이 없을 때에는 현지국에 진출한 외국기업에게는 중대한 문제가 될 수 있다.

둘째, 의약품, 식료품, 가솔린 등과 같은 공익과 관련이 많은 상품에 대해 종종 가격통제가 이루어진다. 가격상승(Inflation) 기간 동안 이루어지는 이런 통제는 물가를 통제하기 위해 사용될 수 있다.

셋째, 많은 국가에서 노동조합은 기업으로부터 특별한 양보를 효과적으로 얻기 위해 정부의 강력한 지원을 받고 있다. 해고는 금지될 수 도 있으며, 이익은 공동으로 나누며, 특별한 서비스가 제공될 수도 있다.

④ 이전위험

이전이험이란 투자한 원금, 배당금, 로얄티(Royalty) 등을 국외로 송금할 수 없거나 또는 송금을 지연시키지 않을 수 없는 상태 등을 의미한다. 결국, 현지국의 통화를 외국통화로 교환할 수 있는 리스크(risk)이다. 또한 현지국 정부의 정책에 의해 현지통화의 평가가 절하되어 그 가치가 감소하는 리스크를 포함하는 경우도 있다.

3. 정치적 위험의 평가

정치적 위험평가는 경영자가 정치적 사건을 확인하여 평가하는 것을 돕기 위해 정치적 불안정성을 예측하고 이들 정치적 사건이 현재 및 미래의 국제 마케팅관리자에 미치는 영향을 예측하는 시도이다. 정치적 평가를 통해 마케팅관리자는 다음의 의사결정을 하는데 도움을 받을 수 있다.[2)]

① 위험보험이 필요한지 여부 결정
② 정보네트워크 및 주기 경보시스템 고안
③ 비우호적인 미래의 정치적 사건들에 대비한 비상계획 마련
④ 과거의 정치적 사건에 대한 데이터베이스를 구축하여 미래 문제를 예측함
⑤ 기업이 정보네트워크에 의해 수집된 자료를 해석하여 정치적・경제적 상황에 대한 기업의 의사결정자에게 조언을 함.

정치적 위험을 측정하는 방법으로는 기업내에의 정치적 분석에서부터 외부 전문기관을 이용하는 것까지 다양하다. 경영자들은 Economist Intelligence Unit, International Country Risk Guide, Business Environment Risk Intelligence 등과 같은 기관에서 제공하는 국가위험 평가에 관한 자료를 활용할 수 있다.[3)]

---

2) Cateora, Philip R. and John L., Graham, *International Marketing*, McGraw-Hill, 2002.

3) Kotabe, Masaaki & Kristiaan Helsen, *Global Marketing Management*, John Wiley and Sons, Inc., 2001.

4. 정치적 위험의 대응전략

올바른 의사결정을 하기 위하여 국제마케팅관리자는 현지국의 정치적 요인들을 이해해야 하고 또한 현지국의 국가전략과 목적을 이해해야 한다.

해외기업은 현지국의 환영을 받기 위해서 현지정부가 원하는 가시적인 혜택을 제공해야 한다. 따라서 마케팅관리자는 현지정부의 정책동기와 목적이 무엇인지를 아는 것이 매우 중요하다. 만약 현지정부가 일자리 창출을 적극 추진하고 있다면, 일자리를 제공할 수 있는 해외기업은 다른 문제에 대한 양보를 얻을 수 있는 수단을 가지게 된다. 그리고 정치적 환경을 올바르게 관리하면, 그것은 기업에게 방해가 되기보다는 하나의 마케팅지원시스템이 될 수 있다.

기업은 활동하고 있는 국가의 정치적 환경을 직접적으로 통제하거나 변경할 수 없지만, 그 정치적 위험으로부터 받는 영향 정도를 줄일 수 있는 대책은 몇 가지 있다.

① 합작투자 및 투자기반의 확대

현지국과의 합작투자는 다국적기업에 대한 적대 감정을 최소화하는 데 도움이 될 수 있다. 또한 현지국에서 투자를 위한 자금조달을 할 때에, 은행이나 여러 투자자들을 포함시키는 것은 정치적 위험을 줄이는 또 하나의 전략이 될 수 있다. 만약 현지정부가 수용이나 몰수와 같은 위협을 할 때에 자금조달에 참여한 은행의 힘을 활용하여 이러한 위험을 줄일 수 있을 것이다.

② 점진적인 내국화

계획적인 내국화란 기업활동의 모든 면에서 현지국의 참여를 점진적으로 허용하는 것을 말한다. 이는 선호되는 기업관행은 아니지만, 현지 정부주도 내국화는 몰수와 같은 큰 불행이 될 수 있으므로 장기적으로 가장 효율적인 해결책이 될 수 있다. 예를 들면, 기업내에 훈련된 현지인이 중요한 지위에 있다면, 정부에 의한 내국화보다 통제가 보다 용이할 것이다. 또한 일정기간 동안 개발해 놓은 현지공급자는 궁극적으로 전체 수요량의 상당부분을 취급하게 되어 현지 구매에 대한 정부의 요구를 충족시킬 것이다. 이러한 계획적인 내국화는 투자에 대한 적대심을 경감시키는 데 도움을 주는 하나의 의미 있는 전략이 될 수 있을 것이다.

③ 좋은 기업시민

해외투자자들이 현지국 국민을 희생시켜 국가의 부를 착취한다는 것과 같은 두려움이 있는 한, 해외투자자들에 대한 현지인의 적대적인 정치적 분위기는 계속될 것이다. 이러한 두려움을 경감시키고 기업이 좋은 기업시민이 되어 정치적 위험을 최소화하는 데는 다음과 같은 자세가 필요하다.

첫째, 기업의 이익은 기업 것만 아니고, 현지인 종업원과 현지국의 경제도 혜택을 받아야 한다.

둘째, 현지어를 유창하게 구사하면, 판매와 대중관계에 상당한 도움이 된다.

셋째, 기업은 가치 있는 공공 프로젝트로 현지국의 경제와 문화에 공헌해야 한다.

넷째, 기업은 경영자와 경영자 가족들이 해외에서 적절히 행동하도록 훈련시켜야 한다.

현지에 뿌리를 깊이 내리고 발로서가 아니라 기업의 전략이 현지국의 장기적인 목표와 조화를 이룬다는 덕을 행동으로 보여줌으로써 기업에게 번영의 기회가 올 수 있다. 예를 들면, P&G는 중국에서 지도자들을 훈련시키고 교육시키기 위해 현지학교를 돕고 있으며, Motorola는 말레이시아에서 현지작업자의 기술을 향상시키기 위해 훈련프로그램 강좌를 개설하였다. 기업의 이러한 행동으로 정치적 위험은 완전히 제거될 수는 없지만, 정치적 위험의 가능성과 발생빈도는 줄일 수 있을 것이다.

국제마케팅관리자는 두 가지 법적 환경 즉, 기업이 경영을 하고 있는 현지국의 법적환경과 국경을 초월하여 논의되고 있는 더 일반적인 국제법적 환경을 이해해야 한다.

1. 현지국의 법적 환경

해외에서 경영활동을 할 때에 마케팅관리자는 상이한 법적 시스템에 주의를 하지 않으면 안 된다. 이 문제는 공통된 하나의 마케팅계획으로 여러 나라에서 실행하려는 마케팅관리자에게는 특히 어려운 일이다.

각국은 상이한 법률로 촉진, 제품개발, 라벨, 가격, 유행 등의 마케팅활동을 규제하는 법률을 가진다. 경영활동을 촉진하기 위해 사업규제의 조화를 이루고자 노력하고 있다. EU내에서도 각국은 광고금지에 대해 상이한 법률체계를 가지고 있다(〈표 7-1〉 참조).

〈표 7-1〉 EU의 광고금지 법률

국 가	금지내용
이탈리아	모든 형태의 담배광고
그 리 스	장난감에 대한 모든 광고
핀 란 드	속도를 부각시키는 자동차 광고
스 웨 덴	12세 미만의 어린이를 표적으로 하는 TV광고
네덜란드	자동차 연료 소모에 대한 주장

자료 : Warren J. Keegan, Global Marketing Management, Prentice Hall, 2002, p.111.

한편, 어떤 나라애서는 단지 몇 개의 법률만 있으며, 그 집행도 엄격하지 않는 반면에, 어떤 나라에서는 상세하고 복잡한 규칙을 가지고 엄격히 집행한다. 동일한 활동을 다루는 법률을 가진 국가간에 그 시행과 해석에는 상당한 차이가 있을 수 있다. 예를 들면, 오스트리아에서는 경품이나 쿠폰은 현금할인으로 취급되어 금지되지만, 핀란드에서는 공짜라는 단어가 사용되지 않고 소비자가 상품을 구매하도록 강요받지 않는 한 허용되고 있다. 프랑스에서 다른 상품의 구매조건으로 고객에게 경품이나 선물을 제공하는 것은 불법이다. 불공정 경쟁에 대비하여 법령을 제정한 독일은 고객을 유혹하는 모든 종류의 인센티브(incentive) 제공은 금지하였다.

또한 다국적기업은 환경문제를 다루기 위해 고안된 다양한 법률의 증가에 직면하고 있다. 독일은 환경경영과 포장폐기의 리사이클(recycle)을 규제하는 가장 엄격한 그린마케팅 법률을 동과시켰다. 많은 유럽 국가들은 비슷한 상품보다 더욱 친환경적으로 만든 상품을 확인할 시스템을 고안하였다. 친환경적이라는 기준을 충족한 상품은 '환경라벨(label)'을 인증해 주어, 제조업자는 자기 회사 상품이 친환경상품이라는 것을 고객이 알 수 있도록 포장에 표시할 수 있게 하고 있다.

미국에서는 명시적인 계약의 사용에 강한 신념이 있으며, 사업상의 문제를 해결하기 위해 법적 시스템에 의존한다.

일본이나 중국에서는 계약서에 향후 일어날 모든 문제와 사태를 명기하려는 사업가는 신뢰할 수 없는 사람으로 인식될 수도 있다. 이들 국가의 문화는 거래 상대방과의 관계를 중시하고, 신뢰와 구두계약에 대해 더 한층 중요시 한다.

2. 국제법적 환경

국제법은 국제기업의 활동에 중요한 역할을 한다. 강제로 집행할 수 있는 국제법은 없지만, 여러 나라에서 준수되고 있는 조약이나 협정은 국제마케팅 활동에 많은 영향을 미친다. 예를 들면 WTO는 그 회원국에게 국제적으로 받아들여질 수 있는 경제관습을 정의하고 있다. 이것은 개별 기업에게 직접적으로 영향을 주지는 않지만, 보다 안정되고 예측 가능한 국제시장환경을 제공함으로써 간접적으로 영향을 준다.

경영절차에서 법적인 면을 단순화하려는 몇 가지 노력이 이루어지고 있다. 예를 들면, 과거에는 그들의 상품에 대해 특허를 받기를 원하는 기업은 국가마다 별도로 등록을 해야 했다. 이러한 절차로 인한 무질서와 비용 때문에 몇몇의 다자간 단순화 노력이 취해졌다. 유럽연합은 유럽특허협정(European Patent Convention)을 위해 그러한 노력을 하고 있다.

지적재산권에는 특허, 등록상표, 저작권 등이 포함되며, 최근 몇 년 동안 많은 관심과 논의의 대상이 되고 있다. 지적재산이란 유형상품으로 변형될 수 있는 아이디어를 말하며, 일정기간동안 국가로부터 보호를 받을 수 있으며, 그 보호기간이나 보호되는 상품 등은 국가에 따라 상이하다.

따라서 국제마케팅관리자는 진출하고자 하는 국가의 법률을 연구하여 그 법률을 준수해야 한다. 예를 들면, 특허의 경우 미국에서는 먼저 발명한 사람(first-to-event)에게 특허가 주어지지만, 일본의 경우, 먼저 출원한 사람(first-to-file)에게 특허가 주어진다. 대부분의 나라에서는 특허에 대해 먼저 출원한 사람에게 특허가 주어진다. 특허에 대한 이러한 차이는 기업에게 시사하는 점은 상당히 중요하다. 미국에서 활동하는 외국기업의 경우 이미 미국내에서 발명된 기술을 도입하는 데에는 많은 주의를 필요로 한다. '먼저 출원'의 생각으로 급히 특허출원을 하면, 이미 먼저 그 기술을 발명했다고 주장하는 경쟁자의 소송에 의해 상당한 재정적인 부담을 입을 수도 있다.

한편, 오늘날 국경을 넘는 재화의 이동이 증가하므로, 선진국들은 자국의 지적재산을 보호하기 위해 쌍무적, 혹은 다자간 수준에서 여러 가지 조치를 취하고 있다. 국제적으로 이러한 지적재산을 보호하기 위해 WTO하의 TRIPs (Trade related aspects of intellectual property rights)에 관한 협정이 있다. TRIPs는 지금까지 지적재산에 관한 가장 포괄적인 다자간 협상이며, 현재 국제협정에 포함되어 있는 지적재산권을 최대한 보호하기 위해 기준을 마련하였다.

3. 국제분쟁 해결

국제상거래에서 구매자가 지급을 거절하거나, 상품이 늦게 도착하거나 혹은 상품의 품질이 계약보다 못하는 등, 일이 잘못될 때에 국제마케팅관리자가 해결할 수 있는 방법은 무엇인가? 모든 분쟁에서 첫 단계는 비공식적으로 문제를 해결하려고 한다. 그러나 그것이 실패하면, 국제마케팅관리자는 보다 단호한 행동을 취해야 한다. 그러한 행동으로는 조정, 중재, 소송의 형태가 있다. 대부분 국제마케팅관리자는 소송에 의한 것보다 중재에 의한 해결을 선호한다.

대부분의 국가에서는 공식적인 중재에 의한 판정은(award) 법률에 의해 시행될 수 있다.

국제상업회의소의 중재절차를 보면, 중재에 대한 최초의 요구가 접수되면 분쟁 당사자간에 조정을 먼저 시도한다. 이것이 실패하면 중재의 과정이 시작되는 데, 양 당사자는 자신들의 사건을 변호하기 위해 수용 가능한 중재인 중에서 각각 1명을 선정하고 중재의 국제상공회의소 법정이 덕망 있는 변호사나 교수 중에서 제3자 1명을 지명한다.

사례 7-1 文化마케팅으로 러시아서 국민브랜드 명성 잇는다

삼성전자는 러시아에서 가장 유명한 '뜨레챠코프'(The State Tretyakov Gallery) 국립 박물관에서 80인치 PDP TV를 비롯하여 LCD TV와 슬림TV, DLP 프로젝션TV 등 러시아 시장을 공략할 차세대 20종의 디지털TV를 소개했다.

러시아 내 주요 거래선 등 200여명이 참석한 이번 발표회에서 삼성전자는 갤러리 내 최고 명작들인 브루벨(Vrubel)의 백조공주(The Princess Swan), 시쉬킨(Shishkin)의 호밀(Rye) 등 명작을 디지털TV로 재현해 선명한 화질을 선보였다.

이번 행사를 위해 삼성전자는 뜨레챠코프 박물관 내 125평 규모의 브루벨 홀을 대관해 초청된 인사들에게 깜짝 이벤트를 선사했다.

주요 거래선인 M-video의 구매 담당 쿠스티코프(Kustikov)씨는 "이번 행사는 러시아에서 삼성전자가 추구하고 있는 프리미엄 브랜드 이미지와 일치한다"면서 "뜨레챠코프 박물관은 러시아인들이 가장 존경하는 장소 중 하나로서 삼성전자가 이러한 곳을 선정, 이벤트를 펼친 기발한 발상에 놀랍다"고 말했다.

또한 삼성전자는 '모스크바 필름 페스티벌' 행사 중 하나로 펼쳐지고 있는 '페데리코 펠레니(Federico Fellini) 감독 기념 영화전'을 후원, 러시아에서 가장 큰 푸쉬킨(Pushkin)박물관에서 삼성전자의 디지털TV로 거장의 작품세계를 보여 주는 이벤트도 개최하고 있다.

한편 삼성전자는 러시아에서 프리미엄 브랜드 이미지를 높이기 위해 'Be a Leader'라는 컨셉으로 이고르 페트렌코(Igor Petlenko, 영화배우), 알쑤(Alsou, 가수), 알렉세이 네모프(Alexei Nemov, 체조선수) 등 러시아 내 유력 인사들을 모델로 선정, LCD TV와 휴대폰, 노트북PC, 드럼세탁기 등을 광고하는 전략을 통해 프리미엄 마케팅을 확대해 나가고 있다.

'뜨레챠코프'(The State Tretyakov Gallery) 국립 박물관은 지난 1856년 문을 열었으며, 류블로프의 '삼위일체', 레핀의 '이반대제의 아들' 등의 명작을 비롯 13만여점의 그림, 조각 등 300여년의 러시아 회화의 역사가 숨쉬고 있는 최고 명소이다.

〈자료 : www.samsung.co.kr〉

제3부

해외시장 진출전략

제1절 국제마케팅조사의 개념과 특성

1. 국제마케팅조사의 개념

국제마케팅조사는 새로운 변수, 새로운 환경, 관련요인의 증가, 경쟁범위가 국내마케팅조사에 비하여 넓다는 것이 특징이다. 따라서 정보자료를 위한 국제마케팅조사는 ① 국내시장 및 지역시장에 대해 일반적인 정보수집조사, ② 제품개발, 광고, 가격책정, 유통경로 등의 정보를 얻기 위한 조사, ③ 지역시장 내지 상대국의 사회 및 경제, 소비자 행동 등의 분석을 위한 조사 등으로 분류할 수 있다. 그러나 국제마케팅조사를 할 때는 위의 두 번째 만을 마케팅 조사부서가 책임지고 있다. 다른 것은 기업내의 타부서가 담당하는 것이 보통이다.

또한 일반적으로 말하는 해외시장조사(overseas marketing research, foreign market research)는 해외시장의 개척과 해외시장에서의 마케팅활동을 효과적으로 수행하는데 필요한 자료와 정보를 취득하는 작업을 말한다. 그러므로 이것은 단순한 상품수출의 전제로서 전개되는 수출마케팅조사(export marketing research)보다는 그 범위가 넓은 것이며, 무역활동과 관련되는 마케팅활동에 응용되는 조사와도 그 성격이 다르다. 즉, 국제기업에 있어서 해외시장조사는 단순한 상품수출에 관련된 것뿐만 아니라 기술제휴, 기업진출에 관한 것까지 광범위하게 취급되는 것이므로 오히려 그것은 국제마케팅조사(international marketing research)라고 하는 것이 타당할 것이다. 그러나 국제마케팅에 대한 글로벌화(global approach)가 활발히 전개됨에 따라서 국내시장이나 해외시장의 구별이 어려워지고. 또 기술수출이나 기업진출도 상품수출과 같은 패턴으로 인식됨에 따라서 오늘날 국제마케팅조사 또는 해외시장조사는 단순히 수출시장조사, 수출 마케팅조사와도 동일한 의미로 사용되고 있다.

이와 같이 국제마케팅조사는 기업이 특정 해외시장에 새로이 진출하기 위한 의사결정을 할 때 필요한 정치적 안정성, 경제적 특성과 사회문화적 요소, 지리적 특성, 시장의 특이성을 조사 · 분석하여 대책을 강구하게 한다.

국제마케팅조사(International marketing research)란 해외시장, 환경 및 동향에 대한 모든 정보를 수집 · 분석 · 평가하는 기업 활동으로, 해외목표시장에 대한 환경 및 동향은 물론이며 본사 및 현지자회사의 수출시장 뿐만 아니라 기술제휴, 플랜트 수출, 기업진출에 대한 광범위한 자료를 조사 수집 · 분석하는 연속적인 과정이다.

국제마케팅조사는 국제마케팅전략의 의사결정 프로세서에서 보면, 대개 시장기회를 확인평가하고 각 시장계층을 비교분석하는 단계에서부터 목표설정, 시장참가, 토탈(total) 마케팅전략 수립에 이르기까지 각 단계마다 외사결정 전략 수립 이전에 꼭 수행되어야 할 단계이며, 각 시안의 실행과 토탈 마케팅 효과분석에 따라 그 성과를 평가한 다음, 피이드백(feed back)의 단계에 이르기까지 반복해서 수행되어야 할 단계이다.

또한 국제마케팅조사에서는 이러한 기본적인 의사결정 이외에 해외시장과 관련을 맺기 이전 다음의 기본적인 3가지 전략적 의사결정과 관련되는 정보를 필요로 한다.

첫째, 기업을 국제화할 것인가?

둘째, 만약에 국제화하여야 한다면 어떠한 해외시장에 진출할 것인가?

셋째, 표적시장이 선정되면 수출, 라이센싱(licensing), 해외자회사 등 어떠한 방법으로 그 시장을 진출할 것인가?

이와 같은 의사결정에 필요한 정보의 종류는 기업이 해외시장에 진출했을 때 작성된 현지마케팅 프로그램의 수립을 위해 필요한 정보와는 분명히 구별된다.

〈표 8-1〉 국제마케팅조사의 주요업무

마케팅 의사결정	필요한 정보
1. 국제화할 것인가? (아니면 국내기업으로 계속남을 것인가?)	현지 및 국제경영과 자국시장 기회의 비교를 통한 세계적인 시장수요 및 기업의 잠재적인 시장점유율의 평가에 대한 정보
2. 진출할 시장은?	잠재적 시장, 현지경쟁 및 정치적 상황에 따른 세계시장의 등급에 대한 정보
3. (표적시장)진출 방법은?	표적시장의 규모, 국제무역의 장애요소, 운송비, 현지경쟁, 현지국 정부의 요구조건 및 그 나라의 정치적 안정 등에 대한 정보
4. (진출할 표적시장에서의) 마케팅 방법은?	각 표적시장에 대한 소비자 행동, 경쟁실태, 유통경로, 촉진매체와 실태, 다른 시장에서의 회사경험에 대한 정보

글로벌화 전략의 확인은 잠재적 해외시장 기회의 확인·평가, 진출시장의 선택, 진출방법, 해외 마케팅 믹스 개발을 위해 필요하다.

2. 국제마케팅조사의 필요성

기업이 시장에서 효율적으로 활동하기 위해서는 고객이 무엇을 원하고(needs) 그들이 왜 그것을 원하며, 그들의 욕구를 어떻게 충족시키는지를 알아야 하므로 마케팅 조사 없이 시장에 진출하는 것은 기업을 위험하게 만든다. 대부분의 기업은 국내마케팅조사의 필요성을 인식하지만 국제마케팅조사에 대한 필요성은 충분히 인식하지 않고 있어, 종종 피상적이고 주관적인 평가만 이루어진 다음 해외진출이나 확장에 대한 결정을 한다.

또한 많은 경영자들은 해외시장조사를 상대적으로 덜 중요하게 생각하고 있다. 이처럼 국제마케팅조사를 상대적으로 덜 중요하게 생각하는 이유로는 첫째, 소비자 취향과 선호의 차이를 잘 느끼지 못하며, 또한 경영자는 자신들의 방법이 최고이고 모든 나라에서 받아들여질 수 있을 것으로 가정하고 있기 때문이다. 둘째, 마케팅환경의 차이 즉, 유통시스템, 매체의 이용가능성 등이 국내와 다르다는 것을 거의 알지 못하여 자사비용 지출을 꺼리게 된다. 셋째, 글로벌 자료원을 잘 알지 못하여 자료를 획득해도 사용할 능력이 부족하게 된다. 따라서 국제마케팅조사 비용이 높다고 생각하며, 투자할 가치가 상대적으로 적다고 생각하는 것이다.

그러나 국제마케팅조사는 경영자가 잠재적인 해외시장 기회를 확인하고 평가 시장을 선택하여 글로벌화를 위한 전략을 확인하고 개발할 수 있도록 해주며 진출방법과 개별시장을 위한 마케팅믹스 개발을 위해 필요하다.

3. 국제마케팅조사의 특성

국제마케팅조사의 목적은 국내마케팅조사와 마찬가지로 의사결정자가 효과적인 위사결정을 하는 데 필요한 정보를 제공하는 것이다. 국제마케팅조사의 기법과 도구 또한 국내조사와 동일하지만, 그 조사가 2개국 이상에서 이루어지기 때문에 단지 환경이 다를 뿐이다. 그러나 글로벌시장에 사용할 조사도구, 기법과 개념의 종류 및 이들을 어떻게 잘 적용할 것인가는 현지국의 환경에 의해 결정된다. 마케팅조사의 목적은 같지만, 국제조사의 실행은 국내조사와 상당히 다를 수 있다. 국내와의 차이점은 새로운 변수의 추가, 새로운 환경, 관련요인의 증가 및 경쟁의 범위가 넓어지는 것 등이다.

1) 새로운 변수

기업의 활동이 국경을 넘어 이루어질 때에 국내마케팅에서는 없는 변수들을 접하게 되는 데, 예를 들면, 관세, 외환, 상이한 운송수단, 선적서류 등이다. 국내에서만 활동하던 기업은 이러한 변수들에 대해서는 거의 경험이 없을 것이다. 적절한 의사결정을 위해서 이들 각각에 대한 정보가 필요하다.

2) 새로운 환경

기업이 해외시장에 진출할 때에 익숙하지 못한 환경을 접하게 된다. 그들의 국내활동에서 기초가 되었던 많은 가정들은 국제적으로는 맞지 않을 수 있다. 따라서 기업은 현지국의 문화에 대해 배워야 하고 정치시스템을 이해해야 하며, 언어와 사회구조 등의 차이점을 알아야 한다. 결국 국내시장에서 오랫동안 형성되었던 모든 가정은 해외시장에서는 다를 수 있으므로 재평가되어야 한다. 그러나 이러한 중요한 점들은 종종 무시되고 있으며, 이는 대부분의 마케팅관리자들이 국내에서 태어나 무의식적으로 자신들의 기준으로 경영활동의 기회와 제약을 이해하여 왔기 때문이다.

3) 관련 요인들의 수

해외진출은 두 나라 이상이 관련되므로 변화하는 요인의 수는 기하급수적으로 증가한다. 모든 요인을 이해하더라도 마케팅관리자는 역시 이들 요인들간의 상호작용도 이해해야 하는 데 요인들의 수 증가로 인해 이들의 상호작용을 조정하는 것은 어렵다. 국제마케팅조사를 통하여 관리자는 이런 문제를 처리하는 데 도움을 받을 수 있다.

4) 더 넓은 경쟁의 의미

해외시장에 진출함으로써 기업은 다양한 경쟁을 겪게 된다. 예를 들면, 수산물은 다른 종류의 수산물뿐만 아니라 육류나 야채류 등과도 경쟁을 해야 한다. 따라서 국제마케팅조사에서는 경쟁범위와 경쟁활동의 내용을 규정해야 한다.

이러한 차이점으로 인하여 국제마케팅조사는 국내마케팅조사보다 비용과 자료수집 등에서 어려움이 많으며, 국제마케팅조사자가 직면하는 주요 문제점은 다음과 같다.

① 환경의 차이로 인한 조사설계의 복잡성
② 2차 자료의 부족과 부정확성
③ 1차자료 수집에 드는 많은 비용과 시간
④ 여러 나라 조사 노력의 조정
⑤ 국가간 연구의 비교성 수립의 어려움

4. 국제마케팅조사의 대상

국제마케팅조사는 수시로 다국적기업의 모든 조직을 통하여 연속적으로 정보를 수집·분석하여야 하기 때문에 본사에는 거대한 국제마케팅조사 전담기구가 설치되어야 하며, 해외생산 및 판매거점에서도 자체 조사 전담조직이 구성되어야 한다. 따라서 국제마케팅조사는 다국적기업내에서 국경을 초월하여 각종 정보가 신속하게 상호 교류되어 본사와 자회사의 의사결정 전략을 뒷받침하는 동시에 토탈 마케팅 수행에서 야기되는 시행착오과정을 단시간 내에 수정·보완할 수 있도록 뒷받침해 주어야 한다.

국제마케팅조사의 대상과 범위는 조사의 목적과 필요성에 따라 달라질 수 있으므로, 일반적으로 국내마케팅조사에 비하여 보다 광범위하고 복합적이다. 이는 국내의 정치·경제·사회·문화·법률 환경에 대해서는 이미 잘 알려져 있기 때문에 별도의 정보수집이 필요 없는데 반하여 다른 나라에 대하여는 각국 시장 환경의 일반적인 정보도 새로이 필요하기 때문이다.

일반적으로 국제마케팅조사를 통하여 파악해야 할 주요한 조사 대상은 첫째, 어떤 국가 및 지역시장에 대한 일반적인 정보를 수집하는 데 목적을 두는 일반적 시장조사와 둘째, 특정제품의 마케팅과 연관된 제품개발·가격정책·유통경로·판매촉진 등의 문제해결에 목적을 둔 구체적이고 특수한 정보를 얻기 위한 마케팅조사로 구분해 볼 수 있다. 이러한 두 가지의 조사내용을 간추려 보면 다음과 같다.

1) 일반적 시장조사

국가 및 지역시장에 대한 일반적인 정보로 정치, 경제환경, 무역, 상업, 사업환경, 사회일반 환경 등을 들 수 있다.

(1) 일반환경

① 국토·인구·기후·지형 등의 자연적 환경, ② 역사적 환경, ③ 정치체제 및 제도, 정치 안정도, 자국에 대한 정치적 태도 등에 대한 정치적 환경, ④ 인구의 수 및 증가율, 종교·사회계급·언어·교육수준·소득분포·문화수준·가치관 등의 사회적·문화적 환경 등을 조사한다.

(2) 경제환경

① 경제의 특징과 경제성장, ② 산업활동, ③ 재정 및 금융, ④ 물가·임금·고용·교육·보건·생활수준 등의 국민생활, ⑤ 무역동향·무역구조·국제수지·대외부채 등의 대외거래, ⑥ 경제개발계획 등을 조사한다.

(3) 무역(trade)

상대국의 국제수지, 수출입총액, 국별수출입통계, 주요상품별 수출입통계, 한국에 대한 무역수지, 수출입제도, 허가방식, 외환관리의 유무·내용, 수입국 조세제도, 항만사정, 통상협정, 통상무역정책, 환시세, 무역관습 등을 고려하여 조사한다.

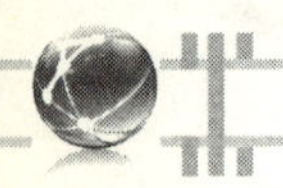

(4) 상업(commerce)

상대국의 판매조직, 상품유통조직, 상업도덕, 조세윤리, 금리, 상품규격, 상표, 특허제도, 물품세, 판매세 등을 조사한다.

(5) 사업환경

산업법규와 절차, 외국인투자환경, 무역 및 외환관리, 사회간접자본, 노동사정, 금융사정, 내국세제도, 생활환경, 본국과의 통상 및 무역관계 등을 조사한다.

(6) 사회일반(society general)

상대국의 인구수, 인구증가율, 인종별분포, 인구동태, 구매력인구, 생활수준, 종교, 문화, 언어분포, 교육수준, 전력・수도・가스 등의 사회공공시설, 노동력공급, 노동의욕, 사회보장제도, 상대국의 면적・기후・풍토 등을 조사한다.

2) 고객에 대한 마케팅조사

고객(client customer)에 대한 마케팅조사에는 다음과 같은 개념으로 구분하여 설명할 수 있다.

(1) 소비자 조사

고객층의 조사로서 소비자 및 사용자의 지역분포, 계급적 분포, 구매능력 등을 조사하여야 한다. 즉, ① 소비자의 지역별・소득별・사회경제 계층별 분포상황과 구매능력 등에 대한 고객층의 조사, ② 고객 구매동기 조사, ③ 자사와 경쟁사제품의 브랜드・가격・품질 등에 대한 고객의 이미지조사를 한다.

(2) 상품조사

상품조사(merchandise research)란 상품수출에 있어서 당해 상품에 관한 전반적인 시장조사이며, 기술수출 및 기업진출을 할 경우에는 상대국 국

내에서 도입된 기술 및 기업에 의해서 제조해야 할 제품에 관한 전반적이며 구체적인 상품시장조사이다. 상품시장조사의 내용을 보면 다음과 같다.

① 당해상품에 대한 현재의 수요와 장래의 예측, ② 현지국의 생산량·수입량·수출량의 현황 및 예측, ③ 현지국의 기존 수입선의 가격별·수량별 현황 및 예측, ④ 현지국의 생산품과 수입품의 품질비교, ⑤ 주요 수요제품의 색상·디자인·규격·스타일·포장 등의 특성, ⑥ 경쟁품·유사품·대체품의 유무와 그 품질 및 가격, ⑦ 당해 상품의 특허 등 공업소유권 관계 등을 조사한다.

(3) 판매판로조사

판로조사(sales route research)란 수출하는 당해 상품 또는 도입된 기술 및 기업에 의해서 제조되는 제품에 관한 판매경로의 조사이다. 판매경로의 선정은 국내거래에서 뿐만 아니라 해외거래에 있어서도 중요한 문제가 되는 것이다. 이러한 조사는 어떠한 업종의 상대방을 선정할 것인가? 또한 어떠한 판매경로를 이용하는 것이 유리한가를 중점적으로 조사하는 것이므로 해외시장에 진출하는 경우에는 중대한 문제가 되는 것이다. 이에 대한 구체적인 조사사항은 다음과 같다.

① 시장기구조사

당해상품의 시장구성 및 기구·판매점·특약점·소매상·체인스토아(chain store)·슈퍼마켓(supermarket)·백화점 등에 대한 조사이며, 생산재인 경우에는 생산기업체의 업체별 채널을 조사하는 것이다.

② 거래관습조사

당해상품의 상거래의 관습에 관한 조사이다.

③ 사전 서비스(pre service) 및 사후 서비스(after service)

판매에 앞서 행하여지는 서비스와 판매 후에 행해지는 서비스로 수리·보존·대체품 공급, 생산재인 경우에는 사용상의 기술지도 등의 적절한 실시방법에 관한 조사이다.

④ 직접 및 간접거래관계 조사

(4) 가격조사

① 당해상품의 가격추이, ② 현지 생산품과의 가격비교, ③ 관련 상품과 대체상품의 가격, ④ 계절, 유행 등에 따른 가격변동의 추이, ⑤ 시장별 가격라인 등을 조사한다.

(5) 유통경로조사

① 국제마케팅과 관련된 유통기구 및 경로, ② 당해 상품의 상거래 관습

(6) 기술수출조사

기업진출의 경우에 해외거래선은 상대국내에 기술제휴, 플랜트 제공, 기업제휴를 수행하게 되는 상대기업을 의미한다.

(7) 판매촉진조사

판매촉진조사(sales promotion research)란 수출상품 및 현지생산품의 판매방법, 판매정책(sales policy), 제품계획 등을 위시한 판매 전략을 효과적으로 수행하기 위하여 필요한 조사를 실시하는 것이다. 판매조사의 내용은 다음과 같다.

① 현지업체의 판매방법 · 판매가격 · 판매서비스 · 판매조성 등에 관한 경쟁사정 조사, ② 판매점이나 특약점에 대한 판매지원의 여부 · 비용 · 효과 등의 조사, ③ 현지마케팅을 위한 광고 · 선전 · 대중관계와 광고매체(advertising media)에 대한 효과측정 등에 대한 조사이다.

(8) 결제방법 조사

당해시장에서는 신용장에 의한 결제가 적당한가? 그렇지 않으면 D/P. D/A 결제가 좋은 것인가? 혹은 Open Account 방식이 좋은가? 또한 결제기간을 어떻게 할 것인가? 등을 시장관습이나 경쟁자의 결제조건 등에 비교하여 조사 · 검토하여야 한다. 특히, 플랜트나 선박과 같은 대량화물의 경우에

는 동일품질의 제품으로서 가격이 낮다하더라도 결제기간에 따라서 판매가 좌우되므로 더욱 주의해야 한다. 원래 이러한 결제에 관한 조사는 일반적 시장조사에서도 대략은 파악할 수 있는 것이나 역시 시장관습이나 경쟁자의 조건을 고려하여 각 사례에 따라 가장 시장에 적응하기 쉬운 결제방법을 채택하여야 할 것이다.

제2절 국제마케팅조사의 방법과 분석

해외시장을 조사하는 형태에는 일반적으로 ① 해외시장분석(Overseas Market Analysis), ② 해외시장조사(Overseas Market Fact Finding), ③ 해외시장실험(Overseas Market Experiment) 등으로 구분할 수 있다.

해외시장조사에서 사용되고 있는 조사방법으로서는 대체로 다음과 같은 방법이 이용되고 있다.

1. 국제마케팅조사 방법

1) 일반적인 방법

마케팅조사에는 질문법, 관찰법 및 실험법의 세 가지 기본적인 방법이 있으며 이는 시장조사를 위한 1차 자료를 수집하는 것과 깊은 관련을 가지고 있다.

(1) 질문조사법

질문조사법(survey method)은 소비자나 거래상을 대상으로 선정된 조사항목에 대해 직접 면접하여 질문하거나 또는 질문서를 우송하여 회답을 회수하여 결론을 얻는 방법으로 일명 측정법이라고도 한다.

이것은 다양한 조사에 대해 융통성 있게 이용될 수 있는 보편화된 방법으로 획득하고자 하는 자료, 즉 질문내용의 성격에 따라 사실질문법, 의견질문

법, 해석질문법 등으로 구별된다.

① 사실질문법

사실질문법(factual survey)은 회답자로 하여금 사실을 말하도록 하는 가장 간단한 방법이다. 그 예로서는 「현재 어떤 비누를 사용하고 계십니까? 언제 어느 상점에서 얼마나 구입하셨습니까?」와 같이 회답자가 과거에 행하였거나 과거에서 현재까지 행하고 있는 객관적인 사실을 질문하는 것과 같은 것이다. 회답자는 단순히 보고자로서 활동할 뿐으로 현재의 사실만을 생각해서 서식에 회답하게 되지만 회답자의 기억착오, 객관적인 해답의 불능, 좋은 인상을 주고자하는 의욕 등에서 오류가 빚어질 수 있으므로 질문서를 작성할 때에는 세심한 주의가 필요하다.

② 의견질문법

의견질문법(opinion survey)은 회답자의 개인적 의견을 묻는 조사방법이다. 그 예로서는 「당신은 어느 브랜드의 비누가 제일 좋다고 생각하십니까? A와 B 가운데 어느 포장이 보다 아름답다고 생각하십니까?」하는 것 등이다.

이러한 조사방법은 회답자가 질문에 대해서 평점 또는 평가하는 것으로 결코 단순하지만은 않다. 왜냐하면 회답자가 자기의 의견진술이 잘못된 것임에도 사실에 입각한 진술이라고 오인하게 되는 경우가 많으며, 또 조사자에게도 그러한 오인이 제대로 전달되는 경우가 드물기 때문이다.

③ 해석질문법

해석질문법(interpretative survey)은 회답자의 행위 또는 의견에 대한 이유·동기 등을 질문하는 방법이다. 그 예로서는 「당신은 왜 이 비누를 구입하셨습니까? 이 상품을 구입하는 이유는 무엇입니까?」와 같이 회답자에게 상품구입의 동기나 선택의 이유를 묻는 질문이다.

이와 같은 해석질문법은 회답자의 감정이나 동기의 심리적 유인을 평가한 것을 토대로 하여 회답을 요구하는 방식으로, 보통 서면으로 보다는 직접 면접에 의해서 행해지는 경우가 많아 정확한 해답을 얻기 위해서는 질문의 기술과 요령에 상당한 수련이 필요하다.

이상과 같은 방법에서 실제 작성되는 질문서는 이 중에서 어느 한 가지 형태의 방법에만 의하는 것이 아니고 보통 두 가지 이상의 방법으로 혼합되어 사용하게 된다.

(2) 관찰조사법

관찰조사법(observational method)은 조사자가 일정한 양식에 따라 필요한 자료를 직접적 관찰에 의하여 수집하는 조사방법으로서, 질문조사법에 비하여 보다 객관적이고 정확한 결과를 얻을 수 있다는 장점이 있는 반면, 광범위한 조사가 불가능할 뿐 아니라 조사의 비용과 시간이 많이 든다는 단점을 지닌다. 따라서 초기의 시장조사에서 가장 보편적으로 이용되는 방법이다.

이 조사방법은 질문법과 같이 피조사자의 주관과 편견이 개재되지 않고 직접적 관찰에 의하여 보다 객관적이고 정확한 결과를 얻을 수 있는 장점이 있다. 그러나 사람의 무의식 행동과 본의는 반드시 일치하지 않는 경우가 있으며 적용범위가 적어 개인의 태도, 동기, 계획 또는 과거의 행동 등을 조사하는 것이 불가능할 뿐 아니라 조사시간, 노력 및 비용이 많이 드는 단점이 있다.

관찰은 피조사자가 조사의 대상이 되고 있는 것을 인식할 때에는 그 행동이 평시와 달리 변화되는 경향이 있으므로 피조사자가 전혀 의식하지 못하는 사이에 행하여야 하며, 관찰이 비교적 자유로운 국내마케팅조사의 경우에나 이용될 수 있는 방법의 하나이며, 국제마케팅조사의 경우에는 어느 기업이나 손쉽게 응용될 수 있는 조사방법은 되지 못한다.

(3) 실험조사법

실험조사법(experimental method)이란 어떤 인위적 조건하에서 일어나는 현상을 조사·분석하는 방법으로서 특정시장 또는 상품을 실험대상으로 하여 일정기간 동안 실제로 판매하고 그 결과를 분석하는 등의 방법이다. 이러한 실험조사법은 광고나 판매촉진활동의 효과, 제품과 포장 조사, 가격변화의 영향조사 등 판매에 영향을 주는 요인과 판매량과의 관계를 규명하기 위하여 사용된다.

이상과 같은 해외시장의 기본적인 조사방법에 입각하여 실질적인 국제마케

팅의 조사방법을 설명하면 다음과 같다.

2) 실질적인 조사 방법

(1) 자회사, 지점, 출장소 및 자사 직원에 의한 조사

현지 주재원들은 다국적기업의 해외자회사 · 지점 · 출장소 및 주재원 등 자사내의 국내외 조직요원을 통해서 정보를 입수한다. 이들은 현지에서 직접 실무에 종사하고 있을 뿐 아니라 현지에서 발표되는 신문 · 잡지 · 정부공보 · 시중 유포 정보 등을 신속하게 입수할 수 있다. 대개 본 · 지사, 본 · 자회사간에는 매일 수시로 국제통신을 통하여 업무연결이 이루어지고 있기 때문에 업무연락시에 필요한 정보가 상호 교류된다. 특히, 해외자회사의 경우에는 현지법인 스스로 정보처리시스템을 보유하고 조사업무를 수행하는 경우가 많기 때문에 각 지역별 조사 자료가 본사의 종합정보처리센터에서 상호 유기적으로 정보교환 · 정보처리가 이루어지도록 조사한다.

(2) 대리점, 특약점, 기술제휴사 등에 의한 조사

국제거래선의 대리점계약(agent agreement) 혹은 특약점계약(distributor agreement)의 체결시 상호간에 시장정보를 제공할 의무를 계약서에 삽입하는 것이 보통이다. 또한 기술제휴업체도 비록 자본이나 경영자원을 이전하지는 않지만, 현지업체에 기술자를 파견하거나 계약서 작성시에 시장정보제공 조항을 삽입하기 때문에 정보자료를 수시로 입수할 수 있다.

(3) 해외거래선에 의한 조사

해외거래선의 신용조사는 해외거래선인 고객(신규거래선과 구거래선을 모두 포함)에 대하여 거래계약 이전에 행하여지는 신용조사로서 광의의 국제마케팅조사에서 보면, 해외시장조사 다음에 중요한 조사가 국제신용조사라고 말할 수 있다. 신규거래처인 경우에는 물론 해외시장조사시에 신용조사가 병행되겠지만, 신규거래처를 물색한 다음에 어떤 특정 수입자의 신용조사를 행하는 것은 더욱 중요하다고 말할 수 있다.

해외거래선의 신용조사 내용을 살펴보면, 일반적으로 해외거래로부터 발생하는 각종 위험인 가격위험(price risk), 수송위험(transportation risk), 신용위험(credit risk), 외환위험(exchange risk), 투자회수위험 등을 사전에 회피하기 위하여, 상대방의 신용조사를 성격(character), 거래능력(capacity), 자본력(capital) 등 세 가지 내용(three C's of credit)으로 크게 대별하여 조사하는 것이다.

(4) 본사직원의 해외시장 출장조사

해외시장조사는 그것을 실시하는 목적에 따라 또는 기업의 성격, 제품의 성질에 따라서도 그 내용이 달라지게 된다. 그러나 일반적으로 다음과 같은 네 가지 내용으로 구성된다.

① 제품과 전혀 무관한 시장 그 자체, ② 제품과 관련된 시장의 일반적 요인, ③ 제품시장에 영향을 미치는 특수요인, ④ 기업경영에 영향을 주는 특수요인이 바로 그것이다.

이러한 내용을 기초로 한 해외출장조사는 목표시장에 자회사·지점·대리점·특약점이 없을 때나 있더라도 좀 더 실사를 할 필요가 있을 때 유효한 조사방법이다.

(5) 해외공관에 의한 조사

국제기업의 해외진출시 그 나라에 주재하는 제외국의 공관, 즉 대사관, 공사관, 영사관을 통하여 정보를 입수한다.

(6) 국내외 경제단체, 연구단체에 의한 조사

우리나라에서는 상공회의소, 대한무역투자진흥공사(KOTRA), 한국무역협회(KITA), 전국경제인연합회, 국제경제연구원 등 민간경제단체 및 정부보조단체 들이 자체조사와 외부의뢰 조사 결과를 많이 출판·제공하고 있다. 외국에도 그와 유사한 단체가 많으며, 국제상업회의소와 같은 국제단체도 우리나라 기업들이 필요로 하는 국제시장 자료를 많이 제공하고 있다. 업종별 협회들도 해외시장정보를 수집하여 제공하고 있다. 이외에 대학연구기관, 산업조사연구기관 등에서도 연구결과를 발표하고 있다.

(7) 서비스기관, 정보판매회사를 통한 조사

국제경영규모가 막대한 기업들은 국제시장에 대해 상당한 조사・연구를 하고 있다. 그렇게 해서 수집된 정보를 고객기업체들에게 무료로 제공하는 경우가 많다. 대부분의 국제상업은행들은 세계 각처의 고객기업체들에게 무료자료를 제공하고 있는데, 이것은 상호이익을 위한 대고객서비스의 일종이다.

또한 시장정보의 판매를 전문업으로 하는 기업들도 있다. 이들 기업들은 고객기업의 의뢰를 받고 조사해 주기보다는 스스로 조사를 하고 출판한 자료로 돈을 받고 기업에 판매한다. 그들은 조사자료를 필요로 할 것으로 예상되는 기업・연구기관 등에 우편으로 리스트를 보내어 구입・신청을 하도록 하고 있다. 그러한 자료는 기업의 국제마케팅 의사결정에 직접적으로 도움을 줄 수 있는 성질의 것이 많으며, 20～30페이지 정도의 보고서가 수백 달러 이상이 된다.

(8) 금융기관을 통한 조사

본래 금융기관은 신용조사업무를 주로 하고 있지만, 세계 전역에 지점망을 갖고 있거나 환예치거래(corres)계약을 맺고 있는 금융기관으로부터 해외시장정보를 얻게 되면 다른 부문보다 재무부문에 대해서는 귀중한 자료를 얻을 수 있다. 특히, 일본의 수출입은행이나 우리나라의 수출입은행은 해외투자 손실보험을 취급하기 때문에 기업의 해외진출시에 필요한 많은 자료를 가지고 있어서 이를 적절하게 이용할 수 있다.

(9) 해외전문조사기관을 통한 조사

선진국에는 정부기관이 아닌 민간 해외조사기관이 많이 있다. 따라서 이들 기관을 통하여 많은 해외시장정보를 얻을 수 있을 뿐만 아니라 해외진출에 필요한 조사를 의뢰할 수 있기 때문에 실사를 통하여 사전에 정보를 얻어 마케팅전략을 세울 수 있다.

이외에도 각종통계자료(경제, 무역, 금융, 신문, 잡지 등)를 통한 자료와 정보를 수집하여 마케팅전략을 수립하게 된다.

2. 조사자료 분석상의 문제

국제마케팅조사의 기본적 기능은 경영자들이 좀 더 정확한 의사결정을 할 수 있도록 필요로 하는 정보를 제공하는 데 목적이 있다. 국내와 국제마케팅의 목적은 비록 같더라도 국제마케팅조사는 국내의 경우보다 어려운 점이 많고 비용, 시간, 노력 등이 더 많이 투입되어야 한다. 이러한 점을 고려하여 기업은 국제운영규모를 확장하기에 앞서 또는 확장과 동시에 조사업무에 많은 자발적인 투자를 해야 한다.

아울러 일단 수집한 자료를 마케팅문제와 연관시켜 어떻게 분석·해석할 것인가도 매우 중요한 문제이다. 조사자가 수집된 1차자료를 분석·해석할 때 당면하게 되는 문제는 2차자료에서도 별로 다를 바가 없다. 그러므로 조사자가 기업의 경영층에게 수집한 가치 있는 정보를 추출(extract)하여 제공할 수 있으려면, 적어도 다음과 같은 중요한 능력을 지녀야 한다.

첫째, 조사자는 조사대상 시장권의 문화에 대해 높은 수준의 이해력이 있어야 한다. 즉, 수집된 자료를 올바르게 분석·해석하고 그 결과(research finding)를 보완할 수 있으려면, 조사대상국의 관습, 관점, 가치관, 언어, 태도, 기업관습 등에 대한 깊은 이해가 있어야 한다.

둘째, 조사자는 뛰어난 창의력이 있어야 한다, 국제마케팅조사자는 주어진 환경조건하에서 불가능에 가까운 정보를 수집·제공해야 할 때도 있다. 그 수단방법은 물론 조사자가 알아서 강구해야 한다. 그렇기 때문에 조사자는 능력(ingenuity)이 있고, 연구심(resourcefulness)이 많고 어떤 수단방법으로든지 활용할 자세가 되어야 한다. 그 외에 참을성(patience)이 많고 유모어(sense of humor)가 있고 객관성(objectivity)이 강해야 한다.

셋째, 조사자는 일차 및 이차자료를 취급할 때 탐구성이 있어야 한다. 즉, 제공받는 또는 수집한 자료를 액면 그대로 받아들이지 말고 자료의 확실성(validity)을 상호조사(cross check)한 다음에 결론을 내리도록 하여야 한다.

이와 같은 구비조건을 만족시킬 수 있는 국제마케팅조사자는 많지 않으

며 특히 어떤 한 사람이 그러한 조건을 다 구비하고 있기는 힘들다. 그러므로 국제마케팅조사를 효과적으로 하려면 적어도 몇 명 이상이 집단적으로 해야 한다. 우리나라 기업이 해외시장조사를 할 때는 한국인 직원만으로 할 수 도 있겠지만, 현지시장국의 사정에 밝은 현지인을 채용하여 공동으로 하든지 아니면 현지인 전문가의 조언을 조사의 모든 단계에 걸쳐 받는 것이 바람직하다.

아울러 기업이 스스로 총괄적인 조사를 한다는 가정하에 국제마케팅의 조사과정을 해결하기 위한 국제마케팅 문제와 시장국의 특성을 감안하여 기업별로 다를 수도 있겠지만 제도적·과학적인 접근방법을 채택해야 한다는 점은 같다. 보통 조사는 4단계로 형성된다.

① 조사하고자 하는 문제의 규명과 조사목적의 결정, ② 조사목적을 달성하는데 필요한 정보원천(information sources)의 결정, ③ 일차(기존) 및 이차(부차) 원천(primary and secondary sources)으로부터 연관자료의 수집, ④ 자료의 분석, 해석 및 결과의 제출 등의 단계로 형성된다. 조사담당자의 직무는 위의 각 단계를 주어진 비용과 시간의 범위내에서 최대한 객관성과 정확성을 유지하면서 수행하는 것이다.

우리나라에서는 정부기관, 공공기관, 연구기관 등이 해외시장자료를 많이 수집하고 널리 전달하고는 있으나, 특정 기업의 필요한 정보를 만족시킬 정도의 2차자료가 충분하지 않다. 왜냐하면 주로 경제, 정치, 문화 등 환경적 요소에 대한 개괄적 설명과 통계적 자료 등에 국한되어 있기 때문이다.

또한 국제마케팅조사를 할 때 다른 어려운 점은 언어의 문제이다. 언어와 그에 따른 방언, 속어 등은 해외시장별로, 심지어는 같은 나라 안에서도 다른 경우가 많기 때문에 번역, 통역, 이해 등의 어려움을 겪게 된다. 이러한 문제를 해결하려면 영어와 같은 세계 공통어로 표준이 되는 질문, 질문서 등을 작성한 다음, 해당 언어로 번역, 통역하되 현지어 표현을 정확하게 쓰도록 하여야 한다. 문맹율이 높은 시장국에서 조사할 때는 활용할 수 있는 조사방법의 제한 때문에 추가적인 문제에 부딪칠 수 있다.

3. 조사자료의 분석 및 평가

1) 분석 및 평가의 의의

조사과정의 첫 단계는 조사하고자 하는 문제를 규명(define the research problem)하고 구체적인 조사목적을 설정(establish specific research objective)하는 것이다. 여기서 기업문제를 어떻게 조사 가능한 구체적 목적을 지닌 조사문제로 옮기느냐는 어려움이 있다. 보편적으로 이 첫 단계에서 과오를 범하는 경우가 많다, 즉, 조사문제에 대한 막연한 아이디어만 가지고 조사를 실시하여 기업에 전혀 도움이 안 되는 결과가 발생하는 경우가 많다. 특히 해외시장에 대한 인식이 부족할 때 위와 같은 과오가 많이 발생한다. 따라서 국제마케팅조사자는 기업체가 해결하여야 할 가장 중요한(Critical) 문제를 골라서 조사문제로 삼아야 한다.

이와 같이 선정된 조사문제는 국제마케팅의 모든 관련변수(all the relevant variables)를 커버할 수 있어야 한다. 일단 문제를 충분히 규명하고 조사목적을 설정하였다면 조사자은 조사목적을 달성하는 데 필요한 정보의 가용성 여부를 판단해야 한다. 만일 필요한 자료를 외부기관으로부터 수집할 수 있다든지 출판물을 통해 얻을 수 있다면, 그러한 이차자료를 수집해야 한다.

이상과 같은 방법과 과정을 거쳐 자료가 수집되면 수집된 자료를 분석・평가하고 이를 국제마케팅 의사결정권자에게 제공하여야 한다. 일단 수집된 자료를 마케팅문제와 연관시켜 어떻게 분석・평가할 것인가는 대단히 중요한 문제로서 이러한 과정에서 조사자는 적어도 다음과 같은 몇 가지 점에 유의하여야 한다.

첫째, 조사자는 일차 및 이차자료를 취급함에 있어 수집된 자료를 그대로 받아들이지 말고 다른 근원(source)의 자료와 상호조사(cross checking)하여 수집된 정보의 신뢰성을 결정하는 진중한 자세를 가져야 한다. 따라서 수집된 자료의 신뢰성을 결정하는 판단 내지 검증의 기준도 마련해 두는 것이 필요하다.

둘째, 수집된 정보와 자료를 마케팅문제와 관련시켜 해석하고 평가함에 있

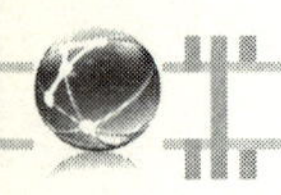

어서는 역시 그 나라의 문화적 특성에 대한 고려가 있어야 한다. 예를 들면 맥주시장조사에 있어서 북유럽 제국에서는 맥주가 주류(술)로 간주되지만 지중해 연안국에서는 이것이 일상음료로 간주된다. 때문에 이러한 특성의 이해가 없다면 마케팅조사는 근본적인 오류를 범하게 될 것이다. 따라서 조사자는 조사대상국의 관습과 가치관, 언어와 종교, 판매와 기업관습 등의 문화적 환경에 대한 깊은 이해가 있어야 한다. 이를 위하여 때로는 현지시장에 익숙한 마케팅 전문기관 등에 이를 위탁하는 방법도 고려해 볼 수 있다.

셋째, 조사자는 조사과정에서 뿐만 아니라 조사결과를 활용하는 데 있어서도 뛰어난 자질과 창의력을 발휘하여야 한다. 국제마케팅조사자는 조사상의 여러 가지 어려움에 직면하게 되므로 스스로 이를 극복하고, 가능한 조사방법을 강구하는 인내와 연구심 및 재치와 창의력을 가져야 하는 것이다.

2) 결과의 보고

자료의 분석과 평가가 이루어지면 이를 국제마케팅 의사결정권자에게 그 결과를 제공하여야 하는데 이러한 보고과정에서는 다음과 같은 점들을 유의하여야 할 것이다.

① 시장조사의 보고서는 완벽하고 진실에 입각하며 객관적이어야 하며 보고의 내용에는 분석 및 평가방법에 대한 적합성도 밝혀야 한다.

② 사실의 신뢰성과 마찬가지로 보고서의 제한성도 분명히 밝혀야 하며 정보자료의 분석 및 평가에 있어서의 대안적 방법이나 과정에 대해서도 구체적으로 밝혀야 한다.

③ 정보자료원도 자세히 확인되어야 한다.

제3절 국제마케팅조사관리

1. 국제마케팅조사의 문제점

1) 국제시장의 문제점

마케팅조사란 마케팅활동의 의사결정에 필요한 정보를 제공하기 위하여 자료를 체계적으로 수집·기록·분석하는 것을 말한다. 특히 국제마케팅의 경우 조사하여야 할 시장의 수와 규모가 크며 1, 2차 수집된 자료이용의 신뢰도와 비교평가에 많은 장애요소가 있게 된다.

이와 같이 시장의 성격은 국가별로 동일하지 않기 때문에, 조사관리자는 동일한 조사를 다국적으로 반복할 경우에 발생할 수 있는 여러 가지 오류에 주의를 해야 한다. 비교가능한 조사결과는 상이한 시장환경에서 상이한 조사방법을 능숙하고도 창조적으로 연결하여 조사하여야 할 것이나 복잡하고 다양한 국제시장에서 생기는 문제점은 다음과 같다.

(1) 시장의 수와 규모의 선정

국제기업은 국내에서 인식하지 못한 어려움과 위험이 있기 때문에 해외진출에 있어 신중히 검토하지 않으면 안 된다. 즉 세계시장에서 각각의 시장들은 소비자 행동과 자료이용에 있어서 변화의 정도가 크게 다르다. 이것은 규모의 비경제성은 물론 조사자에게도 새로운 시도를 요구하게 될 것이다. 대다수의 기업들은 그들의 국제마케팅조사업무에 전 세계 국가의 2/3 이상의 자료가 필요하다. 이러한 자료조사 업무는 국제마케팅의 가장 효과적이고 경제적인 방법을 발견하기 위해서이다.

〈그림 8-1〉 국제마케팅조사의 경로

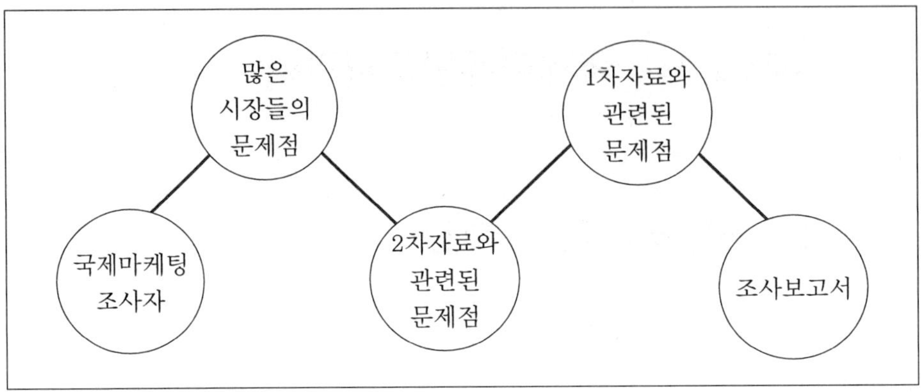

아울러 국제마케팅조사에서 나타나는 문제점은 대부분이 외국시장의 인구와 소득면에서 규모가 다르기 때문에 일어나는 것이다. 시장조사에는 비용이 따르고 기업은 투입된 비용 이상의 효과를 기대한다. 그렇다고 정보의 가치보다 더 많은 것을 얻기 위해서 비용을 무작정 들일 수만은 없는 것이다. 시장의 규모가 작으면 정보의 가치도 작으므로 그곳에 알맞은 조사가 행해져야 하는 것이다. 따라서 표본추출에 근거한 조사는 지극히 현명하고 옳은 것으로 판단되나 시장의 규모와 수의 선정에 있어 오류가 생기게 된다.

(2) 조사문제 정의상의 오차

이것은 시장조사를 함에 있어 조사문제가 각 국가에서 정의되는 방법상의 오류를 말한다. 즉, 개념적·정의적·시간적·시장 구조적인 동일성(equiva- lence)에서 제 문제가 발생하게 되는 것이다.

시장조사에서 시차적(temporal) 동일성은 조사가 여러 국가에서 동시적·수차적·독립적으로 실시되어야 하는가의 여부에 관한 문제를 취급하게 되며, 그 결정은 계절적 요소나 수요증가 양상에 의존하게 된다. 시장구조적인 동일성은 시장규모, 시장점유율, 시장침투율, 유통경로 및 경쟁수준에 관련되는 것이므로 조사의 목적이 되는 문제를 잘못 판단하게 되는 오류가 발생하게 된다.

(3) 조사도구상의 오차

이것은 시장조사를 함에 있어 질문서와 면접자로부터 제기되는 오류를 의미한다. 즉 언어적 동일성과 상황적 동일성의 문제로부터 제기되는 오류이며, 면접자와 응답자 상호간의 지각, 즉 조사도구적인 동일성과 응답유형의 동일성에 관계된다.

상황적(contextual) 동일성은, 예컨대 중동에서는 주택내 면접을 프라이버시(privacy)의 침해로 분개하므로 그것이 용이하지 않다. 금전적인 도구나 전화의 사용이 모든 국가에게 가능한 것은 아니다. 응답유형의 동일성도 각자 다른 사람들의 응답방법을 취급하므로 조사도구의 오류가 생기게 된다.

(4) 조사구조상의 오차

이 조사는 표본추출구조의 오류를 말하며, 표본추출구조가 상이한 원천으로부터 유래하기 때문에 발생하는 것이다. 예컨대, 인구의 유동성에 관한 연구의 경우, 한 국가에서는 조사구조가 인구의 70%를 포함하는 반면, 타국에서는 90%를 포함할 수도 있다. 그리고 제외된 인구비율이 나머지 인구비율보다 덜 유동적인 경향이 있으며, 유동성에 관하여 신뢰할 수 있는 측정이 행해질 수는 없다. 그 밖의 조사구조상의 오차 원천은 주거단위와 가구에 관한 정의상의 차이가 있다.

(5) 무응답상의 오차

이것은 무응답에 관한 상이한 문화적 양상에 관한 오류를 말한다. 예컨대, 5개국에 관한 연구에서, 응답비율은 20~40%까지 차지하였다. 더욱이 한 국가에서는 여자가 응답자의 65%인 반면, 다른 국가에서는 남자가 응답자의 80%를 차지했다면 개별적인 항목의 무응답은 국가별로 크게 달라질 수 있게 된다.

(6) 표본추출의 오차

표본추출은 실질적인 표본구조의 선정으로부터 오는 착오를 말하며 표본추출은 표본의 크기와 관련되며 통계학적으로 계산될 수 있는 것이며 총 오차

분류에 있어서 공식적으로 취급되는 유일한 오류이다. 표본추출오차와 비표본추출오차의 결합인 총오류는 신뢰구간을 확립하기 위하여 계산되어야 하며, 신뢰구간은 가설검정에 필요한 것이다.

2) 이차자료상의 문제점

(1) 이차자료의 중요성

일차자료(primary data)는 특정한 목적에 따라 조사자 자신이나 조사자가 의뢰한 조사기관에 의하여 특정한 목적에 합당하게 이용할 수 있도록 관찰·수집된 자료를 말한다. 반면 이차자료(secondary data)는 다른 조사자나 다른 조사자가 의뢰한 조사기관이 수집했거나 또는 자신이 직접 수집을 했던가에 관계없이 어떤 다른 목적에 따라 이미 관찰·수집되어 있는 자료로서 특정한 목적에 사용 또는 응용될 수 있는 자료를 말한다.

그러므로 이차자료는 정부, 무역협회, UN, 기타 관계기관에서 발행하는 자료원을 이용할 수 있다. 이차자료에 있어서 국제적 차원에서의 첫 번째 문제는 자료가 빈약하다는 것이다. 즉, 많은 나라에서 이용할 수 있는 자료가 극히 제한되어 있다. 비교적 산업화된 선진국이 일반적으로 좋은 자료원을 가지고 있으며, 경제적인 부와 유용한 인구통계학적 자료에 있어서는 미국이 세계 제1의 정보수집 대행처로서 풍부한 자료원을 가지고 있다. 2차자료의 유용성은 대략 그 국가의 경제발전의 수준과 일치한다.

예를 들면 볼리비아는 1950년, 자이레는 1958년 이후로부터 인구통계자료를 가지고 있지 않다. 공산주의 국가일수록 인구통계는 더욱 애매하고 특히 시장조사자들에게는 유용한 자료를 제공하지 못하고 있다. 1980년에 들어 중국이 서방기업들에게 개방정책을 폈을 때 처음으로 중국경제에 관한 몇몇 자료를 공개했던 것이다. 또한 중국정부는 그 자료를 CIA연구자료로부터 축출하였음도 시인하였다.

이와 같은 이차자료는 국제마케팅조사연구의 포괄성과 마케팅관리자의 외국 사회경제적 자료에 대한 비친숙성으로 인하여 많은 해외시장에서 이용하기 어려운 경우가 많다. 이것은 경제개발수준과 상호관계가 있으며, 일국의 1인당 소득이 낮을수록 원천통계 자료는 더욱 미약하다.

대부분 정부는 인구조사와 그 밖의 통계를 수집하고 있지만, 그 질과 유용성에 있어서 많은 차이가 있다. 적합한 모집단의 성격이 신뢰성 있게 결정될 수 없는 지역에서는 확률표본추출의 사용이 필연적으로 제한되며, 해당표본추출 또한 같은 이유로 제한된다. 그리하여 가장 많이 사용되는 기법은 편의적 표본(convenience sample)이다.

이차자료의 주요 용도를 살펴보면 다음과 같다.

첫째, 심층(in depth)조사를 할 국가나 시장의 선정에 사용될 수 있다. 이는 해외시장잠재력, 위험 및 운영비를 체계적인 기준 위에서 심사하기 위하여 사용되며, 그리하여 가장 유리한 시장잠재력이 있고 심층조사를 위한 대상시장이 확정될 수 있다.

둘째, 특정국가나 국가군의 수요잠재력의 최초 추정에 사용될 수 있다. 이 경우의 이차자료는 수요 및 시장규모에 관한 보다 정확하고 계량적인 추정을 하기 위하여 사용될 수 있다.

셋째, 환경변화의 탐색에 사용된다. 이 경우의 이차자료는 전 세계를 통한 경제적·환경적인 조건의 변화를 평가하는 데 사용될 수 있다.

(2) 이차자료상의 단점

국제시장에 관한 이차자료상에서 발생하는 단점을 보면 다음과 같다.

① 상세한 자료의 부족이다.

② 이용가능한 자료의 신뢰성이 문제된다.

③ 자료의 비교가능성과 급변하는 경제환경에서 최근자료의 수집과 정확성이 문제된다.

④ 시장조사 자료를 제공하는 기관이 사적기관이냐 공적기관이냐 또는 사회적으로 공인여부 등이 문제된다.

3) 일차자료 수집상의 문제점

국제마케팅조사에서 적절한 2차자료의 원천이 존재하지 않을 경우 시장조

사자는 1차자료를 수집해야 한다. 해외에서의 1차자료 수집은 국내에서와는 다르다. 그리고 사람들이 생각하고, 느끼고, 행동하는 것은 해외에서도 국가별로 다르다.

그러므로 국제마케팅조사에 있어서 2차자료는 앞에서 설명된 바와 같이 그 자체에 많은 문제점을 내포하고 있고 기업의 필요에 직접 부합되지 않기 때문에 1차자료의 수집이 소비재나 산업재시장에서 종종 필요하게 된다.

해외에서의 1차자료수집시에는 다양한 새로운 문제가 발생한다. 하나는 앞에서 언급한 바 있는 신뢰성의 문제이다. 즉, 믿을 만한 자료를 수집하는 것은 표본확률을 이용할 때 소규모시장에서도 대규모시장에서 만큼이나 경비가 들게 된다. 소규모시장에서는 정보의 가치가 작기 때문에 시장규모가 작은 국가에서는 기업이 무리해서 1차자료를 수집하지는 않을 것이다. 설령 수집된 1차자료가 경제성이 뛰어나다 할지라도 조사자는 또 다른 종류의 문제발생에 대해 대처해야 할 것이다. 따라서 1차자료 수집에는 다음과 같은 문제점을 생각할 수 있다.

(1) 언어 및 번역의 문제

국제마케팅조사에 있어서 언어 및 번역의 문제는 빈번히 발생하고 있다. 각각의 해외시장은 아마도 마케팅 조사자와는 각기 다른 언어를 가지고 있으며 일부 국가에서는 여러 가지의 언어를 함께 사용하기도 한다. 기업은 이따금 성공적인 국내시장의 조사계획을 그대로 해외시장에 적용하고자 한다. 이와 같은 시도는 상당히 논리적이고 때로는 바람직한 것이지만 성공적인 수행을 위해서는 매우 조심하지 않으면 안 된다.

즉, 언어는 가장 기본적인 문화적 차이이며, 언어적 차이는 비용과 커뮤니케이션에 관한 문제를 제시하고 있다. 즉 이중번역의 비용문제가 있다. 우선 조사설계 및 명세서는 자국어에서 조사대상국의 언어로 번역되어야 하며 그 다음 조사완료 후에는 그 결과가 자국어로 다시 번역되어야 한다. 그런데 마케팅조사가 전적으로 현지자회사에 의하여 실시될 경우에는 이런 단계를 거치지 않아도 되지만, 모든 마케팅조사가 전적으로 현지기준 위에서 대규모적으로 행해질 경우 그 조정·통합이 곤란할 수 있다.

번역비용보다 더 중요한 것은 커뮤니케이션문제이다. 언어는 단순히 단어의 집합은 아니며, 문화 그 자체의 반영이다. 한 문화권의 사람은 다른 문화권에 있는 사람들과는 그 언어에 유창할 지라도 의사소통에 곤란을 느끼는 경우도 있다.

(2) 사회조직과 낮은 교육수준

사회조직의 특별한 양상은 가족제도이다. 구미제국의 가족제도는 핵가족제도이지만, 많은 국가의 가족은 조부모, 삼촌, 숙모, 사촌을 포함하는 확대가족이다. 이러한 확대가족이 하나의 요소인 지역에서는 특정제품의 구매에 관한 의사결정자 및 영향력이 있는 자, 그리고 구매를 하는 적절한 가족단위를 결정하기가 어렵다. 사회조직의 차이는 소비용품시장 뿐만 아니라 산업용품시장에도 영향을 미친다. 기업의 의사결정구조의 성격은 국가별로 상이한 경우가 많다. 그 하나는 가족경영(family business)의 큰 중시이다. 가족적 경영이 확대가족구조와 결합된 경우에는 가족관계가 확인되어야 함을 의미하게 된다. 여기서 조직도 또는 칭호는 의사결정에 영향을 미칠 때 가족관계보다 중요하지 않다.

아울러 여성의 경제적 역할은 전 세계적으로 동일하지 않다. 미국에서는 여성이 소비용품의 처분에 가장 큰 권한을 가지고 있다. 즉 많은 상품의 주된 의사결정자일 뿐만 아니라 구매자이며, 마케팅조사활동을 비롯한 경제적으로 중요한 역할을 하는 것이 여성이다.

그러나 모슬렘(Moslem)국가에서는 여성들이 남성조사원과 대화를 허용하지 않고 있어 응답에 협조가 이루어지지 않는다. 아울러 낮은 교육수준과 문맹률은 시장조사의 수행에 커다란 장애요소이다. 문맹률이 아주 심한 곳에서 설문지란 아무런 소용이 없다. 심지어 선진국에서도 일반적으로 교육수준이 낮은 층에 대해서는 커뮤니케이션의 문제가 여전히 발생한다. 응답자들은 설문에 대해 자기 자신의 이해에 따라 답을 하기 때문에 질문의 진정한 의미와 조사의 의도가 잘못 전해질 수 있다. 이러한 경우의 문제는 응답자에 있는 것이 아니므로 근본적으로 조사의 설계에 잘못이 생기게 된다.

(3) 실태조사의 표본추출과 표준의 세분화

시장을 표본추출함에 있어 남미, 멕시코 및 아시아의 몇몇 도시에서는 가로의 지도는 소용이 없으며, 대도시지역에서는 가로가 확정되지 않고, 주택은 번지가 정해져 있지 않다. 표본추출기법의 적절성은 상세한 사회적 및 경제적 정보가 결여됨으로써 영향을 받게 된다. 예컨대, 연령분류가 없을 경우 연령기준을 필요로 하는 표본을 가질 수 없다. 그리고 상세한 정보의 결여는 표본추출을 사용한다 할지라도 그것을 보다 어렵다. 사우디아라비아(Saudi Arabia)에서는 부녀자에 대한 접근금지 때문에 상점가 면접에서는 전부 남성 표본을 사용하였다.

적절한 명부와 인구분류는 몇몇 국가에서는 크게 결여되어 있지만, 모든 국가가 다 그런 것은 아니다. 모든 성년자들이 법률에 의하여 등록될 것을 요구하고 상세한 사회경제적 자료를 제공하는 국가들도 많다. 그리하여 투표인 명부, 경찰관서 등록부 및 조세기록들이 조사를 위하여 활용될 수 있다. 스웨덴(Sweden)에서는 정부가 매년 모든 사람들의 소득을 기재한 청서(blue book)를 발표하고 있다.

아울러 표본집단의 세분화에 있어 국제마케팅조사자는 프로젝트(project)를 국제적 차원에서 수행할 때 특정한 제품이나 서비스에 대한 시장기회를 측정하기 위하여 시장을 분명하게 세분화하여야 한다. 기본적 장비시장의 필요성을 충족시키기 위해 잘 설립된 타이어제조회사가 자동차타이어시장의 규모를 측정하고자 원할 때 조사대상의 각국 시장을 아주 분명하게 세분화하여야 한다.

(4) 부적절한 하부구조의 제약

마케팅조사에 있어서 부적절한 하부구조(infrastructure)는 아마 가장 중대한 문제 중의 하나일 것이다. 예를 들면, 도시 거주자 중에 전화소유자가 소수에 불과하다면 전화조사는 실행되지 못할 것이다. 이집트의 카이로(Cairo)나 이란의 테헤란(Teheran)과 같은 주요도시에 있어서처럼 전화번호부가 없을 경우에도 전화조사의 문제는 더욱 심각해진다.

우편조사에서는 높은 교육수준과 믿을 만한 체신행정이 수반되어야 하나

이러한 여건이 미비한 나라가 많이 있다. 더욱이 선진국 중에서도 이탈리아(Italia)는 우편배달 사고가 많기로 유명하다. 즉, 국제마케팅조사는 현지국의 경제 및 상업하부구조에 의존하게 된다. 이것에 관련된 문제는 주로 저개발국에서 일어난다. 우편조사는 구독능력과 신뢰할 수 있는 우편제도를 필요로 한다. 많은 저개발국들은 대체로 우편제도의 신뢰성이 대단히 적다.

예컨대, 브라질(Brazil)에서는 국내우편의 약 30%는 배달되지 않는다. 전화에 의한 자료수집은 독서능력의 문제를 회피할 수는 있지만 대부분의 가정이 전화를 가지지 않는다는 더 큰 문제에 부딪치게 된다. 따라서 전화조사는 시장의 고소득층을 대상으로 해야 가능하다. 기업체조사에서도 전화는 소규모 생산자나 유통업체와의 접촉에는 도움이 되지 않을 수도 있다.

그럼에도 불구하고 몇몇 개발도상국에서는 때때로 거대한 미국의 국제광고대행사와 관련을 가지면서 마케팅조사에서 놀랄만한 능력을 발휘하고 있다. 예를 들면, 톰슨(J. Walter Thompson)은 인도에서 훌륭한 정보를 제공하고 있으면서 여타 정보에도 역할이 두드러지고 있다. 아마도 한 국가의 마케팅조사의 능력을 가장 잘 나타낼 수 있는 변수는 1인당 광고비일 것이다.

4) 조사정보분석의 문제점

시장정보를 정확하게 파악하는 것은 기업의 성패를 좌우한다. 많은 국가의 통계자료가 단 하나의 정보처에 의해 수집되고 세부내용이 동일한 보고서에 작성되었음에도 불구하고 실제로 비교될 수 없는 경우가 종종 있다. 간행된 자료를 주의 깊게 검토한 후에야 비로소 내려진 결론을 불일치와 비교성의 결여를 설명하는 수많은 각주를 참조하여 읽어야 한다는 사실을 깨달았을 때 그 실망은 상당히 클 것이다.

보고서를 보다 읽기 쉽게 하기 위하여 각주를 생략한 경우에는 그 상황이 더욱 심각하다. 그러한 경우에는 조사의 결과가 잘못 오도될 수 있기 때문에 약간의 의문점을 가지고 취급하지 않으면 안 된다.

국제마케팅에서 시장조사가 수집한 2차 및 1차자료에는 많은 한계점이 있지만, 최종분석에서 조사자는 이러한 요소들을 고려하여 경영을 위한 중요한

지침을 창출해야 한다. 각 나라에서 특이하게 사용되는 단어의 의미, 제품에 대한 소비자태도, 면접자의 태도, 면접상황 등은 모두 조사결과를 왜곡시킬 수 있다. 그러므로 해외시장에서 액면 그대로 정보를 수용함은 위험한 일이며, 그러한 정보는 현지기업관행을 통하여 왜곡된 것일 수도 있다. 그러한 불일치를 극복하여 중요한 시장정보를 창출하기 위하여 다음과 같은 3가지 점에 주의해야 한다.

첫째, 조사자는 조사가 실시되고 있는 시장에 관하여 사회적 관습 및 기업관습에 대하여 고도의 문화적 이해를 가져야 한다.

둘째, 조사결과를 적용시킬 창조적인 능력이 필요하다. 즉 해외시장조사자는 가장 어려운 상황에서 제 결과를 창출해야 하므로, 연구력과 기지, 실태를 파악하기 위한 강한 의지력, 인내심은 해외마케팅조사에서 가장 중요시되는 사항이다.

셋째, 1차 및 2차자료를 취급함에 있어서 적극적인 태도가 필요하다. 신문의 정확한 발행부수를 알기 위해 일정기간 동안의 인쇄부수를 점검하거나 또는 몇몇 분야의 보도된 소비자소득을 관찰할 수 있는 사회·경제적 특성에 입각하여 20~50%씩 축소시키거나 확대시키는 것이 필요할 수도 있다.

5) 조사비용의 문제점

국제마케팅조사비용의 절대적 수준은 국가별로 차이가 있으며, 국내시장보다 높은 경우가 많다. 아울러 소득수준과 비교한 조사비용은 더욱 크게 다를 수 있다. 마케팅비용은 일종의 변동비이며 특정국가내의 경영활동의 수준에 비례한다고 할 수 있다.

아울러 국제마케팅조사비용은 또한 조사인도의 지역과 국제시장에서 운송 및 커뮤니케이션 지연으로 발생하는 문제를 고려해야 한다. 따라서 어느 정도의 이윤(margin)이 그러한 요소들에 관하여 허용되어야 할 것이다. 그리고 환율변동과 인플레이션(inflation)율도 국제마케팅조사비용에 관하여 중대한 영향을 갖게 된다.

이상과 같이 국제마케팅조사를 실시함에 있어 해외시장의 경험이 적은 중소기업은 더욱 큰 심리적 부담과 더 많은 문제점 등을 가중시키게 된다.

2. 국제마케팅의 정보시스템 구축

1) 국제마케팅정보의 개념과 필요성

(1) 국제마케팅정보의 개념

시장조사란 생산자가 소비자에게 재화 또는 서비스를 판매하는데 따라 야기 되는 모든 사실의 수집, 기록, 분류를 말하는 것으로 시장분석, 판매조사, 소비자조사, 광고조사 등을 하게 된다.

이와 같은 마케팅조사가 실시되고 자료가 수집·분석되면 다음 단계는 이러한 정보를 경영의사결정에 통합하는 것이다. 조사가 실시되고 많은 결론 또는 마케팅전략 및 전술에 관한 제 관련이 도출될 지라도 이들은 아직 실행에 옮겨지지 않는다. 그 이유로는 내부적인 정치적 고려로부터 외부적인 경쟁요소에 이르기까지 여러 가지가 있지만, 가장 중요한 이유로는 정보가 적합한 의사결정자에 도달하지 않고 있거나 또는 쉽게 접근할 수 있거나 쉽게 이해할 수 있는 형태로 이용 가능하지 않다는 것이다.

오늘날 마케팅 정보시스템과 관련한 마케팅조사가 다루어지면서부터 정보(information)라는 개념 및 정보로 번역되는 인텔리젼스(intelligence)라는 개념이 사용되기 시작하였다. 따라서 마케팅정보의 개념이 명확하려면 먼저 이러한 제 개념 사이의 관계를 정확하게 이해할 필요가 있다.

이와 같은 자료와 정보는 상호 대체적으로 쓰이기도 하며 때로는 정보자료(information data)와 같이 합쳐져서 사용되기도 한다. 그러나 양자는 명확한 차이를 가지는 개념으로 인식되고 있다. 즉, 자료란 정보를 제공하기 위해 가공·처리될 원소재(raw material)인데 대해 정보란 이러한 자료가 정보입수자에게 유익하고, 또한 현재 및 앞으로의 의사결정에 실제적 또는 지각적으로 가치가 있는 그러한 형식으로 가공·처리된 것을 말하는 것이다. 이처럼 정보는 의사결정과 관련되는 것이므로 이는 자료보다는 더 높거나 적극적인 차원에서 인식되는 개념인 것이다.

(2) 국제마케팅정보의 필요성

정보의 질이 증가함에 따라 그러한 자료를 체계적으로 해석하고 분석하는 방법이 필요하게 되었다. 기업의 의사결정이 해외시장진출에 관한 것으로부터 많은 상이한 해외시장을 관리·통제하는 것으로 이행됨에 따라, 전 세계적 및 현지국가지향적인 의사결정의 기초로 사용할 기업내외의 원천으로부터 정보를 창출하고, 저장하고, 분류·분석하는 국제마케팅정보시스템이 필요하게 되었다.

따라서 국제마케팅정보시스템의 개발에는 각 국가시장별 마케팅정보시스템을 설계해야 한다.

아울러 국제마케팅정보시스템은 다음과 같은 목적을 위해 사용될 수 있다.

첫째, 마케팅활동의 성격이 지역마케팅(local marketing)에서 국가마케팅(national marketing) 내지 국제마케팅(international marketing)으로 확대되었으므로 가장 중요한 의사결정도 직접 수집한 정보로서가 아니라 제2차적 정보(secondary information)에 의존해야 하기 때문이다. 왜냐하면 그 회사제품이 판매되는 곳, 구매하는 소지자들의 구매상황 등은 경영자가 경제적 비용으로 직접 조사할 수 없는 경우가 많기 때문이다.

둘째, 국제적인 시장확장에 관련한 의사결정이다. 예컨대 새로운 국가가 잠재적인 시장진출대상국인가 또는 기존제품을 신시장에 도입할 것인가의 여부를 결정하는데 필요하게 된다. 투자수익률이나 시장점유율 기준에 입각하여 상이한 국가 및 제품시장에서 판매실적의 조사, 현재 또는 잠재적 거래의 문제점과 현재 마케팅전략이나 전술의 현지적응 필요성을 결정할 때 필요하게 된다.

셋째, 국제마케팅환경을 파악하기 위하여 경쟁의 양상이 가격경쟁에서 비가격경쟁으로 전환함에 따라 제품차별화, 판매·촉진활동, 광고, 유통경로, 물적유통 등의 마케팅도구(marketing tools)를 활용하게 되었고 이러한 마케팅기법을 도입하기 위해서는 시장조사는 물론 마케팅도구 자체에 대하여 조사·검토되어야 한다.

넷째, 장기적인 수익성의 극대화를 위해 상이한 국가, 제품시장, 표적단위 및 진출유형에 대한 기업의 자원 및 노력의 배분에 관련한 전력의 평가를 할 때 등이다.

벨(M.L.Bell)에 의하면 국제마케팅계획의 전제적 조건으로서 국제마케팅정보시스템은 「국제마케팅관리의 책임분야에 있어서 의사결정을 위한 기초로서 쓰기 위해 사내・외 정보원천에서 수집된 적절한 정보의 질서 있는 흐름을 만들기 위해 설계된 인간・기계・절차의 복합적인 상호작용적 기구」라고 정의된다. 이것은 곧 국제마케팅계획의 전제가 되는 국제마케팅정보를 합리적으로 관리하기 위한 시스템상의 하나의 기구하고 할 수 있다. 즉, 모든 시스템상의 기구에서처럼 기본적으로 피드백제어(feed-back control)에 입각한 것이 국제마케팅정보시스템의 기구하는 의미이기도 하다. 여기서 피드백제어(방식)이란 추구제어 내지 추종제어라고도 말하며, 일반적으로 결과가 원인 쪽으로 다시 되돌아가게 되는 것을 의미한다. 생산기술적으로 어느 공정(process)의 결과가 그 공정을 유지하며 조정하기 위해서는 필요에 따라 자동적으로 제자리에 다시 돌려지는 방식을 말한다.

2) 국제마케팅정보의 종류

국제마케팅정보의 종류는 정보시스템의 기본적인 요소이다. 그러므로 업종, 규모, 지역 또는 기업조직의 특성에 따라 필요정보의 종류도 일률적으로 결정하기는 어렵다고 본다. 다음 두 가지로 필요한 기준을 충족시켜야 한다. 즉, 첫째는 포괄적(exhaustive)인 정보이어야 하며 둘째는 상호배타적인 정보이어야 한다. 필요한 정보에 관한 일반적인 분류는 다음과 같다.

(1) 시장정보(market information)

시장정보는 다음 6가지 범주로 나누어 볼 수 있다.

① 시장가능성의 정보

제품에 관한 수요가능성을 나타내는 정보이다.

② 소비자와 고객의 태도 및 행동정보

기업의 제품에 관한 소비자 및 고객의 태도·행동 및 욕구에 대한 정보, 또한 기업에 대한 투자자의 태도도 포함한다.

③ **유통경로의 정보**

유통경로구성원의 이용가능성, 유효성, 태도 및 선호에 관한 정보

④ **커뮤니케이션매체의 정보**

매체의 이용 가능성, 유효성 및 비용에 관한 정보

⑤ **시장원천의 정보**

시장원천의 유효성, 질 및 비용에 관한 정보

⑥ **신제품의 정보**

신제품에 관한 비기술적(nontechnical) 정보

(2) 경쟁정보(competitive information)

경쟁정보는 경쟁기업의 전략 및 계획정보, 경쟁기업의 직능별 전략·계획 및 프로그램 정보, 경쟁기업의 운영정보가 포함된다.

(3) 규모정보(prescriptive information)

규모정보에는 외국환정보, 외국조세정보, 기타 외국규정 정보, 자국정부의 규정정보가 포함되며, 내용적으로는 각국의 공공기관, 민간단체 및 국제기관에 의한 지침·규정·결정 및 법률에 관한 정보를 포함한다.

(4) 자원정보(resource information)

자원정보란 기업의 운영에 필요한 자원에 관한 정보를 말하며 인적자원정보, 통화정보, 원자재 정보, 흡수합병 및 합작투자정보가 포함된다.

(5) 일반적인 정보

기타 일반적인 정보에는 다음의 6가지 정보가 포함된다.

① 경제적 요인의 정보

자본이동, 경제성장률, 경제구조 및 경제지리학과 같은 광범위한 요인을 취급하는 거시경제적인 정보

② 사회적 요인의 정보

사회구조, 관습, 태도 및 기호에 관한 정보

③ 과학기술의 정보

광범위하지만 비교적 테스트를 거치지 않은 주요 제 개발에 관한 정보

④ 정치적 요인의 정보

투자분위기와 선거·정치적 변혁에 관한 정보

⑤ 경영관리 관행의 정보

종업원의 보수, 보고서 절차 등 경영관리 관행 및 절차에 관한 정보

⑥ 기타정보

상기 분류에 속하지 않는 정보 등이다.

3) 국제마케팅정보의 평가

국제환경요인을 비교분석하여 평가하는 것은 매우 중요한 일이다. 그러므로 이와 같은 환경과 정보를 분석하기 위해서는 먼저 지리적인 환경과 정치·경제·문화적인 환경과 정보를 평가하여야 할 것이다.

한 지역의 마케팅시스템에 주요한 영향력을 가지는 지리적 요인에는 지형학, 하천의 이용가능성 및 위치, 토지비옥도, 기후 및 광물자원이 있다. 이란(Iran)과 같이 국토 중 광대한 저개발지역을 가진 국가들은 대단히 집중적인 마케팅 센터를 가지는 경향이 있다. 또한 오스트레일리아(Australia)에서와 같이 장거리운송 및 통신의 발달은 일국의 마케팅시스템을 대단히 통합적인 것으로 만든다. 미국과 같은 복합적인 상품 및 정보의 이전망을 가진 경우에는 광대한 산맥과 같은 물리적인 장벽을 극복할 수 있다. 그리고 영국처럼 국

토가 작고, 인구밀도가 높고, 큰 지리적 장벽이 없는 국가들은 수백 년 동안 밀접하게 통합된 마케팅시스템을 가지고 있다.

또한 정치와 법률은 국제적인 판매와 외국인기업의 행동을 제약하며 자국의 산업을 보호한다. 아울러 경제적인 요인으로서 그 나라의 국제수지는 국제마케팅을 중시하게 된다.

이상과 같은 관점에서 국제적인 환경에 대한 정보를 평가하는 기준으로는 정보의 질, 의사결정자의 욕구에 적합성, 정보의 비용 등을 들 수 있다.

(1) 정보의 질

① 적시성(timeliness)

급변하는 국제환경에서 정보의 적시성은 정보가 최근의 것이어야 함을 의미하는 것이다. 모든 인쇄정보는 성질상 역사적인 것이며, 조사자는 특히 가장 최근의 자료를 필요로 하지만, 때로는 비교나 제동향의 결정을 위한 기준으로 과거의 정보를 필요로 하는 경우도 있다. 정보의 적시성은 발표 이래 어떠한 중요한 변화가 발생하고 있는가에 달려 있다. 예를 들면, 정치운동에서 공중여론조사는 1주일이 지나면 구식화될 수 있다. 그러나 1인당 소득, 비문맹률, 연령분포와 같은 통계는 발표 후 5년이나 그 이상 동안 상당히 타당성을 가질 수 있다. 변수가 서서히 변하는 경우에는 국제시장조사에서 자주 필요로 하는 구식자료에 관하여 큰 어려움을 받지 않게 된다.

② 정확성(accuracy)

기업의 성패는 시장정보를 어느 정도 정확한 정보를 가지고 의사결정 하느냐에 달려 있다고 본다. 그러나 정확성은 적시성을 포함할 수 있지만 동시에 발표된 자료라도 정확성에 있어서 크게 다를 수 있다. 정확성은 명확성과 객관성을 포함하고 있다.

명확성(definition)은 통계범수가 지나치게 광범위 하지는 않다. 예컨대. 택시와 모든 종류의 트럭을 포함하는 상업용 차량이라는 범주는 시장의 특정부분(segment)에 대한 부품공급기업에게는 도움이 되지 않는다. 정보의 객관성(objectivity)은 정보의 신뢰성에 영향을 미치는 요인이다.

③ 비교가능성(comparability)

국가별 연구는 통상적인 일이지만, 대부분의 국제마케팅조사에서는 비교국가적인 연구를 한다. 비교가능성은 해외자회사의 보고절차를 표준화시키는 내부정보시스템으로 촉진될 수 있지만, 기업외부의 정보수집에 관하여는 곤란한 경우가 많다. UN은 전세계적인 자료수집의 개선에 관하여 노력하고 있지만. 아직도 많은 문제점이 남아 있다.

어떠한 다국가 연구에서든지 조사자는 여러 가지 비교문제에 직면하게 된다. 슈퍼마켓, 도매업자, 그 밖의 많은 용어들이 국가별로 다르게 사용되는 경우가 많다. 중대한 항목에 관한 비교가능성의 심각한 결여는 기업으로 하여금 자료보충을 위하여 특별조사를 실시하도록 만든다. 비교분석의 능숙한 사용으로 이 문제를 극소화시킬 수 있다.

(2) 정보의 적합성

해외에서 수집된 정보는 국제마케팅의사결정에 적합한 것이어야 한다. 기업의 내부적인 정보시스템이 이상적으로 작용할 경우, 자회사는 의사결정에 영향을 미칠 정보만을 본사에 보내게 되며 불필요한 서류작업에 불평을 하지 않을 것이며, 그리하여 본사는 효율적인 정보시스템을 운영하게 된다. 기업외부에서 정보를 구매하거나 수입하기 전에 기업은 경영에 대한 그 유용성을 평가해야 한다. 마케팅정보모델은 외부적인 정보원천의 선정과 함께 내부적인 보고시스템의 확립에 대한 지표가 되며, 경영정보시스템에 관한 일반원칙이 여기에 적용될 수 있다.

(3) 정보수집의 비용

어떠한 정보도 무상재는 아니다. 모든 지출의 경우와 같이 기업은 정보비용에 대응하여 받는 가치에 관하여 관심을 가지게 된다. 기업으로서는 자료의 수집·분석·조직화 및 보관이나 폐업에 언제나 비용이 든다. 이러한 비용이 높을 수도 있으므로, 조사자는 정보원천의 선정에 선별적이어야 한다. 정보의 중복성(redundancy)은 관련문제의 하나이다. 즉 기업이 받는 출판물이나 정보서비스 중의 몇 가지는 중복되는 경우가 있다. 중복성은 외부원천이 사용되는 경우 완전히 배제될 수 없지만, 시간 및 보관비의 절약으로 극소화시킬 수 있다. 그런데 어떤 중복성은 점검을 위하여 필요한 경우도 있지만, 양 원천이 동일한 투입을 사용할 경우에는 어떠한 가치도 가지지 않을 것이다. 비용은 정보의 적합성에 관련되어야 하며, 1차 원천과 2차 원천의 적정한 결합(mix)이 이루어져야 할 것이다.

3. 국제마케팅정보와 MIS활용

경영자에게 요구되는 최상의 기능은 무엇보다도 올바른 의사결정에 있다. 효과적인 의사결정을 하기 위해서는 정확한 정보에 의해 결정하여야 한다. 최근 많이 활용하고 있는 MIS를 설명하면 다음과 같다.

경영정보시스템(management information system, MIS)은 경영에 있어서 보다 신속한 정보처리제공의 효율화를 위한 시스템이라 할 수 있으며, 특히 기업 경영에 있어서는 컴퓨터 사용을 전제로 한 MIS의 확립과 정보처리의 합리화는 절대적이다. 결국 정보검색(information retrieval)과 MIS는 정보관리의 합리화를 위한 필수적 전제라 할 수 있으며, 특히 MIS는 전자자료처리시스템(electronic data processing system)과 관련하여 신속한 정보제공과 정보처리의 과학화를 이룩하고 있다.

그러므로 MIS가 마케팅관리분야에 도입될 때에는 당연히 마케팅정보시스템이 되어야 하며, 이때 그것은 경영정보시스템의 별칭인 MIS와 구별하기 위하여 MKIS(marketing information system)로 불리워지게 된다.

따라서 전체시스템인 마케팅정보시스템(MKIS)은 MIS의 하위시스템(sub-system)으로서, 그러한 시스템의 확립은 마케팅관리분야에 있어서의 합리적인 마케팅계획을 위한 전체적 필수조건이 된다. 특히, 기업에 투입(input)되는 여건·전략·환경상의 제정보를 적절하게 수집·처리해서 마케팅계획상의 의사결정에 반영시키기 위해서는 MIS의 하위시스템으로서 MKIS 존재는 절대적일 수밖에 없다.

MIS란 경영전반에 관한 정보를 종합적으로 확보하여 각 분야의 의사결정 기능의 신속한 수행을 보장하는 동시에 기업을 전사적 시스템(total system)

으로서 통합・관리・운영하는데 필요한 정보를 산출하여 의사결정과 즉시 유기적인 관련하에 조정을 진행하게 하는 복합적인 조직을 말한다. 다시 말해서 경영의 모든 계층에서 각각의 업무수행에 필요한 정보를 적시에 제공함으로써 자동적인 경영의사결정에 이용하는 시스템인 것으로 컴퓨터 이용의 가장 앞선 형태로 관심을 모으고 있다.

예를 들면, 원자폭탄, 미사일, 통신위성의 개발을 배경으로 하여 미국에서 크게 발전한 MIS는 American Air Lines사와 SABER계획, Westing House사의 TOPS, 그리고 메릴・린치 증권회사의 QRQ 계획에서 성공사례를 보였는데 일본은 물론 우리나라에서도 대한항공, 외환은행 등에서 이를 도입, 경영업무에 큰 성과를 거두고 있다.

이와 같은 MIS의 개념을 수용하여 국제마케팅정보도 파악・분석할 수 가 있다. 그것은 정보관련 분야의 구분・유형화가 가능하고 정보의 수집・처리・저장 그리고 의사결정에 기여하는 관정이 유사하기 때문이다. 다만 해외경제정보는 정보수집의 분야가 보다 광범위하고 이용주체로서 정부의 정책기관이 추가된다는 차이점이 있다.

MIS 분야가 생산, 판매, 재무부문 등인데 비하여 해외경제정보시스템은 하위시스템으로서 자원정보, 무역정보, 기술정보, 운수정보 및 관광정보 등을 구성하고 있다.

특히 국제마케팅정보는 일반경제정보와 거래정보로 대별되는데 전자는 각국의 경제성장률, 물가 및 경기동향, 산업구조의 변화와 국제수지 동향 등으로 거래상대국의 일반경제에 관한 지표가 주요대상이 되며, 이에 관한 정보는 국내・외의 전문조사연구기관, 정부 등에서 발간하는 각종 간행물을 이용하여 파악할 수 있다.

이와 같은 국제마케팅정보시스템은 해외시장의 변화 및 동향을 탐지하는 국제마케팅환경조사에 사용될 수 있다. 환경조사에는 많은 요소들이 고려되어야 하지만, 주된 문제는 특정기업과 제품시장에 적합한 동향 및 지표를 선정하는 일이다. 동향의 분석은 투자유형과 전략적 의사결정에 가장 중대한 영향을 미치는 것으로 생각되는 요인들을 대상으로 해야 한다.

대규모 다국적기업들은 환경조사 또는 정보 수집을 전문적으로 하는 직원

을 두는 경우가 많다. 예컨대 IBM사와 GE사은 전문적인 정보수집부서를 두고 있다. IBM사의 스텝은 25명의 국내스탭과 35명의 해외스탭으로 구성되며, GE사는 본사에 환경연구그룹을 두고 있다. Royal Dutch Shell사와 General Mills 역시 환경정보수집시스템(scanning system)을 운영하고 있다.

그러나 탐지되는 정보와 처리기술은 기업별로 다르다. IBM사는 주로 경제적 조건을 조사하며, 그 외에 소비자보호운동, 프라이버시(privacy), 자료의 안정도도 조사하며, 계량경제적인 모델개발을 한다. GE사는 국제적인 방위문제, 사회적·정치적·법률적·경제적·기술적·인적 및 금융적인 환경들을 탐지하며, 비교영향 매트릭스와 시나리오(scenario) 분석을 사용한다. Shell사는 좁은 범위의 대체안에 관하여 시나리오분석을 하며, C.P.C. International 사는 현지국가 및 지역시장수준에서 광범위한 요인을 탐지한다. General Mills사는 공공정책은 본사에서 전세계적으로 탐지하지만, 현지국가의 소비자태도는 외부설문으로부터 정보를 사용하여 탐지한다. 따라서 정보수집의 범위와 내용은 기업별로 크게 다르다.

우리나라의 정보수집체제를 살펴보면 종합적, 다각적인 일반경제정보는 대한무역투자진흥공사(Korea trade Promotion, KOTRA)를 주축으로 하는 공공기관에서, 거래정보는 개별상사의 자발적인 노력으로 수집·분석·활용하고 있다.

KOTRA는 우리나라의 무역과 투자 진흥을 도모하기 위하여 해외시장조사 등을 전문적으로 수행하기 위하여 1962년 설립된 특수법인이다. 세계 각국의 주요도시에 무역관과 사무소를 설치하고 해외시장조사, 한국경제 및 무역사정의 해외홍보, 국제견본시장의 참가 및 개최, 수출품의 디자인 개량 등의 주요 행사 등을 수행하고 있다.

특히 KOTRA의 수출시장조사, 수탁시장조사, 수출정보센터의 운영, 정보자료의 출간사업은 우리나라 해외경제정보의 중핵을 이루는 사업이다.

제1절 해외시장 진출방식의 결정요인

1. 진출방식의 종류

국제마케팅관리자는 해외시장 환경분석을 통해 표적시장이 결정되면 다음으로 그 시장에 어떻게 진출할 것인가, 즉 진출방식을 결정해야 한다. 해외시장으로 진출하는 방식으로는 〈표 9-1〉에서와 같이 수출, 계약, 직접투자 등 3가지로 대별될 수 있다.

수출은 상대국에 완제품이나 반제품을 수출하는 방식이며, 수출에는 간접수출과 직접수출이 있다. 계약은 상대국기업의 주식을 소유하지 않는 장기간의 제휴방식으로 계약유형에는 라이센싱, 프렌차이징, 계약생산, 턴키프로젝트 등이 있다. 그리고 직접투자는 상대국에 제조공장 등을 소유하는 방식으로 단독투자와 합작투자가 있다.

〈표 9-1〉 해외시장진출방식의 유형

진출방식	유형
수출	간접수출, 직접수출
계약	라이센싱, 프렌차이즈, 기타
직접투자	단독투자, 합작투자

2. 진출방식 선정의 결정요인

진출방식 선정에는 여러 가지 요인이 영향을 줄 수 있으나, 내적 요인인 기업특성과 외적 요인인 현지 시장환경 특성으로 크게 양분될 수 있다.

1) 기업특성

(1) 회사목적

기업의 목적은 진출방식을 결정하는 데 하나의 중요한 영향요인이다. 해외진출에 대한 열망이 그다지 높지 않는 기업은 수출이나 라이센싱, 그리고 합작투자와 같이 상대적으로 위험이 낮은 진출방식을 선호할 것이다. 한편 야심적인 전략목적을 가진 능동적인 기업은 유연성과 통제력을 발휘할 수 있는 진출방안을 선택할 것이다. 즉 이러한 기업은 합작투자보다는 단독투자를 선호할 것이다.

특히 오늘날 국제기업은 어떤 특정시장에 관련된 거래비용보다 글로벌전략지위에 더 강한 관심을 보이고 있다. 위험의 관점에서는 성장성이 낮은 국가에는 수출 혹은 합작사업이 적합한 것처럼 보여도, 장기적인 글로벌경쟁력을 확보하기 위한 전략의 통제나 변경 및 기동성에는 이들 방식이 적합한 것은 아니다. 더욱이 합작파트너는 글로벌적인 전략조정의 방해가 될 수 있다. 국제기업이 경쟁우위에 서는 것은 사업활동의 통합에 의해 전략의 선택 방안을 넓히는 것이기 때문이다. 개별시장을 초월한 수준에서 사업의 기회를 포착하여, 그 선택된 시장을 위해 전사적인 경영자원을 중점적으로 배분할 수 있다. 경영자원의 국제이전이나 다른 나라에서의 해외사업경험의 응용도 자유자재이다. 글로벌통합형의 기업은 전사적 이윤의 최대화를 위해, 본사의 의향 그대로 해외사업을 완전히 통제할 수 있을 것이다.

(2) 통제욕구

대부분의 국제기업은 그들의 해외활동에 대해 어느 정도의 통제력을 가지려고 한다. 예를 들면, Caterpillar는 자사의 지적 노-하우를 보호하기 위해 해외활동에 대한 완전한 통제를 선호하여 합작투자를 피한다. 통제의 수준은 자원 투자의 양과 밀접한 관계가 있는데, 자원투자가 적을수록, 통제 수준도 낮아진다.

(3) 내적 자원, 자산 및 능력

인적, 재무적으로 한정된 자원을 가진 기업은 자원을 많이 필요로 하지 않는 수출이나 라이센싱과 같은 개입이 낮은 수준의 진출 방식을 선택하지 않을 수 없다. 내적 능력 역시 진출방안의 선택에 영향을 주는데, 글로벌확장전략의 성공에 중요한 어떤 기술이 부족하면, 전략적 제휴를 통해 이 기술 차이를 극복할 수 있을 것이다.

한편, 기업의 핵심역량(경쟁우위)이 독점적인 기술 노-하우에 대한 통제에 근거하고 있다면, 그 기술에 대한 통제상실의 위험을 최소화하기 위해, 가능하면 라이센싱과 합작투자는 피해야 한다. 따라서 하이테크 기업이 기술적 노-하우에 있는 핵심역량으로 이익을 얻기 위해 해외에 진출하려면, 단독투자에 의한 방안이 적절할 것이다.

그러나 여기에도 몇 가지 예외는 있다. 예를 들면, 자사의 기술적 우위가 단지 일시적이라고 생각되고, 또한 경쟁자에 의해 그 기술의 모방이 급속히 이루어지리라 생각되면, 기업은 모방이 일어나기 전에 가능한 한 빨리 그 기술의 라이센싱을 통해 진출하기를 원할 것이다. 또한 자사의 기술을 라이센싱 함으로써, 자사의 기술이 그 산업에서 지배적인 디자인으로서 자리를 잡

을 수 있다. 예를 들면, 마쯔시타는 라이센싱을 통해 VHS 방식을 VCR의 세계표준위치로 굳히게 되었다. 한편 맥도날드와 같은 서비스기업의 경쟁우위는 경영관리 노-하우에 기반을 두고 있는데, 이런 기업은 프랜차이징이나 합작투자에 의해 경영관리 노-하우에 대한 통제의 위험은 그다지 크지 않다. 이들 기업의 귀중한 자산은 상표명이며, 이들 상표명은 일반적으로 등록상표에 관련한 국제법에 의해 잘 보호되고 있다. 기술적 노-하우에서 발생되는 많은 문제들은 여기서는 별 걱정이 없으므로, 결과적으로 많은 서비스기업은 프랜차이징이나 현지기업과의 합작투자를 선호한다.

(4) 유연성

오늘날 아주 매력적인 진출방안도 5년이나 10년 전에는 그렇게 매력적인 방안으로 선택되지 않았을 수도 있다. 현지 고객의 욕구가 더욱 높아질 수 있으며, 또한 현지 경쟁자가 더욱 강해질 수 있는 등 현지환경이 계속 변하므로, 이러한 변화에 대처하기 위하여 어느 정도의 유연성이 필요하다. 각 진출방식의 특성상, 진출방식에 따라 유연성이 상당히 다르다. 예를 들면, 합작투자나 라이센싱과 같은 계약방식은 유연성이 아주 제한되어 있다.

2) 현지 시장환경 특성

(1) 시장규모와 성장

많은 경우, 시장의 크기가 시장진출방식의 결정에 결정적인 요인이 된다. 시장이 크면, 직접투자를 고려해 볼 수 있다. 이와는 반대로 진출국의 시장규모가 적을 때에는 간접수출 혹은 현지의 대리점이나 유통업자를 통한 수출방법이 유리할 것이다. 미래의 시장잠재력도 중요한 결정요인이 되는데, 특히 표적시장이 떠오르는 시장일 경우 더욱 그러하다.

(2) 위험

위험요인은 시장진출방식을 결정할 대에 고려되는 또 하나의 중요한 요인이다. 위험은 기업의 경영활동에 영향을 줄 수 있는 정치적·경제적 환경의 불안정성과 관련된 것이다. 일반적으로 말하면, 위험 요인이 클수록, 기업은 그 나라에 직접투자를 점점 더 꺼리게 된다.

예를 들면, 외국기업에 대해 국유화를 한 경험이 있는, 잘 알지 못하는 나라에 진출을 할고 할 때에는 현지기업과 합작투자를 선호할 것이다. 왜냐하면, 현지파트너는 익숙하지 못한 환경에서의 회사설립을 도울 것이며 또한 국유화의 가능성이 있을 때는 반대할 것이기 때문이다.

(3) 정부규제

정부의 규제 역시 진출결정방법에 주요 고려요인이 되고 있다. 많은 무역장벽은 진출방식에 영향을 미치는데, 프랑스와 이탈리아 정부의 현지부품요구조건은 Toyota와 Nissan으로 하여금 현지에서 생산하기로 결정하게 만든 하나의 요인이 되었다.

(4) 경쟁적인 환경

현지시장의 경쟁상황의 특성이 또 하나의 요인이다. Nestle'와 General Mills는 콘플레이크 등의 시리얼 시장에서 세계적 기업인 Kellog사에 대항하기 위해 합작회사인 Cereal Partners Worldwide사를 설립하였다.

(5) 현지 인프라

시장의 물리적 인프라란 그 나라의 유통시스템, 수송네트워크 및 커뮤니케이션 시스템을 말한다. 일반적으로 현지 인프라가 좋지 못할수록, 기업은 투자하기를 점점 더 꺼려한다.

1. 수출

1) 간접수출과 직접수출

해외시장에 진출하는 대부분의 기업은 처음에는 자국에서 생산한 제품을 외국으로 수출하는 것에 의해 해외시장에 진출하게 되며, 수출에는 간접수출과 직접수출이 있다.

(1) 간접수출

간접수출은 국내에서 수출업무를 하고 있는 중개업자를 이용하여 수출하는 방법으로 최종적으로는 해외시장에 제품이 판매되지만 종합무역상사나 국내 소재 외국구매업자, 중개업자 등을 통해 그 제품을 판매한다.

외국과 거래경험이 없는 기업의 경우에는 미지의 상대방에게 상품을 수출하는 데 불안을 느끼게 될 것이며, 또한 익숙하지 못한 수출업무를 싫어해 거래를 주저하게 된다. 그리고 국내 업무로 인한 인력의 여유가 없어 외국기업과의 거래에까지 업무를 넓힐 여유가 없는 기업도 있다. 이 경우 종합무역상사와 같은 전문기관을 이용하면 그 상사가 모든 수출업무를 대행해 주기 때문에 외국에 대한 지식이나 수출업무의 경험이 없어도 국내거래와 똑같은 감각으로 외국으로 상품판매가 가능하다. 이렇게 이루어지는 간접수출의 장점으로는 저명한 수출중간상, 예를 들면, 종합무역상사를 이용할 때에 그 유명도에 편성하여 수출을 증대할 수 있으며, 수출에 소요되는 제반 직접수출경비를 절약할 수 있는 등의 장점이 있다. 그러나 수출활동이 한층 활발해지면 이러한 간접수출의 장점은 적어지며 또한 수출에 대한 경험도 축적되어 직접수출방식을 취하게 된다.

(2) 직접수출

직접수출은 국내의 중간상을 거치지 않고 상대국의 대리점이나 유통업자를 통해 수출을 하거나 자사의 지점이나 현지 자회사를 통해 수출하는 방법을 말한다.

처음은 해외시장을 잘 알지 못하기 때문에 수출마케팅비용으로서의 조사비용이나 수출에 따른 위험을 피하기 위해 외부의 전문 무역서비스기관을 이용한다. 해외로의 진출전략은 시간을 가지고 신중히 실시하여야 하며, 경험이 축적되어 해외시장환경에 익숙해지면 조사비용이나 위험이 경감된다. 결국 처음에는 제품을 수출하기 위해 상사 등의 전문기관을 이용하나, 점차 수출량이 증가하면 스스로 직접 현지시장의 실태를 파악하고, 또한 수입업자와의 커뮤니케이션을 시도한다. 그리고 자사의 사원을 현지에 출장 보내기도 하고 또는 주재원을 파견하게 된다.

이렇게 하여 거래가 점점 증대되면 상사 등의 손을 거치지 않고 직접수출을 시작하게 된다. 수출의 노-하우가 필요하게 되고 충분한 현지 시장조사도 행해지지 않으면 안 된다. 그러나 직접수출을 함으로써 자사의 방침을 철저히 지킬 수 있으며, 경험과 지식의 내부축적이 가능하게 된다. 다음 단계로는 현지의 수입업자가 하는 마케팅활동으로는 한계가 있어 스스로 판매회사를 설립하게 된다. 판매회사를 운영하는 데는 여러 가지 비용이 소요되므로 자금부족에 대응하지 않으면 안 된다. 또한 인재의 확보도 용이하지 않기 때문에 처음에는 본국에서 인재를 보내지만 서서히 현지의 우수한 인재를 획득하도록 해야 한다. 일정 기간 동안 현지경영의 노-하우를 흡수하고 마케팅능력을 키울 수 있는 인재를 육성할 필요가 있다.

2) 수출절차

국제무역을 하는 기업은 다른 나라에 살고 있는 알지 못하는 누군가를 신뢰하지 않으면 안 된다. 상대방은 다른 언어를 사용하고, 다른 법률적 시스템을 가지고 있으며, 만약 의무를 수행하지 않아도 찾기가 아주 어려운 사람이다. 이런 상황 하에서 수출업자는 대금을 받기 전에 상품을 선적하면, 상품만

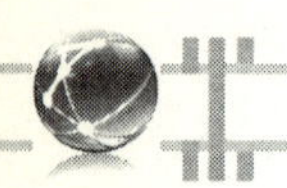

선적하고 돈을 받지 못하는 것을 염려하게 될 것이다. 반대로, 수입업자는 상품이 선적되기 전에 돈을 지부하면, 수출업자가 돈만 받고 상품을 선적하지 않거나 결함이 있는 상품을 선적하지 않을까 걱정하게 될 것이다. 이런 신뢰부족은 거래 당사자간의 상이한 문화와 먼 거리 등에 의해 더욱 악화된다.

당사자간의 피치 못한 신뢰부족 때문에, 수출업자는 상품을 선적하기 전에 수입업자가 돈을 지불하기를 원하며, 반대로 수입업자는 상품이 도착하기 전까지 돈을 지불하지 않으려고 한다. 당사자간에 어떤 식으로든지 신뢰구축이 없으면, 거래는 일어나지 않을 것이다.

이러한 문제를 해결하기 위해 당사자가 신뢰하는 제3의 기관인 평판이 좋은 은행을 중개자로서 사용한다. 먼저, 수입업자는 자신을 대신하여 지불할 것이라는 약속을 수출업자가 신뢰할 수 있는 은행으로부터 받는다. 이러한 약속은 신용장(Letter of Credit)[4]에 의해 이루어진다. 신용장을 보고, 수출업자는 상품을 수입업자에게 선적할 것이다. 상품에 대한 소유권은 선하증권(Bill of Lading)[5]이라고 하는 서류의 형태로 주어진다. 그 대신, 수출업자는 은행에 상품대금 지불을 요구한다. 이 지급을 요구하는 서류를 환어음(Draft)[6]이라고 부른다. 대금을 지불한 은행은 상품에 대한 소유권을 수입업자에 넘긴 다음, 수입업자로부터 대금을 받는다.

일반적인 국제무역거래 즉, 수출입거래는 다음과 같은 절차에 의해 이루어진다.

1) 먼저 해외거래처(overseas connections)에게 자사를 소개한다, 이러한

---

4) 신용장(Letter of Credit)이란 약자로서 L/C라고 불리고 있는데, 이는 수입업자의 요청에 의해 은행이 발행하는 것으로, 은행은 신용장에 명기된 조건에 일치하는 서류를 제시하면, 수익자(보통은 수출업자)에게 정해진 금액을 지불하겠다는 것을 약정한 것이다.

5) 선하증권(Bill of Lading:B/L)이란 상품의 선적을 증명하는 서류로서, 일반적으로 선박회사가 수출업자에게 발행한다.

6) 환어음(Draft)이란 Bill of Exchange이라고 불리고 있는데, 이는 채권자가 채무자에 대하여 일정금액을 그 채권의 지명인 또는 소지인에게 일정한 시일에 일정한 금액을 지불할 것을 지시하는 유가증권이다. 일반적으로 수출업자가 채권자가 되며, 환어음을 매수하는 자는 은행이 되며, 환어음을 인수하는 자는 보통 수입업자가 된다.

해외거래처는 유관기관, 동업자 조합, 각종 채널을 통하여 소개받을 수 있다.

2) 해외거래처에게 거래제의(Business Proposal)를 한다.
3) 거래제의를 승낙하기 전에 상품에 관한 세부적인 사항을 조회(Trade Inquiry)하게 된다. 이때 필요에 따라 견품(sample)을 요구하기도 한다.
4) 상품에 관한 조회와 더불어 상호간에 상대방의 신용상태를 확인하기 위해 반드시 신용조회(Credit Inquiry)를 해야 한다.
5) 신용 조회처의 신용보고의 내용에 대하여 만족하면 수출업자(exporter)는 청약(Offer)을 하게 된다.
6) 상호간의 매매조건에 대해 서로 합의하게 되면 최종적인 오퍼에 대해 수입업자(importer)가 주문(Order)을 한다.
7) 이러한 청약(Offer)과 주문(Order)에 대하여 상대방이 승낙(Acceptance)하게 되면 계약(Contract)이 성립하게 된다.
8) 계약이 이루어지고 난 후 대금결제조건이 신용장 방식(L/C base)일 경우, 수입업자는 거래은행을 통하여 신용장(Letter of Credit)을 개설하게 된다. L/C의 개설은 우편방식의 개설이 일반적이지만, 요사이는 SWIFT 방식에 의해 통지되는 것이 일반적이다.
9) 신용장(L/C)을 통지 받은 수출업자는 신용장에서 요구하는 대로 제품을 준비하여 선적(Shipment)을 한다. 해상운송의 경우에는 일정한 선박에, 복합운송의 경우에는 운송인(carrier)의 보관하에 상품을 인도하며, 항공화물의 경우에는 항공운송인(air carrier)에게 인도하게 된다. 이때 운임(freight)이나 운송비(carriage) 지급의 당사자는 가격조건에 따라 상이하다.
10) 선적이 완료되면 요구되는 운송서류(transport documents)를 구비한 후 환어음(Bill of Exchange ; B/E : Draft)을 발행하여 은행에 매입의뢰(negotiation : NEGO)를 하여 수출대금을 수취한다.
11) 매입은행(negotiation bank : Nego Bank)은 이 서류를 개설은행(Issuing Bank)에 송부하여 수출대금을 회수하게 되고
12) 수입업자는 개설은행으로부터 서류를 인수하고 수입대금을 지급한 후

선박회사로부터 화물을 인수하게 되면 거래는 종료하게 된다.

〈국제무역거래의 진행절차〉

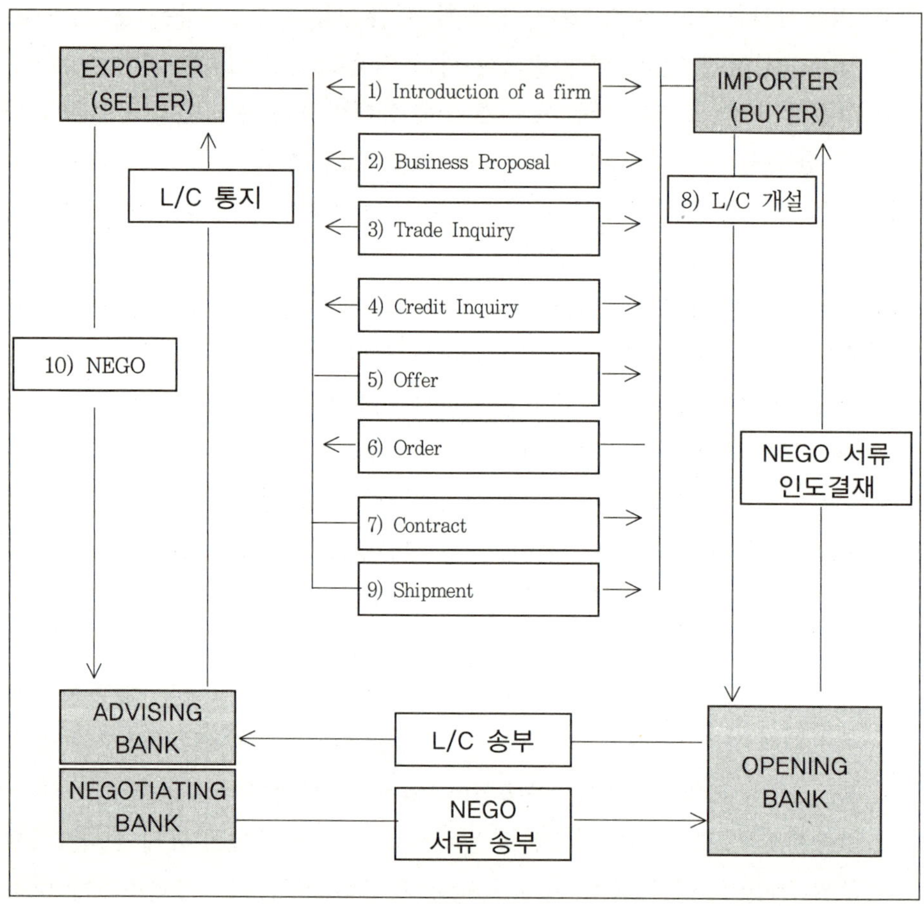

3) 수출을 위한 조직

수출마케팅에 관심을 가진 제조업자는 수출을 위한 기업의 조직으로서 다음과 같이 본국과 현지시장으로 크게 나누어 설계할 수 있다.

(1) 본국시장에서의 조직

제조업자는 수출업무를 기업내의 부서에서 할 것인지 혹은 외부 조직에 맡길 것인지를 결정해야 한다.

① 기업내 수출부서

많은 기업들은 그들 자신의 조직으로 수출업무를 처리한다. 구체적으로는 국내업무를 하는 직원이 동시에 수출업무를 취급하기도 하고, 또는 국내마케팅업무와도 별도로 수출부서를 조직하여 수출업무를 담당할 수도 있다. 국내업무를 담당하는 직원이 국내업무를 하면서 수출마케팅업무도 동시에 하는 경우에는 수출을 위해 추가적인 인원이 필요하지 않기 때문에 비용 면에서 장점이 있다. 그러나 이럴 경우는 수출업무를 담당한 직원이 제품과 고객에 대해 뛰어난 능력을 가져야 하고, 또한 이러한 지식이 표적국제시장의 환경이 국내시장과 비슷하면 그 지역에 대한 별도의 지식요구가 감소하기 때문이다.

② 외부조직

기업이 수출업무를 자사의 조직을 이용하지 않을 경우, 이용할 수 있는 대표적인 외부조직으로는 종합무역상사가 있다.

(2) 현지국에서의 조직

기업은 수출마케팅을 위한 조직에 대해 본국뿐만 아니라 현지시장에서의 상품유통에 대해서도 결정을 해야 한다. 기본적인 결정은 자사의 조직에 어느 정도 의존할 것인가 하는 것이다.

① 자회사 혹은 지점 등의 자사조직

자사직원에 의한 자회사나 지점은 통제와 커뮤니케이션 면에서 장점이 있다. 자사조직으로 하면, 프로그램 개발, 자원배분 및 가격 변경을 단독으로 결정할 수 있다. 더구나 제품이 그 시장에 아직 뿌리를 내리지 못하고 있으면, 성공적인 판매를 위해서 특별한 노력이 필요하다. 자사조직에는 이러한 특별노력이 자사의 마케터에 의해 가능하다는 장점이 있다. 또 하나의 큰 장점은 시장의 정보와 피드백에 대한 가능성이 훨씬 크다는 것이다. 이런 정보로 상

품, 가격, 촉진 및 유통에 대한 수출마케팅결정을 상당히 개선할 수 있다.

자사조직은 수출업자가 소비자나 고객에게 직접 판매하는 것을 의미하지 않는다. 대부분의 경우, 자사조직은 도매상이나 소매상에 판매한다. 예를 들면, 독일과 일본의 주요 자동차수출업자는 미국시장에서 자사가 소유하는 직접조직에 의존한다.

② 외부조직

소규모 시장에서는 판매량이 적어 채산성이 없기 때문에 자회사나 지점 등의 자사조직을 설립할 수 없다. 대규모 시장에서도 중소 제조업체는 비용을 충당할 수 있는 적절한 양의 판매를 할 수 없기 때문에 자사조직을 설립하는 것이 어렵다. 그러므로 독립된 유통업자가 효과적인 판매방법이다. 좋은 유통업자를 찾는 것이 수출성공의 열쇠가 된다.

③ 피기백(piggyback) 수출

보완적 마케터(complementary marketer)라고도 하는 피기백 수출은 마케팅수용능력을 지나치게 가진 기업이나 가끔 더 넓은 제품라인을 원하는 기업이 추가적인 제품라인을 취급할 대에 이루어지는 수출이다. 또한 이것은 한 제조업자가 다른 회사의 유통경로를 통해 자사의 제품을 유통시키는 방법이기도 하다. 두 당사자 모두에게 이익이 될 수 있다. 유통업자는 자기의 유통시스템 능력을 최대한 사용하여 더 많은 수익을 창출할 수 있으며, 피기백을 사용하는 제조업자는 자사가 직접 유통경로를 구축하는 것보다 훨씬 낮은 비용으로 상품을 유통시킬 수 있다. 피기백 수출이 성공하려면 제조업자의 상품과 유통파트너의 상품이 보완적이라야 한다. 또한 이들 상품은 동일한 고객에게 매력적이어야 하고 서로 경쟁적이어서는 안 된다. 이러한 조건이 충족되면, 피기백 수출은 두 당사자에게 이익이 되는 효과적인 국제유통시스템이 될 수 있다.

예를 들면, GE사는 여러 해 동안 다른 공급업자들의 상품을 취급하였다. GE사는 비경쟁적이면서 보완적인 상품을 취급하여 자사의 유통능력을 강화하였다. 〈표 9-2〉에서는 최근 우리나라의 수출입동향을 나타내고 있다.

〈표 9-2〉 한국 수출입 동향

(단위 : 백만달러, %)

년도	수출		수입	
	금액	증가율	금액	증가율
1962	55	34.1	422	33.4
1972	1,624	52.1	2,522	5.3
1982	21,853	3.0	24,521	7.2
1990	65,016	4.1	69,844	11.2
2000	172,268	19.9	160,481	34.0
2001	150,439	-12.7	141,098	-12.1
2002	162,471	8.0	152,126	7.8
2003	193,817	19.3	178,872	17.6
2004	253,845	31.0	224,463	25.5
2005	284,419	12.0	261,238	16.4
2010	466,384	28.3	425,212	31.6
2011	555,214	19.0	524,413	23.3
2012	547,870	-1.3	519.584	-0.9
2013	559,600	2.1	515,600	-0.8

자료 : 한국무역협회, 수출입통계, 2014.

2. 라이센싱(Licensing)

1) 라이센싱의 의의

라이센싱은 라이센서(licensor)가 해외기업인 라이센시(licensee)에게 어떤 지적자산을 제공하는 대가로 로열티를 받는 계약거래이다. 지적자산의 예로는 등록상표, 영업비밀, 제조과정 및 특허 등이 포함된다.

해외시장진출 대안으로서 라이센싱이 등장하는 이유로는 수출이나 단독투자에는 없는 장점들이 있기 때문이다. 예를 들면, 해외직접투자를 통한 현지생산에는 제조설비가 필요하며 비용을 전부 자사가 부담하여 설비를 갖추는

데는 건설자금을 비롯하여 인건비, 감가상각비, 금리 등 모든 경비를 충당하기 위해서는 많은 자금이 필요하다. 또한 자금조달의 문제는 자금출자나 차입금으로 해결된다고 해도 경영을 어떻게 할 것인가 또는 국가에 따라서 법적 규제, 행정기관과의 교섭을 어떻게 할 것인가 등 여러 가지 문제가 발생하며 성가신 일이 증가한다. 라이센싱으로 진출할 경우, 이러한 업무를 하지 않아도 된다.

2) 라이센싱의 장 · 단점

(1) 라이센싱의 장점

① 자원을 많이 필요로 하지 않으므로, 중소기업에게 특히 매력적인 해외진 출방식이다.

② 수출장벽을 회피할 수 있다.

③ 해외시장에서 정치적 · 경제적 위험에 노출되는 것을 낮추어 준다.

④ 하이테크 산업에서, 기술 라이센싱을 통해 글로벌 시장에 급속히 침투하 여, 선도적인 기술 수준을 만들 수 있으며, 또한 R&D 비용을 빨리 회수할 수 있다.

(2) 라이센싱의 단점

① 라이센시가 최선을 다하지 않을 때에 라이센싱 된 상품의 판매는 상당히 줄어들 것이고, 계약된 등록상표에 손상을 줄 수 있을 것이다.

② 미래의 경쟁상대자가 될 가능성이 있다.

③ 수출과 같은 다른 진출방식에 의해 얻어지는 잠재적인 이익이 작아질 수 있다.

④ 자사의 경영 노-하우 기밀유지가 어렵다.

⑤ 시장에의 접촉이 간접적이다.

이러한 위험을 방지하기 위해서, 라이센서는 라이센스 제안에 대한 철저한 수익성 분석을 하지 않으면 안 된다. 이 수익성 분석에는 라이센싱으로 인해 수익이 희생되는 기회비용 등도 포함되어야 한다. 또한 장래성이 있는 라이센시의 선정이 무엇보다도 중요하다.

3. 프랜차이징(franchising)

프랜차이징은 프랜차이저(franchiser)가 프랜차이지(franchisee)에게 등록상표와 같은 지적자산을 제공할 뿐만 아니라, 프랜차이징은 엄격한 규제 하에서 영업활동을 하는 라이센싱의 특수한 형태이다. 라이센싱과 마찬가지로 프랜차이징은 일반적으로 프랜차이징 수익의 몇 %에 해당되는 돈을 로열티로 받는다. 라이센싱은 주로 제조기업이 이용하지만, 프랜차이징은 주로 서비스업체가 이용하며, 그 중에서도 패스트푸드 분야의 프랜차이징이 세계에서 가장 유명하다. McDonald's 프랜차이징전략을 사용하여 성장한 하나의 좋은 예로서, 세계 120여 개국에 진출해 있으며, 해외에서의 매출액이 회사 전체매출액의 약 50%를 차지한다(표 9-3 참조바람). McDonald's는 프랜차이즈의 식당운영방법에 대해 엄격한 규칙을 가지고 있으며, 이러한 규칙은 메뉴, 요리방법, 인사정책, 식당의 디자인과 위치선정에도 적용된다. McDonald's는 역시 경영자훈련과 재정지원도 하고 있다.

한편, 성공적인 프랜차이징을 위해 많은 기업은 마스터 프랜차이징 시스템(master franchising system)을 도입하고 있다. 이 시스템은 해외 프랜차이지에게 그 지역 또는 그 나라 전체에 다시 프랜차이즈(subfranchise)를 할 권한과 의무를 주어, 그 지역 전체를 효과적으로 경영하는 제도이다.

〈표 9-3〉 미국의 상위 20개 푸드 프랜차이즈 회사

국제매출액 순위	체인(Chain)	해외매출액 ($ 1000)	해외매출액 비중(%)
1	McDonald's	$ 16,513,000	49.09
2	KFC	4,330,000	51.98
3	Pizza Hut	2,525,000	34.95
4	Burger King	2,042,410	20.62

국제매출액 순위	체인(Chain)	해외매출액 ($ 1000)	해외매출액 비중(%)
5	Tim Hortons	749,901	97.14
6	Domino's Pizza	680,000	21.51
7	Wendy's	625,000	11.95
8	Baskin-Robbins, USA	500,000	46.70
9	Subway Sandwiches	500,000	14.71
10	Hard Rock Cafe	425,000	61.15
11	Dairy Queen	370,000	12.11
12	Coco's	333,000	53.28
13	Dunkin' Donuts	286,136	13.97
14	Yogen Fruz/Paradise	281,000	98.25
15	Planet Hollywood	267,000	47.51
16	T.G.I. Friday's	240,853	19.16
17	Shakey's Pizza Parlors	240,000	72.73
18	Churchs Chicken	149,125	20.60
19	Taco Bell	145,000	2.93
20	Popeyes Chicken & Biscuits	129,457	15.18

주 : 순위는 1997년 해외매출액 기준

자료 : Warren J. Keegan, Global Marketing Management, Prentice Hall, 2002.

4. 기타 진출방식

1) 계약생산(Contract manufacturing)

계약생산은 현지 제조기업이 상품의 일부 또는 전부를 생산하며, 그 상품의 마케팅은 국제기업이 책임지는 것이다.

많은 기업들이 계약생산을 전문화함으로써 아주 성공을 거두고 있다. NatSteel Electronics는 전자업계에서 세계의 선도적인 계약생산자의 하나이다. 싱가포르에 본사를 둔 이 회사는 인도네시아, 말레이시아, 중국, 멕시코와 같은 나라에 생산시설을 가지고 있으며, IBM, Compaq, Apple, Hewlett- Packard 등이 고객이다.

계약생산의 주된 동기는 비용절감이다. 노동집약적인 상품은 저임금국가에서 소싱을 함으로써 상당한 비용절감을 할 수 있다.

2) 턴키 프로젝트(turnkey project)

턴키(turnkey) 프로젝트란 계약자(contractor)가 해외고객에게 운영직원의 훈련을 포함한 그 프로젝트의 모든 사항을 취급하는 것에 동의하는 것이다. 계약의 완성시에 가동을 위해 준비가 완료된 그 공장의 키를 해외고객에게 넘겨준다는 의미에서 턴키라는 용어를 사용한다. 이것은 공정기술을 다른 나라에 수출하는 하나의 수단이다. 턴키프로젝트는 화학, 제약, 정유산업에서 아주 흔하며, 모두가 복잡하고 값이 비싼 생산기술이다.

턴키프로젝트의 장점으로는 석유정제와 같은 기술적으로 복잡한 과정을 운영하는 데 필요한 노-하우라는 귀중한 자산으로부터 대단한 경제적 수익을 올릴 수 있다는 것이다. 이 전략은 특히 해외직접투자가 현지정부규제에 의해 제한된 국가에 아주 유용하다. 예를 들면, 많은 산유국 정부는 그들 자신의 정유공장을 설치해 오고 있으며, 석유와 경제부문에 해외직접투자를 제한하고 있다. 그러나 이들 국가는 원유정제기술이 부족하기 때문에 그 기술을 가진 외국기업가와 턴키프로젝트 계약을 함으로써 그 기술을 얻었다. 이러한 거래는 턴키프로젝트 없이 이들 국가에 그들의 귀중한 노-하우에 대한 수익을 올릴 수 있는 방법이 없기 때문에 아주 매력적이다. 또한 턴키프로젝트의 단점으로는 다음과 같은 것을 들 수 있다.

① 턴키프로젝트를 하는 기업은 현지국에서 장기적인 이익을 가질 수 없어, 만약 현지국이 그 턴키프로젝트에 의해 생산된 생산물의 주요 시장이 될 경우 단점이 될 수 있다.

② 턴키프로젝트의 해외파트너가 경쟁자가 될 수 있다. 예를 들면, 사우디아라비아, 쿠웨이트 및 기타 걸프국가들에 석유정제기술을 판매한 서방기업 중 많은 기업들은 세계석유시장에서 이들 기업과 경쟁하고 있다.

③ 기업의 기술이 경쟁우위의 원천이라면, 턴키프로젝트를 통해 기술을 판매하는 것은 잠재적·실재적 경쟁자에 경쟁적 우위를 판매하는 것이 된다는 것이다.

〈표 9-4〉 해외진출방식의 장 · 단점

진출방식	장점	단점
간접수출	· 자원의 투입이 적음 · 위험이 낮음	· 통제가 부족 · 해외시장과 접촉이 부족 · 학습 경험이 없음 · 잠재기회비용
직접수출	· 간접수출에 비해 더 많은 통제 · 더 많은 판매 푸쉬	· 수출 부서 설립 필요 · 많은 자원투입이 필요
라이센싱	· 투자가 적거나 없음 · 진입속도가 빠름 · 낮은 위험	· 통제가 부족 · 잠재기회비용 · 품질통제필요 · 경쟁자로 될 위험 · 시장개발에 한계
프랜차이징	· 투자가 적거나 없음 · 진입속도가 빠름 · 관리 동기화	· 품질통제필요 · 통제부족 · 경쟁자로 될 위험
계약생산	· 투자가 적거나 없음 · 수출장벽 극복 · 비용절약	· 품질통제필요 · 어린이 노동착취 위험 · 회색 혹은 암시장으로 전환
턴키 프로젝트	· 해외직접투자가 법규에 의해 제한된 국가에 기술제공으로 수익올림	· 경쟁자로 될 수 있음 · 현지에 기업의 존재를 알릴 수 없음

자료 : Masaaki Kotabe & Kristiaan Helsen, Global Marketing Management, John Wiley & Sohns, Inc., 2001.

제3절 STP 전략

1. STP 전략의 개념

소비자의 욕구를 만족시키기 위해 도입된 STP(Segmentation targeting

positioning) 전략은 기업의 시장 진입을 위한 마케팅의 전략이다. 즉, 먼저 마케팅 관리자는 진입하고자하는 시장에 대하여 몇 개의 기준을 수립하여 시장을 세분화(Segmentation) 한 후, 그 결과를 바탕으로 표적시장을 선정(targeting) 하고, 선정된 표적시장에 대한 마케팅 목표를 결정하여 자사 제품을 소비자에게 인식시켜 주는 과정(positioning)을 말한다.

소비자들은 시장별로 다른 구매습관과 소비성향을 가지고 있기 때문에 이들을 성별, 종교, 나이, 구매습관, 소득 등의 주요기준으로 나누어 관찰하게 된다. 이러한 과정이 바로 시장세분화의 과정이 된다.

그 다음으로 이러한 관찰을 통해 보다 매력적이고 자사상품에 대한 욕구와 호기심을 가지고 있는 특정 소비계층이 있는 시장을 찾아서 여기에 기업의 마케팅 초점을 맞추는 것이 표적시장 선정의 과정이다.

마지막으로 표적집단의 소비자들에게 자사의 제품이나 서비스를 홍보하여 인식시켜 주는 과정을 포지셔닝 과정이라고 한다.

STP 전략은 SWOT(Strength, Weakeness, Opportunity, Threatness) 분석과 함께 시장진입과정에서 중요한 핵심 마케팅전략이다.

2. 시장세분화(Segmentation)

시장세분화는 시장을 일정한 기준에 따라 몇 개의 유사한 욕구를 가진 소비자집단을 부분(Segment)으로 나누어 분리하는 것을 말한다. 이러한 과정을 통하여 분리된 시장을 세분시장(Segment Market)이라 부른다.

시장세분화는 다음과 같은 내용으로 나누어 이루어지게 된다.

첫째, 소비자들은 소득, 나이, 욕구, 개성 등이 다르다.

둘째, 소비자들은 서로 다른 특성을 가지고 있기 때문에 구매방법과 구매행위도 다르게 나타난다.

셋째, 소비자들은 여러 개의 동질적 소비자집단으로 구분되어 진다.

각 기업의 마케팅 관리자가 시장을 세분화하는 목적은 자사제품에 대한 소비자들의 욕구와 구매동기 등을 바탕으로 한 정확한 시장수요를 파악하여 이에 대응하고, 세분된 시장의 매력도를 분석하여 정확한 목표시장을 선택함으로써 명확한 마케팅 활동 방향을 설정하고 이에 집중함으로써 기업의 마케팅 목표를 달성함에 있다.

시장세분화의 절차는 첫째, 시장세분화의 목표를 정확하게 설정하고 둘째, 시장세분화의 변수를 선정하고 셋째, 시장세분화의 실행하에 넷째, 시장세분화에 대한 조사한 다음 마지막으로 이를 바탕으로 표적시장을 선정하게 된다.

글로벌시대의 국제기업들은 세계시장 전부를 대상으로 국제마케팅 활동을 하기는 현실적으로 어렵다. 따라서 기업들은 세계시장을 세분화한 다음 세분화된 시장을 평가하여 세분화된 시장의 잠재력과 자사의 역량, 위험도, 자원의 활용능력 등을 고려하여 해외시장의 진입전략을 수립하게 된다.

시계시장의 세분화는 첫째, 개별 국가시장을 하나의 동질적인 시장으로 보고 개별 국가시장을 하나의 단위로 하여 세분화하는 국제시장세분화(International Segmentation)와 개별 국가시장을 여러 개의 시장으로 보아 전세계 국가에 걸쳐 동질적인 특정시장끼리 집단화하는 시장간 세분화(Inter-Market Segmentation)가 있는데 최근 들어 후자의 방향을 선호하고 있는 편이다.

3. 타기팅(Targeting)

기업의 마케팅 관리자가 시장 상호 패턴을 근거로 하여 시장의 잠재고객들을 동질성을 갖는 세분화 시장으로 구분한 다음 이제는 기업의 마케팅 목표를 달성하기 위하여 마케팅 활동을 집중시킬 시장인 표적시장을 선정하여야 한다. 따라서 국제마케팅 관리자는 여러 세분 시장중에서 수익성이나 성공가능성이 높은 세분시장을 선정하여 마케팅 활동을 전개하게 된다.

선정된 표적시장에 어떠한 마케팅 전략을 선택할 것인지는 기업의 마케팅 목표, 제품의 특성, 기업의 자원, 시전선호 패턴, 제품수명주기상의 단계, 경쟁자의 전략 등을 고려하여 선택하게 된다. 즉 자사제품의 어떤 세계시장에 대한 진입의 목표가가 시장침투냐, 기본 시장유지냐에 따라서, 자사제품이 세계시장의 동질적이냐 차별적이냐에 따라서, 나아가 자사제품이 처음 세계시장에 등장하는 도입단계이냐 여부와 자사제품에 대한 타사의 경쟁적 전략에 따라서 가장 효율적이고 적합한 전략으로 접근하여야 할 것이다.

표적 마케팅 전략은 다음과 같이 세 가지 유형으로 구분되어 진다.

첫째는 무차별 마케팅으로 세분시장의 특성 차이를 무시하고 한 가지 제품으로 전 세계 시장을 공략하는 전략으로 이는 대량 마케팅적은 접근법이다.

둘째는 차별화 마케팅으로 두 개 이상의 세분시장을 표적시장으로 선정하여 각 세분시장에 대하여 최적의 마케팅 믹스로 별도로 제공하는 전략이다.

셋째는 집중화 마케팅으로 하나의 세분시장만을 주 고객시장으로 선정하여 그 세분시장에서 유리한 시장지위를 확보하기 위해 마케팅 노력을 집중하는 전략이다.

4. 포지셔닝(Positioning)

기업이 자사제품에 대한 시장을 세분화하고 이를 바탕으로 표적시장을 선정하면 그 다음으로는 그 시장의 소비자의 마음속에 자사제품이나 기업이 다른 경쟁기업보다 유리한 위치에 있도록 노력해야 한다. 이 과정을 포지셔닝이라 하는데 이는 어떤 제품이나 기업이 소비자들에게 일반적으로 경쟁자와 비교된 소비자의 마음속의 기준점이다.

제품에 대한 소비자의 인식은 국가마다 또한 문화권에 따라 다르므로 각 나라마다 나아가 문화권에 따른 각각 다른 제품 포지셔닝 전략을 구사하여야 한다.

이러한 포지셔닝 전략은 세 가지로 나누어 볼 수 있다.

첫째는 소비자가 원하는 바를 기준으로 하여 자사제품의 포지션을 개발하려는 소비자 포지셔닝 전략이고,

둘째는 경쟁자의 포지션을 기준으로 하여 자사제품의 포지션을 개발하려는 경쟁적 포지셔닝 전략이며,

셋째는 소비자들이 원하는 바나 경쟁자의 포지션이 변화함에 따라 기존제품의 포지션을 바람직한 포지션으로 새롭게 전환시키려는 리포지셔닝 전략이다.

국제 포지셔닝은 소비자분석, 경쟁자확인, 경쟁제품의 포지션분석, 자사제

품의 포지션개발, 포지셔닝의 실행, 포지션의 평가와 리포지셔닝의 과정을 거쳐 개발된다.

제4절 해외직접투자 전략

1. 해외직접투자의 특성

1) 해외직접투자의 성장과 흐름

오늘날 글로벌화의 영향으로 무역뿐만 아니라 해외직접투자도 급속히 증가하고 있다. 예를 들면, 1984~1998년 사이 해외직접투자는 900% 증가하였다. 해외직접투자가 이렇게 급속히 증가한 데는 2가지 점을 말해주고 있다. 첫째, 기업은 세계적으로 가장 효율적으로 생산할 수 있는 곳에 활동을 분산하도록, 글로벌생산시스템 구축을 증대하고 있다는 것을 보여주고 있다. 둘째, 기업은 그들이 생산한 상품과 서비스의 판매를 위해 해외시장으로 진출하고 있다는 것을 의미한다. 해외직접투자의 활동의 결과, 2000년 현재 약 63,000개의 다국적 기업이 700,000개의 해외자회사를 가지고 있다.

해외직접투자의 이러한 급속한 성장에도 불구하고, 그 투자의 대부분은 아주 한정된 국가에 집중되고 있다. 1999년 10개의 선진국에 전체 투자의 70%가 이루어졌고, 개도국에 대한 투자의 85%는 10개의 개도국에 집중되었다. 한편 해외직접투자의 주요 원천국가로는 미국, 영국, 일본 등의 선진국들이며, 1990년대에 들어와서는 홍콩, 싱가포르, 한국 등의 개도국들도 주요 투자자로 떠오르고 있다. 〈표 9-5〉에서는 최근 우리나라의 해외직접투자와 외국인직접투자의 추이를 보여주고 있다.

〈표 9-5〉 한국기업의 해외직접투자 추이

(단위 : 백만달러)

년도	건수	금액
2001	6,576	5,300
2002	7,993	3,990
2003	9,273	4,711
2004	13,183	6,493
2005	16,292	7,203
2006	18,877	11,739
2007	21,238	22,231
2008	18,999	23,817
2009	13,584	20,327
2010	13,497	24,245
2011	12,854	25,594
2012	12,177	23,164
합 계	200,713	215,696

자료 : 한국수출입은행, 2014.

2) 해외직접투자의 특성

기업의 해외시장 진출방법은 수출, 계약 그리고 직접투자라는 3가지의 기본전략으로 대별될 수 있다. 기업은 이들 중에서 진출방식을 선택하지만, 일반적으로 국제화 초기단계에서는 간접수출이나 라이센싱 등 통제는 약하지만 동시에 위험도 적은 진출방식이 선택된다. 그 후 기업의 국제화가 본격화되면 합작투자(joint venture)나 단독투자와 같은 위험은 크지만 이것에 대한 통제도 강한 직접투자에 의한 방식이 선택된다. 그러나 기업의 국제화가 고도로 발달한 다국적기업의 단계로 되면 수출, 라이센싱, 직접투자 등의 모든 방식을 이용하며, 세계의 많은 지역이나 국가에 진출하게 된다.

해외직접투자(Foreign Direct Investment)란 기업이 해외에서 주재원 사무소, 지점, 판매자회사, 생산자회사 혹은 R&D 거점 등을 설립 · 유지하기 위하여 이루어지는 투자이다. 해외직접투자는 자본이 국경을 초월하여 이

동하는 것만을 의미하지 않는다. 전통적인 의미에서의 경영자원인 자본, 생산설비 등에 추가하여 기술이나 노-하우, 경영관리방식 등 인적자원이 담당하는 지적요소가 패키지 되어 이동하는 것이 오늘날의 직접투자의 큰 특징이다.

또한 현지국의 법률에 따라서 독립법인으로서의 자회사나 합작회사가 설립되면, 비록 이들 회사가 모국 본사의 관리 하에 있다고 해도, 의사결정의 거점을 현지로 이전하는 것을 의미한다. 동시에 현지 정부, 지방자치단체, 산업계, 거래처, 금융기관, 지역사회나 일반사회 등 넓은 범위에 걸쳐 있는 이해관계자와 다양한 관계를 가지게 된다. 따라서 현지국이나 지역의 일원으로서 지역발전에 공헌하는 것도 중요한 문제로 된다.

한편, 직접투자에 의한 위험도 수출에 비하면 아주 크기 때문에 경영자는 투자하는 경영자원의 결과로서 기대할 수 있는 성과 및 손해를 신중히 검토하게 된다. 또한 수출의 경우보다도 상세하고, 많은 종류의 정보를 대량으로 수집하여 분석할 필요가 있다.

2. 해외직접투자이론

제조기업에 의한 이러한 해외직접투자의 움직임은 배당이나 시세차익을 목적으로 하는 증권투자의 그것과는 다르다. 증권투자의 움직임은 주로 이자율 차이로 설명이 가능하다. 자본은 이자율이 낮은 나라에서 이자율이 높은 나라로 이동한다. 그러나 해외직접투자의 움직임은 증권투자의 움직임과 상당히 다르다. 이러한 해외직접투자의 움직임을 설명하는 것에는 이자율 차이 이외의 이론을 필요로 한다. 다음은 이러한 이론들에 대해 살펴보고자 한다.

1) 독점적 우위이론

독점적 우위는 동기라기보다도 해외직접투자의 필요조건이라고 생각하는 편이 이해하기 쉽다. 기업이 해외직접투자를 하기 위해서는 어떠한 기업특유 우위 즉 독점적 우위를 가지지 않으면 안 된다. 왜냐하면, 어떤 시장이든 현지기업이 외국기업보다도 유리한 입장에 있기 때문이다. 현지기업은 자국의 경제, 언어, 법률, 정치 등에 관한 정보를 입수할 때에 외국기업에 비해 유리한 위치에 있다. 또한 외국기업은 현지정부의 대외차별, 환율위험에도 노출된다. 따라서 외국기업이 해외에서 사업을 성공하기 위해서는 이러한 취약점을 만회하는 어떤 우위성을 가지지 않으면 안 된다. 예를 들면 저비용의 생산요소, 효율적 생산에 관한 지식, 유통능력 그리고 제품 차별화 능력 등이다.

2) 내부화이론

내부화란 기술이나 전문지식 등에 대한 시장이 불완전하기 때문에, 이러한 불완전시장에 대체하는 것으로서 기업조직내부를 거래의 장으로 만들어 내는 과정을 말한다. 이런 시장대체론을 해외직접투자에 응용한 것을 일반적으로 내부화이론이라 부른다.

본래 완전한 자유무역이 보증되는 시장이 존재하면 국제비즈니스는 비교우위의 원리에 따라 수출, 수입이라는 형태의 무역을 통해 국제분업이 이루어지게 된다. 그렇지만 현실은 정부에 의한 다양한 제약이나 자연적인 시장불완전성에 의해 자유무역이 방해받게 된다. 이러한 경우 다국적기업은 내부화를 통한 해외진출이나 라이센싱 등을 통해 기업목적을 달성하려고 한다.

기업이 내부화를 행하는 이유는 다음의 두 가지로 설명되고 있다.

첫째는 관세 및 비관세장벽을 위시하여 외환관리, 다국적기업규제 등으로 국내산업을 보호하려는 목적와 정치적·경제적·사회적 이유로 인한 정부의 규제로 자유로운 국제거래, 즉 무역이 불가능하기 때문이다.

둘째는 자연적인 시장 불완전성이다. 기업의 특수적 우위인 경영, 기술, 생산 등의 중간재시장이 불완전하기 때문에 판매조건이나 가격 설정이 곤란하게 된다. 따라서 기업은 기업특유우위를 시장을 통해 이용하는 것보다도 기업조직내부를 통해 이용하는 것이 효율성이 높다. 즉 중간재에 있어서 시장이 불완전하기 때문에 시장을 통한 라이센싱보다도 기업조직을 이용하는 직접투자가 이용된다는 것이다.

이 이론은 다국적기업의 해외진출을 일으키는 행동원리를 깊이 탐구한 것

으로 평가된다. 특히 기업특유우위가 기업내 시장을 창조하는 주요 오인이라는 지적은 아주 중요하다.

3) 절충이론

독점적 우위론이나 내부화이론은 일원적 접근방법이었다. 이에 비해 다국적기업을 보다 종합적으로 이해하기 위한 것이 다원적 접근방법이며, 절충이론이 이에 해당된다.

절충이론에 따르면 기업은 기업특유우위의 이용을 내부화하여, 입지특유우위를 글로벌하게 활용하려는 경우에 수출도 라이센싱도 아닌 자회사 설립을 통한 해외생산을 하게 된다. 즉 〈표 9-6〉과 같이 기업특유우위, 내부화우위 그리고 입지특유우위 이 3요소가 전부 갖추어져야만, 다국적기업의 해외직접투자가 이루어진다는 것이다.

〈표 9-6〉 절충이론의 우위요소

경쟁우위요소	내 용
기업특유 우위요소 (ownership-specific advantage)	① 기업특유의 지식기반 ② 경영, 마케팅 및 재무관리능력 ③ 수직적 통합능력 ④ 위험분산 능력
내부화 우위요소 (internalization advantage)	① 거래비용의 절감 ② 구매자에 대한 불확실성의 감소 ③ 정부규제의 극복
입지특유 우위요소 (location-specific advantage)	① 국내시장의 규모와 경쟁구조 ② 국가의 요소 부존량과 기술수준 ③ 정부의 간섭과 규제 ④ 정치적 위험과 문화적 특성

자료 : 정구현, 국제경영학, 법문사, 1989.

왜냐하면, 다국적기업은 기업특유우위는 있으나 외국기업을 특정국가로 끌어들이는 입지특유우위가 없으면 본국에서 생산하여 수출을 하며, 기업특유우위와 입지특유우위가 있으나 내부화우위가 없으면 라이센싱을 통해 해외에 진출하게 되기 때문이다.

여기서 말하는 기업특유우위는 기업규모, 다국적 사업경험, 위험분산 능력 등이 있으며, 내부화우위란 기업특유우위를 기업조직 내부에서 이용하는 인센티브이다. 시장거래에는 비용이 들며, 품질이나 가격에 대한 매입자의 평가도 불확실하다. 구매자에 의한 품질확보도 보증되어 있지 않고 판매조건·가격 등의 관리도 곤란하다. 이러한 경우 시장에서 기업특유우위를 이용하는 것보다도 기업 조직내에서 이용하는 편이 보다 이용효율이 높다. 입지특유요소란 생산거점으로 상정된 시장이 가지는 특성이다. 노동비용이나 에너지비용, 수송비, 인프라스트럭쳐, 정부보조, 정치제제 등이 포함된다.

3. 해외직접투자와 소유형태

1) 해외생산과 소유정책

기업의 해외직접투자에 대한 일련의 의사결정과정을 보면, 기업은 국내에서 생산된 제품을 수출을 통해 해외로 진출할 수도 있고, 해외생산을 통해 해외로 진출할 수도 있다. 해외생산은 라이센싱을 통한 방식과 직접투자를 통한 방식이 있으며, 직접투자를 통한 방식에는 합작투자와 단독투자가 있다. 그리고 합작투자와 단독투자에는 신규회사를 설립하는 방식과 기존의 회사를 인수・합병하는 방식이 있다.

한편, 기업이 직접투자를 통한 해외생산을 시작할 때, 현지에서 제조회사를 설립하지만 그 경우 설립형태가 문제로 된다. 이것은 바꾸어 말하면 해외자회사의 소유에 관련되는 문제이며, 국제경영 분야에서는 해외자회사의 소유정책 문제로서 경영권과 관련된 극히 중요한 연구주제로 되고 있다. 따라서 그것은 기업의 해외진출전략의 전개에 있어서도 극히 중요한 과제라는 것은 말할 필요도 없다.

해외자회사의 소유형태는 실제로 아주 다양하지만 크게 나누면, 단독투자(완전소유방식)와 합작투자가 있다. 그리고 합작투자의 경우, 몇 % 소유 할 것인가를 결정해야 한다.

(1) 소유정책의 결정

해외자회사의 소유정책에는 크게 나누어 단독투자와 합작투자로 나눌 수 있다.

① 단독투자

기업이 해외생산을 시작할 때, 처음부터 단독으로 완전소유 자회사를 설립하는 경우가 있다. 일반적으로 이것은 미국 다국적기업이 취해 온 방식이다. 다국적기업의 경우 세계 각지에 있는 자회사에 모회사전략의 일부를 부담시켜 그 활동을 글로벌시야에서 조정시키는 편이 경영효율이 높게 된다. 거기에는 해외자회사에 대한 통제의 확보가 불가결하기 때문에 단독투자방식이 잘 맞게 된다. 단독투자방식을 선택하면 다음과 같은 장점이 있다.

첫째, 투자수익을 독점할 수 있다. 합작기업과 달리 파트너가 없기 때문에 투자에 의한 수익을 단독으로 얻을 수 있다.

둘째, 해외자회사의 통제를 확보할 수 있다. 단독투자이기 때문에 해외자회사에 대한 통제를 완전히 확보할 수 있다. 그 결과로서 신속한 의사결정을 할 수 있고, 또한 이것을 확실히 실행할 수 있다.

셋째, 경영이념·방침·경영관리 노-하우 등의 이전이 가능하다. 모회사의 경영이념·방침·마케팅이나 생산관리 등의 노-하우를 자회사에 철저하게 이전시키는 것이 가능하다.

이에 반해 단독투자방식을 선택하면 다음과 같은 단점이 있다.

첫째, 많은 경영자원을 필요로 한다. 해외자회사에 자금·인재·기술 등을 이전하지 않으면 안 되기 때문에 그들을 충분히 가지고 있지 않으면 안 된다.

둘째, 위험부담이다. 해외사업에는 위험이 따르며, 그것을 단독으로 부담하지 않으면 안 된다.

셋째, 내셔널리즘(nationalism) 자극문제가 발생한다. 자회사는 모회사로부터 통제되기 때문에 그것이 현지인들의 내셔널리즘을 자극할 수 있다.

이러한 장점과 단점을 생각할 대에 완전소유방식은 중소기업보다도 대기업에, 해외사업의 경험이 적은 기업보다도 풍부한 기업에 적합하다고 할 수 있겠다. 어쨌든 완전소유방식의 경우에는 해외자회사가 모회사에 의해 강하게 통제되기 때문에 수입국의 내셔널리즘을 자극할 수 있다. 그런 의미에서 이 방식은 내셔널리즘이 강한 개발도상국에서는 환영받지 못한다.

② 합작투자

투자에는 현지기업이나 정부기관 등과 공동으로 투자하여 해외에서 생산을 하는 것도 있다. 일부 국가에서는 국민경제의 대외종속화 등의 이유로 특정산업분야에서는 외국기업의 단독투자를 규제하기 때문에 합작투자가 유일한 대안이 되는 경우도 있다. 합작투자방식을 선택하면 다음과 같은 장점이 있다.

첫째, 경영자원이나 경영관리의 노-하우를 입수할 수 있다. 현지 파트너로부터 자금이나 인재 등의 제공을 받음과 동시에 현지 시장에 마케팅이나 인사 관리에 관한 노-하우도 받을 수 있다.

둘째, 위험을 분산할 수 있다. 해외사업에 수반되는 위험을 파트너와 공동으로 분담할 수 있다.

셋째, 내셔널리즘에의 대응이 가능하다. 현지에서의 내셔널리즘 고양에 따른 비판이나 규칙을 완화하는 것이 가능하다.

넷째, 시너지 효과를 가져올 수 있다. 가치관, 사고·행동양식이 다른 외국 파트너와 함께 경영 활동을 하면 단순한 부분의 합보다도 큰 상승효과가 기대된다.

그러나 그 반면 합작투자에는 다음과 같은 단점도 있다.

첫째, 투자수익의 상대적 감소를 가져온다. 투자수익은 파트너와 분배하지 않으면 안 되기 때문에 단독투자의 경우와 비교하면 그 수익이 적게 된다.

둘째, 파트너와의 이해 대립으로 인하여 배당금 지불, 수익의 재투자, 원료나 부품의 조달에 관해 파트너와 의견이 대립하여 공동경영에 지장을 초래하는 경우가 있다.

셋째, 현지파트너와 공동출자나 경영은 자회사에 대한 통제의 약화나 상실이 따를 수 있다.

단독투자와 합작투자의 장단점을 정리하면 〈표 9-7〉과 같으며, 이러한 장·단점을 고려하면 합작투자는 해외사업의 경험이 적은 기업이나 중소기업에

적합하다고 볼 수 있다.

〈표 9-7〉 단독투자와 합작투자의 장 · 단점

	장 점	단 점
단독투자	· 투자수익의 독점 · 신속한 의사결정과 실행 · 기술, 노-하우의 자유로운 이전 · 자사의 기밀이 사외로 유출되지 않음	· 많은 경영자원의 투입 · 단독으로 위험 부담 · 내셔널리즘에 의한 반감
합작투자	· 투입되는 경영자원이 적어도 가능 · 파트너가 지닌 기술, 노-하우 등의 입수 · 상이한 문화의 교류에 의한 시너지 효과 · 위험 공유 · 내셔널리즘, 법적 규제에 대응이 쉬움	· 투자수익의 상대적 감소 · 파트너와의 이해대립 가능성 · 자사의 통제가 약화됨 · 의사결정이 지연될 가능성

자료 : 이수형, 글로벌마케팅, 2004.

(2) 소유정책의 과제

단독투자방식과 합작투자방식에는 각각의 장점과 단점이 있기 때문에 그 선택은 간단하지 않다. 그러나 기업으로서는 사정이 허락하면 해외자회사의 통제를 확보하고자 하기 때문에 단독투자방식 혹은 합작투자방식의 경우라도 주식을 50%이상 소유하고자 한다. 따라서 기업은 해외사업의 경험을 축적함에 따라서 단독투자방식을 지향하게 된다.

그런데 기업이 단독투자방식을 통해서 해외자회사의 통제를 확보하면 현지국에는 심각한 문제가 발생할 가능성이 있다. 현지국에서는 외국기업이 자회사의 통제를 통해서 자국의 사업이나 경제의 지배, 더욱이 국가주권까지도 침해하는 것은 아닐까하는 불안이 높아진다. 사실 1960년대부터 70년대에 걸쳐 미국의 다국적기업은 유럽, 캐나다, 중남미 등에서 현지국정부에 이러한 불안을 느끼게 하는 많은 사건을 일으켰다.

따라서 투자를 받아들이는 많은 현지국에서는 내셔널리즘의 고양과 함께 외국기업에 대해 출자비율의 제한 등 엄격한 규제를 취하게 되었다. 이런 경향은 특히 개도국에 있어서 현저하게 나타난다. 그러므로 기업은 해외자회사의 소유정책 결정에는 자사의 전략만이 아니고 현지국의 외자정책도 충분히 고려하지 않으면 안 된다. 여기에 기업의 소유정책에 대한 의사결정의 어려움이 있다.

2) 인수 · 합병과 신설회사설립

기업이 단독투자나 합작투자로 해외시장진출을 결정하면, 그 다음으로는 현지에 있는 기존의 기업을 인수 · 합병(M&A)할 것인지, 혹은 새로운 회사를 설립할(greenfield investment)것인지를 결정해야 한다.

(1) 인수 · 합병(Merger and Acquisition : M&A)

M&A에서 합병(Merger)이란 한 기업이 다른 기업을 흡수하여 한 개의 기업이 되는 것을 의미하며, 인수(Acquisition)란 인수하는 기존의 기업을 그대로 존속시키면서 경영권을 확보하는 것을 말한다. 합병과 인수는 이처럼 구분되지만, 기존의 기업을 대상으로 한다는 점에서 동일하여, M&A로 통칭되고 있다.

오늘날 M&A에 의한 해외진출이 증가하고 있는데, 그 이유는 다음과 같다. 첫째, 신규회사설립과 비교할 때에, M&A는 현지시장에 접근하는 데 있어서 하나의 빠른 수단이 된다. 최근 글로벌환경 변화의 속도가 빨라서, 기업은 해외시장진출에 걸리는 시간을 단축하고 글로벌환경의 변화에 신속하게 대응하지 않으면 안 된다.

둘째, 한 산업의 후발주자에게, 인수는 잘 구축된 상표를 얻는데 유용한 수단이며, 또한 즉각적인 유통경로 접근이 가능하다. 외국기업을 인수 · 합병하면 해외에서 신규로 종업원을 모집하거나 판매망을 구축할 필요가 없다. 사실은 그러한 시간을 절약해 주는 것이 M&A이다. 이리하여 최근 많은 기업은 글로벌 경쟁시대를 맞이하여 돈으로 시간을 사는 M&A를 적극적으로 이용하게 되었다.

한국기업인 LG전자가 Zenith를 인수한 경우와 삼성이 컴퓨터 메이커인

AST를 인수한 것(Kotabe & Helsen, 2001)이나 일본 Sony의 컬럼비아영화사의 인수, Matsushita전기의 MCA의 인수 등은 M&A를 통한 해외진출의 대표적인 사례이다.

그러나 인수합병을 통한 확장에도 상당한 위험이 따른다. 첫째, 양 기업의 문화 차이가 종종 극복하기 힘들 정도로 상당히 크다는 것이다. 예를 들면, 1995년 제약회사인 미국의 Upjohn과 스웨덴의 Pharmacia AB가 합병을 통해 Pharmacia & Upjohn을 설립하였으나, 스웨덴 경영자들은 미국경영자들의 지나친 노력과 업무지향적인 자세에 놀랐으며, 반면 미국경영자들은 유럽인들의 휴가습관에 충격을 받았다고 한다(Kotabe & Helsen, 2001). 다음으로 최신 시설이 아닌 낡은 공장이나 이미지가 좋지 못한 브랜드, 동기유발이 되지 않은 노동자 등은 인수기업이 겪는 어려운 점들이다. 또한 장래성이 있는 기업은 보통 팔지 않으려고 하기 때문에 인수를 통한 해외 진출은 엄청난 비용이 드는 수단이 될 수 있다.

(2) 신규회사설립(greenfield investment)

유망한 기업은 이미 경쟁자에 의해 인수되었거나, 새로운 회사설립보다 인수비용이 너무 높아, 인수를 통한 해외진출이 어려울 수 있다. 이런 경우, 현지에서 신규로 회사를 설립하는 방법에 의해 진출할 수 있는데, 이것을 신규회사설립이라고 한다. 이 방법의 장점으로는 인사, 공급자, 공장설계나 제조기술 분야에서 인수보다 훨씬 유연성이 있으나, 단점으로는 시간과 돈이 많이 필요하다는 것이다.

4. 해외직접투자와 현지국

오늘날 많은 국가들은 해외직접투자를 금지하거나 다국적기업의 해외자회사를 국유화하는 급진주의 정책이나 혹은 해외직접투자에 대해 어떠한 규제도 하지 않는 자유시장정책을 취하는 대신 비용을 최소화하고 혜택을 최대화하는 실용적인 정책을 취하고 있다. 해외직접투자는 자본, 기술과 일자리를 가져오므로 현지국에 혜택을 줄 수 있으나, 이러한 혜택은 종종 비용을 발생시킨다. 국내기업에 의해서가 아니라 외국기업에 의해 제품이 생산될 때, 그 투자로부터의 이익은 해외로 간다. 또한 많은 국가들은 외국계기업이 그들의 본국으로부터 많은 부품을 수입하여, 결과적으로 현지국의 국제수지에 나쁜 영향을 주지 않을까 걱정을 한다.

이러한 점을 인식하여, 실용적인 자세를 취하는 국가들은 국가적 혜택을 최대화하고 비용을 최소화하는 정책을 추구한다. 이러한 정책의 관점에서 보면, 해외직접투자는 혜택이 비용을 능가할 때만 허락되어야 한다. 실용적인 정책의 또 하나의 양상은 국가이익에 기여할 수 있는 분야에 투자하려는 외국다국적기업에 세제상의 혜택을 제공하는 등 적극적으로 투자를 유치하려는 경향이다.

이하에서는 해외직접투자가 현지국에 미치는 영향 및 해외직접투자에 대한 현지국의 정책을 보기로 한다.

1) 현지국에 주는 혜택

해외직접투자로 인해 현지국이 가질 수 있는 주요 혜택은 자원이전효과, 고용효과, 국제수지효과 그리고 경쟁 및 경제성장에 대한 효과 등이 있다.

(1) 자원이전 효과

해외직접투자는 외국기업의 직접투자가 이루어지지 않았다면, 이용할 수 없을지도 모를 자본, 기술 및 경영자원을 현지국에 공급함으로써 긍정적인 기여를 하여 현지국의 경제성장을 촉진할 수 있다.

자본의 경우, 많은 다국적기업은 규모가 크기 때문에 현지국기업보다 쉽게 자본시장에서 돈을 빌릴 수 있다. 이렇게 마련된 제원은 해외직접투자를 통해 현지국에 제공될 수 있다.

또한 기술은 경제발전과 산업화를 자극할 수 있다. 그러나 많은 국가는 제품개발에 필요한 연구개발자원과 기술이 부족하다. 특히 저개발국가는 더욱 그러하다. 이러한 국가들은 경제성장을 촉진하기 위해 필요한 기술의 많은 부분을 선진국에 의존해야 하는데, 이것을 해외직접투자가 제공한다.

한편, 해외직접투자를 통해 얻어지는 경영기법은 현지국에 역시 중요한 혜택을 줄 수 있을 것이다. 다국적기업이 현지자회사에서 경영훈련을 받은 현지인이 그 회사를 그만두고 현지국기업을 설립하는 것을 도울 때, 파급효과가 일어난다. 또한 다국적기업이 현지 공급업자, 유통업자에게 경영기법을 개선하도록 자극할 때에 비슷한 파급효과가 기대될 수 있다.

(2) 고용효과

해외직접투자에 의한 고용효과는 그 투자로 인해 현지국에 생기는 일자리를 의미한다. 고용효과는 직접효과와 간접효과로 나눌 수 있으며, 직접효과는 외국다국적기업이 현지인을 고용할 때 일어나며, 간접효과는 투자의 결과로서 현지공급자가 고용을 늘릴 때와 다국적기업의 종업원들에 의해 현지소비가 증가함에 따라 일자리가 생길 때에 일어난다.

(3) 국제수지효과

해외직접투자가 국제수지에 미치는 효과는 현지국 정부의 주요 관심사이다. 해외직접투자가 국제수지에 미치는 영향은 3가지로 나누어 볼 수 있다. 첫째, 다국적기업이 해외자회사를 설립할 때, 초기 자본유입이 있다. 그러나 이것은 1회 효과뿐이다. 둘째, 만약 해외직접투자가 수입대체산업에 이루어지면, 국제수지개선에 도움이 될 수 있다. 셋째, 다국적기업이 현지자회사를 통해 제3국에 상품을 수출할 때, 현지국의 국제수지개선에 역시 도움을 줄 수 있다.

(4) 경쟁 및 경제성장에 대한 효과

경제이론은 생산자간 적절한 수준의 경쟁이 효율적인 시장기능 발휘에 중요함을 보여주고 있다. 해외직접투자로 인해, 소비자선택의 폭이 넓어질 수 있으며, 이는 현지시장의 경쟁수준을 높여 상품 가격을 낮추는 결과를 가져와 소비자의 경제적 복지를 향상시키는 데 도움이 될 것이다. 경쟁이 치열해지면 경쟁회사보다 우위를 점하기 위해 회사는 공장이나 시설, 연구개발에 자본투자를 하게 될 것이다. 이는 장기적으로 생산성향상, 제품혁신 및 경제성장을 촉진하는 결과를 가져올 것이다. 현지시장의 경쟁에 대한 해외직접투자의 영향은 통신, 소매와 같은 서비스분야에 특히 중요할 수 있다. 왜냐하면, 서비스는 그것이 사용되는 곳에서 생산되어야 하기 때문이다.

한편, 직접투자로 해외시장에 진출하는 기업에 있어서도 여러 가지 이점이 있을 수 있다. 특히, 제조기업의 현지생산에 대해 고찰하면 다음과 같은 이점이 있다.

① 경영능력의 종합적 발휘

자사가 가지고 있는 지적능력이 패키지로 되어 현지에서 기능하기 때문에 자사의 경영능력을 종합적으로 발휘할 수 있게 된다. 기술, 마케팅, 물류, 인사, 재무 등을 시작으로 하여, 자사 독자의 경영관리방식 등 모든 경영자원을 현지로 이전함으로써 상승효과가 크다. 또한, 연구개발 기능을 포함하여 자사가 강점을 지닌 경영기능과 경영자원을 현지에 전개하면, 타사에 대한 자사의 글로벌규모의 경쟁우위를 경쟁자보다 조기에 구축하는 것이 가능하게 된다.

② 새로운 지식이나 가치 창출

본사로부터 이전한 경영자원만으로는 창출할 수 없는 새로운 지식이나 가치를 창조하는 것이 가능하다. 초기에는 모회사가 지니고 있는 능력에 의존하지만, 점차 현지의 인재를 활용하여 그 뛰어난 능력이나 기술을 활용하지 않으면 안 된다. 이 단계에 달하면 기업으로서의 경쟁력은 비약적으로 증대된다.

2) 현지국에 미치는 영향

현지국은 다국적기업의 직접투자로 일어나는 3가지 부정적인 영향에 대해 관심을 가진다. 이들 영향은 경쟁에 의해 있을 수 있는 역효과, 국제수지에 대한 역효과 그리고 국가주권의 지각된 손실이다.

(1) 경쟁의 역효과

현지국 정부는 외국다국적기업의 자회사가 현지 토착경쟁기업보다 더 큰 경제적 파워를 가질 수 있는 것을 우려한다. 다국적기업은 다른 지역에서 창출한 자금을 현지시장 자회사를 보조하는 데 사용할 수 있으며, 이로 인해 현지국 기업은 경쟁에서 도태되어 다국적기업 자회사가 그 시장을 독점하도록 하는 결과를 낳을 수 있다. 일단 시장이 독점화가 되면, 다국적기업은 경쟁적인 시장에서의 가격보다 가격을 인상할 수 있으며, 이것은 현지국 경제복지에 나쁜 영향을 주게 된다.

또 하나의 주장은 유치산업과 관련된 것이다. 현지 산업이 세계시장에서 경쟁할 수 있을 단계까지 발전할 수 있도록 해외직접투자는 제한되어야 한다는 논리이다. 만약 특정산업에 잠재적인 비교우위를 가진 국가가 그 분야에 해외직접투자를 허용하면, 현지토착기업은 발전할 기회를 결코 가지지 못할 것이다.

(2) 국제수지의 역효과

현지국 국제수지에 대한 해외직접투자의 역효과 가능성은 두 분야와 관련이 있다. 첫째, 투자로 인한 초기자금유입이 한번뿐인 데 비해, 모회사로 보내지는 이익금의 유출은 지속적으로 이루어져 결국 국제수지에 역효과를 줄 가능성이 있다. 어떤 국가는 본국에 송금할 수 있는 이익금을 제한하는 방법으로 이런 유출에 대응한다. 둘째, 다국적기업 자회사가 해외로부터 상당량의 부품을 수입하여, 이것이 국제수지에 나쁜 영향을 줄 수 있다. 현지국 정부의 이러한 우려에 대해, 다국적기업은 부품의 현지화 비율을 높이는 것으로 대응하기도 한다. 예를 들면, 영국에 투자한 Nissan 자동차의 경우, 이러한 우려에 대응하기 위해 현지 부품의 비율을 80% 이상으로 올리기로 하였다(Hill, 2002).

(3) 국가주권의 위협

많은 현지국 정부는 외국기업의 직접투자로 인해 얼마간의 경제적 독립성을 잃을 수도 있다고 우려한다. 현지국 경제에 영향을 줄 수 있는 중요한 결정이 현지국 정부가 통제할 수 없는 투자기업의 해외 본사에 의해 이루어질 수 있다는 것이다. 수십 년 전에 유럽의 여러 국가들은 미국다국적기업들에 의한 유럽투자가 그들 국가의 주권을 위협한다고 염려했다. 주된 두려움은 이들 다국적기업들이 유럽에 자산을 소유하면, 이들은 어떻게든지 유럽을 협박하여 양보를 요구할 수 있을 것으로 생각한다.

3) 현지국의 정책

현지국은 해외직접투자에 대해 규제를 하기도 하고 또한 촉진을 위한 정책을 수립하기도 한다.

(1) 해외직접투자 촉진

정부가 투자를 유치하기 위해 외국기업에게 인센티브를 제공하는 것이 일반적이며, 또한 증가추세에 있다. 그러한 인센티브는 여러 가지가 있으나, 가장 일반적인 것은 세금 특혜, 저금리 대부 및 보조금 등이다. 인센티브는 해외직접투자의 긍정적인 효과인 자원이전이나 고용효과 등을 얻기 위해 이루어지며, 또한 투자유치에서 경쟁적인 위치에 있는 다른 국가보다 더 좋은 조건을 제시하여 투자를 유치하기 위해서도 이루어진다. 미국에서는 주 정부가 해외직접투자를 유치하기 위해 서로 경쟁하고 있다. 예를 들면, 엘라베마주는 한국의 현대자동차 공장을 유치하기 위해 파격적인 지원을 하고 있다.

(2) 해외직접투자 제한

현지정부는 해외직접투자를 제한하기 위하여 여러 가지 방법으로 폭넓은 통제를 하고 있다. 가장 일반적으로 사용되는 방법은 소유제한과 성과요구이다. 소유제한은 여러 가지 형태로 나타나고 있는데, 어떤 나라에서는 특정분야에서 외국기업의 투자를 제외시킨다. 예를 들면, 스웨덴에서는 담배와 광업은 제외된다. 또 어떤 나라에서는 현지투자자가 참여해야 하는 합작투자만 가능하다.

성과요구도 역시 여러 가지 형태를 취하고 있으며, 이는 다국적기업 현지 자회사의 행태에 대한 통제이다. 가장 일반적인 성과요구로는 현지부품사용,

수출, 기술이전 그리고 최고경영층에 현지인 참여 등이 있다. 이러한 규제 역시 현지국에게 투자의 혜택은 최대화되고 비용은 최소화되도록 하는 것을 목적으로 하고 있다.

제5절 전략적 제휴

1. 전략적 제휴의 개념

전략적 제휴란 잠재적 혹은 실질적 경쟁자간의 협력적 협정을 의미한다. 전략적 제휴의 범위는 합작투자에서부터 신제품개발과 같은 특정 업무에 대해 두 회사가 협력하기로 하는 단기적인 계약 협정에 이르기까지 다양하다.

이러한 전략적 제휴는 국내기업간 뿐만 아니라 최근에는 다른 나라의 기업과도 아주 활발하다. 어떤 기업이 외국기업과 손을 잡고 공동으로 사업활동을 하는 국제제휴는 특별히 지금 시작된 것은 아니지만 최근에는 미, 일 등 선진국의 경쟁기업끼리 경쟁우위를 확보하기 위해 전략적 의도를 가지고 제휴하는 경우가 아주 많아지고 있다. 이것은 세계에 있어서 기술혁신의 급속한 진전, 제품라이프싸이클의 단축화, 위험의 증대, 기업간 경쟁의 격화 등에서 볼 수 있는 것처럼 기업을 둘러싼 글로벌환경이 급격히 또한 다양하게 변화되었기 때문이다.

이러한 최근의 글로벌환경 변화에 적절히 대응하는 것은 설사 거대한 다국적기업이라 할지라도 단독으로는 좀처럼 용이한 일이 아니다. 이 때문에 선진국의 기업이, 예를 들면, 같은 업계에서 치열한 경쟁을 벌이고 있는 경쟁기업끼리도 특정분야에서는 협력함으로써 경쟁우위를 얻을 수 있다면 손을 잡게 되는 것이다. 그런 의미에서 최근의 글로벌제휴는 종래의 그것과는 성격을 달리하며, 한편으로는 경쟁을 하지만 다른 한편에서는 협조한다는 “경쟁적 공생”을 지향하는 것으로 되고 있다. 그것은 자동차, 반도체, 전자 등을 위시하여 많은 산업분야에서 볼 수 있다. 따라서 국제전략 제휴는 M&A와 나란히 오늘날의 글로벌경쟁시대에 있어서 유력한 해외진출전략 수단으로 되고 있다.

2. 전략적 제휴의 장점

이러한 글로벌 전략적 제휴의 장점으로 다음과 같은 것을 들 수 있겠다.

첫째, 전략적 제휴는 해외시장 진입에 도움을 줄 수 있다. 예를 들면, Motorola는 Toshiba와 제휴를 통해 일본의 무역장벽을 극복할 수 있게 되었다.

둘째, 신제품 개발에 필요한 고정비용을 제휴회사와 공유함으로써 부담을 줄일 수 있다. 예를 들면, 새로운 제트기인 7J7모델의 개발을 위해 Boeing사가 한 일본 컨소시움과 제휴한 이유 중의 하나는 높은 신제품개발비용이었다

셋째, 회사가 스스로 개발하기 어려운 보완적 기술이나 자산을 얻을 수 있으며, 자사의 기술을 그 산업의 기술표준으로 수립하여 세계시장을 선점하는데 도움을 받을 수 있다.

한편, 전략적 제휴의 단점으로는 경쟁기업에 경영자원의 이전을 동반하기 때문에 역으로 경쟁우위를 상실하거나, 가치관, 사고와 행동양식이 다르므로 파트너와 갈등을 일으킬 수 있다는 점 등이다.

3. 전략적 제휴의 성공조건

전략적 제휴의 실패율은 아주 높은 것으로 보인다. 글로벌 전략적 제휴를 성공시키기 위해서는 적절한 경영관리가 필요하며, 특히 파트너 선정, 제휴구조 및 제휴관리가 성공적인 전략적 제휴에 중요한 요인으로 인식되고 있다.

1) 파트너의 선정

전략적 제휴의 성공요인은 좋은 파트너 선정에 있다. 좋은 파트너가 되기 위해서는 파트너는 자사가 부족한 능력을 가지고 있어야 하며, 제휴의 목적을 공유할 수 있어야 하고, 자신의 목적을 위해 제휴를 기회주의적으로 이용

하지 말아야 하는 요건을 갖추어야 한다.

2) 제휴구조

중요한 기술이 파트너에게 너무 많이 넘어가는 위험을 줄이기 위한 다음과 같은 제휴구조를 고려해 볼 수 있다.

첫째, 이전되지 말아야 할 중요한 기술은 이전되기 어렵도록 차단벽을 설치해야 한다. 예를 들면, 핵심역량에 해당되는 기술이전은 차단하고, 최종 조립에만 파트너가 참여하도록 하는 방안을 들 수 있겠다.

둘째, 파트너의 기회주의의 위험에 대비하기 위한 보장조약을 제휴협정에 명문화한다.

셋째, 제휴 당사자가 동등한 이득을 얻을 수 있도록, 사전에 교차 라이센싱과 같은 스왑협정을 맺는다.

넷째, 제휴파트너에 의한 기회주의 위험을 줄이기 위해 파트너로부터 신뢰할 수 있는 개입을 받아낸다. 예를 들면, 인적, 물적 투자가 필요한 합작투자가 여기에 해당된다.

3) 제휴의 관리

제휴로부터 이익을 최대화하기 위해 파트너간의 신뢰구축이 필요하며, 또한 파트너로부터 학습이 필요하다.

첫째, 제휴기업 관리자간의 개인간 관계가 신뢰구축에 중요하다. 개인적인 관계는 제휴회사간의 신뢰구축과 조화로운 관계를 촉진하여, 공식적 상황에서 발생하는 문제해결에 도움을 줄 수 있다.

둘째, 제휴로부터 학습혜택을 극대화하기 위해 기업은 파트너로부터 배우려고 노력해야 하고, 또 그 지식을 자사의 조직내에 적용하려고 해야 한다. 모든 직원은 파트너의 강점과 약점에 대해 설명을 들어야 하며, 특정 기술이 자사의 경쟁위치에 어떻게 도움이 되는지를 이해해야 한다. 미국기업들은 제휴를 비용공유, 위험공유의 수단으로 인식하는 경향이 많은 반면, 일본기업은 파트너의 경영기법을 배우는 하나의 기회로 인식하는 경향이 많다고 한다.

제4부

국제마케팅 관리

1. 국제마케팅계획의 개념

1) 국제마케팅계획의 중요성

국제마케팅관리는 기업경영의 전반적인 관점에서 볼 때, 매니지먼트 사이클(management cycle)이라 일컬어지는 계획하고, 조직(집행)하고, 통제하는 경영활동이 연동하게 되는 것을 말한다. 따라서 국제마케팅관리는 국제마케팅을 계획하고 조직하며 통제하는 수직적인 관리기능(vertical management function)을 의미하기도 한다. 이러한 연동 가운데서도 국제마케팅계획(international marketing planning)이 지니는 관리상의 의의는 매우 중요하다.

기업환경은 계속 변화하고 있어 환경에 적응해 가기 위해서는 창의적인 마케팅계획을 기초로 하여 목표의 설정과 그 실현방법에 대해 모든 조건을 과학적으로 분석·예측하고, 각종 마케팅수단을 최적화하여 마케팅활동을 조직적이며 주도면밀하게 추진할 수 있도록 노력을 계속해야 할 것이다.

국제마케팅계획(International Marketing Planning)은 기업이 장래에 어떤 목적을 달성하고 그 달성을 위해 누가, 언제, 무엇을 어떻게 하면 좋은가를 현시점에서 과학적으로 의사결정을 하는 것을 말한다. 즉, 국제마케팅활동의 목표를 수립하고 이러한 목표를 달성하기 위해 필요한 관계를 결정하거나 순서를 결정하는 작업이다. 물론 장래라는 것은 불확실한 하나의 가능성을 의미하므로 그 평가에는 항상 위험이 따른다.

장래를 불확실성으로만 간주한다면 지금 현재를 어떻게 해야 할 것인가를 결정한다는 것은 불가능하다. 그러나 불확실성의 장래가 가져올 성과를 확실성으로 바꾸어 놓고 그 확정(목표)된 성과의 실현에 따르는 여러 가지 장해나 필요조건을 분석하여 기업의 장래를 예측하는 것은 가능하다.

이처럼 국제마케팅계획은 국제마케팅관리자가 기업에 있어서 수행하는 국제마케팅관리의 최초 과정이며, 국제마케팅관리의 최종적인 과정인 국제마케팅통제와 연결해서 매니지먼트 사이클의 주도적인 기능을 다하게 된다. 따라서 첫 활동인 계획관리기능이 전체의 국제마케팅관리기능을 유효하게 수행하기 위한 전제조건이 된다. 그러한 의미에서 계획과 통제는 국제마케팅관리활동에 있어서 출발점과 종결점을 형성한다고 볼 수 있으며, 특히 국제마케팅관리활동의 출발점으로서 국제마케팅계획의 역할은 국제기업의 목표 내지 목적과 밀접한 관련이 있게 된다.

2) 국제마케팅계획의 장점

국제마케팅계획의 관리론적 의미의 중요성을 국제기업의 전체적인 관점에서 요약해 보면 다음과 같은 제 이점이 있다

① 기업 장래의 전망이 가능하기 때문에 국제기업의 뚜렷한 목적이나 목표를 설정할 수가 있다.

② 국제기업의 환경변화를 객관적으로 분석하며, 확실히 예측할 수 있다.

③ 국제기업자원의 최적배분이 가능하며, 자원의 창조적·혁신적 결합에 의해 자원의 낭비를 방지할 수 있다.

④ 국제마케팅 부문간은 물론 생산·재무·인사 등 기타 부문간의 유기적 조정이 가능해진다.

⑤ 국제마케팅행동의 분석과 평가가 쉬워지며, 목적이나 목표와의 피드백에 의해 재조정이 원활해져, 자연히 시행착오를 회피할 수 있다.

⑥ 국제기업의 전체적 계획이나 행동을 포괄적·정합적인 연속적 시스템으로서 예견할 수 있다.

⑦ 국제마케팅문제 해결을 유리하게 행할 수 있게 된다.

많은 기업에서는 계획수립의 이점이 부분적으로만 이해되고 따라서 계획수립의 과정이 잘 개발되지 못하고 있다. 특히 국제적인 수준에서는 계획수립의 필요성이 국제시장의 경우보다 더욱 크다. 그 이유는 리드타임(lead times)과 커뮤니케이션 경로가 더 길고 이해의 범위가 더 크기 때문이다. 그리고 추구되는 목표와 기업에 개방되어 잇는 기회는 시장별로 크게 다를 수도 있다. 그러므로 목표와 우선순위뿐만 아니라 목표추구의 책임 및 방법에 관한 명확한 기술이 필요하다.

국제마케팅계획과 국내마케팅계획의 특색을 비교하여 보면 〈표 10-1〉과 같다.

〈표 10-1〉 국내마케팅계획과 국제마케팅계획의 여건별 특색

국내마케팅계획	국제마케팅계획
1. 단일국의 언어와 단일국가	1. 다수국의 언어, 다수국의 문화
2. 비교적 동질시장	2. 세분화되고 다양한 시장
3. 자료수집이 비교적 쉽고, 자료도 정확	3. 자료수집이 매우 어렵고, 비용과 인원이 많이 듬
4. 정치적 요소가 비교적 중요하지 않음	4. 정치적 요소가 결정적 영향을 미칠 때가 많음

국내마케팅계획	국제마케팅계획
5. 정부의 간섭이 비교적 적음	5. 정부의 간섭이 심하고, 그 나라의 경제개발계획이 영향을 미침
6. 개별기업활동이 일국의 경제에 큰 영향을 미치지 않음	6. 거대기업이 다수국의 경제에 큰 영향을 미침
7. 자국중심주의가 유리	7. 자국중심주의가 불리
8. 비교적 안정적인 기업환경	8. 매우 불안정적인 기업환경이나 때에 따라서는 극대이윤을 추구할 수도 있음
9. 일률적인 금융풍토	9. 다양한 금융풍토(재정안정상태에서 고도의 인플레이션 상태까지)
10. 단일통화	10. 안정성과 실질가치에서 다양한 통화
11. 기업의 제이론이 잘 이해됨	11. 기업의 제이론이 다양하고 변화하기 쉬움
12. 권한위양과 재무통제가 잘 수행되는 관리	12. 예산통제가 잘 수행되지 않는 독단적인 관리

2. 국제마케팅 계획의 내용

국제마케팅계획의 내용은 국제마케팅 프로그램(international marketing program)의 입안이다. 즉, 「국제마케팅관리자는 세계 각국의 경제, 정치 및 상거래상의 복잡성을 뚜렷이 파악하여, 이에 적합하고 효과적인 마케팅 프로그램을 작성해 내는 기술(skill)을 지녀야 하는데, 이는 국제마케팅관리자의 기능적 임무임과 동시에 국제마케팅 프로그램의 입안과 작성이야말로 국제마케팅의 전개에 있어서 제일보」가 되기도 하는 것이다. 따라서 국제마케팅계획은 국제마케팅관리의 최초의 단계로 국제마케팅 프로그램의 입안·작성이 국제마케팅계획의 핵심이 된다.

국제마케팅 프로그램은 일반적으로, 국제마케팅목표의 설정, 국제마케팅

시스템의 구축, 국제마케팅 믹스의 조사・분석 등 3가지 단계로 이루어진다.

1) 국제마케팅 목표의 설정

국제마케팅계획의 목표(objective) 또는 목적(goals)은 국제기업의 기본적 계획(basic plan)이며, 그 기업의 도달목표이기도 하다. 따라서 국제마케팅 계획은 목표를 기초로 해서 작성되며, 국제마케팅 프로그램 역시 목표의 설정에 의해 그 제1단계가 시작된다.

국제마케팅전략(international marketing strategy)이나 국제마케팅정책(international marketing policy)은 흔히「국제마케팅활동의 목표설정과 그 목표를 달성하기 위한 대체적 과정(course) 내지 수단의 선택에 관한 국제마케팅의사결정과 그 과정」이라고 하는 것처럼 국제마케팅활동에 있어서 계획이 효과적인 국제마케팅전략과 직결되기 위해서는 목표의 뚜렷한 설정이 무엇보다도 중요하다.

아울러 현지국가별 계획에 있어서 실제적인 목표는 상세히 열거되어야 하며, 다음과 같은 목표가 포함될 수 있다.

① 각 제품별 판매량 및 금액
② 제품별 시장점유율
③ 수익성
④ 판로의 확장
⑤ 상표인지의 수준
⑥ 신제품의 시장도입
⑦ 신제품의 현지시장 테스트
⑧ 수출금액 또는 판매비율별 수출금액
⑨ 특정한 마케팅조사활동의 수행

목표의 설정에 있어서 기업은 충분한 SWOT(Strenghts, Weakness, Opportunities and Threats)분석을 실시할 필요가 있으며, 그리하여 추구하는 목표가 조직의 능력과 시장의 실체를 반영하도록 해야 한다.

국제마케팅계획의 목표이자 국제마케팅 프로그램의 목표는 페이어웨더(J. Fayerweather, 1970)에 의하면 ① 기존시장의 확대, ② 신시장의 개척이라는 두 가지 범주(category)로 나누어져 설정됨이 바람직하다고 강조되고 있다.

우선 그 하나는 이미 확립되고 있는 해외시장에서 자사의 시장점유율(market share)을 확대하기 위한 경쟁적 노력에 대한 목표의 설정이다. 이를 경쟁적 마케팅(competitive marketing)이라 하는데, 기존 시장의 유지라는 최소한의 목표와도 이어져야 한다. 이 경우 경쟁적 마케팅에 대한 목표설정에 있어서는 국내경쟁의 경우와는 달리 다음과 같은 두 가지 측면의 특수성이 고려되어야 한다.

첫째, 해외시장에 있어서는 국제환경의 차이 때문에 경쟁환경이 국내의 경우와 전혀 다르다는 사실이다. 어떤 나라에서는 각종 경쟁제한이 심한가 하면, 또 어떤 나라는 전적으로 자유경쟁체제하에 놓여 있는 등 기업환경적 특수성이 두드러진다.

둘째, 소비자 기호상의 특수성이다. 국내시장에 있어서 소비자 기호가해외시장에도 그대로 연장되지 않는다는 사실은 경쟁적 마케팅의 목표설정에 커다란 고려요인으로 작용하게 된다. 소비자 기호가 각국에 따라 상이한 것은 주로 그 나라의 사회·문화적 환경 차이에서 유래하며, 특히 구매관습의 환경적 차이는 경쟁적 마케팅의 커다란 고려요인이 되기도 한다. 이와 같이 그 나라의 소비자 기호와 사회·문화적 환경의 차이가 그 목표설정의 핵심적인 고려사항이 된다.

더불어 판매량, 시장점유율, 수익성, 판로의 확장 등의 목표하에 각 항목별 정보에 관한 정확한 수집과 분석이 필요하다

2) 국제마케팅 시스템의 구축

국제마케팅 시스템(international marketing system)이란 「국제마케팅의 각 분야를 유기적으로 연결시켜 보다 효율적인 국제마케팅활동을 전개시키기 위한 종합적인 마케팅 체계」를 의미한다. 이러한 국제마케팅 시스템은 항상 시스템적 접근(systems approach)의 입장에서 구축됨을 원칙으로 하여야 한다.

이러한 관점에서 국제마케팅 시스템은 다음과 같은 3가지 하부시스템에 의해 구성되어진다.

① 국제환경시스템(international environment system)

② 국제마케팅관리시스템(international marketing management system)

③ 상품공급시스템(product supply system)

국제마케팅 시스템의 하부시스템 가운데 가장 핵심적인 구성요소가 국제환경시스템이다. 국제마케팅활동은 국제환경여하에 따라 큰 영향을 받게 되기 때문에 국제환경시스템의 올바른 구축은 국제환경에의 올바른 적응책 모색을 위해 마케팅계획의 중요한 구성요소가 된다.

〈그림 10-1〉 국제마케팅 시스템의 구성도

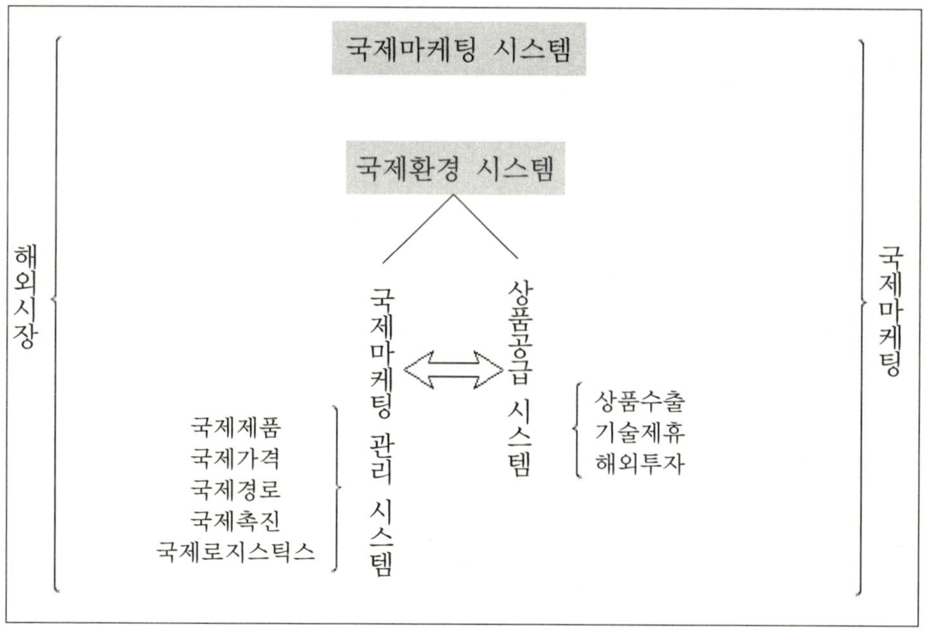

국제환경시스템의 또 하나의 하부시스템이 국제마케팅관리시스템과 상품공급시스템이다. 국제마케팅관리시스템은 국제마케팅 믹스(제품, 가격, 경

로, 촉진)의 효율적·최적화 전략을 위한 시스템으로서, 이러한 국제마케팅 믹스의 최적적인 결합과 그 해외시장에의 적기투입은 효율적인 국제마케팅관리활동을 위한 필수적인 전제조건이 되고 있다. 따라서 국제마케팅시스템의 올바른 구축은 국제마케팅관리시스템 자체의 올바른 구축을 그 전제로 하고 있다. 다만 국제마케팅 믹스의 최적화를 위한 그 어떤 일률적인 전략모델이라는 것이 없이, 최적마케팅 믹스의 투입에는 실제에 있어 상당한 혼선이 빚어지게 될 수 있다. 물론 최적마케팅 믹스의 투입을 위한 전략적 모델이 그동안 꾸준히 개발되긴 했어도, 최종적으로는 그 모든 것이 국제시장에서 국제마케팅관리자의 의사결정 여하에 달려있는 이상 어떠한 종류의 전략모델이든 그것은 어디까지나 이상적 모델일 따름이다.

국제마케팅시스템의 구축에 있어서 국제마케팅관리시스템과 함께 중요한 국제환경시스템의 하부시스템이 이른바 상품공급시스템이다. 이는 국제기업의 해외진출 유형에 관한 의사결정적인 마케팅 프로그램임과 동시에 모기업과 해외자회사간 경영자원의 유통시스템에 관한 마케팅 프로그램의 구축이라고 할 수 있다.

다시 말해서 상품공급시스템은 수출, 기술제휴, 해외직접투자 등의 해외진출유형에 관한 의사결정을 위한 국제마케팅 프로그램의 구축을 의미한다. 이러한 상품공급시스템에는 그 외에도 상품수출, 기술제휴, 해외투자라는 국제마케팅 행동유형의 모두를 종합적으로 시스템화하여 각국의 국제환경 차이에 따라 국제환경에 적합한 유형을 선택하게 되는 마케팅 프로그램의 구축도 포함된다.

3) 국제마케팅 믹스(Mix)의 조사분석

국제마케팅시스템이 올바르게 구축되더라도 국제마케팅관리스시템의 구성요소가 되는 국제마케팅믹스의 올바른 조사·분석 없이는 최적마케팅 믹스를 선정하여 실제 해외시장에 적절히 투입할 수는 없게 된다.

국제마케팅 믹스란 국제마케팅 목적의 달성을 위해 결합될 제 변수(4p)들을 말하며, 이들 제요소가 해외시장에서 제각기 직면하게 될 상황에 관한 사전적이며 면밀한 조사분석은 효과적인 국제마케팅에 필요불가결한 것이다.

국제마케팅 믹스의 조사 분석은 국제마케팅조사(international marketing research)의 대상이 되며, 더 나아가 국제마케팅정보시스템의 핵심적인 내용을 이루기도 한다. 또 국제마케팅조사 자체가 국제마케팅 프로그램이며 동시에 국제마케팅계획의 전제조건이기도 하기 때문에 국제마케팅 믹스의 올바른 조사와 분석은 국제마케팅활동의 성부와 직결되는 국제마케팅 프로그램작성상의 중요단계의 하나라고 할 수 있다. 그러므로 국제마케팅믹스는 효율적인 국제마케팅활동의 전개를 위해서는 중요한 변수들이므로 이들 제요소가 해외시장에서 제각기 직면하게 될 상황에 관한 사전적이며 면밀한 조사·분석은 효과적인 국제마케팅 프로그램의 작성을 위해서도 절대적일 수밖에 없다.

그러나 유의할 점은 마케팅 믹스란 흔히 제품(product), 가격(price), 경로(place), 촉진(promotion)의 4P로 이해되고 있지만, 이는 국내마케팅 믹스의 경우일 뿐, 국제마케팅 믹스의 경우에는 이에 더하여 로지스틱스(logistics)가 추가되기도 한다. 즉, 국제마케팅 믹스의 경우에는 국제제품, 국제가격, 국제경로, 국제촉진 외에도 국제로지스틱스가 추가되고 있는 실정이다. 이것은 국제마케팅시스템 구축에 있어서는 국내마케팅 시스템의 경우와는 달리 무엇보다도 상품공급시스템이 확립되어야 하기 때문이다.

그런데 국제마케팅믹스의 조사·분석에 있어서 각기 제변수의 개별적인 조사와 분석도 중요하지만, 그러한 각 독립변수의 조사와 분석을 토대로 국제마케팅믹스의 제변수를 총체적으로 포괄하여 그 가운데서 최적마케팅 믹스를 선정하는 일도 중요하다. 최적의 국제마케팅 믹스를 선정하기 위해서는 그 이전에 국제시너지 효과를 측정해 내는 일도 보다 중요하다. 국제시너지효과(international synergy effect)란 기존 해외시장의 확대나 신해외시장의 개척에 있어 기존해외시장이 지니는 통합기관효과를 의미한다.

제2절 국제마케팅계획 수립

1. 국제마케팅계획 수립과정

1) 계획수립과정과 조사

효율적인 국제마케팅계획의 수립을 위해서는 그 전제조건인 국제마케팅정보시스템이 효율적으로 구축되어야 하는 것처럼, 그러한 정보시스템의 효율적인 구축은 국제마케팅조사(international marketing research)의 효율적인 실행에 달려 있다. 국제마케팅정보시스템은 기본적으로 국제마케팅조사에 의해 이루어지며, 해외시장정보에 관한 적절성, 신뢰성, 정확성이라는 것이 국제마케팅조사에 의해 비로소 확인되도록 되어 있다.

모든 국제시장 환경에는 특유한 양상과 유사한 양상이 있다는 사실에 입각하여 국제마케팅환경 분석의 특유한 양상은 차별화(differentiation)에 관한 노력이며, 유사한 양상은 통합(unifying)에 관한 노력이다. 마케팅프로그램개발이 어느 한 양상만을 중시할 경우에는 표준화되거나 차별화된 프로그램이 된다. 완전히 표준화된 프로그램은 동일제품에 관하여 전 세계적으로 단일가격을 설정하게 되며, 이것은 설계하고 관리하기가 쉽지만 차별적인 가격정책으로 얻을 수 있는 사업 및 이익을 상실할 수 있다. 그러나 각 시장에 관하여 별개의 가격이 설정될 경우에는 중간판매업자가 공급품에 관하여 최저가격을 추구함에 따라 심각한 상품재이동 문제가 생길 수 있다.

즉 계획수립과정은 기업이 당면하고 있는 여러 가지 대안 중에서 가장 적합한 목표를 수립하는 것이라고 할 수 있으며, 그 목표를 위해 조직하고 그 조직내에서 목표에 관한 의사결정의 실행이 완성되어야 한다. 아울러 계획수립과정의 마지막 단계로 실적의 평가가 되며 평가와 통제가 이루어지게 된다. 이러한 결과로 계획수립과정에 피드백(feed-back)되어 매니지먼트 사이클(management cycle)이 이루어진다.

〈그림 10-2〉 국제마케팅계획수립과정과 주요 문제점

단계	주요 문제점
환경분석 1, 2, …, n 현지국가시장	**〈환경분석〉** 1. 각 현지국가시장의 특색은 무엇인가? 각 시장이 다른 국가시장과 공동적으로 가지는 특성은 무엇인가? 2. 현지국가시장을 운영 및 계획수립의 목적을 위하여 군집화해야 하는가? 군집할 경우 근접성과 시장특색 중 어느 것을 사용할 것인가?
↓	
전략적 계획수립	**〈계획수립〉** 3. 마케팅 의사결정자는 누구인가? 4. 표적시장에 관한 주요한 가정은 무엇이며, 그것이 타당한가? 5. 표적시장에서 자사제품에 의하여 어떤 욕구가 충족되는가? 6. 표적시장에서 자사제품에 의하여 어떤 고객혜택이 제공되는가? 7. 표적시장에서 자사제품이 사용되는 조건은 무엇인가? 8. 표적시장의 크기는 어느 정도인가? 9. 표적시장에서 기존 및 잠재적인 경쟁에 비하여 자사의 주요한 강점 및 약점은 무엇인가? 10. 자사의 제품, 가격, 창고, 판매촉진프로그램을 확장, 현지적응, 창안해야 하는가? 11. 대체적인 목표는 무엇이며, 시장기회, 위험 및 기업활동에 관한 평가는 무엇인가? 12. 표적시장의 국제수지와 통화상태는 어떠하며, 이익의 송금은 가능한가?
↓	
조직구조	**〈조직구조〉** 13. 일정한 숙련과 자원으로 목표를 달성하기 위한 최적조직구조는 무엇인가? 각 조직계층의 책임은 무엇인가?
↓	
운영계획수립	**〈계획수립〉** 14. 일정한 목적, 조직구조 및 시장환경평가에 따라 효과적인 마케팅운용계획을 어떻게 개발할 것인가? 특히 어떤 시장 및 시장군을 위하여, 어떤 제품을 어떤 가격에 어떤 유통경로를 통하여 어떤 커뮤니케이션으로?
↓	
마케팅 프로그램의 통제 (→ 전략적 계획수립으로 피드백)	**〈마케팅프로그램의 통제〉** 15. 계획실행의 측정 및 감시는 어떻게 하는가? 실제적이고 바람직한 결과를 얻기 위하여 어떤 조치가 취해져야 하는가?

2) 수립과정의 문제점

이와 같이 계획하고 조직하고 통제하는 과정에서 국제마케팅조직의 구성을 위해서는 대략 두 가지의 해결해야 할 문제가 있다. 우선 그 하나는 관리기구의 일환으로서 국제마케팅관리자가 관리용구로서의 조직을 어떻게 형성하며 유지하느냐 하는 문제이다. 이 문제는 계획을 수행하기 위한 수단으로서의 조직이 형성되는 단계뿐만 아니라, 그러한 조직이 집행되는 과정(process)까지를 포함한 단계를 총칭하게 된다. 이러한 단계를 조직(organization)이라는 정태적인 표현과는 달리 흔히 조직화(organizing)라는 동태적인 표현으로 일컫게 된다.

아울러 마케팅계획 그 자체는 기업의 목표 및 목적의 설정, 계획의 수립, 계획의 실시, 결과에 대한 측정과 평가 등의 네 가지 활동이 계속 순환적으로 반복되면서 시행착오적으로 추진된다.

환경의 변화에 적응하면서 탄력적인 계획을 추진하기 위해서 이미 계획된 것과 실제의 성과를 비교하고 그 성공내지 실패의 원인을 확인하여 그 정보를 피드백하여 다음의 계획을 보다 적절한 것으로 하지 않으면 안 된다.

국제마케팅계획을 세우는 데는 최소한 다음의 10가지 프로세스에 대한 검토 및 의사결정이 필요하다.

(1) 시장기회의 확인과 평가

(2) 마케팅의 국제화에 관한 의사결정

(3) 목적 및 목표의 설정과 확인

(4) 목표시장에의 참여형태(entry) 및 조업방법(operating)의 검토와 결정

① 전통적인 상품수출입방식의 채용(직 · 간접 수출입)

② 합작투자 및 직접투자 설정

(5) 계획된 목표달성을 위한 마케팅 정책의 방법 내지 전략의 결정

① 제품 · 제품라인의 결정(products mix)

② 판매경로 · 배합경로의 선정(marketing channel mix)

③ 판매정책의 결정(판매촉진 mix)

④ total marketing mix

(6) 계획(시안)의 예산화 및 실시화(필요시안의 수정 변경)
(7) 시안에 있어서 (6)의 단계에 대한 정보의 피드백
(8) 국제마케팅계획과 실시안에 대한 최종결정
(9) 계획실시를 위한 조직과 통제기구의 검토와 결정
(10) 계획의 착수와 그 성과에 대한 평가

3) 계획수립과 국제마케팅정보관리

이와 같은 계획을 세워 의사결정을 하려면 무엇보다도 정확한 시장정보를 알아야 할 것이다. 즉, 국제마케팅계획을 제아무리 효율적이며 합리적인 국제마케팅 프로그램(international marketing program)의 입안 여하에 달려 있다 하더라도, 국제마케팅 프로그램 자체의 기반이 되는 온갖 해외시장정보가 되도록 정확한 것이어야 한다. 특히, 국제마케팅 믹스의 조사・분석이라는 것은 전적으로 정확한 해외시장정보에 의존하게 되어 있다. 이러한 해외시장정보를 국제마케팅정보(international marketing information)로 표현하며, 이는 국제마케팅계획에 있어서 절대적인 전제조건이 된다. 따라서 제반 국제마케팅정보를 제대로 관리한다는 것은 국제마케팅계획의 중요한 요소라고 할 수 있다.

이 때 국제마케팅계획의 전제조건으로서 국제마케팅정보를 관리하는 것을 국제마케팅정보관리(international marketing information management)라고 한다. 이는 국제마케팅관리를 위한 해외정보의 수집・분류・분석・평가・축적・이용 또는 폐기 등에 관한 관리를 뜻하며, 넓은 의미로는 제반 정보관리 전체의 프로세서 효율화를 달성하는 방법이 주가 된다. 특히, 국제마케팅정보의 수집(collecting), 분석(analysing), 평가(evaluating)를 국제마케팅정보관리의 세 가지 핵심 단계라고 말한다.

시장기회를 정확하게 평가하기 위해서는 시장에 대해 정확한 판단을 내리기 위한 올바른 정보를 충분히 적시에 입수할 것과 시장기회를 바르게 확인・평가하기 위한 순서에 대한 논리적인 방식을 확립해 둘 것 등이 필요하다.

결국 국제마케팅계획이 없는 국제마케팅관리가 진정한 국제마케팅관리일 수는 없으며, 올바른 국제마케팅계획에 의해 비로소 국제마케팅관리 자체가 올바른 궤도를 달릴 수 있다는 데에 관리론적인 의미가 있는 것이다. 그러한 뜻에서 매니지먼트 사이클에 있어 첫 연동활동인 국제마케팅계획 여하가 전체적인 국제마케팅관리의 성패와 직결된다는 것을 잊지 말아야 할 것이다.

2. 국제마케팅의 장 · 단기계획 수립

1) 단기계획의 수립(short range planning)

국제마케팅을 위한 단기계획의 수립은 마케팅 목표(marketing target)를 결정하고 그 목표를 달성하기 위한 운영프로그램(operating program)을 짜는 것으로 정의할 수 있다. 단기계획의 기간은 회계연도로든 일반년도로 하든 간에 1년간으로 하는 것이 보통이다. 그러나 기업체에 따라서는 2년간의 경영계획을 수립 · 운영하되 매회 수정하기도 한다. 이와 같이 단기계획의 범위와 내용은 기업에 따라 다룰 수도 있으나 각 해외 시장국에 대한 마케팅계획, 제품계열별계획 또는 국제시장을 위한 제품개발계획 등을 포함시키는 것이 바람직하다. 단기계획을 수립하는 데 유의할 사항을 요약하면 다음과 같다.

(1) 마케팅계획의 구성요소결정

① 시장의 상황분석(situation analysis), 즉 해외시장국의 수요 · 경쟁 · 유통 · 관계법규 등의 특성과 시장구조, 이익기회 등을 분석해야 한다.

② 목적의 설정, 즉 기업체가 국제마케팅 운영을 어떤 방향으로 발전시킬 것인가를 설정해야 한다.

③ 전략과 전술(strategy and tactics)로서 책정한 국제마케팅 운영의 목적을 기업체가 어떠한 수단방법을 동원하여 효과적으로 달성할 것인가? 즉 해외의 통제 불가능한 기업외적요소 제도구의 적절한 믹스, 또한 마케팅 임직원과 마케팅기능별로 구체적인 과업과 책임을 배분하는 것 등이다.

(2) 개별 해외시장에 대한 마케팅계획의 개발

계획수립의 규모는 현재의 운영규모 및 거래의 잠재적 운영규모와 연결시켜 결정하여야 한다.

특정 해외시장에 대한 마케팅 계획의 수립은 기업이 국제시장에 대하여 현재 어느 정도의 개입을 하고 있느냐에 따라 제약을 받을 수도 있다. 그러므로 기업의 해외시장개입 수준에 따른 제약에 관하여 설명하면 다음과 같이 요약할 수 있다.

① 개입수준에 따른 제약, 즉 수출점유율, 자회사의 설립, 무역활동, 해외기업체와 라이신시(licensee)와 라이신서(licensor)의 관계와 자사인원의 파견, 합작투자율 등의 관계에 따라 제약이 이루어질 수 있다.

② 해외시장국별 계획, 즉 해외현지 자회사들로 하여금 상황분석과 계획수립에 투입하는 시간과 경비를 절감하면서 전문성(expertise)을 기룰 수 있게 하여야 한다.

③ 국제마케팅계획수립의 분업화와 비교분석, 즉 시장국별 마케팅계획의 수립에 기여하고 있는 본사와 자회사간의 역할에 대하여 일반적으로 지나친 중앙집권적 수립과 지방분권적 계획수립은 모두 바람직하지 못하다. 기업체의 각 부문이 지닌 전문적 능력을 동원할 수 있는 상호작용적인 계획수립(interactive planning)이 가장 효율적이라 본다. 본사의 국제마케팅관리자는 국내·외 시장에서 쌓은 경험을 토대로 계획수립에 대한 노하우(know-how)와 전문성(expertise)을 제공하여 자회사들이 계획수립의 능률을 향상시키도록 해야 한다.

이런 노하우와 전문성의 제공과 더불어 자회사에게 계획수립의 지침과 범위, 계획수립 스케줄 등을 제시해 주고 필요하다면 자회사의 계획수립요원에게 훈련을 시키도록 해야 한다.

국제마케팅관리자가 자회사의 시장국별 운영계획을 수립하는데 기여해야 할 것은 첫째, 상황분석과 연관된 지침을 내리고 정보를 제공하며, 둘째, 자회사가 추구하려는 목표가 어느 정도 바람직하고 적정한가를 본사의 입장에서 의견을 제시하고, 셋째, 본사가 가지고 있는 계획의 수립 및 집행과 연관된 전략과 전술에 대한 국적 노하우를 자회사에게 제공하고 인식시켜야 한다.

(3) 비교분석 단계

국제마케팅을 위한 비교분석에는 다음의 세 가지 단계가 포함된다.

① 기업이 운영하고 있는 시장국들의 연관성 있는 변수 또는 차원(dimension)을 규명(identify)하여야 한다. 여기서 변수는 기업의 마케팅 프로그램에 영향을 줄 수 있는 요소들을 뜻한다.

② 시장별로 이들 변수를 측정하고 평가하여 유사점, 차이점, 경향 등을 지적해야 한다.

③ 수집한 자료를 분류하고 분석해야 한다.

첫 단계에서 연관성 있는 변수를 규명할 때 일종의 '모델 빌딩(model building)'을 하게 되며, 기업은 기업과 시장국간의 상호작용에 대한 이해를 증대시킬 수 있다. 그러한 모델에 복잡한 계량적 공식을 사용할 수도 없고 사용하지도 않겠지만, 어쨌든 기업은 그 기업체가 시장국과 어떠한 연관성을 맺고 있는가에 대해 명확한 판단을 하는 데 도움을 줄 수 있는 모델을 세워야 한다. 물론 그 모델은 명확한 것일수록 활용가치가 많다.

둘째 단계에서 시장국별로 연관변수를 측정할 때는 기업체의 마케팅조사와 정보시스템을 활용하면 된다.

셋째 단계에서 분류와 분석을 하는 것은 국제마케팅관리자와 그 참모진의 직무이며, 이 때 그들의 경험과 분석 능력이 동원되어야 한다. 즉, 비교분석의 활용가치는 목적과 전략의 결정을 돕는 데 있다.

그러므로 국제마케팅관리자는 국제경영 경험과 비교분석을 토대로 특정국시장이 다른 국가시장과 어느 정도 유사성이 있는가를 파악하고 자회사들의 목표설정, 전략결정 및 성과의 분석평가에 대해서 큰 역할을 담당토록 해야 한다. 다시 말해면, 마케팅관리자는 그의 경험과 비교분석에 입각하여 특정 자회사에게 목표를 확대시키라고 하든가 또는 더 많은 성과를 내야한다고 장려하고 지시할 수 있는 위치에 있어야 한다.

2) 장기계획의 수립(long-range planning)

(1) 장 · 단기 계획수립의 차이점

국제장기계획(International long-range planning) 수립은 기업체 운영과 연관된 미래 국제환경의 분석과 그 환경하에서 추구하여야 할 기업 목표의 설정 및 목적달성에 동원하는 제반 전략을 결정하는 것을 말한다. 단기계획수립 할 때와 마찬가지로 기업은 장기계획을 수립할 때도 기대되는 미래의 환경적 변화와 그것이 기업에게 어떠한 영향을 미칠 것인가에 대해 관심을 갖지 않을 수 없다. 그러나 단기와 장기의 계획수립 사이에는 다음과 같은 차이점이 있다.

첫째, 시간적 기간(time span)의 차이가 있다. 단기계획은 보편적으로 1년 기간을 위한 것이기 때문에 1년 계획수립 사이클(planning cycle)이 된다. 장기계획은 보편적으로 기업의 성격에 따라서 3년, 5년 또는 그 이상의 기간을 대상으로 하고 있다.

둘째, 계획수립자가 설정해야 하는 환경적 가정(environment assumptions) 또는 환경을 대상으로 하는 계획수립가정(planning premises)에 있다. 단기계획에서는 고정되어 있다고 가정할 수 있는 환경적 변수(environment variables or parameters)가 장기계획을 할 때는 변화의 가능성이 크다. 그렇기 때문에 장기계획을 수립하는 하나의 주요 목적은 먼 앞날의 잠재적인 환경변화를 규명(identify)하고 평가하여 그러한 변화에 효과적으로 대처하는 준비를 하는 데 있다.

셋째, 단기와 장기의 계획수립은 요구되는 세밀도(detail)의 정도 또는 구체성에 차이가 있다. 단기계획은 상당히 세밀하고 구체적이어야 한다. 그래야만 자회사들 및 임직원들이 성과를 평가할 수 있기 때문이다.

넷째, 구체적인 운영계획과 예산을 포함하고 있는 단기계획과는 달리 장기계획은 보통 기업체 임원, 간부, 위원회 등에게 일반적인 비망록(memoranda)으로 주어져 참작하도록 하고 더욱 조사·연구하도록 하는 데 목적이 있다. 장기계획의 기간이 짧을수록 그 내용이나 범위(coverage)가 더욱 세밀하고 구체적이어야 하는 것은 물론이다.

다섯째, 장기계획수립을 담당하는 사람들 역시 단기계획수립자와 다르다.

단기계획수립에는 본사의 국제(해외)사업본부와 자회사의 운영책임자나 그 참모진이 직접 관여해야 하는 반면에, 장기계획수립은 일상 업무수행으로부터 벗어난 본사의 고위참모진이 담당해야 한다. 장기계획에는 5년, 10년 향후에 기업이 나아가야 할 방향, 기본정책 등이 포함되어야 하므로 그 수립과정에는 최고경영층에 속하는 적어도 몇 명의 경영자가 참여해야 한다.

위와 같이 장·단기계획의 차이점을 설명하였으나, 단기계획과 장기계획은 당연히 서로 연관(link)되고 관계가 깊어야 한다. 어느 시점에 도달하게 되면 장기계획에서 규명된 제 변화와 그 대책으로 마련한 전략이 단기계획의 일부가 되어야 하기 때문이다. 또한 장기계획은 단기계획을 설계하는 데 필요한 프레임워크(frame work)를 제공해야 한다. 즉 장기계획수립자가 환경적 변화를 지적하고 그 변화에 대한 적절한 대책으로서 폭넓은 전략(broad strategy)을 개발하면, 단기계획수립자는 일련의 단기운영계획을 수립할 때 제품·기술(technology)·시장·조직·개입수준 등을 필요한 정도로 적응시켜야 하기 때문이다. 이렇게 되려면 장기계획과 단기계획의 수립자간에는 체계적인 연계(link)가 이루어지고 적절한 의사소통이 유지되어야 한다.

(2) 장기계획수립의 단계

국제마케팅계획을 수립함에 있어서 단기 및 장기계획수립과정이 모두 동일한 단계를 거치지만, 그것은 서로 다르게 수행된다. 장기계획수립의 최초의 단계는 상황분석이다. 그것의 합리적 근거는 미래의 새로운 사실에 관한 예측을 할 수 있으며, 그에 의한 위험을 회피할 수 있다. 그리하여 경쟁상의 이점을 얻을 수 있다는 것이다. 미래에 관한 차원은 기업의 성공에 중대한 영향을 가질 수 있는 모든 변수를 포함하며, 그 중 중요한 것은 다음과 같다.

① 범세계적 및 개별시장의 인구
② 인구의 분포와 소득 수준
③ 세계무역의 제 양상
④ 정치적 및 법적환경
⑤ 기제개발
⑥ 사회적 및 문화적 환경
⑦ 경제적 환경
⑧ 경쟁의 성격 및 유형의 변화

1. 국제마케팅조직의 개념

국제마케팅조직(international marketing organization)은 국제마케팅계획 및 국제마케팅통제와 더불어 국제마케팅관리 기능상의 하나로 파악되어야 한다. 이렇게 볼 때 국제마케팅조직은 국제마케팅관리를 위한 첫 선행활동인 계획 다음에 이어지는 두 번째 관리과정으로 국제마케팅계획을 합리적으로 수행하기 위한 관리수단이다.

국제마케팅조직의 본질적인 의의가 국제마케팅관리론의 일반론적인 관점에서 그 한 과정으로서 파악되는 점에서는 정태적·기능적이며, 어떤 의미에서는 형식논리적이라고 할 수 있다. 그것은 조직과 계획을 합리적으로 집행

하기 위한 수단으로서 간주되는 탓으로, 무엇보다도 마케팅목적 달성을 위해 수행되는 기계적인 활동 자체가 문제시되기 때문이다.

물론 그러한 활동의 합리적인 집행에 있어서는 각 조직담당자가 어떠한 역할을 각자 분담·수행해야 하는가라는 문제가 점차적으로 추구되어 지긴 하지만, 조직은 어디까지나 일정한 목적달성을 위해서 형성된 기계적·인위적인 것이다.

2. 국제마케팅조직의 특성

1) 경영활동변화에 따른 변화

국제마케팅조직구조는 특정적이고 부동적인 것이 아니라 경영활동의 규모나 정도에 따라 전략상 변화하는 것이다. 즉 경영조직구조는 경영활동의 변화에 따라 그 자체가 변하게 되는 발전단계를 지니고 있다. 특히 국제기업 활동에 있어서는 그러한 활동이 일국의 영역을 넘어 타국의 영역에까지 확대되므로, 국내기업 활동의 경우와는 전혀 그 차원을 달리하는 특수한 조직구조가 있게 마련이다.

따라서 특수한 조직구조는 국제기업 활동의 규모와 정도에 따라 다시 여러 가지로 변경하게 되는 특성을 지니기도 한다. 이처럼 기업의 해외활동이발전하며 국제화함에 따라 그 경영조직구조도 발전하며 변화하게 되는데, 그러한 경영조직구조의 핵심부분을 이루는 국제마케팅조직구조 역시 발전하며 변화하게 마련이다.

국내기업이 수출기업에서 해외기업을 거쳐 다국적기업이라는 국제기업으로까지 성장하기 위해서는 적어도 그 어떤 일정한 발전단계를 거치는 것이 보통이다. 일반적으로 그것은 기업의 성장과 발전과정에 따라서 국내판매에서 수출활동, 수출활동에서 해외판매 거점의 설치, 해외판매 거점에서 해외생산거점의 설치라는 국제화단계를 밟게 되는 심화과정을 뜻한다.

따라서 국제마케팅 조직구조도 그러한 국제화과정에 따라 발전하게 마련이다. 그러한 의미에서 국제마케팅조직구조는 먼저 기업의 수출활동과 더불어 처음으로 구축되게 된다. 그것은 기업의 국제화란 제품의 수출활동에 의해 비로소 태동되기 때문이다.

2) 조직선택의 기준

적절한 국제마케팅조직의 선택에 있어 어떤 기준에 의하여 선택할 것인가 하는 문제는 몇 가지 선택기준에 의한다, 즉, 국내시장과 해외시장의 비중, 기업조직의 진화형태, 기업의 특성과 전략, 관리층의 영업방침 및 숙련된 매니저의 가용성 등이 기업조직 선택에 영향을 주는 요소가 되는 것이다.

(1) 국제경영인의 지향성

파뮤터(H.V. Perlmutter)는 국제기업을 설립하는 관점에 의하여 국제경영인을 모국지향적, 수용국지향적 혹은 세계지향적으로 분류했다.

모국지향적인 경우는 자국인을 가장 신뢰할 만한 기업종사원으로 간주하게 되므로 모국에서의 경영방식이나 관점을 해외에 그대로 적용하게 된다.

수용국지향적인 경우는 수용국의 문화가 모국과 상이하다는 것을 인정하고, 수용국가의 국민들을 이해하기 어렵다고 믿게 된다. 따라서 현지인들은 그들 스스로에게 가장 합당한 것이 무엇인지를 잘 알고 있으므로, 현지의 지사조직은 가능한 한 현지인 실정에 맞도록 하자는 의견을 갖게 된다.

세계지향적인 경우에는 전 세계의 시장을 동등한 차원에서 보는 관점이므로, 해외지사를 기업의 한 위성으로 보는 것이 아니라 기업의 필수불가결한 부분으로 간주한다. 예를 들면, 세계지향적인 경우에는 기업의 조직이 다른 두 경우에서보다 더 복잡하고 상호의존적이 된다.

(2) 수출부조직의 단계

국제마케팅조직 구조는 수출이라는 국제기업 활동에 의해 구축되는데, 이를 수출부단계의 조직구조라 일컫는다. 보통의 경우 이 단계에서는 수출업무만을 전문적으로 처리하는 조직으로서 국내의 판매조직 가운데에 수출부나 수출과를 설치하는 식이 압도적이다.

내설수출부조직(build-in export department organization)이라 불리워

지는 초보적인 국제마케팅 조직구조는 우리나라나 일본의 경우 독립된 조직기구로서가 아니라 대략 영업부나 판매부라는 국제마케팅 조직기구 가운데 수출과라는 형태로 설치되는 경우가 많다. 따로 독립된 형태건 수출과나 수출부라는 전담업무의 설치에 의해서 기업의 수출활동은 비로소 수출담당책임자의 지휘·감독아래 행해지게 된다. 이를테면 외환업무, 신용장, 무역통계, 통관수속, 국제수송, 해상보험 등 모든 수출업무가 거기에서 일괄적으로 처리된다. 그러나 조직은 어디까지나 국내의 판매조직 가운데 설치되고 있으므로 수출업무의 처리는 국내 판매활동업무의 처리와 겹치는 경우도 많다.

그러므로 이상적인 조직형태는 결코 성취될 수 없기 때문에 변화가 발생하면 조직입안자는 관련기업과 구성원에 급격한 변화를 주지 않는 범위에서 변화를 수용하여야 한다. 이것은 여러 국가의 국민성을 수용하고 조직화하여야 하는 국제마케팅활동을 하는 기업에 특히 중요하다.

조직은 동적인 환경에서 운영되는 것이므로, 조직의 구조가 정적인 상태에 머물러 있을 수는 없다. 환경이 변화함에 따라 전략도 바뀌는 것이고, 조직에도 변화가 있게 된다.

제조직의 필요성은 다음과 같은 4가지 요소가 있다. 즉 ① 판매량의 성장, ② 불리한 재무활동, ③ 신제품, ④ 외부환경의 변화 등이다. 예를 들면 정치적 변화 등에 의하여 나타난다. 우연한 기회에 수출주문을 받은 한 기업이 판매부의 종업원에 의하여 수출을 하게 됨으로써 국제시장에 개입하게 되었다고 가정해 보자. 가끔씩 비정기적으로 행하게 되는 수출업무는 기존의 판매부서에 맡겨져서 해결되지만, 세월이 지나면서 수출량이 증가하고, 해외업무의 양상이 바뀌게 되며, 다양한 경영관리사의 의사결정문제가 생긴다. 이러한 사실로 인하여 구조적 재조직 또는 조직개편의 필요성이 나타난다. 국제부서는 일반적으로 이러한 해외사업에 연관된 문제들을 취급하기 위하여 설립되는 것이다.

결국 국제마케팅조직의 대안은 국제업무를 국내업무와 분리 취급하느냐, 혹은 통합하여 취급하느냐에 따라서 분류되며 일반적으로 국제부서조직(international division organization), 지역별조직(geographic organization), 제품별조직(product organization) 및 매트릭스 조직(matrix organization)으로 나누게 된다.

제2절 국제마케팅조직의 유형

국제마케팅조직형태의 대부분 국제기업들은 그 운영규모, 복잡성, 현재와 미래에 있어서의 해외시장 진출・개입의 수준, 추구하는 목적에 따라서 조직을 계속 재조직화(reorganizing)・재개편(reforming)・재구성(restructuring)・재집단화(regrouping)하고 있다. 왜냐하면 수많은 해외시장에서 운영하는데 따르는 필요성과 이질적인 시장조건에 대처하기 위해서이다. 특히 국제마케팅조직은 더욱 그러한 현상을 보이고 있다. 만일 마케팅구조가 융통성 없이(inflexible) 구성되어 있으면, 마케팅과 연관된 문제들이 악화되는 경우가 많으며, 그 결과로 기업은 시장기회를 충분히 활용할 수 없어서 성장을 막을 수도 있기 때문이다.

그러므로 국제마케팅조직형태의 대안은 국제업무를 국내업무와 분리 취급하느냐 혹은 통합하여 취급하느냐에 따라서 분류된다. 일반적으로 기능별조직(functional organization), 국제부서조직(international division organi- zation), 지역별조직(geographic organization), 제품별조직(product organization) 및 매트릭스 조직(matrix organization)으로 나눌 수 있는데 이를 구체적으로 살펴보면 다음과 같다.

1. 기능별 조직구조(Functional Organization)

세계적인 대규모 조직망을 가지고 있는 대부분 미국의 다국적기업들은 주요제품계열 및 지역위주의 조직구조를 채택하고 있으나 어떤 회사는 경우에 따라서 기능위주의 조직을 채택하고 있다. 이 체제하에서는 마케팅, 재무, 생산 및 기타 기능이 운영상 범세계적 책임을 지니며 이들 기능부분은 본사 스탭(step), 지역별 및 제품별 스탭으로부터 지원을 받는다.

예를 들면 디어 앤드 컴퍼니(Deere & Company)사는 세계적인 영업활동을

직능별로 조직화하고 있다. 그리고 동 사는 제조와 마케팅을 위하여 세계적 경영책임을 가진 광범위한 라인사업부(line divisions)활동을 두고 있으며, 상급부사장들이 이들 제조 및 마케팅을 담당한 경영자들이 되어 미국 및 캐나다와 해외지역을 위한 라인 매니지먼트(line management)활동을 병행하고 있다. 본사에는 두 사람의 부사장이 있는데 이들은 각각 국내 및 국외활동을 통솔한다.

디어(Deere)사는 연구개발(R&D), 재무, 계획 및 다른 분야에서 범세계적인 규모로 통합적인 스텝서비스(staff service)를 하고 있다. 국내사업 활동이나 국제사업 활동을 병행하도록 한 회사의 폭넓은 직능별 조직은 상당히 표준화된 제품라인을 가진 회사나 또는 원래의 창업자와 그 가족 경영체제에서 비롯된 전통적으로 비공식적인 관리체제를 가진 회사들에 의해서 이루어지는 조직유형이다.

마케팅과 제조분야 운영은 본사의 관리 계열과 평행을 이루고 있으며, 그 지역적 대상은 첫째, 미국과 캐나다, 둘째, 해외시장으로 구분되어 있다. 두 명의 본사 부사장이 국내시장지역과 해외시장지역을 각기 총괄하고 있다. Deere사는 연구개발과 재무, 계획 및 기타분야에 있어서 세계를 대상으로 하는 통합참모진을 본사에 두고 있으며 두 지역별 본사 부서장 책임의 기능조직부서를 전문적으로 보좌하고 있다. 이와 같은 조직구조를 채택하는 기업체는 국내 및 해외운영에 걸쳐 제품계열이 비교적 표준화 되고 있고, 각 부서간에 밀접한 비공식관리 관계를 유지하는 조건을 가지고 있다.

〈그림 11-1〉 기능별 조직

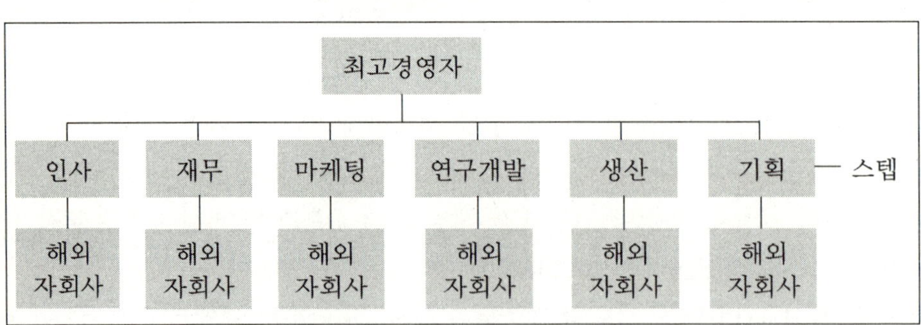

2. 국제사업부 조직구조 (International Division Organization)

국제사업부제란 기업의 국제경영비중이 커지고 취급제품이 다양해지면서 등장한 조직형태로써, 국제사업부가 〈그림 11-2〉에서 볼 수 있듯이 다른 제품사업부와 같이 하나의 독립된 전략사업단위로 운용되는 특징을 가진다.

이 구조에서는 기업의 활동은 국내업무와 국제업무로 분리된다. 이러한 국제부서의 주 기능은 해외사업을 개발하는 것이다. 이 부서를 감독하는 본사의 경영관리층은 집행권한을 갖게 되며, 국제부서의 수익성에 직접 책임을 진다. 이와 같은 국제부서의 설립은 국내업무와 국제사업간의 구별을 명확히 하려는 기업의 노력에서 나온다.

〈그림 11-2〉 국제사업부제조직

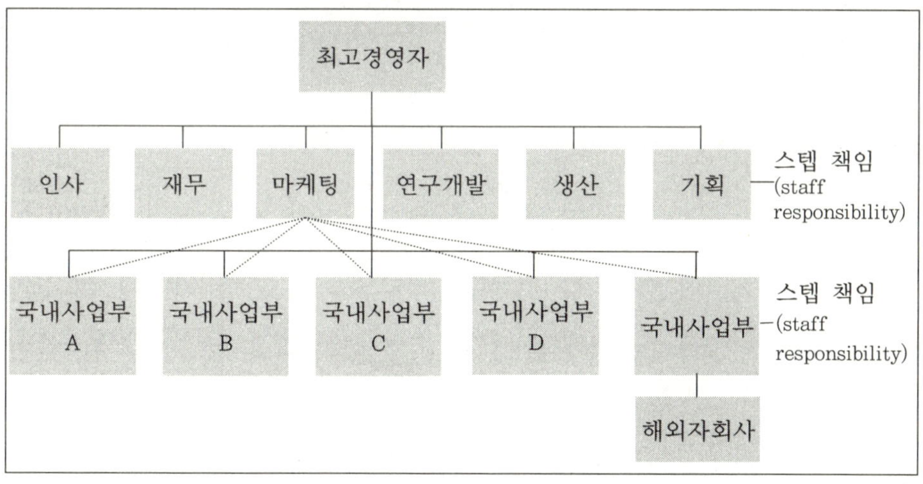

특히 성장단계에 있는 기업들은 세계적인 조직을 효과적으로 운영할 수 있는 숙련된 경영관리인들이 부족하기 때문에 이 조직구조를 선호한다.

이와 같은 국제사업부의 조직은 미국의 국제적인 기업들이 많이 채택하고 있으나 유럽의 기업들은 채용하지 않고 있다. 그 이유는 유럽국가들의 국내

시장이 비교적 소규모이기 때문에 국내사업 활동과 국제사업 활동을 구태여 구분하지 않고 초창기부터 직접 세계를 상대로 하는 제품별 또는 지역별 사업부제조직으로 발전시켜 왔기 때문이다.

이와 같은 형태는 미국의 기업들이 다국적화를 진행하기 시작하는 초기까지 국제사업부를 많이 이용하게 되었는데, GM과 같은 대기업도 국제본부회사(독립판매회사)를 설립하지 않고 이 같은 국제사업부(international division)를 확대시켜 이용하고 있다.

국제사업본부조직을 보면 다양한 제품라인을 갖고 있어서 본사조직은 제품라인 중심으로 되어 있다. 해외자회사는 다양한 제품을 생산하는 자회사가 여러 나라에 흩어져 있는데, 이들을 총합하는 조직으로 국제사업부가 다른 사업본부와 동급으로 하나의 전략사업단위가 되어 존재하고 있다. 이 조직형태는 해외사업에 필요한 전문지식과 경험이 국제사업본부에 축적될 수 있다는 장점이 있는 반면에, 기존 제품사업본부에서 유능한 인재를 국제사업본부에 잘 내어 놓지 않는다는 단점을 가지고 있다. 그러나 외국 국제기업의 경우에도 이러한 형태가 아직도 주류를 이루고 있다. 외국기업 중에는 G.M, IBM, Coca-Cola, Philip Morris, Bendix와 같은 기업들이 이러한 조직을 하고 있고, 우리나라의 경우에는 몇몇 큰 건설회사 들이 이런 형태를 취하고 있다.

그러므로 국제사업부는 국내업무와는 별도로 주로 기업의 해외사업을 개발하는 기능을 수행한다. 국제사업부서를 지휘·감독하는 본사의 경영진은 집행권한을 가지며, 국제사업부의 수익성에 직접적인 책임을 진다.

국제사업부제 조직의 장점은 해외사업에 필요한 지식과 경험이 축적된 국제사업부에서 해외경영활동을 주도함으로써, 최고경영진이 해외경영업무에서 벗어나 국내업무에 전념할 수 있다는 장점이 있는 반면, 단점으로는 다음과 같은 내용을 들 수 있다.

첫째, 국내사업부서와 국제사업부서가 각각 독립성과 자치성을 지닌 조직단위이기 때문에 전사적인 계획의 수립에 어려움이 있을 수 있다.

둘째, 최고경영진의 관심이 주로 국내업무에 집중되기 때문에 해외업무의 중요성에 대한 인식의 차이가 나타남으로써 기업부서간의 갈등을 심화시킬 수 있다. 이러한 현상은 국제사업 활동의 비중이 높아질수록 더욱 뚜렷해진다.

셋째, 국제사업부제하에서는 연구개발(R&D)분야가 본사차원에서 통제되는 경향이 높아진다. 즉, 이러한 조직구조에서는 기본적인 연구개발의 방향이 주로 국내시장을 초점으로 이루어지며, 해외업무를 위한 연구개발은 단지 현지시장의 환경에 맞게 제품을 변경하는 정도에 머무르게 된다.

3. 지역별 조직구조(Geographic Organization)

지역별조직구조 형태는 세계의 특정지역별로 라인(line) 책임자에게 기업활동의 책임을 위양하고 있는 조직형태로서 국내사업과 국제사업을 구분하지 않고 각 지역 및 국가를 특정한 하나의 시장으로 보면서 국내시장도 전체적인 시장의 하나에 불과한 것으로 간주되는 것이 특이한 점이다.

또한, 마케팅, 생산 그리고 재무와 같은 모든 활동은 지역적인 단위별로 통합되어 있으며 각 지역별 사업부는 전 세계적인 관점에서 책임을 진 본사 시스템으로부터 조력과 지원을 받게 된다. 본사는 전 세계적인 활동에서 기획 및 통제면에서 책임을 지고 있으며, 본사의 직능별 스탭은 경영상의 지침을 제공하고 조정역할을 수행한다. 지역별 사업부의 특징은 막대한 판매수입이 유사한 최종 소비시장에서 획득된다는 점과 지역별 마케팅의 효과적인 이행 등을 들 수 있다.

이 조직형태의 이점은 특정한 국가 또는 지역별 시장특성의 차이에 중점을 두고 있으므로 일정지역에 정통한 매니저에게 할당된 지역내의 모든 사업활동에 대한 책임을 부여할 수 있다는 점이다. 또한 전 세계에 산재해 있는 지사와 본사간의 연락관계를 용이하게 해 줌으로써 책임과 권한의 체계를 확립시키는 데 도움을 준다. 그리고 경영책임자들에게 광범위한 경영상의 경험과 훈련을 제공해 준다는 이점도 생각할 수 있다.

한편, 이 조직구조의 문제점은 기업이 다양한 시장특성을 가지고 있는 여러 제품라인을 가지고 있는 경우인데, 그 경우 운영상의 책임이 생산시설에서 시장까지 지역별로 이루어지고 있기 때문에 지역적인 범주를 벗어나서 타

지역으로 새로운 경험이나 아이디어(idea)를 전파시키는 것은 매우 힘들게 된다는 점이다.

미국의 Ford, Standard Oil, Monsanto, Duport, IBM, Pizer 같은 다국적기업들은 유럽 경영본부와 같은 지역별 범세계적 조직을 가지고 있다. 이들은 기업의 지역별 조직구조를 나타내며 때로는 제품별 기업구조를 보완하기도 한다. 다국적기업이 지역위주의 범세계적 조직을 운영하는 목적은 일정한 정책의 분산을 가능케 하는 동시에 이전에는 국가별 수준에서 처리되었던 몇 가지 문제들을 지역별 수준으로 끌어 올리려는 데 있다.

〈그림 11-3〉 지역별 다국적기업 조직구조

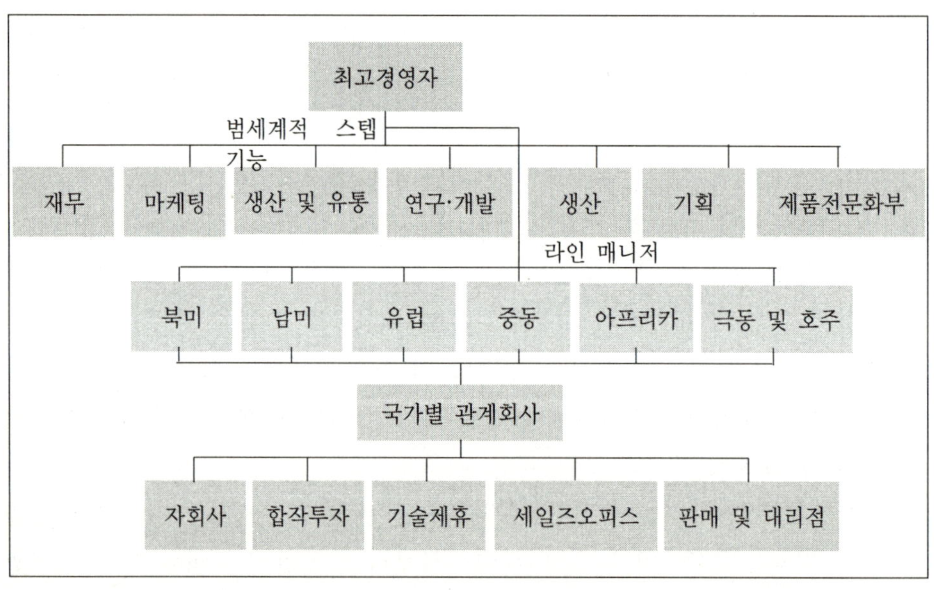

이러한 지역위주의 범세계적 조직은 세계를 북미, 남미, 유럽, 중동, 아프리카 및 아시아, 오세아니아 등의 시장지역을 중심으로 형성한다. 생산과 마케팅 기능은 각 시장지역 부문(division)에 속하게 되며, 총책임은 사장에게 직접 보고하는 지역경영자에게 주어진다. 이러한 각 지역 부문은 범세계적 책임을 지닌 본사의 기능 및 제품부문 스탭진의 보조를 받는다. 이러한 지역본부들은 때로는 실질적인 권한이 주어지며 활동을 위한 자금조달에 있어서 자회사의 경영자들이 조력할 수 있는 것 이상의 높은 수준의 지출을 허가할 수 있다. 본부는 각 지역본부 및 개별국가의 기업체에게 본사 스탭들에 의하여 마케팅, 인사, 재무, 연구개발, 세금, 법적 문제 등에 대하여 조언을 제공한다. 또한 본사에서는 주요제품계열의 조정담당자가 있어서 세계적 시점에서의 시장기회와 생산활동을 조정하고 있다. 지역별 간부들에게 계속 모회사와의 동일성을 유지하게끔 하는 한 가지 방법은 그들을 동시에 모회사의 임원으로 임명하는 것이다. 예를 들면, 4명의 고위 유럽 포드자동차회사의 임원들은 포드 자동차회사의 부사장들이다. 그리고 보통 고위 지역중역을 모회사의 최고위진내에서 상당한 기간의 근무경력을 가진 자이다. 지역적 패턴의 조직은 지역 및 시장국의 여건이 상이할수록 중요성을 지닌다. 지역위주의 단점은 제품에 충분히 치중할 수 없으며, 기술적 자료, 노하우(know- how)의 전달이 어렵고, 제품과 개별국가에 대한 전문성을 조달하기가 또한 어렵다.

이와 같이 전 세계적으로 지역적인 구조를 가진 조직을 형성하게 되면 국제부서조직과 연관된 문제들을 극복할 수 있다. 즉, 이 조직에서는 국내와 국외업무가 분리됨이 없이 마치 해외 국경선이 존재하지 않는 것처럼 통합되어 수행하게 된다. 전 세계시장은 각 지역별로 세분되며 전 세계적인 계획 및 통제의 책임은 본사에 귀속되지만, 업무운영의 책임은 지역별 집행매니저(line manager)가 갖게 된다. 지역별 조직을 갖춘 기업은 다음과 같은 특성이 있다.

① 제품계열이 다양하다.

② 제품의 판매는 최종소비자에게 행한다.

③ 마케팅은 주요 변수로 작용한다.

④ 모든 제품은 유사한 유통경로를 이용한다.

⑤ 제품은 현지수용자의 욕구에 따라 변경된다.

지역별 조직의 장점은 우선적으로 집행권한과 책임이 명확하며, 제품의 판매와 구조의 조정이 제고될 수 있다는 점이다. 또한 문제해결을 위한 경험의 총합을 이룰 수 있는 '경험의 풀(pool) 시스템'을 들 수 있다.

이러한 조직의 단점으로는 조직을 효과적으로 운영하기 위하여 다수의 슈퍼(super)급 경영관리사가 필요하며 특정한 제품 활동을 책임지게 될 경영자가 없으므로 개별적인 제품이나 기능에 관한 전문지식의 활용이 미흡하다.

또한 기업의 전체적인 최적화보다는 지역별 최적화에 중점을 두는 폐단도 있다.

4. 제품별 조직구조(Product Organization)

제품별 조직은 제품사업부에다 세계전체의 사업이익의 책임을 지우는 것으로 지역별 사업부조직의 결점을 보완할 때 많이 이용된다. 제품별 조직구조는 제품종류가 다양할 때 이용되는 것으로 다양한 제품을 최종소비시장에 판매하는 국제적인 기업에게는 적합한 조직으로서 회사가 다른 제품라인을 추가하려고 할 경우 현재의 조직을 혼란시키지 않고 새로운 제품라인을 추가시킬 수 있다. 그러므로 제품을 여러 가지로 확대하려고 하는 기업에게는 융통성을 제공해 주는 이점이 있다. 이러한 관점에서 볼 때 이 조직구조는 기업이 제품별로 급속한 성장을 추구할 경우 적합한 조직형태라고 할 수 있다.

이 조직구조의 단점은 첫째, 세계의 어느 특정 지역에서 제품그룹을 통제하고 협조시키는 데 문제가 있다. 각 제품그룹이 저마다 방향을 달리할 경우, 본사의 전반적인 조정이 어렵게 되며 지역별로 전문적인 지식이 부족하다는 점을 들 수 있다.

둘째는, 제품별로 전 세계를 상대로 사업활동을 하기 때문에 관리책임자들이 전 세계적인 시야를 필요로 하는 국제적인 사업경험을 쌓을 수 없게 된다는 점이다.

결론적으로 이 조직형태는 외국정부, 은행, 대리점 및 일반소비자에게 기업의 일관성 있는 인상을 심어주기가 힘들다고 볼 수 있다. 제품위주 조직을 가진 체제하에서 각 제품부문은 전 세계에 당해 제품계열에 대한 개선적 책임과 권한을 가진다. 각 부문(division)은 본사에서 마케팅, 재무, 인사 및 기타 기능분야의 전문스탭과 지역, 국가별 전문스탭으로 부터 보조를 받는다. 사장에게 직접 보고하는 각 제품 그룹의 책임자는 담당제품에 대한 세계적 계획, 경영 및 통제활동에 대하여 책임을 진다. 이러한 제품위주 조직은 최종소비자를 대상으로 광범위한 제품계열을 생산, 판매하는 기업에 적합하다.

특히 고차원의 기술적 생산을 해외에서 하는 기업에 적당하다고 할 수 있는 제품별조직의 구조는 〈그림 11-4〉와 같다.

〈그림 11-4〉 제품별 조직의 구조

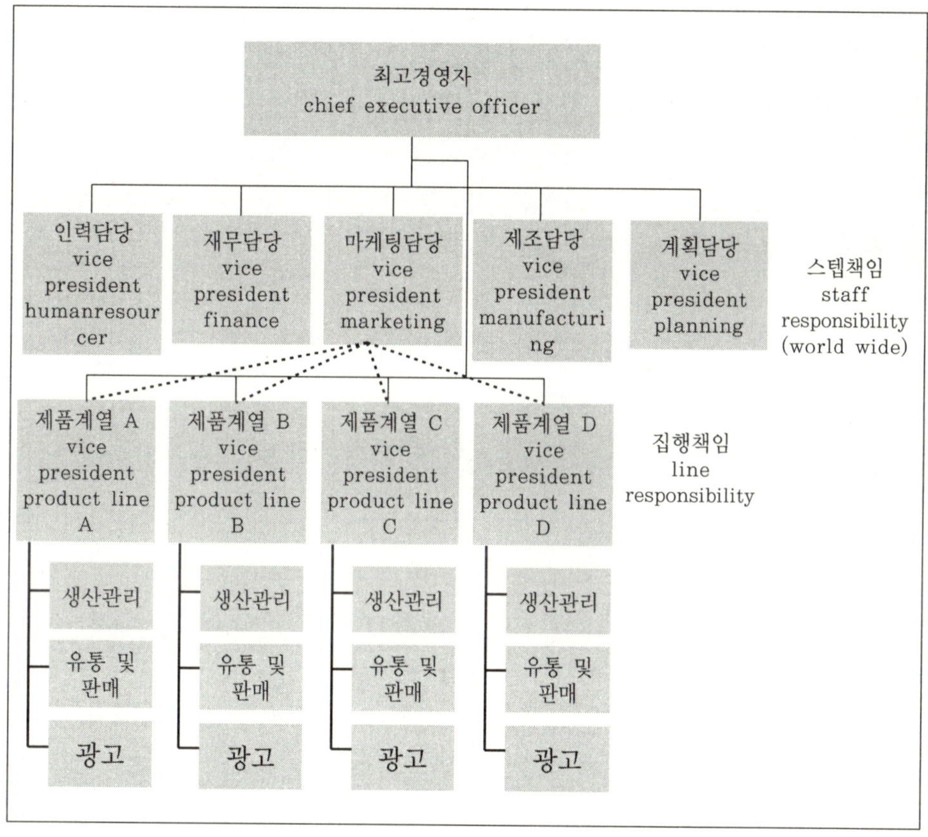

5. 매트릭스 조직구조 (matrix & grid organization)

두 개 이상의 기본단위를 근간으로 하여 만들어지는 조직을 매트릭스(matrix) 또는 그리드(grid) 조직이라고 한다. 취급되는 제품과 대상지역 및

시장이 중요한 의미를 갖게 될 때, 회사의 조직유형이 그리드 조직구조(grid organizational structure)로 이행해 가는 경우가 있다. 이러한 조직구조는 제품별, 지역별, 직능별 조직의 중첩(overlapping) 등 3차원의 연결(three-dimensional linking)을 가능하게 해주는 조직구조이다.

이 조직구조에서는 전통적인 라인직능과 스탭기능의 구실이 어느 정도 배제될 수 있으며, 최고경영책임자 아래 있는 상위층의 경영자들이 제품, 지역, 직능을 결합시킨 제 문제에 책임을 지게 된다. 이로써 의견교환이 끊임없이 이루어지며 상위층위원회 활동과 공동의사결정이 가능하게 된다.

즉, 매트릭스 또는 그리드조직은 지역별, 제품별, 기능별조직의 3개 구조를 체계적으로 조합하여 이루어진 조직이다.

〈그림 11-5〉 국제사업부의 조직

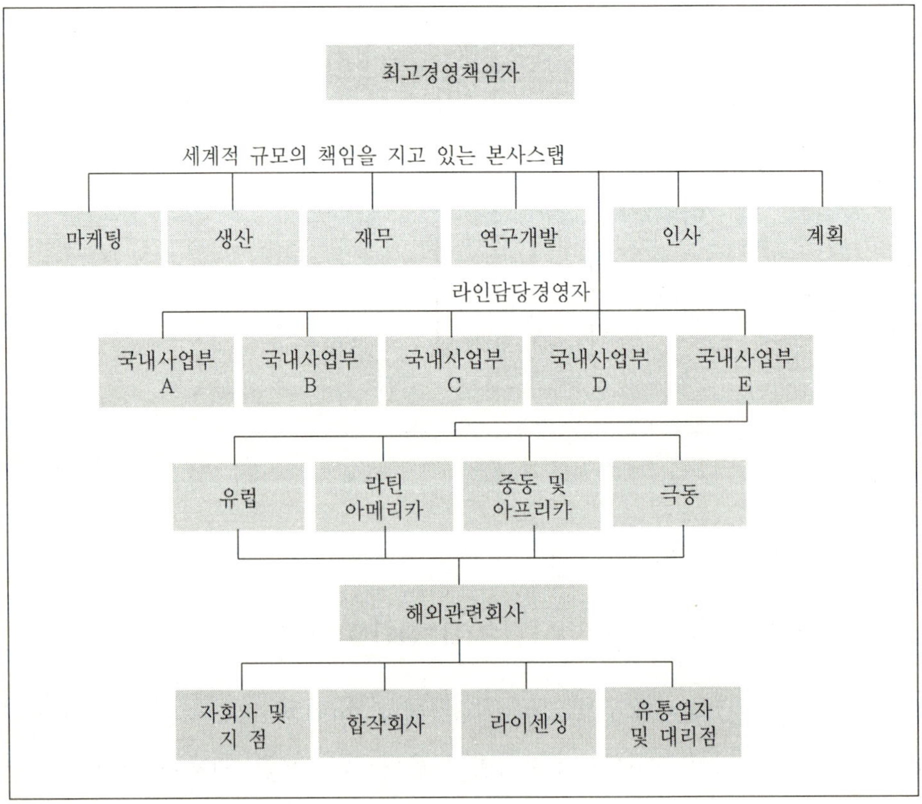

최고경영책임자

세계적 규모의 책임을 지고 있는 본사스탭

마케팅 | 생산 | 재무 | 연구개발 | 인사 | 계획

라인담당경영자

국내사업부 A | 국내사업부 B | 국내사업부 C | 국내사업부 D | 국내사업부 E

유럽 | 라틴 아메리카 | 중동 및 아프리카 | 극동

해외관련회사

자회사 및 지 점 | 합작회사 | 라이센싱 | 유통업자 및 대리점

지역별 및 제품별 조직에서 관리자는 하나의 지역과 제품에 사업활동을 집중하기 때문에 타제품, 타지역의 사업활동에 대한 잠재적인 이익은 무시되는 경우가 많다. 따라서 그리드구조하의 사업부관리자는 사업부문의 거래를 조정하고 지역사업부 관리자는 제품사업부관리자에게 보고하게 된다. 또한 해외자회사에도 이와 같은 책임이 부과되고 상호책임이 교체되기 때문에 기업조직이 능동적으로 운영된다.

다우 캐미칼(Dow Chemical)사는 지역별, 제품별, 직능별 책임이 중복된 조직구조를 채용하고 있으며, 팀 매니지먼트(team management)를 하고 있다. 동 사는 지역별로 조직화되었으나 범세계적 규모의 제품 및 직능을 강조하고 있다. 의사결정에 있어서 조직화되었으나 범세계적 규모의 제품 및 직능을 강조하고 있다. 또한 의사결정에 있어서 라인과 스탭 쌍방의 관리자가 정기적으로 참가하는 위원회와 팀 매니지먼트의 활용이 일상화되고 있다. 상층조직에는 이사회, 회장, 집행담당사장 그리고 중복된 책임을 지고 있는 경영위원회가 있다. 그리고 중복된 책임, 복수의 관리자 및 팀 매니지먼트라는 일반원칙이 본사로부터 해외 관련회사에 이르는 조직 전체에 침투되어 있다. 그리고 동 사는 지역별로 지역담당관리자를 두고 있지만, 동시에 프로젝트 매니저(product managers)와 직능별 스탭에게 세계적 책임을 부여하고 있다. 다우 케미칼사는 기업경영에 있어서 복잡하고 중복된 책임을 중시한 나머지 조직도에는 별로 관심을 두고 있지 않다.

제3절 국제마케팅 조직구조의 결정요인

국제마케팅 조직구조의 초보적인 첫 유형은 수출부조직구조(export department organizational structure)이다. 이는 흔히 내설수출부조직(build- in export department organization)이라고도 하며, 주로 기업의 내부위주의 시판활동에 처음으로 해외시장에서의 수출활동이 추가됨으로써,

기존에 있는 국내조직구조에 수출부나 수출과의 수출전담부서가 새로 보완되는 경우를 뜻한다. 이러한 유형은 수출이라는 최초의 국제마케팅활동이 전개될 때 의례 구축되게 되는 것이다.

따라서 수출부조직구조는 그 어떤 각별한 전형이라는 것이 없고, 재래식의 국내조직구조에 다만 수출전담부서가 추가되기만 할 뿐이다. 이를테면 영업부나 마케팅부서 이외에 따로 수출부나 해외영업부 등의 이름으로 그 전담부서가 신설되든지, 또는 그러한 재래식의 영업부나 마케팅부 가운데 하나의 과로 예속시키든지 하는 것과 같다.

아울러 국제마케팅활동을 전개하는 기업들은 독립된 활동을 조정하면서 분산화 된 운용을 극대화 할 수 있는 환경에 따라 조직구조를 다음과 같은 요소를 고려하여 결정하여야 한다.

1. 경영진의 능력

기업이 대규모화 되고, 기업활동이 고도로 복잡화 되면 이러한 대규모기업을 합리적으로 경영할 수 있는 사학적이고 전문적인 경영지식과 능력을 가진 경영자가 필요하게 되는 데 이것을 전문경영자(professional manager export manager)라고 한다.

따라서 기업의 국제경영활동에 있어서 중요한 문제 중의 하나는 국제사업부문에 적합한 경영관리자 등을 얼마나 확보하고 있는가 하는 점인데 이러한 숙련된 경영진의 확보에 따라 조직구조가 달라질 수 있다. 또 경영진의 능력과 특질은 국가마다 다르기 때문에 현지 자회사로의 권한 위임은 많은 문제를 야기할 수 있다. 그러므로 본사 혹은 지역별 단위까지만 의사결정권을 행사하게 하는 조직구조를 택하여 이러한 문제점을 극복하여야 한다.

2. 제품계열의 다양화

제품별 조직에 있어서는 전사적인 국제마케팅전략계획의 설정이나 통제는 본사의 최고책임자에 의해 행해지지만, 제품에 대한 계획이나 통제는 각 제품사업부의 책임자에 의해 수행된다. 따라서 제품사업부는 담당제품에 관해서는 전세계를 일차적으로 통괄 할 수가 있다.

그러므로 기업이 취급하는 제품계열의 폭과 넓이에 따라 조직형태가 달라질 수 있다. 제품계열이 다양한 국제기업은 지역별보다는 제품위주로 분권화하는 것이 바람직하다. 반면에 소수의 유사한 제품계열을 취급하는 국제기업은 제품계열 사이의 상호의존성이 비교적 높기 때문에 제품별로 분권화된 조직은 비효율적이다. 그러나 상이한 시장과 소비자의 특성 때문에 완전 표준화된 마케팅전략은 실제로 힘들다.

그 뿐 아니라 제품이 다각화될수록 해외자회사에 대한 국제사업부의 관리·통제능력이 보다 약해지게 마련이다. 그것은 국제사업부가 일반적으로 다양한 제품에 관한 기술이나 제품정보를 가지고 있지 않아, 이를 국내사업부로 부터 입수해야 하기 때문이다. 그러나 국내사업부는 주로 국내에 관심을 집중시키고 있어, 그런 기술이나 정보가 국제사업부에 전달되는 것은 항상 늦거나 충분하지 않을 경우가 많다. 그 결과 국제사업부는 제품에 관한 정보부족을 가져오게 되며, 해외자회사에 대한 관리와 통제가 제대로 기능을 발휘할 수 없게 된다. 또한 이러한 문제를 계기로 국제사업부와 국내사업부 사이에 갈등(conflict)이 생겨 국제마케팅의 효율적인 전개에 막대한 지장을 초래하기도 한다.

3. 해외사업의 비중

수출기업이 차츰 각 지역에 다수의 제조 자회사를 두게 되면 현지에서의 생산, 판매활동을 일괄적으로 취급하는 권한과 책임을 지닌 조직구조를 필요로 하게 된다. 이를 위해서는 해외사업을 효율적으로 전개하기에 알맞은, 이제까지의 내설수출부조직과 다른 해외마케팅활동의 전담부서가 형성되기에 이른다. 이것이 국제사업부조직구조(international division organizational structure)이다.

이와 같이 기업의 경영에 있어서 해외경영활동이 차지하는 비중에 따라 조직형태가 달라질 수 있다. 해외경영활동의 비중이 큰 기업은 국제사업부제

보다는 성장을 촉진시킬 수 있는 제품별 혹은 지역별 조직을 갖게 된다.

그러나 일반적인 경우 국제사업부의 설립초기에는 해외자회사에 대한 관리·통제가 그렇게 강하지 못하다. 그것은 새로 국제사업부의 책임을 맡은 신임자(이를테면 국제사업부장)란 대략 이제까지의 내설수출부조직의 책임자가 그대로 임용되는 경우가 많아 이들에게는 해외자회사의 관리·통제에 관한 지식이나 경험이 부족하기 때문이다. 물론 그 후 오랜 경험을 쌓게 되면 해외자회사에 대한 관리·통제가 잘 이루어지게 되겠지만, 그래도 장기적인 안목에서는 기업의 국제마케팅활동이 확대되어 갈수록 국제사업부조직만으로는 해결되지 못하는 문제들이 따르기 시작한다.

4. 현지자회사의 입지와 특성

기업이 진출하고자 하는 현지 혹은 지역환경에 따라 조직구조가 달라진다. 즉, 국제마케팅활동이 점차 세계적인 규모로 확대·심화되어 가며, 이에 따라 해외자회사의 수가 증가되어 국제마케팅조직은 국제사업부 조직구조만으로는 그 기능이 제대로 발휘되지 못하는 상황에 이르게 된다.

5. 경제블록

전후 세계경제의 구조적 변화에 따라 다국적기업이 생성하게 된 요인을 살펴보면 같다.

첫째, 세계경제질서의 개편이다. 즉 , 통일적인 경제질서의 개편, 선·후진국간의 경제력 의존성, 세계시장 및 세계시장가격의 형성, 상품경제의 고도화로 국민경제 및 지역경제의 밀접한 상호관계, 미국의 경제적 주도력 등을 들 수 있다.

둘째, 신생독립국의 등장과 독립시장체제의 붕괴이다. 여기서는 전후 경제원조의 증가와 그 성격변화를 들 수 있다. 신생국의 독립은 곧 이들 국가의 자립화와 공업화를 수반하게 되고 선진국의 신생개도국을 돕기 위한 경제협력체제가 형성되는 계기가 조성되었다.

셋째, 세계시장의 분할과 급속한 기술혁신이다. 전후 세계경제는 미국의 독립적 시장지배체제로 재편되었지만, 1950년대에는 서유럽과 일본 등의 경제부흥과 급속한 경제성장에 따라 세계시장은 분할되기 시작했다. 또한 공업화의 급속한 발전에 따라 기술개발, 기술도입, 연구개발투입 등은 국제경쟁력을 좌우하는 지름길이 되었다.

넷째, 각종 블록경제권의 발전과 비관세장벽이 강화되기 시작함으로써 EU, NAFTA를 비롯한 경제통합으로 지역경제권이 생성되었고 미국경제의 상대적 후퇴에 따라 선진국으로부터 비관세장벽이 대두되었다.

다섯째, 2차 대전 후 IMF체제와 GATT체제는 외환 및 자본의 자유화, 무역제한의 철폐하는 세계적 추세에 맞추어 개방경제가 성숙하게 되었다.

이상에서 본 바와 같이 세계경제상의 질서는 이미 18세기말 산업혁명을 계기로 성립되기 시작하였고 그 이후의 벌전과정을 통하여 전후의 세계경제질서의 개편은 오늘날에도 계속되고 있다.

이와 같이 생성된 경제블록은 블록내의 무역장벽을 피하기 위하여 특정지역별 조직을 구성하는 권한을 위임하게 된다.

이에 따르면 소수의 제품계열에 특화하고 해외시장다변화 정도가 낮은 기업은 국제사업부제조직을 채택하는 경향이 있는데 비해, 해외시장다변화 정도가 낮지만, 다양한 제품계열을 취급하는 시업은 국제마케팅에서 일반적으로 제품별 조직을 선호한다.

한편 다수의 해외시장에서 활동하지만 소수의 제품계열에만 특화하는 기업은 해외시장의 중요성 때문에 지역별 조직을 택하려고 하는데 비해, 해외시장의 수도 많고 취급하는 제품계열도 다양한 기업은 효율적인 해외활동을 위해 매트릭스 조직이 적합하다.

결국 처음에 국제사업부제로 마케팅활동을 전개하는 국제기업은 점차 취급제품이 다양해지면서 조직구조를 제품별 조직으로 바꾸고 나아가서 해외시장이 다변화되면 매트릭스 조직을 택하게 된다. 또 취급하는 제품계열이 다양하지 못한 기업은 지역별 조직을 채택하다가 새로운 제품계열이 추가되면서 조직형태를 매트릭스구조로 바꾸게 된다.

제4절 국제마케팅 인사관리

1. 국제인사관리의 개념

인사관리(personnel administration, Personnel management)란 종업원의 잠재적 능력을 최대한도로 발휘시키고, 스스로 최대한의 성과를 확보하게끔 그들을 처리하고 조사하는 방법에 관한 규범체계를 말한다.

또한 피고오즈와 마이어 교수(Paul Pigors and Charles A. Muers)도 "인사관리는 종업원이 노동으로부터 최대의 만족감을 얻음과 동시에 기업에 대하여 최대의 공헌을 하게끔 그의 잠재적 능력을 육성·발전시키는 방법이다." 라고 정의하였다.

국제경영상의 조직과 인사관리는 이와 같은 개념의 외적인 환경의 특이성에 따라 관리가 더욱 어려운 것이며 중요한 것이다. 즉, 경영이란 사람의 육성이지 물질의 관리가 아닌 것이다. 따라서 국제기업의 대두는 현대 세계경제가 불균형적인 경제발전을 초래하고 있는 경영자원의 격차를 효과적으로 보충할 수 있는 대책이 필요하게 되었다.

이러한 대책은 일국의 정부와 국민, 기업의 유기적인 노력이 가장 긴요한 문제이지만 이러한 내부적인 노력만으로는 효과적인 해결책이 되기가 어렵다. 따라서 경영자원을 직접 보유·생산·분배하는 다국적기업의 참여가 가장 효과적 방법으로 대두되었고, 결국 국제적 경영자, 국제적 관리자, 국제적 비즈니스맨의 육성이 필요하게 되었다. 그러나 오늘날 다국적기업의 두드러진 공통된 문제점의 하나는 관리자 부족현상이라고 할 수 있다. 이에 대해 미국의 로빈슨(R.D. Robinson)교수는 다음과 같이 그 이유를 설명하고 있다.

① 해외파견은 일시적인 것이다.

② 발령에서 부임까지의 기간이 짧고 연수를 위한 시간적 여유가 없다.

③ 현지인 매니저에 교체된다.

④ 제도적인 연수의 효과에 의문이 있다.

이와 같은 이유로 다국적기업의 조직 및 인사에 대한 문제는 국제경영관리에서 자주 논의되며, 많은 학자나 경영자가 지적하고 있다. 국제기업을 경영하고 유지·발전시킬 수 있는 능력 있는 매니저를 지속적으로 확보한다는 것은 매우 어려운 일이다.

국제기업의 조직과 인사관리 문제를 취급하는데 있어서 가장 중심이 되는 관견은 집권(unification)과 분산(fragmentation)의 문제이다. 이 두 가지를 잘 결합하여 경영목적을 달성할 수 있는 것이 기업에 매우 중요한 영향을 미친다. 국제기업은 책임과 권한의 계선(line of responsibility and authority)을 이사회나 대표이사를 포함한 최고경영자로부터 본사의 각 부장급 및 해외지사에까지 설정해야 한다.

책임과 권한의 한계선 설정은 효과적 의사채널소통에 매우 중요한 것이며, 의사소통이 필요한 이유는 목적달성과 정책을 시달하고, 각국에 산재되어 있는 연관기업을 능률적으로 운영하고 장단기적 통제를 가해야만 하기 때문이다. 특히 다국적기업들은 거리, 국가, 주의, 문화 및 환경상의 이질성 때문에 의사소통의 공백이 있을 수 있으므로 효과적 의사소통의 채널설정이 매우 중요하다. 따라서 다국적기업의 인사조직은 본사나 해외자회사 경영자로 하여금 문화, 국가, 주의를 포함한 특유한 국가적 환경의 복잡성과 다양성에 적용할 수 있도록 마련되어야 한다. 이에 따라 조직과 인사관리시스템은 상당한 권한의 분산을 불가피하게 만드는 것이다. 그러나 최고경영층은 총괄적 권한을 유보하고 주요정책의 일원화를 유지하고, 재정 및 주요 기능분야에 대한 통제 및 연구개발, 물적 유통에 있어서 규범경제의 유지를 원하고 있다. 여기서 한 가지 유의해야 할 점은 다국적기업이 피투자국에 진출할 경우 고도의 기술과 막강한 자본과 그리고 우수한 경영력의 갭(gap)이 존재하는 피투자국으로 이동하는 경우 그 갭이 클 때, 피투자국으로부터 강한 반발을 받을 수 있다는 점이다. 따라서 다국적기업이 피투자국에 투자할 경우, 기업의 발전을 위해서는 무엇이 갭(gap)이고 무엇이 격차(difference)인가를 미리 정확하게 판단하는 것이 매우 중요한 문제이다.

2. 국제인사 및 노사관리

1) 국제인사의 기본전략

다국적기업에 있어 인적자원을 효과적으로 활용하고 육성하는 것은 기업의 성래를 좌우하게 된다. 그러므로 적재적소에 유능한 경영자를 배치할 수 있어야 한다.

다국적기업경영에서는 국내기업의 경영에서 야기되는 인사관리의 문제와 근본적으로 다른 문제가 발생하는데 특정국의 문화환경에서 성장하고 생활해 온 경영자가 두 국가 또는 수 개국에 걸쳐 상이한 문화환경에서 양면적인 경영활동을 전개해야만 한다는 것이 바로 그것이다. 해외지사의 경영자는 현지 고용인 및 고객들에게는 본사를 대표하며, 본사에 대해서는 해외지사의 입장을 대변해야 한다. 따라서 해외에 파견되어 근무하는 경영자는 현지의 문화와 언어에 능숙해야 하는 동시에 본사로부터 현지에 도입되어지는 기술과 실무관행이 갖는 문화적 의미에 대해서도 충분한 이해를 하고 있어야만 한다. 현지의 경영자는 현지인 이건 또는 파견인이건 본국의 문화적 환경과 현지국의 문화적 환경간의 완충역할을 담당해야 한다.

최근 NICB(National Industrial Conference Board)가 166명의 국제사업 경영자를 대상으로 조사한 자료에 의하면 가장 긴급(most pressing)한 문제와 향후 5년간 가장 계속적인 문제로 대두될 것이 무엇인가에 대한 대답에서 자질 있고 우수한 국제경영자의 부족이라고 지적한 사람의 수가 가장 많았다고 한다. 약 1/3이상의 경영자들이 이 점을 지적하였고 그들 중 과반수가 이 점을 제일 큰 문제로 여기고 있었다. 응답자의 다수가 인재의 부족이 다국적기업의 국제적 성장을 저해하는 가장 결정적인 요인이라고 강조하였다.

다국적기업의 인사전략은 계획기간 중에 각국에서 필요로 하는 노동자, 기술자, 엔지니어, 과학자, 관리자 및 경영자 등 여러 종류를 고려하여 노동력의 수요를 예측하는 것으로부터 출발한다. 이러한 예측을 할 때에는 각국별로 활보할 수 있는 인제의 수, 각종 인재의 채용과 훈련의 가능성, 인재의 퇴진과 등용의 가능성, 충원의 정도와 충원방법 등을 검토할 필요가 있다. 노동력 예측은 대부분이 각국의 관련회사가 행하고, 그 관련사업부서와 본사는 이것을 검토하고 종합한다. 노동력의 수요를 예측함에 있어서 회사는 현지인을 최대한으로 활용하는 전략을 사용한다.

해외현지에서의 인사관리문제는 다시 세 가지로 나눌 수 있다. 첫째는 해외지사나 현지법인에서 본국인을 쓸 것인가 또는 현지인을 쓸 것인가, 제삼국인을 쓸 것인가 하는 문제이고, 둘째로 현지의 노무관리는 어떻게 할 것이며, 셋째는 해외에서의 경영제도나 형태(style)를 어떻게 할 것이냐의 문제이다. 아울러 본사파견 직원과 현지채용직원에 대한 장·단점을 알아보자.

국제기업이 선택할 수 있는 해외직원의 국적은 본국인, 현지인, 세삼국인의 세 가지가 있으나 제삼국인(third-country national)은 현재 우리나라 기업으로는 크게 문제가 되지 않으므로 본국인과 현지인의 두 그룹을 비교한다.

장기근무의 경우를 중심으로 볼 때 현지채용 직원과 본사파견 직원이 갖는 장점을 비교해 보면 각각 다음과 같다. 먼저 현지채용 직원은 다음과 같은 장점이 있다.

① 현지인은 언어와 문화관습에 익숙하다. 특히 마케팅이나 노사관계 등을 담당하는 직원의 경우에는 현지의 사정을 모르고는 가능을 발휘할 수 없다

② 현제에서의 업무의 계속성을 제공할 수 있어 기업이미지에 좋다. 현지사업을 하는 경우 외국인이 앞에 나서는 것보다 현지인이 나서는 것이 좋으며, 현지 정부가 현지인고용정책을 추구하는 경우에는 더욱 그러하다.

③ 비용이 덜 든다. 본사직원을 이동시키는 경우에는 상당한 비용이 수반된다. 본인 및 가족의 이사비 및 현지에서의 주택과 기타 생활여건을 조성하는데 드는 비용, 그리고 다시 다른 곳으로 이전시키는데 드는 비용 등이 그것이다.

④ 현지인에게도 승진의 기회를 주어야 한다. 현지인에게도 승진의 기회를 주어야만 제대로 동기부여를 할 수 있다. 따라서 상위관리직에도 현지인을 고용할 필요가 있다.

⑤ 현지인이 더 장기적인 안목을 가질 수도 있다. 본사파견 직원은 보통 3년이면 다시 다른 데로 이동하기 때문에 비교적 단기적인 안목을 갖는데 비해 현지인은 보통 장기근무하는 경우 더 긴 안목을 가질 수도 있다.

이러한 장점에 비해 본사파견 직원이 갖는 장점은 다음과 같다.

① 현지인보다 회사나 상품에 대한 지식을 많이 갖고 있다.

② 본사의 정책과 경영철학이 몸에 젖어 있으며, 본사가 자회사를 통제하는데 절대로 필요하다.

③ 본사직원에게 훈련의 기회를 부여할 수 있다. 일반적인 사업이 아니고 계속적으로 해외사업을 영위하기 위해서는 국내외에서 훈련된 간부를 양성할 필요가 있는 데 그 목적을 위해서는 본사직원을 해외에 파견할 필요가 있다는 것이다.

아울러 현지에서의 노무관리를 알아보면, 해외에 생산이나 조립공장을 세우거나 또는 현지인이나 제삼국인 근로자를 고용해서 건설공사를 하는 경우에는 노무관리가 중요한 기능으로 등장하게 된다. 현재의 우리나라 기업의 해외사업현황으로 보면 아직 노무관리가 그다지 중요한 문제는 아니다. 일반적으로 노무관리에 대해서 설명하려면 각국간의 노동시장의 차이, 각국간의 급여방식과 실태의 차이, 노동관계법의 내용, 노동조합과 노동관계, 그리고 다국적기업에 대항하기 위한 노동조합의 국제화 노력 등이 포함되어야 할 것이다.

이 중에서 우리나라 기업에서 가장 중요한 부분은 선진국지역에서는 노동조합 및 노사관계, 후진국지역에서는 노동관계에 대한 정부규제가 될 것이다. 같은 선진국지역이라 하더라도 노동조합운동은 나라에 따라 다르며, 대체로 유럽의 노동조합은 상당히 이념적이며 정치적인데 비해서, 미국의 노동조합은 급여 및 노동조건 등의 경제적 문제에 주로 관심을 가지고 있다.

또한 미국과 유럽의 노사협약이 산업별 조직에 의해서 주도되는데 비해, 일본의 경우는 단일 기업 단위로 조직된 노조가 노사협약의 주체가 된다. 이처럼 각국의 노조가 그 생성과정이 다르고 철학이 다르기 때문에 이를 연결지어서 공동의 행동을 하는 데는 많은 어려움이 따르게 된다.

특히 많은 개발도상국에서는 노사관계가 확고하게 수립되지 못하였기 때문에 다국적기업은 그들의 노사관계에 건설적인 영향을 미칠 수 있는 기회가 많다. 그러므로 다국적기업은 현지노동자들의 능력을 증진시키기 위한 훈련계획을 수정할 수 있으며, 다른 한편으로는 임금전략을 수립할 수도 있다. 조금은 예외이지만 다국적기업은 개발도상국에 있어서는 법정최저임금을 지불하거나 법정최저임금보다 조금 높은 수준의 임금정도만을 지불하는 경향이 있다. 이러한 다국적기업의 임금수준은 높은 생산성을 고무시키지는 못한다. 따라서 다국적기업은 고임금정책을 추진하고 진보적인 이미지를 부각시킴으로써 생산성을 크게 높일 수도 있다. 국가에 따라서는 노동자의 참여의식을 고무시키고, 생산성을 증대시키기 위하여 이익분배를 시도하는 것은 효과적인 방법이 될 수도 있다.

2) 국제경영인의 양성

국제경영매니저가 임무를 원만히 수행하려면 첫째, 임무를 수행하는 태도, 동기, 능력으로서 이것은 주로 인간적인 면에서의 문제라고 볼 수 있다. 둘째는 외재적인 문제로서 경영자원, 마케팅 상황, 현지의 이용가능 용역, 현지의 정치, 경제, 문화, 사회적인 환경에 대처할 수 있는 능력 등이다.

유능한 국제경영인이 갖추어야 할 요건을 살펴보면 국제경영인은 근무지가 반드시 해외가 되는 것은 아니며 국내에서 국제사업을 행하는 경우에도 적용된다. 그런데 일반적으로 국제경영인을 양성한다고 할 때에는 해외파견시에 필요한 경영인을 지칭하는 것이므로 국제경영인으로서 자질을 갖출 것을 그 요건으로 하고 있다. 해외파견근무에 있어 성패를 결정짓는 요인을 분석한 연구에 의하면, 업무에 관련된 능력, 대인관계 및 문화적 적응, 가족의 적응능력, 언어능력 등 크게 네 가지로 구분하였다. 그 중 가장 중요한 요인이 업무관련 능력이고, 두 번째로 가장 많이 지적된 요인이 대인관계 및 문화적 요인이며, 가족의 적응능력도 상당히 중요한 것으로 평가되고 있다. 언어능력의 경우 이 조사가 미국에서 행해졌고 영어가 국제어이기 때문에 별로 중요하지 않는 것으로 작용하지만, 우리나라의 경우에는 언어능력이 중요한 요인이 된다.

다음으로 해외에 파견할 간부사원을 선발하는 기준을 조사한 결과, 상위 5개 기준 중 네 가지가 업무에 관련된 것들이고, 적응력과 언어능력이 각각 2위와 6위를 차지하고 있다. 이와는 별도로 다른 한 연구에 의하면 외국의 마

케팅 포지션에서 성공하기 위한 가장 중요한 자격은 국내의 비슷한 포지션에서의 성공이라고 지적하고 있다. 적어도 미국계 다국적기업의 해외파견 간부의 자질로서는 업무에 관련된 능력이 무엇보다도 중요하며, 다음으로 본인 및 가족의 문화적 적응능력을 지적할 수 있었다.

그러므로 국제경영인이 갖추어야 할 요건을 요약하면 첫째, 유능한 경영인이 갖추어야 할 기본요건은 상품 및 전문지식과 경영 판단 능력 등이 필수요건이며, 둘째 언어능력과 문화적 적응력, 그리고 현지의 경제 및 시장에 대한 지식이 필요하다.

결론적으로 국제기업의 인사관리문제는 우선 본사에서 관리와 현지에서 관리로 나눌 수 있고 전자는 다시 해외근무의 기간, 급여, 귀국 후의 대우문제 등이 포함된다. 해외근무의 기간은 길고 짧음에 따라 장·단점이 있으나 대체로 3~4년을 넘지 않는 것이 보통이다. 현지에서의 관리문제에서는 어느 정도로 본국파견 직원을 파견할 것인가, 노무관리는 어떻게 할 것인가, 마지막으로 해외에서의 경영스타일은 어떻게 할 것인가 하는 문제들에 대한 전략을 효율적으로 대처해 나가야 할 것이다.

따라서 현지고용인의 인사관리 문제는 매우 중요한 동시에 또한 곤란한 점이 뒤따른다. 인사관리는 그 하나의 사회구조 또는 문화구조와 가장 적합하게 묶어서 생각하지 않으면 안 된다. 급여수준, 채용, 훈련, 복리후생, 노동조직 등의 문제는 현지국 법률 또는 관습상으로 결정될 경우에는 별 문제가 없겠지만 모회사의 인사관리시스템이 적용될 경우, 적절한 타협점을 찾아야 할 것이다. 장기적 안목으로 본다면 현지국 풍토, 관습 등을 모회사 측에 적합하도록 변화시키는 것이 중요하다.

이를 테면 현지 종업원의 교육, 훈련계획을 통하여 그들에게 모회사 측의 사고를 이해시키는 일이 최선의 해결책이지만 그것이 용이하게 되지 않을 것이라 생각하면, 그것이 바람직하다. 예를 들면 미국 등 선진국에서 실시하는 과학적 인사관리제도를 도입 내지 사용하는데 과연 이것이 기업풍토와 사회구조 및 제도에 꼭 적합한 것인지에 대하여는 많은 논란이 되고 있다.

1. 국제마케팅통제의 개념

1) 국제마케팅통제의 개념

국제마케팅통제(international marketing control)는 마케팅 매니지먼트 사이클(management cycle) 과정에서 전반관리의 순환적인 관리기능(vertical management function) 중에서 최종적 기능을 가리킨다. 즉, 국제마케팅조직을 통해 집행된 국제마케팅계획이 계획대로 집행되고, 조직되었는지를 확인하는 마지막 운동기능이라는데 의미가 있다.

따라서 국제마케팅통제는 국제마케팅계획과 국제마케팅조직 다음에 이어지는 운동적인 관리기능(management function)내지 관리과정(management

process)에 있는 것이지, 결코 국제마케팅계획과 국제마케팅조직을 떠나서 독자적으로 형성되는 것은 아니다. 그러한 뜻에서 국제마케팅통제는 국제마케팅계획 및 국제마케팅조직과 삼위일체적인 상관관계에 놓인 관리기능으로서, 흔히 기업목적 및 이를 달성하기 위해 책정한 계획이 계획대로 달성되는 것을 확보하기 위해 업적을 측정(measurement)하고 수정(correction)하는 것이 통제(controlling)라고 일컬어진다.

이처럼 국제마케팅통제의 의의를 적어도 국제마케팅관리에 있어서의 관리순환적(managerial cycle)의 관점에서 파악하는 경우에 있어서는 그것은 어디까지나 국제마케팅목표를 달성하기 위해 책정된 국제마케팅 계획이 의도된 대로 수행되도록 그 기준(계획)과 국제마케팅실시활동의 결과를 비교하며 편차를 수정하는 관리활동이라 할 수 있다.

따라서 그러한 관리순환적인 의미에 있어서의 국제마케팅통제는 주로 ① 계획기준, 방침, 표준 등의 설정, ② 이에 따라 활동실적의 측정, 비교, ③ 그 평가, 분석과 같은 순환적 조정기능을 발휘하기 마련이다. 특히 ②와 ③의 경우에 있어서는 무엇보다도 기업의 매출액, 비용, 이익, 시장지위 등의 검토와 분석이 앞세워지게 마련이다.

그러나 국제마케팅통제의 의의를 보다 전략적인 관점에서 파악할 때 국제마케팅통제는 이른바 전략적 통제(strategic control)로서 변모하게 되며, 국제마케팅통제 대신 국제마케팅감사(international marketing audit)라 불리어지기도 한다. 즉, 국제마케팅감사란 국제마케팅의 전략적인 관점에서 행해지는 국제마케팅통제의 특수형태로서, 국제마케팅통제활동에 감사라는 개념을 적용시킨 보다 포괄적인 '카테고리'라고 할 수 있다.

2) 국제마케팅통제의 조건

통제란 최고경영층이 계획과정에서 설정한 표준과의 비교를 함으로써 업무프로그램을 확인 검토해 보는 것이지만 기업의 규모가 증가하고 급변하는 환경에 따라서 최고경영층과 마케팅운영 사이의 차이가 벌어지는 까닭에 통제와 분석의 과정이 점차 어려워진다. 그러므로 이에 대처하기 위한 매니지먼트 컨트롤 시스템(management control system)은 효율적인 업무의 평가를 위하여 다음과 같은 조건을 갖추어야 한다.

① 통제과정이나 통제테크닉은 참여한 지사의 경영관리자들이 납득할 수 있거나 수긍하여야 한다.

② 지사의 경영관리자들이 통제절차와 테크닉을 설정하는데 참여해야 한다.

③ 기능시스템은 지사의 계획과의 편차를 가급적 신속하게 발견하여야 한다.

④ 통제테크닉은 특정지사의 내부적 혹은 외부적 환경에 알맞게 적용되어야 한다.

⑤ 통제시스템은 정체된 것이 아니고, 지사의 환경이 변화하는데 따라서 개정되거나 개선되어야 한다.

2. 국제마케팅통제의 목적

통제란 기업목표를 성취하기 위해 수립한 계획이 의도대로 수행될 수 있도록 성과를 평가하고 수정하는 기능을 의미한다.

따라서, 통제는 마케팅계획 및 마케팅조직과 완전히 독립된 기능을 수행하는 것이 아니라 오히려 마케팅계획과 조직에 이어지는 유기적이면서도 연속적인 관리기능이라고 할 수 있다. 이러한 통제기능의 기본적인 원리는 국내와는 다른 국제환경 속에서 이루어지기 때문에 본사와 현지자회사 간의 통제의 어려움과 같이 국내마케팅통제보다는 복잡한 문제에 직면하게 된다.

그러므로 급변하는 환경하에서 국제마케팅통제의 목적은 다음과 같다.

첫째, 국제마케팅정보시스템(international marketing information system : IMIS)의 효율적인 구축을 위해서는 각종 국제마케팅정보(international marketing information)의 선택과 평가가 무엇보다도 중요하다. 이를 위해서는 국제마케팅정보의 원천별 분류작업이 이루어져야 하며, 그러한 분류작업을 토대로 해서 엄선된 필요정보를 올바르게 평가해서, 이를 국제마케팅계획에 반영하며 이것을 조직하고 통제 관리하는 것이 중요하다.

둘째, 경제공동체의 공동시장의 발전을 위함이다. 즉, 공동시장의 회원국들은 상호국가간에 조세와 관세를 제거함으로써, 비회원국가의 기업들은 플랜트를 재배치하게 되거나, 유통 및 마케팅기능을 개편하게 되었다. 이와 더불어 통제를 강화하여야 만이 제품생산과 마케팅 업무에서의 일관성을 유지할 수 있게 되었다.

셋째, 해외지사에 의한 불만족스러운 업무의 수정이다. 국제기업들이 일반적으로 해외지사를 세계의 여러 곳에 설립하는데, 상이한 지역에 설립된 지사들이 본사의 전략적 계획에 의하여 설정된 공동목적을 향하여 보조를 맞추기 위해서는 훌륭한 통제시스템이 중요하다. 훌륭한 통제시스템은 또한 각 지사에 있어서 최고 경영층의 업무를 평가하는 데 긴요한 것이다. 각 지사들의 환경조건은 각기 다르므로, 업무평가를 위하여 완전히 표준화된 시스템을 적용하는 것은 불가능하다. 특히 통제시스템은 보다 나은 전략계획의 수립이나 계획의 수행이 필요하다.

3. 국제마케팅통제의 유형

〈표 12-1〉 마케팅통제의 유형

통제의 유형	주요책임자	통제의 목적	접근용도
연례적인 계획통제 (annual plan control)	최고경영층 중간경영층	계획된 결과의 성공여부	판매분석과 평가 시장 점유율 분석 판매량 대 비용비율 기타 비율 소비자 태도 추적
수익성의 통제 (profitability control)	마케팅 콘트롤러 (marketing controller)	기업의 부문별 손익여부	제품별, 지역별 수익성 시장세분화별 수익성 유통경로별 수익성 수주규모별 수익성
효율성의 통제 (efficiency control)	라인과 스텝마케팅 콘트롤러	효율성과 마케팅 비용의 평가	인적 판매, 광고, 판촉, 유통 등의 효율성
전략적인 통제 (strategic control)	최고경영층 마케팅 감사 담당자	기업이 시장, 제품 및 유통경로와의 관련하에 최상의 마케팅 기회포착 여부의 파악	마케팅감시와 전략

코트러(P. Kotler)의 마케팅통제의 유형을 보면 연례적인 계획 통제, 수익성통제, 효율적인 통제, 전략적인 통제 등으로 분류되어 각각 통제의 목적을 분류하고 있다.

4. 국제마케팅 통제 분야

1) 비용통제

각 해외시장환경에 따라 해외마케팅 비용은 기준예산에서 초과될 가능성이 많기 때문에 특별한 통제가 필요하다. 그러므로 국제마케팅관리자는 예정된 비용통제도 중요하지만 비용 이외에 판매고, 제품, 유통경로, 광고판촉, 인력, 이익관리 등의 관점에서도 운영에 대해 평가분석을 하고 통제해야 한다.

2) 매상고와 가격통제

국제마케팅기능별의 통제책임자는 실제 매상고와 잠재(예측된)매상고를 비교, 분석하여 마케팅경비에 비해 노력이 충분히 투입되었는가를 판단할 수 있다. 그 책임자는 이와 같은 비교·분류에 따른 결과에 따라서 마케팅경비와 노력의 형태별 조정을 하고 궁극적으로 이익수준의 통제까지도 해야 한다.

아울러 판매보고(sales report)는 시장국별 및 제품별 매상고와 gross margin에 대한 자료를 제공해야 한다. 매상고는 화폐단위 또는 물량단위로 표시할 수 있으며, 자회사와 지사별 또는 고객집단별로 세분화되어야 한다. 본사는 자회사와 지사별로 판매보고를 매주 내지 매월 받도록 하는 것이 바람직하며, 아니면 적어도 분기별로 받아야 한다. 판매보고에는 매상고의 절대치뿐만 아니라 시장점유율, 경재위치의 변화 등에 대한 자료를 포함시켜 통제를 하는 기초로 삼아야 한다.

국제마케팅가격의 통제를 어렵게 만드는 이유의 하나는 관세이다. 물론 단기간 내에 관세가 변하지는 않겠으나 수시로 변하는 경향이 있으므로 모든 시장에 대해 가격을 똑같이 통제한다는 것은 대단히 어렵다. 그렇기 때문에 국제적인 가격 통제를 포기하는 기업체가 있기는 하나, 본사경영층은 가격기

능에 대해 기초적 통제는 필요하게 된다. 그러므로 국제경쟁에 융통성 있게 대처하도록 판매되는 제품별로 가격범위(price ranges)를 미리 정해 주는 것도 하나의 좋은 통제방법이다.

3) 제품과 유통경로통제

국제마케팅의 제품통제는 그 시장수요에 적합한 고객에게 적합한 제품을 판매하여야 하는 것이다. 왜냐하면 국제마케팅을 할 때는 국가 또는 지역별 시장의 성격이 매우 이질적이고, 장거리수송을 필요로 하기 때문에 취급부주의로 도난, 파손, 변질될 가능성이 많고, 해외에서 현지생산을 할 경우에는 조잡한 제품이 나올 수 있는 등 많은 문제가 발생할 수 있기 때문이다. 해외고객이 어느 기업체나 그 제품 및 브랜드에 대해 갖게 되는 인상은 그 고객이 직접, 간접으로 경험한 것에 의하여 결정되기 때문에 수출 내지 국제마케팅을 하는 기업체는 제품통제에 많은 신경을 써야 한다.

아울러 제품의 시장성(marketability)에 대한 통제 이외에, 기업체는 제품의 물적 유통과 판매전후의 서비스(service)에 대해서도 통제를 해야 한다. 수출이나 국제마케팅을 할 때는 항상 여러 가지 교통수단을 이용하여 장거리 수송과 물적 취급(physical handling)을 해야 하기 때문에 제품이 도난, 파손, 변질될 확률이 많다. 그런 경우 제품의 대체가 쉽지 않기 때문에 판매계약에 차질을 가져올 수 있다. 또한 제품의 성질에 따라서는 판매하기 전이나 후에 서비스를 제공해야 하는데, 만일 해외시장에 충분한 서비스시설을 갖추고 있지 않다면 충분히 서비스를 해 주기가 어렵다.

해외시장에서 유통경로를 결정하고, 유통업자를 선정하고 관리하는 것은 기업체의 해외운영에 중대한 영향을 미치기 때문에, 조심성 있게 접근하고 통제해야 한다. 유통업체(중간상인)의 능역을 판단할 때 사용하는 가장 보편적인 척도는 기업체로부터의 구입량이다.

또한 해외유통경로를 감독하고 통제하는 방법은 국내시장에서 사용하는 것과 많은 차이가 있다. 기업체가 해외시장에서 유통경로를 선정하려 할 때 의사결정의 범위(latitude)가 극히 제한될 수 있다. 그것은 관리와 통제를 할 수 있는 기회가 적기 때문이다. 또한 시장국별로 유통구조가 이질적이고 발달의 정도가 다르기 때문에, 일원화된 관리와 통제를 하기는 불가능하다. 시장국에 따라서는 영세한 유통업체들만이 있기 때문에 본사가 정한 기준에 미달하는 업체라도 활용해야 하는 경우가 생길 수 있다.

4) 광고와 이익통제

국제마케팅활동 중에서 광고기능은 기업체가 바라는 바에 따라서 본사가 전담하여 수행할 수도 있고 해외기구에 분산시킬 수도 있다. 그러나 어느 쪽을 택하느냐에 따라서 통제제도는 달라야 한다. 광고기능을 분산시킬 경우 본사는 다만 비용과 효과에 대해서 관심을 두면 된다. 집중시킬 때는 본사가 광고활동을 효과적으로 지휘할 수 있도록 주기적인 피드백이 있어야 한다. 어떠한 통제제도를 택하든지 간에 본사경영층은 광고와 연관된 광고 copy, 광고촉매, 시장 커버리지(market coverage), 관리 및 효과 등에 대한 구체적인 정보를 주기적으로 받도록 해야 한다.

아울러 기업의 궁극적인 목적은 이익을 얻기 위해서이다. 그러므로 국제마케팅활동이 어느 정도 성공적인가는 궁극적으로 이익을 토대로 측정되어야 한다. 이익은 합리적인 관리, 매상고의 증대, 마진의 유지, 비용의 통제 등이 제대로 이루어져야만 실현되는 것이며, 어느 누구도 보장해 주는 것이 아니다.

이익은 개념적으로 여러 가지로 해석할 수 있고, 기업체에 따라서는 해외운영에서 발생한 이익을 본사로 이전(transfer)하기도 하고, 전혀 이전하지 않고 현지시장국이나 다른 시장국에 재투자하는 경우도 있다. 따라서 기업들은 각기 나름대로 이익을 측정하고 통제하는 방법을 마련해야 한다. 또한 이익이 발생했을 때 그 이익이 어느 해외구조에서 실제로 발생하였는가를 규명하는 방법이 있어야 한다. 그러므로 국제마케팅을 할 때의 이익통제는 국내시장을 대상으로 하는 단순한 회계적인 이익통제보다 더욱 범위가 넓고 난관이 많다. 그만큼 경비도 많이 든다. 그렇기 때문에 효과적인 이익통제제도가 이루어져야 한다.

아울러 국제운영에 관한 책임은 국제부서의 책임자에게 있지만, 국제기업

의 존위에 관한 최종적인 책임소재는 본사의 최고경영층에 있다. 이러한 까닭에 본사의 경영층은 기업에 부속될 모든 국제적인 조직에 대한 통제를 해야 할 필요성이 있다.

통제의 기능은 그 기능을 가장 적절하게 수행할 수 있는 곳에 위임되어야 한다. 최소한 본사에는 기본정책결정, 주요 자금배정과 경영층 선임에 대한 권한이 주어져야 한다. 국제경영의 사고방식은 분권적인 통제에서 본사중심의 통제체제로 바뀌는 경향이다.

5) 인력통제

국제마케팅관리에서 인력관리는 마케팅프로그램을 성공적으로 수행하는 중요한 요소가 된다. 본사의 경영층은 대개 마케팅 관리문제에만 관여하는 것이 일반적이지만 점차 본사는 해외의 지사, 자회사, 마케팅인력의 고용, 관리, 보수 등 인력관리에 중요한 관심을 가져야 한다.

국제운영을 중요시하는 기업이라면 당연히 국제마케팅인력개발을 본사의 한 기능으로 삼고 모집, 채용, 훈련개발, 보수 등에 대해 중앙집권적인 통제를 해야 한다.

또한 세계에 널리 퍼져서 활동하고 있는 마케팅관리자들로부터 주기적으로 업적보고서(performance report)를 받아 상호 비교분석하여 관리상의 취약점을 찾아 마케팅관리를 시정하고 개선해야 한다. 관리자 이외의 마케팅인력에 대하여서도 지사 또는 자회사별로 종합적인 업적보고서를 받아서 개선을 위한 통제를 해야 한다.

제2절 국제마케팅 통제의 특성

1. 국제마케팅 통제의 프로세스

기업경영에 있어서 기본적인 마케팅 통제테크닉은 계획수립과 예산책정이라고 말할 수 있다. 이러한 테크닉은 국내시장에서와 마찬가지로 국제시장에도 확대적용하게 된다. 계획된 판매고와 이익목표 및 경비를 단위별로 마케팅 프로그램에 나타내고, 화폐단위로 예산에 반영시키는 것이 바로 계획과 예산이라고 할 수 있다. 예산은 목표를 세운 후에 이러한 목표를 달성하기 위한 필요경비를 산출하는 것이다.

따라서 통제는 실제의 판매고와 그것에 경비를 측정하는 것인데, 일반적으로 실제와 예산 사이에 편차가 없거나, 편차가 있다할지라도 긍정적인 것이면, 통제행위가 없다. 그러나 반대로 편차가 부정적으로 나타날 경우, 집행 및 스텝 경영진들이 업무를 검토하고 개선방안을 논의하게 된다. 이러한 논의에 따라 통제업무가 수행된다. 통제는 목적의 설정에서부터 결과의 평가 및 시정에 이르기까지 여러 순서를 거치게 된다.

국제마케팅 통제의 의의가 한마디로 표현해서 설정된 기준(계획)에 따라서 국제마케팅활동이 집행되고 있는가 아닌가를 검토, 평가하고, 기준과의 편차를 시정하는 기능에 있는 이상 어떠한 종류의 통제활동이건 기본적으로는 ① 표준의 설정 ② 실적의 측정 ③ 편차의 수정이라는 3단계의 프로세스(process)를 거치게 마련이라고 할 수 있다. 이상 3가지 프로세스는 비단 국제마케팅 통제의 경우뿐만 아니라 국내마케팅 통제의 경우에도 똑같이 적용되는 프로세스이다.

결국 국제마케팅 통제의 프로세스는 적어도 수평적으로는 3가지 과정을 거치게 되어 있으나, 매니지먼트 사이클(management cycle)로서의 통제라는

관점에 서게 될 때, 그것은 그러한 3가지 프로세서가 제각기 유동하는 피드백(feedback)과정이라 할 수 있다. 그러한 의미에서 이러한 3가지 프로세스를 보다 더 세분한 바탕 위에서 통제과정의 피드백단계를 보면 다음과 같아진다.

아울러 통제의 일반적인 프로세스는 다음과 같다.

〈그림 12-1〉 국제마케팅통제프로세스의 피드백

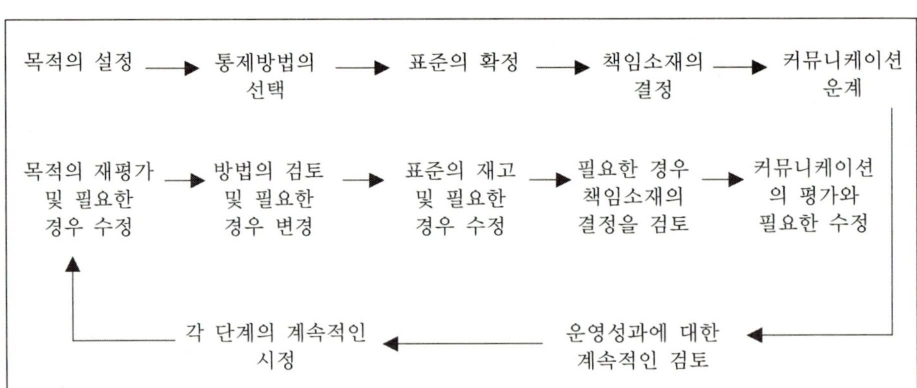

1) 표준의 설정

국제마케팅을 처음 하는 기업은 국제시장경쟁에 개입하는 데 있어서 확고한 목적을 갖고 있지 못하다. 경영층은 우선적으로 일반목적뿐만 아니라 국제영업을 위한 장·단기목적을 설정해야만 이에 맞는 충분한 계획과 상세한 통제시스템이 정착될 수 있다.

표준(standard)이란 통제활동의 목표 내지 기준이 되는 것으로서, 실제의 결과를 측정하기 위한 기초가 되는 것이다. 즉, 표준이란 국제마케팅목표에 따라 수립되는 계획에 준하게 되는 국제마케팅 통제의 기준이다. 그러나 원래 표준의 설정(establishment of standards)은 국제마케팅관리의 계획과정에 속하는 문제이므로 통제의 기본적 단계(프로세스)는 차라리 ① 실적의 측정 ② 실적의 비교 ③ 편차의 수정이라는 3가지 과정이 가장 적절하다. 다만 매니지먼트 사이클이라는 순환적 관리활동의 일환이 통제이므로 통제과정 전체가 계획과정과의 관련 밑에서 고려되어도 상관없다. 다시 말해서 표준은 원래는 계획과정의 문제이긴 하지만, 그것은 동시에 통제활동의 목표 내지 기준이 된다는 관점에서 설정되는 것이다. 기획목표는 구체적으로 시장점유율, 매상고, 이익 등과 같은 것은 물론이거니와 그 밖의 비계수적인 목표, 즉 제품인지도의 증대, 유통구조의 개발과 제품 및 기업의 이미지 향상 등과 같은 목표도 포함된다.

이상과 같은 전체적인 목표와 세부적인 운영목표가 설정되면, 주어진 환경에서 가장 효율적일 수 있는 조정과 통제의 방법 등이 선택되어져야 한다.

즉, 통제시스템이 작용하기에 앞서 영어활동의 진도를 측정할 수 있는 목적에 기초를 둔 기업활동의 표준이 확정되어야 한다. 표준은 가능한 한 자세하여야 하며 재무 혹은 비용에 연관된 일에만 국한될 필요는 없다. 마케팅 활동의 성과를 평가하는 표준에는 이익, 판매고, 유통채널의 설정, 해외시장의 개척, 혹은 기타 필요한 수단 등을 들 수 있다. 성과를 평가하는 표준은 바로 통제의 기준이 된다.

해외운영의 성과를 평가하는 표준에는 수입과 지출예산도 포함되어야 한다. 일반적으로 기업들은 지출경비는 과소책정하고 기대되는 수입은 과다하게 책정하는 수가 많다. 성과를 평가하는 표준은 모든 세계적인 목적에 부합하는지를 고위계층에 의하여 주기적으로 검토되어야 한다.

2) 통제활동의 선택

통제프로세스의 제 2단계는 방법의 선택이다.

직접 혹은 간접적인 통제는 해외마케팅 운영에 필요한 기본대안이 된다. 직접통제의 방법은 계약이나 전 소유참여의 방법이 있고, 간접통제의 방법은 커뮤니케이션 혹은 경쟁에 의한 것이다. 통제의 범위나 통제의 강도는 통제방법과는 상관없이 광범위하다고 할 수 있다.

계약을 통한 방법은 해외운영을 컨트롤하는 긍정적이고 직접적인 메커니즘(mechanism)일지는 모르지만, 자동적인 통제의 수단이 될 수는 없다. 효율

적인 통제의 방법으로서는 특정한 계약조항이 마련되어야 한다.

만일 한 기업이 그의 해외 지사의 관리 내지는 적어도 정책입안에 참여할 수가 있다면, 충분한 통제는 보장된다.

3) 책임소재와 보고서설정

국제운영조직은 너무 복잡하게 구성되어 있어서 해외운영에 대한 최종적인 책임이 누구에게 있는지 책임소재의 규명이 어려울 뿐만이 아니라, 책임을 맡기는 일도 많은 조정을 요한다. 모회사의 상이란 부서나 기능의 영역은 각각 다른 부서나 기능 분야의 일의 진척을 반드시 알고 있어야 한다. 기업의 조직이 제품별 조직이건, 혹은 지역별 조직에 의거하든, 각 부서간의 조정과 연락의 노력이 뒤따라야 한다. 또한 관리책임과 권한을 가진 사람이 아울러 통제의 책임을 져야 한다.

아울러 보고 및 통제시스템은 각종 정보자료 수집 및 행동을 위한 명령과 지시의 하달에 필요하다. 국내운영과 달리 국제운영에 있어서는 본사가 적절한 분석과 의사결정을 하기 위하여 데이터의 유입을 원활히 하기 위한 조직적이고 제도적인 정보시스템이 필요하다. 정보의 수집 및 전달행위는 비용이 많이 드는 것이기 때문에 커뮤니케이션시스템은 적절한 계층에 한정되어야 한다. 지나치게 많은 정보는 보고자와 피보고자의 시간을 낭비하게 한다. 언어와 커뮤니케이션의 장애는 기업과 고객 사이에만 있는 것이 아니고 매니저 사이에서도 있을 수 있으므로, 모든 커뮤니케이션은 보내는 사람과 받는 사람이 다 같이 이해할 수 있는 것이어야 효율적이다. 또한 단어의 개념에 대한 해석이 서로 다를 수도 있으므로, 의사소통의 단절을 막기 위하여는 추상적인 문구를 사용하기보다는 모든 표현은 구체적인 문구로 명확히 하여야 한다.

4) 실적에 대한 평가와 수정

통제프로세스의 마지막단계는 실정의 검사·측정과정으로서 통제의 중점적인 단계이다.

즉, 운영성과에 대한 평가와 잘못된 프로그램에 대한 시정행위는 통제의 마지막 단계이다. 미리 확정된 표준과 목적에 비추어 수집된 정보를 비교해야 한다. 만일 성과가 기대치에 부응하지 못하면 시정행위를 취하든지, 혹은 표준과 목적을 수정해야 한다. 성과의 측정, 즉 실적파악은 보통 표준과 실적과의 대비에서 이룩되며, 만일 대비상 차이가 생겼을 때 그 차이원인의 분석이 이 단계에서 잇따라야 함은 물론이다. 이 경우 그러한 차이원인의 분석대상으로는 여러 가지가 있을 수 있겠으나 그 가운데에서도 특히 중요한 것은 국제마케팅비용분석(international marketing cost analysis)을 앞세운 일련의 판매분석(sales analysis)이라고 할 수 있다.

아울러 수정을 위한 조치는 집행업무의 결과가 목표나 기준에서 이탈했을 때 취해진다. 그렇지 않아도 국제기업에 있어서의 마케팅활동이라는 것은 애당초 많은 각 부서에 있어서의 '일'(work)이 목표나 기준대로 행해짐으로써, 전체적으로 조화 있는 활동이 가능해지게 마련이지만, 때에 따라서는 예기되지 않는 정세의 변화, '일'의 담당자의 능력의 불비, '일' 상호간의 조정의 불충분 등에 의해 그만 '일'의 결과와 목표 내지 기준과의 사이에 괴리가 생길 때도 많다. 이 경우 그 사태에 따른 시정을 위한 조치가 강구되며, 이 때 기준은 다시 개정되기에 이른다.

이상과 같은 과정에서 국제마케팅에 있어서 시정행위의 시작과 완료 사이에는 특수한 형태의 시간지체(time lag)가 생긴다. 그 이유는 공간적인 거리, 문화의 차이 및 조직상의 문제가 개입되기 때문이다. 따라서 국제마케팅에 있어서의 평가와 시정은 지속적으로 전개해야 하는 것이 특히 중요하다. 기업은 예기치 못한 시장조건의 변화에 대처할 수 있도록 예비전략을 미리 수립한다면, 시장조건의 변화에 대하여도 단기간내에 신속히 대처할 수 있게 된다. 이상에서 본 통제의 단계는 계속되는 것이지 어느 한 시점에서 끝나는 것이 아니다. 설정, 평가, 재설정, 그리고 재평가의 계속되는 주기(cycle)가 바로 통제의 단계(sequence)가 된다.

2. 국제마케팅 통제의 특성

국제마케팅통제의 특수성이란 국제기업에서 이루어지는 자국의 모회사와

해외투자국에 있어서의 자회사간의 통제상의 특수성을 의미한다. 이것은 국제마케팅통제에서의 가장 핵심적이고 어려운 문제가 된다.

국제마케팅통제(international marketing control)란 한마디로 요약하면 ① 표준의 설정 ② 실적의 측정 ③ 편차의 수정이라는 3단계의 프로세스를 거치게 마련이라고 할 때, 이는 어떠한 경우의 통제활동에 있어서도 똑같이 적용되는 과정이기도 하다. 이를테면 생산·판매·재무·인사 등 그 어떠한 부문관리(sectorial management)의 경우에도 이러한 3단계의 통제프로세서는 똑같이 적용되며, 또 되풀이 강조되어 왔듯이 그것이 국내마케팅 경우이건 국제마케팅통제의 경우이건 간에 기본적인 면에서는 그러한 프로세서에 있어 아무런 변함도 없다. 그러나 국제마케팅의 경우에 있어서만은 국내마케팅의 경우와는 다른 조직구조상의 특색 때문에 단 한 가지 국면에서의 예외적인 특수성이 있다.

다시 말해서 다국적기업에 있어서의 조직상 권력의 집권화와 분권화의 문제를 뜻하기도 한다. 이를테면 본사(모기업)에 권력을 집중해서 해외자회사에 협력시키느냐, 혹은 분권화해서 해외자회사에 목적의 수행을 자주적으로 떠맡기느냐에 관한 양자택일적인 문제가 바로 그것이다. 따라서 다국적기업의 입장에서는 모기업과 자회사간의 효율적인 통제를 위해서는 반드시 이러한 양자택일적인 의사결정의 문제에 직면하게끔 되어 있다.

페이웨더(J. Fayerweather)는 일부러 이러한 양자택일적인 문제를 「통일화(unification)와 분권화(fragmentation)의 상충(conflict)」이라고 보아 이를 다국적 마케팅전략상의 핵심문제로 강조하고 있다. 통일화건 분산화건, 혹은 집권화건 분권화건 간에 해외의 현지자회사란 그 자체가 갖가지 정치적, 경제적, 사회·문화적 국제기업환경에 둘러싸여 있기 때문에 본사와 자회사의 관계는 매우 이질적임라고 할 수 있으며, 거기에는 항상 복잡한 문제가 있게 마련이다. 따라서 본사에 의한 권력의 행사만으로 효율적인 통제가 기대될 수 없는 것처럼 제 아무리 자회사에 대한 최대한의 권한과 책임을 이양한다고 해도 보다 효율적인 통제가 이루어 질 수 있다는 보장은 없다.

특히 해외에 있어서의 투자리스크(risk)에 민감한 다국적기업일수록 그 본사는 해외자회사의 수익이나 자산유지에 매우 관심을 갖는 경우가 많다. 이런 경우 본사에 의해 의례 통일화 전략이 구사되게 마련이지만, 그럴수록 자회사에 대해서는 획일적이며 엄격한 통제가 가해지기도 한다. 그 결과 사업경험과 능력이 불충분한 신설자회사에게는 더 많은 책임과 과중한 업무만이 부과되는 결과가 되는 것이다.

이처럼 국제마케팅통제에 있어서의 통일화와 분권화, 따라서 집권화와 분권화의 문제는 어디까지나 양자택일의 차원으로 통제가 이루어지기도 한다.

지사란 주어진 목표를 현지수준에서 달성토록 주어진 장소에 설치한 기업체의 한 outpost 또는 detachment이다(The branch is simply an outpost or detachment of the company placed in a given location to accomplish designated goals on a local level). 그래서 판매기능만을 지사에 부여하는 경우가 많은데, 그럴 경우 지사장에는 판매관리자를 임명하고 그의 주요업무에는 판매원관리, 주문처리, 현지판매촉진 및 기타 판매기능과 연관된 현지문제를 해결하는 것이 포함된다. 지사에 따라서는 특정지역에 걸친 모든 마케팅기능을 전반적으로 관리해야 할 광범한 책임을 위임받을 수도 있다. 어떤 지사에게는 준 독립기업체로서 마케팅은 물론 생산과 운영기능을 수행토록 할 수도 있다.

자회사와 지사의 중요한 차이점은 자회사는 모기업체(parent company)가 부과 내지 위임하는 기능을 수행하도록 별도로 조직한 기업체라는 점이다(Subsidiaries differ from branches chiefly in that they are separate companies which have been organized to perform functions assigned or delegated by the parent company). 해외자회사는 모회사가 통제할 수 있다. 그러나 완전통제는 자회사를 완전소유(wholly owned)하고 있을 때에 한하며, 그렇지 않은 경우에는 통제에 한계가 있게 마련이다.

그러므로 국제기업은 본사와 자회사 간에 밀접하고도 상호의존적인 관계를 형성함으로써 효율적인 통제를 이룰 수 있게 된다. 본사와 자회사 간의 밀접한 관계는 서로의 사정을 이해함으로써 공통된 목표를 추구해 나갈 수 있는 여건이 된다. 또 현지 자회사가 원자재 등을 자급자족하지 않고 본사로부터 조달할 때 상호의존관계는 더욱 긴밀해진다. 이 경우 본사는 마케팅활동을 원만하게 통제할 수 있다.

그러나 현지자회사의 성과가 좋으면 본사의 통제가 약한 반면, 경영성과가 나쁘면 본사가 자회사의 경영에 대해 적극적으로 개입하려 한다. 즉, 목표와 성과의 차이가 심한 자회사에 대해서는 본사가 직접 나서서 문제의 원인을 규명하여 바로잡고, 차후에 문제가 재발되지 않도록 자회사의 경영활동에 강력한 통제력을 행사하게 된다.

아울러 현지 자회사의 규모에 따라 본사의 통제정도가 달라진다. 현지 자회사의 경영규모가 클 경우 본사는 현지 시장담당 스탭을 두고 자회사에 대한 통제를 강화한다. 이와는 반대로 국제기업은 규모가 작은 현지자회사를 별로 중시하지 않기 때문에 자회사에 많은 권한을 위임하게 되는 등 많은 특수성을 가지게 된다.

제5부

국제마케팅 전략

1. 국제마케팅전략의 개념

국제마케팅의 특성은 무엇보다도 시장환경의 차이에 있다. 시장환경상의 차이는 마케팅활동에만 영향을 미치는 것이 아니라 경영활동의 모든 국면에 이르기까지 영향을 미치므로 국제마케팅활동의 성패를 좌우하는 것은 시장환경 또는 이것의 외부환경으로서의 일반환경을 얼마나 정확히 파악하여 여기에 적합하게 대처하는가에 달려 있다.

국제마케팅전략은 다국적기업경영전략의 일부분을 형성하는 동시에 가장 핵심적인 경영전략이다. 국제기업경영전략이란 미래기간에 걸쳐 그 기업에게 중요한 제 기회・위험・문제 등을 제도적으로 다루는 전략으로 최고경영층이 미래를 조성하는 하나의 과정이라고 말할 수 있다.

이와 같이 국제마케팅전략이란 기업체의 강점과 취약점에 대한 관리에 대한 감사, 시장환경 및 경쟁변수에 과한 분석, 전반적으로 구체적인 기업목표의 설립 등은 바로 마케팅·생산·재무·인사전략에 대한 기본적인 프레임워크를 제공한다. 이러한 관점에서 볼 때 국제마케팅 전략은 기업체의 주요 국제기회의 규명, 마케팅자원과 유능한 임직원의 최적배치·판매·시장침투·시장점유율, 수익성에 대한 구체적인 주요 프로그램 등을 결정하는 것이다.

국제경영전략에 대한 순서나 중점은 각 개인에 따라 상이하지만 마케팅전략이 다른 전략의 기본이 될 경우가 빈번하다. 일반적으로 마케팅전략은 당해 기업의 중요한 국제적 활동기회를 확인하고 마케팅의 제자원과 기술의 분배와 더불어 판매, 시장개입 및 기업목표를 달성하기 위한 주요 프로그램의 결정을 포함한다. 이와 같은 관계는 〈그림 13-1〉과 같이 하나의 시스템적인 접근방법으로 설명할 수 있다.

〈그림 13-1〉 마케팅전략의 개발

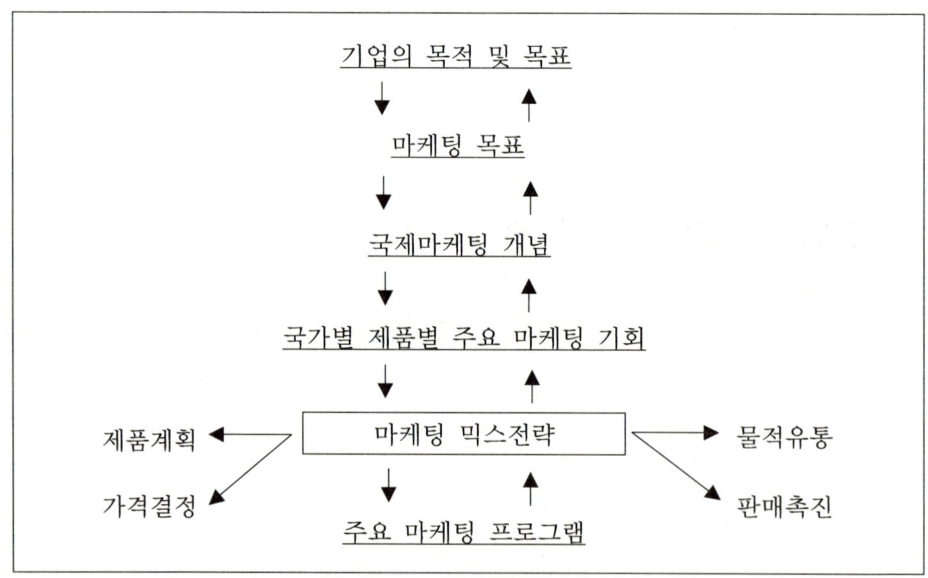

① 마케팅전략에는 기업체가 추구하는 주요 국제기회의 규명, 마케팅자원

의 배분과 유능한 임직원의 배치, 판매, 시장침투, 시장점유율, 이익성과 같은 목표달성을 위해 행하여야 할 주요 프로그램의 결정이 개입된다.

② 국제기업은 마케팅의 개념을 명확히 정의하고 명문화하여 널리 알림으로써 마케팅전략의 근간을 마련해야 한다.

③ 기업체는 각 시장국과 지역시장의 마케팅상황과 잠재적 수요를 분석하고 시장국별·지역별·제품별로 마케팅기회의 순위를 결정해야 한다.

④ 기업은 세계의 여러 시장지역 및 시장국을 대상으로 마케팅 믹스 전략을 수립해야 한다.

⑤ 이들 전략은 기업체의 범세계적 규모의 경영을 위한 기업활동을 지원하기 위한 마케팅프로그램으로 전환되어야 하며, 집행해야 할 제 예산 역시 결정하여야 한다. 그리고 마케팅 믹스 및 주요 프로그램을 결정할 때 기업은 그 대체안이 무엇인가를 항상 고려해야 한다. 여기서 중요한 점은 각국 및 전세계를 통하여 어떤 방법의 마케팅 믹스와 프로그램이 회사이익 및 기타 목표를 달성할 수 있는가 하는 점이다.

2. 국제마케팅전략의 표준화 방해요인

국제기업은 이와 같은 마케팅전략을 물적유통관리(logitics), 재무, 기술, 인사 및 기타 분야의 전략과 연계시켜야 한다. 국제마케팅도 여러 요소의 결합과 관련되기 때문에 직접적인 해외마케팅 믹스를 위하여 제품계획정책, 가격정책, 유통정책 및 촉진정책에서 일련의 연계효과가 요청되는 것이다. 실제에 있어 마케팅전략을 범세계적으로 표준화하여 국제적으로 통일하기에는 각국의 풍토, 자연환경, 경제발전의 단계, 문화적 제요인, 공업의 제조건, 마케팅제도, 법적 규제 등이 서로 상이하므로 이를 실현하기에는 매우 어렵다. 따라서 국제마케팅관리자는 자사의 마케팅목적 내지 목표가 달성될 수 있도록 통제가능한 마케팅도구로 통제불능한 국제마케팅환경에 조화 있게 적응시키는 과업을 수행해야 한다. 이것이 이른바 최적마케팅 믹스인데 이와 같이 마케팅관리자는 최적 믹스 계획을 수립해야 하는 것이다.

이와 같은 국제마케팅전략의 프로세스를 원만하게 추진하기 위해서는 전략의 표준화가 필요하게 된다. 이에 대하여 전략의 표준화를 방해하는 요인을 요약하면 〈표 13-1〉과 같다.

〈표 13-1〉 국제마케팅전략의 표준화 방해요인

표준화를 제한시키는 요인	마케팅 프로그램의 요소				
	상품 디자인	가격	유통경로	판매관리	광고·판촉·플랜트 수출 마케팅
시장의 특성 : 물리적 환경	풍토조건·상품 사용조건	-	고객의 가동성	고객의 분산성	media에의 접근 난이, 풍토 조건
경제 ·산업의 발전단계	소득수준	소득수준의 차	고객의 구매 패턴	임금수준 및 노동의 조달 가능성	경제성과 편이성에 대한 존중도, 구매수량
문화적 요인	관습과 전통 외국제품에 대한 태도	소득수준의 차	고객의 구매 패턴	selling에 대한 태도	언어능력, 문화적 및 사회적 심벌 문맹률
산업조건 : 시장의 상품라이프 사이클 단계	상품차별화의 정도	수요의 탄력성	판매점의 이용 가능성, 자가 플랜트 유효성	원조 판매원 파견의 필요성	상품에 대한 인식과 경험의 정도
경쟁조건	품질의 수준	지역별 코스트 대체품의 가격	판매점에 대한 경쟁자의 통제	경쟁자 판매원의 수준	경쟁에 대응한 경비
마케팅 기구 유통 시스템	판매점의 이용 가능성	중간 마진률	이용 가능한 판매점의 수와 가능성	판매원의 수, 규모, 분산성	self-service 보급 정도
광고 매체와 광고 대리점	-	-	고압적 유통에 대한 수완	광고의 유효성, 대체 상품에 대한 필요성	media의 이용 가능성 코스트, 중복성
법적제한	상품의 규격, 특허법, 관세조세	세관, 조세, 독점 금지법, 재판매 가격 유지 제도	상품라인의 규제, 재판매 가격유지 제도	사용제한 selling에 대한 특별 규제	코스트 특별 규제, 상표법

제2절 국제마케팅의 창조적 전략

1. 창조적 기업의 개념

오늘날의 기업경영 환경은 몇 가지 주요 요인에 의해 영향을 받고 있다. 이들 주요 환경요인은 시장의 글로벌화, 인구구조의 변화, 소비자 태도 및 취향의 변화, 천연자원과 환경의 변화, 규제와 반대운동 등이다. 이러한 환경이 이전과 다른 점은 이들 환경요인에 의한 변화가 연속적이고 예측 가능한 것이 아니라 단절적인 변화라는 점이다.

이러한 경영환경하에서 매출을 증가시키고 수익성을 유지하기 위해서는 기존의 경쟁법칙들을 이해하고 좇아가는 전략이 아닌 경쟁법칙을 만들어내야 살 수 있는 환경이 도래한 것이다. 다시 말하면 '룰 추종(Rule Following)'[7] 전략으로는 더 이상 획기적인 경쟁 우위를 보장 할 수 없고 기존의 경쟁 구도 자체를 획기적으로 변화시킬 수 있는 '룰 파괴(Rule Breaking)'[8] 전략을 구사해야 한다는 것이다. 이를 위해서는 기업의 '창조적' 역량이 요구된다.

현재 우리 기업들은 과거의 전략이 더 이상 유효하지 않은 환경이 도래했음에도 아직 과거 전략의 틀에 고착되어 있다. 이러한 룰 추종기업으로는 더 이상 지속적인 경제발전을 이룰 수 없을 뿐만 아니라 국민소득 2만 달러 달성도 요원할 수밖에 없을 것이다.

이제 기존 경쟁의 룰(Rules)을 깨뜨리는 전략이 필요하며 룰 파괴의 원동력이 곧 '창조성'이며 조직내에 창조성을 체질화하여야 21세기의 기업이 성공할 수 있다. 한국 경제가 21세기 경쟁력을 확보할 수 있는 유일한 대안은 바

7) 룰 추종기업(Rule Follower)이란 산업에서 통용되는 경쟁의 법칙을 받아들여 시장 선두 기업의 경쟁방식을 모방하는 기업을 의미한다.

8) 룰 파괴기업(Rule Breaker)이란 과거의 경쟁법칙을 파괴하고 자신에게 유리한 새로운 경쟁의 방식을 창조하는 기업을 의미한다.

로 창조성 기반을 바탕으로 혁신방안을 이룩하는 것이다.

2. 창조적 기업의 조건

창조적 기업들은 단순 모방 또는 부분적 개선만을 통해 경쟁위위를 확보하는 것이 아니라, 보다 창조적으로 문제를 해결하고 창조적인 아이디어를 만들어 맴으로써 보다 근원적인 측면에서의 경쟁우위를 확보한다. 창조성이 발현되면 '좀 더 나은' 기업이 아닌 '전혀 다른' 기업이 될 수 있다는 것이다.

창조적 기업의 경쟁우위는 조직에 깊게 내재되어 있는 기존의 뿌리 깊은 문화로부터 그리고 그들만의 독특한 경영방식으로부터 생기는 것이다.

기업의 창조성이 발현되는 요인에는 외부적요인과 기업 내부적인 요인이 있다.

1) 외부적 환경적인 요인

외부 환경적인 요인은 정치, 경제, 사회, 문화적인 측면에서 파생되어 나오는 다양한 변수들이다. 이러한 변수들이 점진적으로 또는 급진적으로 변하면서 시장에서 경쟁하는 기업이 당면한 문제의 해결을 위해 새로운 아이디어를 내게끔 유도한 것이다.

2) 내부적인 요인

똑같은 환경하에서도 어떤 기업은 창조성을 발현하여 새로운 상품, 프로세스, 비즈니스 모델을 만들어서 시장을 선도하게 되는가는 기업의 창조성 발현과 관련된 내부적인 요인들의 차이에 따라 달라질 수도 있다는 것이다.

(1) 창조욕구

창조적 기업들은 창조성을 중시하는 기업정신 아래 동기여부를 유발하는 직부설계와 창조성을 자극할 수 있는 보상시스템을 통해 구성원의 창조욕구를 극대화시키고 있다.

(2) 창조적 업무방식

창조적 기업들은 창조성을 촉진시키는 리더십, 개방적이고 원활한 커뮤니케이션, 아이디어의 발굴부터 상업화에 이르는 프로세스의 정립, 수평적 위계구조와 탄력적 조직운영, 창의적 성과물을 유도할 수 있는 업무방식, 훌륭한 팀워크, 개인의 업무공간 보장과 상호교류 촉진을 위한 공간의 설계 등 창조적 업무방식을 보유하고 있다.

(3) 지식경영

창조적 기업들은 또한 양질의 컨텐츠를 충분히 보유한 지식경영시스템의 활발한 사용이 정착되어 있다.

3. 창조적 전략의 구성 단계

창조전략은 기존 경쟁을 뛰어 넘어 시장에서 독보적인 위치를 확보할 수 있도록 해준다. 기업의 창조성 발현과 수용을 촉진하는 환경을 조성하여 혁신을 창조하기 위해서는 창조적 토양을 바탕으로 창조전략을 수립, 실행하는 일련의 과정이 요구된다.

우선적으로 창조적인 아이디어가 창출될 수 있는 발현의 토양으로서의 기업환경이 필요하다. 또한, 이를 바탕으로 기존 경쟁의 법칙을 파괴하는 창조전략이 수립되며 다시 창조전략의 수용을 용이하게 만드는 실행환경으로서 기업환경이 필요하게 되는 선순환 과정을 거치게 된다. 이를 통하여 혁신이라는 결과물을 낳게 된다는 관점이 창조성 기반의 혁신 창출 방법론(Creativity Based Innovation Methodology)이다.

창조전략의 구성요소를 구체적으로 살펴보면, 창조전략의 기안, 선별, 실행이라는 프로세서적 구성단계와 창조전략의 수립, 선별, 실행의 프로세스를 기업에 내부화시킬 수 있는 환경 요소로서의 창조 전략의 체질화 단계로 구성된다. 각각의 단계에 대해 살펴보면 다음과 같다.

〈그림 13-3〉 창조적 혁신의 프로세서

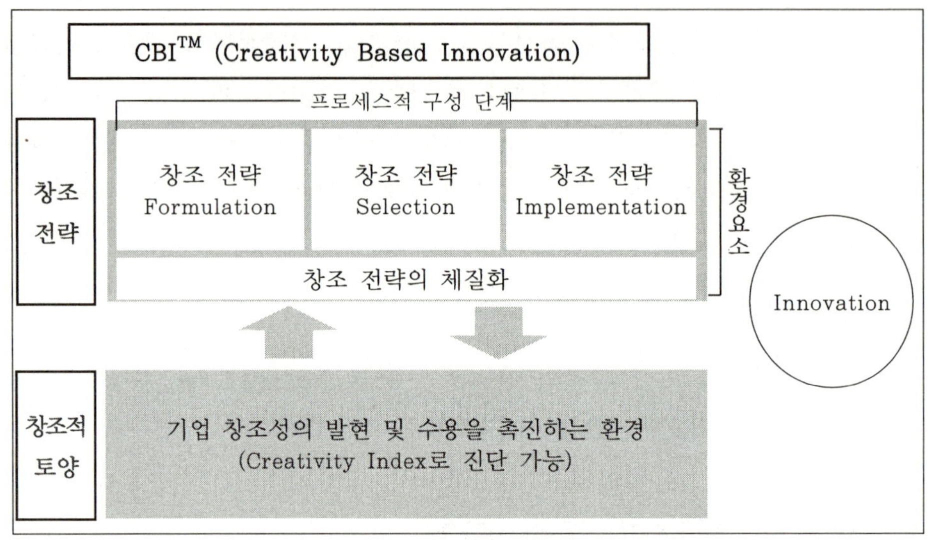

자료 : AT커니·매일경제, 창조혁명보고서, 2005, p.121.

1) 창조전략의 기안(Creative Strategy Formulation)

(1) 고정관념의 탈피

창조 전략을 기안하기 위해서는 우선 산업내의 고정관념(Industry Norm)을 탈피해야 한다. 모든 산업에는 해당 산업에서 경쟁을 하고, 제품이나 서비스를 고객에게 제공하는 방식 등에 대한 불문율과 같은 고정관념들이 있다.

예를 들면, 철강산업과 같은 대규모 장치산업에서는 규모의 경제가 중요하고, 화장품과 같이 아름다움을 파는 산업에서는 미학적 요소가 중요하다는 생각, 그리고 호텔이나 콘도 등의 숙박 서비스 산업에서 체크인(Check in) 시간과 체크아웃(Check out) 시간이 정해져 있는 것도 고정관념의 예가 될 수 있다.

따라서 현재 산업의 고정관념 중 파괴해야 할 고정관념이 무엇이며, 지속적으로 받아들여야 할 지혜로서의 고정관념이 무엇인지를 구분하는 것이 창

조전략을 기안하기 위한 첫걸음이라고 할 수 있다. 좀 더 구체적인 산업별 사례들을 검토해 보기로 한다.

① PC산업의 델(dell) 컴퓨터

PC산업은 전형적인 제조산업으로서 우선적으로 제품을 만들고, 그 후에 대리점 및 소매점을 통해 유통하는 방식을 당연하게 여겨왔다. 그러나 델 컴퓨터의 경우 선 제조·후 판매의 고정관념을 파괴하여 선 판매·후 제조라는 독특한 방식을 창출해냈을 뿐만 아니라, 유통방식에 대한 고정관념도 파괴하여 대리점 및 소매점을 통하여 유통해 오던 방식을 중간 유통상 없이 인터넷(Internet)을 통해 판매·유통시키고 있다.

② 자동차산업의 도요타

자동차 산업의 경우 대부분의 기업들은 제조회사의 브랜드와 유통망을 따르고 있다. 그러나 도요타가 렉서스를 미국 시장에 출시할 때에 도요타 브랜드로는 미국 프리미엄 시장에서 송공을 거두기 어려울 것이라고 판단했기 때문에 과감히 도요타라는 브랜드를 버리고 개별 차량 브랜드인 렉서스를 전면에 내세웠다.

이러한 도요타를 버리고 고급스러운 이미지의 렉서스를 선택하면서 유통방식에서도 기존의 도요타 딜러망(dealer network)을 과감히 포기하고 새로운 딜러망을 구축하여 성공을 거두었다.

③ 항공서비스산업의 사우스웨스트(Southwest) 항공사

항공서비스산업에서는 단거리 서비스가 큰 수익을 창출할 수 없기에 원거리를 중심으로 항공서비스를 제공하는 'Hub to Hub'운행을 중시해왔으며, 모두 기내 음식서비스를 제공하는 것을 당연하게 여겼다.

그러나, 사우스웨스트 항공사의 경우 'Hub to Hub'가 아니라 'Point to Point'의 단거리 운항서비스를 핵심노선 서비스로 선택하였으며, 모든 항공사들이 당연하게 여기던 무료 기내 음식 서비스를 폐지하였다. 또한 티켓팅할 때 미리 선정해주던 좌석 지정권을 폐지하고 먼저 오는 고객의 순으로 좌석에 앉는 방식을 도입하였다.

④ 화장품산업의 바디샵(body shop)

화장품 산업은 여성들을 아름답게 만들어줄 수 있는 환상을 심어줄 수 있는 활동들을 당연시 해오면서, 아름다운 모델을 기용해 여성들에게 그와 같이 될 수 있다는 환상을 심어주는 것이 대표적인 예이다.

그러나 바디샵(body shop)의 경우 여성이 외적인 아름다움만을 쫓는 존재가 아니라 내적인 미를 발현시켜야 하는 자존감 높은 존재가 되어야 함을 강조했다. 그 결과 아름다운 젊은 여성만을 일률적으로 모델로 기용하는 것이 아니라 인종과 나이, 건강, 상식적인 아름다움의 기준에 상관없이 다양한 모델을 기용하여 내적인 아름다움을 추구할 것을 제시하고 있다. 그리고 아름다움이라는 환상을 심어주려는 기존의 감성에 근거한 경쟁에서 이성과 합리성에 근거한 경쟁으로 그 축을 옮겼다.

이처럼 창조적인 전략을 기안하기 위해서는 창의성을 가로막고 있는 기존의 고정관념을 파괴하는 것이 창조 전략의 기회를 발견하기 위한 시작이다.

(2) 재정의(Redefine)의 필요성

고정관념에서 해방되었다면 이제 진실을 바라볼 수 있는 눈을 바탕으로 여러 가지 요소를 재정함으로써 창조전략의 기회를 발견할 수 있을 것이다. 즉, 산업, 비즈니스, 고객, 제품 및 서비스, 유통 및 생산 프로세스 등 5가지 요소에 대해 순환적으로 다시 생각해봄으로써 기존 경쟁의 법칙을 파괴하고 새로운 경쟁의 법칙을 창출할 수 있는 창조전략의 기회를 찾을 수 있다.

(3) 기회 찾기

다섯 가지 요소들 중 어느 한 가지를 기점으로 새로운 기화를 찾을 수 있을 것이며, 이를 다는 4가지 질문으로 확대시켜봐야만 한다. 가령 고객 재정의를 통해 창조전략의 기회를 발견하였다면, 더 나아가 창조적인 고객 정의를 만족시키기 위한 제품의 재정의, 이를 고객에게 전달하기 위한 유통방식의 재정의를 수행해야 한다. 좀 더 거시적으로는 무슨 비즈니스를 영위하고 있는지 업에 대한 재정의와 경쟁기반(Battle Field)으로서 산업이 무엇인지에 대해 재정의 해야 한다. 이러한 5가지 요소에 대한 혁신의 강도를 높임으로써 경쟁자들이 모방하기 힘든 급진적 혁신(Radical Innovation)을 달성할 수 있을 것이다.

① 산업경계 확장(Redefine the Industry)

산업은 일반적으로 같은 종류의 제품이나 서비스를 공급하는 복수의 기업들이 경쟁관계에 있는 분야를 지칭한다. 이렇게 기업이 속한 산업을 스스로 정의하는 것은 누구와 경쟁을 해야 하는 가를 결정짓는 요소이며, 경쟁에 대한 근본적인 틀을 정립하는 중요한 단계가 된다. 즉, 경쟁자를 결정하는 것은 그들과 어떻게 경쟁해야 하는가 하는 경쟁의 법칙을 결정짓는 것이다.

여기에서 기업은 산업의 정의가 기업이 아니라 고객에 의해서 결정된다는 것을 깨달아야 한다. 소비자의 입장에서 A라는 제품과 B라는 제품이 소비자의 욕구를 동일하게 충족시켜 준다면 이 제품들은 같은 것이고 결과적으로 이들은 동일한 산업에 존재하는 것이다.

예를 들면 토요일 저녁 가족과 오붓한 시간을 보내고 싶은 가장에게는 레스토랑과 공연장, 놀이공원은 동질적인 가치를 제공하는 동일한 후보군이다. 그런데 기업에 있어서는 레스토랑(restaurant)은 요식업이고, 공연은 엔터테인먼트(entertainment) 산업이고, 놀이공원은 테마파크(thema park) 산업이라 여긴다.

이렇게 산업의 경계를 고객에게 제공하는 동질적 가치의 여부에 따라 확장해 보는 것은 각 기업으로 하여금 창조적인 전략을 수립할 수 있는 기회를 제공할 수 있다. 더불어 산업경계를 확장할 경우 산업간 컨버전스(conversance) 현상을 생각하여야 한다. 산업간 컨버전스를 가져오는 주요 동기는 기술의 발달이다. 대표적인 사례가 금융업과 통신업의 융합되어 모바일 뱅킹 서비스를 제공하는 것과 통신업과 방송이 융합되어 통방융합 서비스를 제공하는 것을 들 수 있다.

이와 같이 기술의 발달은 예전에는 전혀 관계가 없던 산업을 융합시켜 새로운 산업을 창출하고 있는데, 이 현상의 추이를 관찰 예측하는 것 또한 산업경계를 다시 보는데 중요한 요소라고 할 수 있다.

② 사업 다시 보기(Redefine the Business)

산업에 대한 정의가 각 기업의 경쟁기반을 인식하는 외부적 시각이라면, 그러한 산업에 속해서 무슨 사업에 종사하는 가를 정의하는 것은 개별 기업 입장에서 바라 본 내부적 시각이다.

대부분 기업들은 제공하는 제품이나 서비스를 중심으로 자신의 사업을 정의하는 제품에 따른 방식으로 사업을 정의하고 있다. 제품 중심의 사업 정의는 자신에 제공할 수 있는 사업의 범위와 경쟁의 영역을 제품 중심으로 사고하게 만드는 1차원적인 사업 정의하고 할 수 있다.

그러나 기업의 사업 정의를 좀 더 창조적으로 구성해 봄으로써 창조전략의 기회를 발견해 볼 수 있다. 이러한 방법으로는 제품중심주의에서 고객중심주의(디즈니랜드의 사업 다각화)와 핵심 역량중심주의를 추가한 3차원적인 사업 정의를 생각해 볼 수 있다. 이에 디즈니의 경우, 자신의 사업을 고객 욕구에 의해 정의함에 따라 만화, 영화, 캐릭터, 테마파크 등의 사업으로 확장할 수 있었다.

사업을 창조적으로 볼 수 있는 또 하나의 방법은 기업이 보유한 핵심 역량을 중심으로 기업이 무엇을 할 수 있는 가를 생각해 봄으로써 제품을 창출해 낼 수 있는 근본 요소에 대하여 정의하는 것이다.

기업은 스스로 보유하고 있는 핵심 역량에 의해 사업을 정의할 때 새로운 사업 기회와 경쟁의 법칙을 파괴할 수 있는 기회를 찾을 수 있을 것이다.

③ 고객 다시 정하기(Redefine the Customer)

고객에 대한 재정의는 기존 경쟁자들과의 경쟁에서 자유로워질 수 있게 되는 것이다. 고객 재정의의 방법으로는 현재의 고객층에서 새롭게 고객을 재정의 하는 방법과 신규 고객층을 대상으로 하는 방법이 있다.

㉮ 현재의 고객층에서 새롭게 고객을 재정의 하는 방법

첫째, 현재 고객층에서 등한시 고객을 주요 고객층으로 재정의하는 것이다. 일반적으로 현재 등한시 고객층은 기업들이 돈이 안 된다고 판단하는 고객층이다. 그러나 기업활동의 재조정이나 기술의 발전으로 과거의 가치 방정식을 급격하게 변화시킬 수 있는 경우가 발생할 경우 이러한 등한시 고객층이 수익을 창출해줄 수 있는 고객군으로 변화하게 된다.

월마트의 경우 다른 경쟁사들이 주요 고객층으로 여기고 있던 인구 5만명 시상의 대도시 소비자를 대상으로 하지 않고, 인구가 5,000여명 이하의 적은 중소도시 소비자를 공략해서 성공을 거둔 사례이다. 월마트는 상시 최저가(Every Day Low Price)를 내세우며, 자체 소유의 인공위성 3대를 통하여 전 세계적으로 가장 저렴한 원료를, 인건비가 가장 싼 곳에서 상품화하여 최적의 물류·유통을 통해 고객에게 전달하여 성공을 거두고 있다.

둘째, 현재의 시장을 창조적으로 세분화하는 것이다. 창조적 세분화는 새로운 시각으로 고객을 세분화하여 자사의 제품과 서비스를 제공해야 하는 고객군을 새롭게 볼 수 있어야 한다.

델의 경우 컴퓨터 시장의 고객군을 컴퓨터에 익숙한 고객군과 초보 고객군으로 시장을 세분화하여 자신의 목표 고객군을 컴퓨터 활용에 능숙하고, 회사 운영부서에서 직접적으로 도움을 받은 경험이 있는 고객군을 대상으로 선정하였다. 그렇게 하여 델은 PC 주문부터 설치, 운영까지 혼자서 할 수 있는 고객군을 대상으로 Built to Order 방식이라는 주문-생산-유통방식을 구축할 수 있게 된 것이다.

㉯ 신규 고객층을 대상으로 하는 방법

첫째, 현재 네트워크를 맺고 있는 기업들을 고객으로 만들 수 있는가를 확인하는 것이다. 네트워크를 맺고 있는 기업의 대표적인 예가 공급자와 경쟁사들로서 각 기업들은 이들을 잘 알고 있으므로 이들이 무엇을 원하는지를 쉽게 파악할 수 있으며, 제품과 서비스의 제공이 쉽다는 장점이 있다.

카디날 헬스사는 병원에 의약품을 전문적으로 납품하는 의약품 유통업이 본업이지만, 수익성 악화를 제고하기 위하여 자신들의 네트워크를 이용하여 새로운 비즈니스 모델을 창출하였다.

기존고객인 병원에 대해서는 자사의 강점을 이용하여 효율적인 의약품 재고관리 프로그램 및 시스템을 병원내에 구축해 주었고, 이에 병원에서는 약국운영 전체를 아웃소싱(outsourcing)하였다. 또한 많은 수술 기자재가 필요한 외과의사들 에게는 온라인 주문을 통해 맞춤 수술키트를 수술 당일 아침에 신속하게 준비해줌으로써 고객 업무 프로세서 효율성을 고려해 주어, 더

욱 친밀한 고객관계를 형성할 수 있었다. 자사의 공급업체인 제약회사들 또한 고객으로 인식하여 제약회사들이 신약 개발에 집중할 수 있도록 약품배합 및 테스트, 물류 서비스를 아웃소싱하여 운영해 주었을 뿐 아니라, 고객인 병원과 의사들이 원하는 약품수요에 대한 정보를 제약회사 입장에서 마케팅 정보로 제공하여 공급업체를 수익성 높은 고객으로 전환하였다.

둘째, 업계의 변화로 새로 등장하는 고객층을 잡는 것이다. 인구통계학적 요소의 변화, 라이프 사이클의 변화, 규제의 변화, 기술의 진화 등 사회·문화·기술에 등의 거시적 요소의 변화는 현재에 존재하지 않았던 고객층을 새로이 창출한다.

바디샵은 아름다움이란 자연 그대로의 건강함에서 나오는 것이라는 사상을 가지고 고객들로 하여금 제품의 건강하고 환경친화적인 측면을 구매하게끔 하였다.

④ 제품/서비스 다시 보기(Redefine the Product)

제품의 속성은제품을 구매하게 되는 근본 요인인 핵심속성과 이를 제공하기 위해 추가적으로 제공되는 주변속성으로 품질, 포장, 배송, 설치, A/S, 품질보증 등이 있다.

㉮ 핵심속성의 이동현상 주목

우선 고객이 제품을 구매하는 근본 요인이 변화하는 것인 핵심속성이 이동하는 현상을 주목해야 한다. 핸드폰을 예로 들어보자.

예전에 핸드폰 구매의 근본 요인은 통화를 연결시켜주는 디바이스(device)에 있었다. 그러나 핸드폰의 통화 연결은 기본적인 속성으로 제공되면서 핵심속성이 아닌 주변속성을 변화하게 되었으며, 이를 대신하여 컬러 LCD와 카메라 기능이 핵심속성이 되었다. 현재는 MP3 기능 등을 핵심속성으로 파악하여 새로운 제품 컨셉(concept)을 만들기 위해 노력하고 있다.

㉯ 핵심속성의 확대현상이 주목

핵심속성의 확대란 기존의 제품을 구매하던 근본 요인 이외에 제품을 구매하는 추가 요인이 발생하는 것이다. 고객의 소비생활은 체인처럼 이어지는 연속적인 소비체인(Consumption Chain) 현상이 있다. 지금까지 고객이 겪었던 소비체인 단계별로 다른 기업을 상대해야 하는 불편함을, 하나의 체인을 담당하던 기업이 고객에게 원스톱 서비스를 제공하기 위해서는 기존의 핵심속성에 추가적인 핵심속성을 제공해야 하는 핵심속성의 확대 현상이 발생하는 것이다.

예를 들면, 자동차 보험회사의 경우 사고보장 서비스만을 제공하던 것을 추가적으로 의료, 행정, 견인 등의 서비스를 제공하게 되는 것이며, IBM이 대형 컴퓨터/서버 판매에 추가하여 소프트웨어 판매 및 유지 보수 서비스까지 확대 제공하는 것이다.

핵심속성의 확장시키기 위해서 고객이 어떻게 소비생활을 하는지 면밀히 관찰하여 현재 제공되고 있는 핵심속성에 추가하여 제공할 수 있는 새로운 속성이 무엇인지를 찾아내야 한다.

이렇게 제품을 창조적으로 창안하기 위해 제품이나 서비스의 핵심속성과 주변속성간의 관계변화를 이해해야 하며, 한 제품이 제공하는 기존 속성 중에서 제거해야 할 속성과 새로이 편입시켜야 할 속성이 무엇인지를 파악하는 것이 중요하다.

⑤ 프로세스 다르게 보기(Redefine the Process)

기업은 고객에게 제품과 서비스를 전달하기 위해생산과 유통의 프로세서를 가지고 있다. 이러한 프로세서를 창조적으로 바라보는 것도 창조전략 수립의 기회로 작용된다.

생산 프로세서의 경우 혁신의 대부분이 기술 진화에 의해 일어나기 때문에 구조화시키기가 어렵다. 그러나 전략 수립단계에서 기업내 기술과 산업내 기술 진화를 파악하여 현재의 생산 프로세스를 급격하게 향상시킬 수 있는 생산 프로세서가 있는 지 면밀히 관찰해야 한다.

그중 유통 프로세스를 통한 창조전략 수립기회를 찾는 방법에는 다음 세 가지가 있다.

㉮ 유통흐름 방향의 변경

고객을 시작점으로 하여 마케팅, 제품 디자인, 필요한 기술 개발, 제조, 구매하는 역발상의 가치사슬을 그리면 기업의 활동이 이에 맞게 변화하게 됨을

느낄 수 있을 것이다.

㉯ 중간 유통단계의 생략

특정산업에서 현재 상식적으로 생각하는 제품과 서비스의 유통단계를 다시 한 번 살펴 볼 필요가 있다. 고객을 상대로 가치를 제공할 부분이 상대적으로 적은 유통단계를 생략시킴으로써 기존의 경쟁법칙을 파괴하고 새로운 경쟁의 법칙을 창출할 수 있게 된다.

㉰ 유통방식의 변경

특정산업에서 적합하다고 믿는 유통채널이 정말로 적합한가를 반문해 볼 필요가 있다. 정수기 시장의 경우 기존 경쟁자들은 대리점을 통해 정수기를 판매하였으나, 웅진 코웨이는 방문판매를 통해 정수기를 팔았고, 지금은 코디하는 시스템에 의해 판매 후 방문을 통한 관리까지 사업을 확장하였다.

4. 창조전략의 선별 및 실행

1) 창조전략의 선별(Creative Strategy Selection)

기안된 창조전략은 기존 경쟁법칙을 대체할 수 있는 관점에서 평가하여 선별되어야 한다. 이를 위해 가치, 매력, 수익, 지속의 VAPS(Value, Attractiveness, Profitability, Sustainability) 관점에서 창조 전략의 기회를 평가할 수 있다.

첫째, 기안된 창조 전략이 경쟁사 보다 고객이 중요시하는 요소를 수용적인 수준으로 차별화 하였는가에 대한 '고객이 인지하는 가치'를 선별 기준 중 최우선 순위로 평가해야 한다.

이를 판단하기 위해서는 제품의 인지, 선택, 주문, 배송, 사용, A/S, 처리 등의 전체적인 소비의 고정 중 고객이 중요하다고 여기는 단계에서 수용적인 수준의 차별화를 이루었는가를 살펴보아야 한다.

둘째, 고객입장에서 창조전략이 가치 있다고 판단되면 그에 의해 창출되는 시장의 규모와 성장 가능성을 평가해야 한다. 이는 창출시장이 틈새시장이 될 것인지, 거대시장으로 형성되어 기존 경쟁의 규칙을 대체시킬 수 있는지

를 평가하는 매력성의 측면이다.

매력성을 평가할 때 현재의 시장 및 산업에 국한하여 시장규모를 파악하지 않고, 창조 전략의 적용이 가능한 인접산업과 시장까지 고려하여 그 규모를 추정해야 한다.

셋째, 고객의 가치와 시장 매력성을 평가하였다면, 이제 수익을 창출할 수 있는가를 평가해야 한다. 수익성을 창출 여부를 평가할 때 중요한 사항은 전략적 가격책정이다. 거대시장을 형성할 수 있도록 대중적인 가격을 설정하고도 이익을 창출할 수 있는지를 파악해야 하는 것이다. 한 기업만이 모든 투자 비용을 부담하였을 경우에는 수익이 나지 않을 수도 있지만, 제휴를 통해 투자 위험을 분담하게 되는 경우 수익이 창출될 가능성도 있다.

넷째, 마지막 단계로서 우위의 근원이 지속될 수 있는 가를 파악해야 한다. 새롭게 기안한 전략이 고객에 의해 수용되는 수준이 높고, 거대 시장을 형성하며, 동시에 수익을 남길 수 있다고 판단된다면, 기업의 어떠한 자원과 능력에 의하여 실현가능한지를 캐스캐이딩(Cascading) 방식으로 분석하여 자원과 능력에 지속성이 있는지, 이동성은 없는지, 따라 하기가 어려운 것인지를 냉정하게 평가해야 한다. 만약 그렇지 못하다면 차별성이 지속되도록 장치를 마련해야 한다.

그러나 창조전략의 선별 시 보다 중요한 것은 선별의 기준 적용 자체가 전통적인 방식을 뛰어 넘는 것이다.[9]

2) 창조전략의 실행(Creative Strategy Implementation)

창조 전략의 실행은 기존 전략의 실행과는 다른 상황에서 스스로를 배치함을 의미한다. 기존 전략의 실행은 기존의 경쟁법칙 하에서 경쟁사를 이길 수 있는 전략을 실행하기에 불확실성이 낮다고 할 수 있다.

그러나 창조적 전략은 기존 경쟁의 법칙을 파괴하고, 고객, 제품, 프로세서 등에서 변화하기 때문에 해당 기업은 불확실성이 증가할 수 있다. 이러한 불

9) 비행기를 이용한 익일배송(overnight delivery)모델을 현실화 한 Fedex의 성공이나, 안락함이 생명인 의자에 금속소재를 사용하여 투박하고 견고함을 적용한 Aeron Chair의 성공이 있다.

확실성 속에서 전략을 실행하기 위해서 3S(Small, Study, Speed)의 원칙을 고려하여 초기 실행 투자는 작게 시작하여(Small), 이를 실행하는 과정에서 교훈을 얻은 후(Study), 다시 수정된 전략을 민첩하게 실행하는(Speed) 것이 창조 전략의 실행을 성공적으로 이끌기 위한 주요 원칙이다.

이러한 3S의 원칙을 실현시키기 위해서는 시나리오 플래닝(Scenario planning)기법과 길물 옵션(Real Option) 기법 등을 활용해 볼 수 있다.

5. 창조전략의 체질화

창조적 전략은 기존의 안정 상태를 깨고 계속적으로 혁신을 하기 위해 조직을 불안정한 상태로 몰고 가는 전략인 것으로 계속 이러한 상태를 유지하기 위해서는 경영진들의 지속적인 노력과 혁신의 분위기가 조직 내에 체질화되도록 만들어야 한다. 이러한 창조 전략을 체질화하기 위한 방법에는 2 가지가 있다.

1) 창조적 긴장감(Creative Tension)의 조성

조직에는 관성의 법칙에 의해 현실에 안주하고 싶은 관성이라는 힘이 작용한다. 이 힘은 다른 영향이 없다면 기업을 현실의 성공에 안주하게 만들 것이므로, 조직에 새로운 힘을 가하여 조직과 개인에게 지속적으로 새로운 목표를 부여하여 계속적으로 미래로 나아가게끔 만드는 것이다. 이것이 바로 미래 성장을 위한 창조적 긴장감이 된다.

삼성전자의 최고경영자(Chief Executive Officer, CEO)들은 "가장 잘 나가는 시기가 가장 위험한 시기입니다. 우리는 여전히 위기 상황에 있으며 초일류시업으로의 도약을 지속적으로 준비해야 합니다"라고 조직내에 강한 메시지를 전달하고 있다.

도요타 자동차의 CEO들도 2004년 162조 원의 매출과 16조 원의 영업이익을 창출하였으나 늘 조직에게 "위기의식이야말로 최고의 자산"이라며 위기감의 필요성을 강조하고 있다.

2) 창조적 전략 수립을 위한 조기 경보시스템 구축

창조적 전략 수립을 위하여 조기 경보시스템을 구축함으로써 조직내에 창조적 전략을 체질화할 수 있을 것이다. 조기 경보시스템 구비는 창조적 전략을 수립해야 하는 시기를 알려주게 되며, 대부분의 기업들은 재무적 지표를 조기 경보시스템의 지표로 선정하고 있다.

그러나 재무적 지표는 다양한 영업상, 전략상의 지표에 빨간 불이 켜진 결과로서 나타나는 것이므로 창조 전략의 수립과 실행간에 발생하는 시간 격차(Time Gap)로 인하여, 재무적 지표를 전략 조정의 시기로 삼는 것은 어리석은 일이다. 따라서 재무적 지표를 조기 경보시스템의 지표로 삼는 것보다는 영업과 전략상의 지표를 검토하여 창조전략 수립여부를 결정해야 한다.

이렇게 창조적 긴장감을 조성하고, 전략적 건전성에 의거한 조기 경보시스템을 구축함으로써 창조 전략 기안, 선별, 실행의 전 과정을 조직내에 체질화할 수 있을 것이다.

국제마케팅 믹스전략

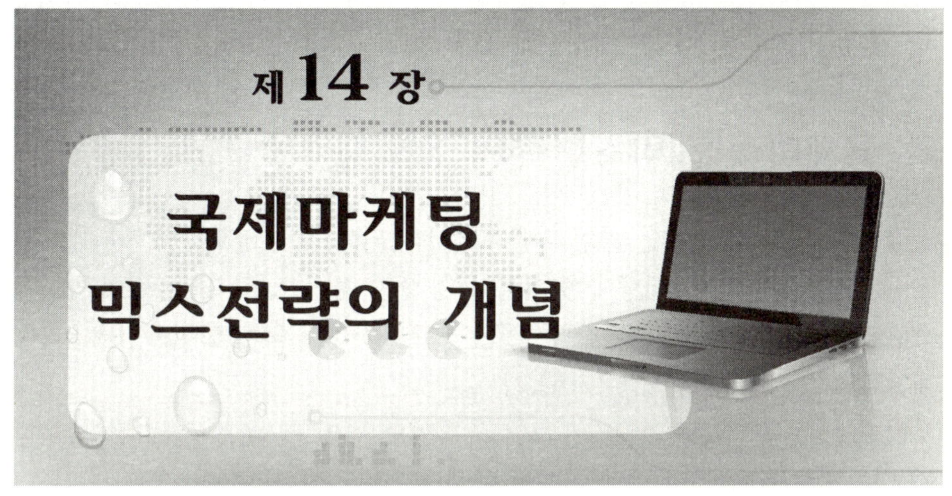

1. 국제마케팅 믹스전략의 개념

기업을 경영하는 데 있어 가장 중요한 것은 기업의 목표를 위하여 각 해외시장의 마케팅기회 및 시장잠재력을 평가한 후 기업의 경영자는 마케팅 믹스 전략(marketing mix strategy)을 수립하게 된다.

마케팅 믹스란 통제불가능한 모든 국내외환경에 창조적으로 적응하여 마케팅목표를 가장 효과적으로 달성하기 위하여 기업의 통제가능한 제 마케팅요소를 유기적으로 조정·통합하는 활동을 의미한다. 이 때 이러한 통제가능한 마케팅요소는 대체로 ① 제품 계획 ② 가격결정 ③ 유통경로 ④ 판매촉진 등

의 4요소로 구성된다. 물론 이러한 기본요소 이외에도 상표정책·포장전시·마케팅 서비스·물적 유통 등이 별도로 추가될 수 있으나 원칙적으로 이러한 4가지의 요소가 기본적인 구성요소가 된다.

2. 국제마케팅 믹스전략의 유의점

국제마케팅 믹스전략은 기업의 목표달성을 위한 각 구성요소의 상관관계를 규정하며 기업체의 마케팅에 있어서의 강점을 최대한으로 활용하고 약점을 보완하는 데 중점을 두어야 한다. 일반적으로 기업이 국제마케팅 믹스전략을 개발함에 있어서의 유의점은 다음과 같다.

첫째, 기업은 최적믹스 또는 적어도 기업의 이익 및 마케팅목표를 달성할 수 있는 믹스를 얻기 위해 노력해야 한다. 그러나 최적믹스를 실현시키는 것은 믹스구성요소간의 상호의존성·경쟁기업체들의 반응·해외시장환경변수의 계속적인 변화 등으로 매우 어려운 과제인 만큼 경영자는 마케팅 믹스전략의 수립에 있어 이러한 모든 요인을 고려하여 탄력성 있는 전략을 추진해야 한다.

둘째, 마케팅 믹스전략은 각국의 정치 경제·법률·사회·문화적 배경과 마케팅 제도·마케팅 발전상태·소비자의 특성 등을 고려하여 수립되어야 한다. 어떤 국가에서 성공한 마케팅 믹스라고 하더라도 대상국의 이러한 환경의 차이를 고려하지 않고 그것을 그대로 이식하는 것은 중대한 과오를 범하는 원인이 된다.

셋째, 국제마케팅전략 수립에는 관련되는 변수가 많고 기업 및 제품 계열간의 차이가 있다는 점을 염두에 두어야 한다.

아울러 마케팅 믹스전략에 있어 통제가능한 제수단인 제품계획, 가격결정, 유통경로, 촉진활동 등의 전략체계는 다음 〈그림 14-1〉과 같다.

〈그림 14-1〉 마케팅믹스 전략

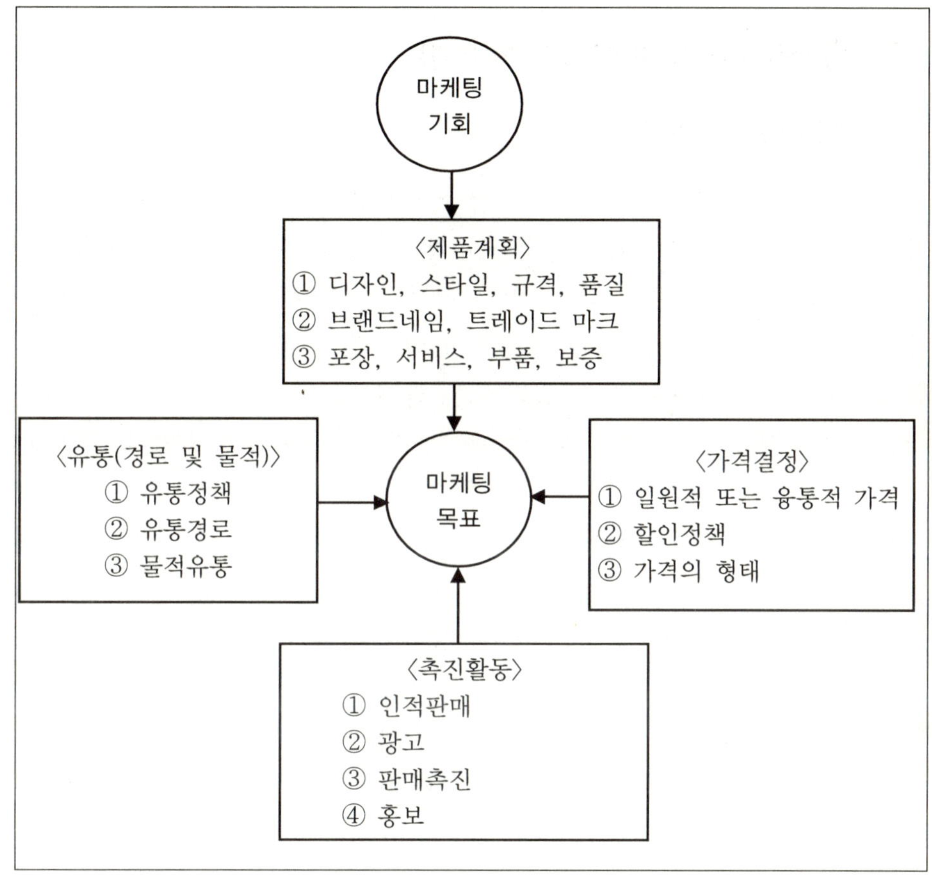

그러나 마케팅전략을 범세계적으로 완전히 통일하는 것은 각국의 환경차이 때문에 사실상 불가능할 뿐 아니라 지나친 마케팅 믹스의 표준화는 마케팅 믹스 차별변화가 가지는 의의를 상쇄시킨다. 따라서 마케팅 믹스전략을 수립함에 있어 국제경영자에게 가장 중요한 것은 개별적인 시장에 적응함으로써 판매고를 높일 수 있는 차별화의 이익과, 비용을 절감하고 효율을 높일 수 있는 표준화의 이익을 조화하는 일이다. 이를 위해서는 어떠한 구성요소들이 표준화되어질 수 있으며 각국시장의 특성을 개별적으로 고려하여 합리적으로 검토하고 경영전략을 결정하여야 할 것이다.

3. 통제 가능한 마케팅요소

1) 제품계획(Product planning)

(1) 제품계획의 의의

제품계획이란 적정한 제품을 적정한 목표시장에 대하여 적정한 시기에 적정한 가격으로 판매하기 위한 정책과 기획 및 그 실천을 뜻한다. 여기서 제품이라 함은 단순한 중량·크기 등의 물리적 속성만을 의미하는 것이 아니며 물리적 디자인·포장·상표 등의 상징적 속성과 서비스적 속성 등 고객에게 만족이나 편익을 가져다 줄 수 있는 모든 판매가능한(marketable) 편익의 총체로 이해하여야 한다. 따라서 제품은 마케팅을 수행하는 기업이 제공하는 주체이며 핵이다.

이러한 관점에서 제품계획은 고객지향적인 관점에서 수립되어야 하며 또한 어떠한 제품을 생산 판매할 것이냐에 따라서 가격결정·유통경로·판매촉진 등의 마케팅 믹스 구성요소별 전략이 결정되는 것인 만큼 모든 마케팅 프로그램의 초석이 되는 것이다. 국제기업의 제품계획문제는 국내기업의 제품계획과 동일한 원리가 적용되나 그 내용에 있어서는 더욱 복잡한 양상을 보인다. 이는 세계 각 시장의 환경과 특성이 크게 달라 각 시장별로 어떤 제품을 도입하고 변경하며 제품계열에서 탈락시킬 것인가 하는 문제에 직면하기 때문이다.

아울러 제품개념의 위치설정에 관하여 살펴보면 다음과 같다.

첫째, 어떤 유형의 구성물로서 제품(tangible product)

둘째, 소비자가 가치를 부여하는 것으로써 기업이 소비자에게 제공하는 일체의 서비스까지 총괄한 제품(extented product)

셋째, 다양한 욕구충족을 위한 수단을 발견하고자 하는 소비자의 수요를 해결하여 주는 본원적 제품(generic product) 등이 있다.

현재의 소비자 중심의 마케팅개념에서 볼 때 제품계획은 본원적 제품개념(generic product concept)을 실현하도록 설계되어야 할 것이다.

제품의 위치를 설정하는 문제는 자사의 제품이 특이한 성질을 가지고 소비자의 구매욕구에 부합되도록 하여 독점적 경쟁이 이점을 얻도록 하는 것이다.

(2) 제품전략

소비자의 욕구를 충족시킬 수 있는 제품개발이 가장 중요하다. 어떤 제품을 생산·판매할 것이냐에 따라서 가격결정, 유통경로, 판매촉진 등 마케팅 믹스의 구성요소별 전략이 결정된다.

그러므로 국제제품계획의 전략으로서는 첫째 제품차별화와 시장세분화에 따른 의사결정이며, 둘째, 제품수명주기(product life cycle)의 따른 분석을 통한 전략이며 셋째는 신제품개발에 따른 대책 등을 강구해야 할 것이다.

2) 가격결정전략(Price strategy)

가격결정 전략이란 생산 및 판매업자가 기업의 목표를 달성하기 위하여 시장 상황을 고려하여 제품의 판매가격을 의식적으로 결정하는 일련의 관리활동을 말한다. 이러한 가격설정의 문제는 해외운영을 행하는 기업의 최고경영층과 국제마케팅 관리자의 가장 어렵고도 중요한 과제 내지 의사결정과정의 하나이다. 국제경영을 행하는 기업은 제품·유통경로·판매촉진 등 여타의 마케팅 믹스의 구성요소와 관련하여 범세계적 관점에서 각 국가의 수준을 고려한 가격결정전략을 수립하여야 한다. 왜냐하면 그 같은 제품·유통경로·판매촉진전략이 어떠하냐에 따라서 제품단위당 원가도 달라질 수 있기 때문이다. 이와 같이 가격결정전략은 다른 마케팅전략과의 상호관계 속에서 이루어져야 하므로 그것은 매우 복잡하고도 어려운 문제이다. 더욱이 해외시장을 대상으로 하는 국제가격결정에는 수적으로 더욱 많고 가변적이어서 파악하기가 더욱 곤란한 여러 가지 변수들을 고려하여야 하므로 더욱 복잡해진다.

미국기업이 가장 빈번히 사용하는 수출가격정책은 원가에 따른 가격가산법(cost-push method pricing ; cost-oriented pricing ; normal mark-up pricing)이다. 이 방법은 판매가격을 산출하기 위해, 즉 총경비를 커버하기 위해 더 나아가 회사이익을 창출하기 위해 고안된 방법이다. 아울러 경쟁력 강화를 위한 가격정책을 보면 다음과 같다.

(1) 자국중심의 가격정책

자국중심의 가격정책(Ethnocentric Pricing Policy)은 제품의 가격이 국내 또는 그 밖에 수출시장에서 판매되든 간에 동일한 것을 의미한다. 분명히 이 방법은 각종 제품시장에서의 수요민감도를 고려하지 않고 있다.

(2) 다수국지향의 가격정책

다수국지향의 가격정책(Polycentric pricing policy)은 방계회사나 자회사가 모회사에 독립된 가격정책을 추구하도록 자격에 부여된 상태에서 이용된다. 이 접근방법의 융통성은 국내시장조건에 반응하는 데 있어서 보다 많은 기동성을 허용하고 있다는 점이다.

이 접근방법에 수반되는 한 가지 단점은 국내경영관리자가 모회사를 제공할 수 있는 기업경험과 보다 복잡하고 깊이 있는 형태의 혜택을 받지 못하는 데 있다.

(3) 범세계적 지향의 가격정책

범세계적 지향의 가격정책(Geocentric pricing policy)은 다수국지향 접근방법보다 융통성이 적으며 또한 자국중심 가격정책만큼 정밀하지도 체계적이지도 못하다. 이 방법에서의 가정은 반드시 인식되어야 할 약간의 국내시장요소가 있으나 국내의 의사결정은 본부지침에 따른다는 점이다. 이 경우의 사례로는 TRW의 가격전략을 들 수 있다. TRW의 자동차그룹은 가격책정을 자회사와 거래하는 최종소비자에게 일임하고 있다. 국내가격은 국내시장에서 결정된다.

마찬가지로 미국의 국제통조림회사(American Can International)도 소비자에 대한 가격책정은 현지 방계회사에 일임하고 있다. 가격문제에 대한 본부의 조언이 필요한 경우 방계회사 또는 자회사가 원한다면 모회사에 자문을 의뢰할 수 있다.

아울러 가격결정전략을 수입함에 있어 고려하여야 할 중요한 사항은 다음과 같이 요약할 수 있다.

① 마케팅 믹스에 있어서의 가격경쟁에 대한 강조 여부

② 범세계적으로 통일된 기본가격이나 각국별로 변화 있는 가격의 설정

③ 가격선도자가 될 것인가, 가격추종자가 될 것인가

④ 판매촉진을 위한 가격결정에 대한 강조

⑤ 제품수명주기를 고려한 가격결정

⑥ 가격결정방법의 선정 : 원가가산법, 원가 및 탄력적 이폭가산법, 증분가격설정법 등

⑦ 신제품 가격결정법의 선정 : 시장대응가격전략, 시장침투가격전략 등

이하에서는 상기사항을 크게 가격의 전략적 역할과 가격결정의 접근방법으로 나누어 언급한다.

3) 유통경로전략(Distribution Channel Strategy)

유통이란 재화와 서비스가 최종소비자에게 언제든지 유용하도록 수송, 보관 및 커뮤니케이션과의 시스템을 조직하는 것과 관계된다. 즉, 국제마케팅 관리자가 해외시장기회를 이익화하기 위해서는 생산된 제품을 해외의 최종고객에게 효율적으로 분배하기 위한 유통의 전략을 여타의 마케팅 믹스전략과 함께 수립하여야 한다.

유통전략(distribution channel strategy)이란 재화와 용역이 올바른 상태로 알맞은 시간에 원하는 장소로 요구되는 양만큼 소비자에게 전달되는 데 필요한 기업의 의사결정 및 행동을 말한다.

일반적으로 국제마케팅 관리자는 전술한 제품계획전략이나 가격결정 전략의 경우는 특히 중요시하면서도 이러한 유통전략의 중요성을 간과하기 쉽다. 수출할 제품이 있으면 국내이건 해외이건 판매하는 데만 급급한 나머지 자기의 제품이 해외시장에서 어떤 유통기구를 통하여 어떤 가격과 마진으로 어떤 판매활동을 통하여 어떻게 최종소비자에게 입수되는가에 대한 관심도 이해도 없는 경우가 많았기 때문이다. 그러나 어떠한 유통전략을 수립하고 실천하느냐는 유통코스트뿐만 아니라 판매수량·판매의 계속성·장래의 판매방법과 판매정책 등에 미치는 영향이 지대하므로 여타의 마케팅 믹스전략과 함께 중요한 하나의 전략요인이 되는 것이다.

따라서 국제마케팅 관리자는 ① 기업체가 활용할 수 있는 해외시장진출방법을 선정한 다음, ② 해외시장국별로 활용할 수 있는 현지유통전략을 수립하여야 하며, ③ 제품의 생산지점으로부터 소비지점까지의 물적인 흐름과 관련하는 국제물적유통에 관한 적절한 의사결정을 행해야 한다.

4) 촉진전략(promotion strategy)

촉진전략이란 기업이 해외시장기회를 보다 이익적으로 활용하기 위하여 해외고객의 수요를 환기라고 자극함으로써 판매촉진을 하도록 하는 의사결정과 활동을 말한다. 이러한 촉진전략은 국제마케팅 믹스전략의 하나로써 근대적인 마케팅에 있어서의 중요한 기능의 일부분이며, 특히 변화하는 국제시장환경과 경쟁적인 시장조건 하에서의 그 중요성은 더욱 증대되고 있다. 따라서 국제마케팅 관리자는 해외의 고객에게 그들의 제품과 그들 기업자체에 대한 정보를 의도적으로 전달하기 위한 이러한 촉진전략을 합리적으로 수립하고 시행하여야 한다.

아울러 국제기업의 주요 촉진전략의 내용을 살펴보면, ① 각 국가별 및 범세계적 규모의 촉진믹스, 즉 광고, 인적 판매, 판매 촉진 및 공중관계 등의 결정, ② 광고매체와 촉진매체의 선정, ③ 광고대리점 사용에 관한 결정, ④ 촉진활동의 표준화 문제 등이다. 이러한 전략은 물론 전세계적인 관점에서의 마케팅목표를 달성하도록 고안되어야 한다.

촉진전략은 기업의 마케팅방침, 제품계열, 각국의 마케팅제도 및 기타 다른 요소에 의하여 결정된다. 촉진활동은 근본적으로 커뮤니케이션을 포함하고 있고, 각국마다 가치관, 태도, 언어, 습관 및 행동의 유형이 상이하므로 그 양상이 복잡하다. 어떤 형태의 광고는 국가법률에 의하여 규제되거나 제한되는 경우도 있다.

예컨대 많은 국가에 있어서 약품광고는 엄격한 제한을 받고 있다. 또한 프랑스에서는 위스키의 광고가 금지되어 있으며, 독일에서는 자사의 제품이 타사의 제품에 비해 우월하다고 광고할 수 없도록 되어 있다. 그리고 서유럽의 경우 이용가능한 광고매체가 국가에 따라 상당한 차이를 나타내고 있다. 미국에서 많은 소비재를 광고하는 경우 우월한 광고매체인 텔레비전이 몇몇 유럽국가에서는 관영으로 되어 있어서 유용하지 못하거나 이용이 극히 제한되어 있다.

광고(advertising)란 광고주가 신문·잡지·라디오·TV·영화·포스터·간판 등과 같은 유상적 대량전달매체를 통하여 비대인적 형태로 대량수요를 유발시키는 판매촉진활동이다. 따라서 이러한 광고가 국제마케팅활동의 차원에서 이루어지는 것이 국제광고이다 이것은 때대로 수출광고·해외광고·외국광고·다목적광고 등의 여러 가지 표현으로도 사용된다. 어쨌든 이러한 광고는 오늘날과 같은 대중사회에서 제품의 대량소비를 촉진시키는 대량촉진(mass promotion)의 수단이며 국제촉진믹스전략 중에서도 가장 대표적이고도 가장 중요한 요소라고 하겠다.

아울러 국제적인 광고를 계획할 때 국제기업은 여러 가지 광고매체와 촉진매체를 이용할 수 있으며, 그 종류는 다음과 같다.

① 국제적인 잡지, 신문, 업계지 등과 같은 국제적 매체

② 현지신문, 잡지, 업계지와 같은 현지 국내 출판물과 라디오 및 텔레비전

③ 직접우송

④ 옥외의 대형 포스터, 교통차량의 간판과 같은 옥외매체

⑤ 극장에서의 광고

⑥ 점두진열, 카탈로그 및 안내서, 무역견본시장 및 박람회의 출품

국제기업은 국제적인 매체에 광고하는 한편, 각국별로 현지광고매체를 병용한다. 비록 몇몇 소수의 회사들이 중앙집권적인 광고를 계획하지만, 매체가 각국마다 상당히 다르기 때문에 대부분의 경우에 본사가 각국 자회사에 지침과 협조만을 제공한다. 그 지침은 일반적으로 인쇄물의 발행부수와 독자수, 라디오 텔레비전의 시청자수, 다른 마케팅국면과의 조화 등으로 매체선정기준을 제공하고 있다.

또한, 판매촉진(sales promotion)이란 상술한 광고·인적 판매·홍보 등을 제외한 일체의 촉진활동으로써 소비자의 구매와 판매점의 효율을 증진시키는 비반복적인 제반 촉진활동을 지칭한다. 그러나 구체적으로 이것이 무엇을 뜻하는가는 아직 통일된 구분이 없으나 대체로 ① 경품권이나 현상모집(sales

contents) 등의 소비자에 대한 촉진활동으로써의 소비자촉진(consumer promotion), ② 구매공제금 등의 중간상에 대한 촉진활동으로써의 거래촉진(trade promotion), ③ 상여금의 제공 등과 같은 판매원에 대한 촉진활동으로써의 판매촉진(sales force promotion), ④ 서비스 매뉴얼과 공구 등의 제공이나 기술강습회개최 등의 기술조성활동, ⑤ 카탈로그나 견본의 제공 및 제시, ⑥ 국제견본서나 전시회 등에의 출품과 각종 국제전시회(international exhibition)또는 미국박람회(world exposition)에 참가 등이 있다.

제2절 국제마케팅 믹스전략개발의 특성

1. 국제마케팅 믹스전략개발의 특성

1) 표준화 전략(Standardization Strategy)

국제마케팅믹스의 표준화전략이란 글로벌시대에 세계를 단일시장으로 보고 한 국가에서 사용하던 마케팅믹스전략을 세계적으로 동일하게 표준화 한다.

표준화에 대한 문제는 1960년대 에린더(Elinder, 1965)에 의해 처음 제기되어, 1980년대 레비트(Levitt, 1983)에 의해 관심을 불러일으켰다. 이 전략에서는 사람들의 개인 욕구나 필요는 세계적으로 동일하며, 특히 통신수단의 발달과 해외여행자 수의 증가 등으로 인하여 세계시장의 소비자가 동질화 되어 간다고 보고 있다. 이에 제품에 대한 디자인, 브랜드, 제품 포지셔닝, 가격, 광고, 유통, 포장 등의 표준화로 마케팅믹스전략을 세계시장에 표준화시킴으로서 규모의 경제로 비용을 절감하고, 고객과의 보다 일관성 있는 관계를 유지하며 기업을 위한 보다 좋은 계획과 통제, 좋은 아이디어의 세계적 활용 등을 통해 기업은 많은 이익을 실현할 수 있다고 보고 있다.

2) 적응화 전략(Standardization Strategy)

한 국가에서 사용하던 전략을 현지국의 환경을 고려하여 변경하는 것으로 국가간 소비자의 취향, 유통경로, 가치시스템의 차이가 존재함으로 진출국의 소비자선호도와 취향에 맞는 차별화된 마케팅전략이 효율적이라고 본다.

적응화전략에서는 각국의 소비자들이 사용하는 언어, 종교, 철학 및 전통 등을 포함한 문화적배경과 기후, 지리 등의 자연환경도 국가마다 상이하므로 마케팅믹스전략도 국가에 따라 달라야한다고 보고 있다(Miracle, 1968; Onkvisit & Shaw, 1987).

해외시장을 표적으로 하는 국제기업은 국제마케팅믹스(제품, 촉진, 유통경로 그리고 가격)전략을 세계적으로 표준화할 것인지, 국가별로 적응화할 것인지 그리고 표준화와 적응화를 하는 경우 어느 정도 할 것인지를 결정해야 한다.

그러나 표준화 혹은 적응화라는 이분법적 접근 대신 표준화와 적응화의 조화가 바람직하다. 예를 들면, 광고에서는 포지셔닝 주제와 브랜드 특성(brand identity)과 같은 전략적 부문은 표준화하고, 구체적인 실행과 상품의 차별화는 현지시장에 맞는 적응화 등을 생각할 수 있다.

〈표 14-2〉에서는 기업이 해외시장에 진출할 때 제품과 커뮤니케이션을 기준으로 선택할 수 있는 표준화・적응화전략의 4가지 유형을 보여주고 있다.

〈표 14-1〉 표준화전략과 적응화전략

		커뮤니케이션	
		동일	상이
제품	동일	제품표준화/커뮤니케이션 표준화 (예 : 응용 소프트웨어)	제품 표준화/커뮤니케이션 적응화 (예 : 자전거)
	상이	제품 적응화/커뮤니케이션 표준화 (예 : 석유, 세척제)	제품 적응화/커뮤니케이션 적응화 (예 : 인시키드, 축하카드)

자료 : Warren J. Keegan, Global Marketing Management, 2002. 이수형, 글로벌 마케팅, 2005, p.266.

2. 국제마케팅 믹스전략개발의 유의점

국제마케팅의 기본적인 문제영역은 두 가지 차원에서 살펴볼 수 있다. 첫째, 국제마케팅은 주권국가의 법과 정치의 제약을 받기 때문에 국가영역 간에서 어떻게 마케팅활동을 통합적으로 전개할 것인가에 관한 문제이다. 둘째, 서로 다른 성질을 가진 각국의 국민적 환경하에서 마케팅을 전개할 때 파생되는 문제 등이다. 이 같은 두 개의 문제영역은 세계적인 국제사업의 분업화가 노하우의 이전에 따라 다국적기업을 구성하는 각 기업의 개별적 성과합계보다도 전체 기업성과가 보다 크게 달성될 수 있다.

아울러 국제마케팅믹스 전략상의 유의점을 살펴보면 다음과 같다.

첫째, 기업은 최적믹스 또는 적어도 기업의 이익 및 마케팅목표를 달성할 수 있는 믹스를 얻기 위해 노력해야 한다. 그러나 이에는 믹스구성 요소간의 상호의존심, 자사믹스전략에 대한 경쟁기업체의 반응, 해외시장 환경변수의 계속적인 변화라는 문제가 따르므로 경영자는 믹스전략의 수립에 있어서 이러한 모든 요인을 고려하여 전략을 탄력적으로 강조해 나가야 한다.

둘째, 어떤 국가에서 성공한 마케팅 믹스라 할지라도, 사회·문화·관습과 마케팅 제도 등의 차이를 고려하지 않고 다른 나라에 적용하는 것은 중대한 과오를 초래할 수 있다. 또한 내구성 소비재를 판매함에 있어서 서비스 및 부품 등과 같은 마케팅 믹스는 기본적인 요소를 제공하지 못하는 과오를 범할 수도 있다.

셋째, 전략수립에 관련된 변수가 많고 회사간 또는 제품계열간에 차이가 있다는 것을 염두에 두어야 한다. 공업국가와 비공업국에 대한 마케팅 믹스는 제품의 다양성에 있어서 차이가 있어야 하며, 부품이나 전체 시스템을 표준화할 때도 각국시장의 특생이나 소득, 기호 등에 알맞게 조절할 수 있도록 하여야 한다.

1. 상품의 개념 및 특성

1) 상품의 개념

상품이란 일반적으로 전매를 목적으로 산출되거나 매입되는 상업매매의 목적대상이 되는 모든 동산을 말한다. 이런 관점에서 본다면 유체물품과 무형재의 권리, 실질적인 상품과 형식적인 증권 또 전환 제공이 용이한 동산이든 이동이 자유롭지 않는 부동산이든 매매가능의 대상이 되는 일체를 상품으로 간주할 수 있다. 광의의 상품 개념을 설명하면 다음과 같은 내용으로 성립된다.

〈그림 15-1〉 상품의 분류

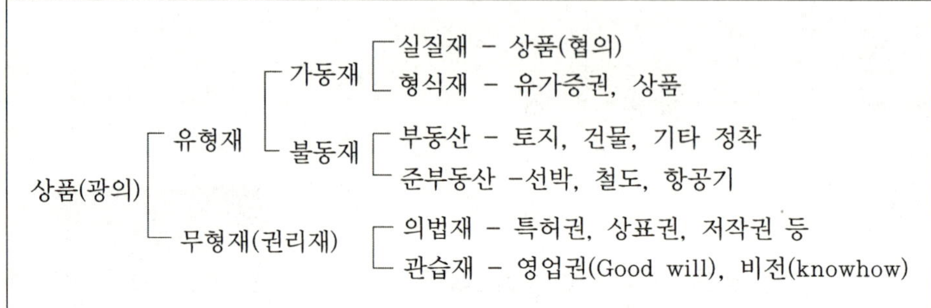

2) 상품의 특성

일반적으로 상품은 다음과 같은 성질(qualification)을 가져야 한다.

첫째, 상품은 그 자체가 인간의 욕망을 충족시킬 실질가치를 가져야만 한다. 이 점에서 유가증권(securities)과 생산물(produce)의 본질적인 차이를 볼 수 있다. 채권이나 어음과 같은 유가증권은 인위적 관계와 법률적 규정에 의해서 재산적 가치를 부여한 것 인데 반하여 생산물은 그 자체가 사용가치를 갖고 있다. 따라서 전자는 형식적 상품으로써 후자와 같이 자연과학 연구에 의하여 그 진위와 우열을 식별 감정할 수 없게 된다.

둘째, 상품은 쉽게 유상적으로 전환제공이 가능한 자유로운 이동성을 가져야만 한다. 이 점에서 본다면 부동산 및 각종 권리가 유체동산(corporeal movables)과 질적인 차이를 나타낸다고 하겠다. 이동성을 잃고 보관과 관리를 요하지 않는 토지·건물·철도·교량·부두와 같은 부동산과 선박·항공기와 같은 준부동산은 직접적으로 상품매매의 목적물이 되더라도 상품의 범주에는 속하지 않는다. 이에 반하여 상품은 기업의 거래물이든 또는 영리를 목적으로 하지 않는 배급물자이거나 간에 자유로운 이동성을 가지고 수시로 어느 곳에서나 저장·보관할 수 있는 것을 그 요건으로 한다. 또한 각종의 특허권·상표권·저작권·상호전용권·영업권 등과 같은 무형재는 상품에서 제외된다.

셋째로 상품은 그 물건이 현실적으로 또는 직접적으로 상거래 환경 내지

배급환경에 놓여져 있어야만 한다. 현대와 같은 「상품생산」 시대에 있어서는 각종산업의 시장적 생산물(Marketable products)은 보다 상품이 될 성질을 갖는다. 단, 현실적으로 상적 취급을 받는다는 것은 직접적으로 상거래환경 또는 배급환경에 놓여 져야 되므로 공장과 점포의 집기·비품 등은 사회통념상 상품이라고 하지 않는다.

2. 제품의 개념

제품(finished goods, finished product)이란 제조공정이 완료되고 이미 완성품으로서의 최후의 단계가 끝난 것이다. 제품조정에서 원료비, 노무비, 경비의 각 원가요소가 소비되어 제품이란 가치에 이전하게 되며, 이와 같은 제품의 구매력을 가진 생산물로써 원가계산상 제조에 관련되어 야기되는 모든 원가요소의 최후의 부담자를 말한다. 그러므로 원가계산상 원가부담자인 제품, 즉 원가가 계산되는 제품은 판매능력을 가지는 유가물건을 의미한다. 미국마케팅협회(AMA)에 의하면 「제품관리(product management)란 제품의 라이프 사이클(product life cycle)의 각 단계의 계획(planning), 지휘(direction), 통제(control)을 의미하며, 이에는 신제품에 관한 아이디어의 창조 내지 발견, 그 아이디어의 심사, 연구의 작업과 제품의 물적 개발의 조정, 그 포장과 상표 선정, 시장에의 도입, 시장의 개발, 이미 시장을 개발한 제품의 품질개선과 신용도의 발견, 제품에 대한 수리서비스의 제공 및 제품의 삭제를 포함한다」고 정의되고 있다. 그렇다면 국제제품관리(international product management)는 한마디로 표현해서 국제제품의 라이프 사이클의 각 단계의 계획, 지휘(조직), 통제를 의미하는 것과도 같다.

국제제품관리에 있어서 주요추구대상인 국제제품은 마케팅목적의 달성을 위해서는 필수불가결의 투입수단인 마케팅믹스 가운데서는 가장 핵심적인 요소로 손꼽힌다. 그것은 제 아무리 적절한 가격으로 적절한 경로를 통해 적절한 방법으로 추진된다 하더라도 애당초 국제마케팅 활동의 객체이자 국제마케팅관리의 주 대상인 적절한 제품의 제공 없이는 마케팅목적이 전혀 달성될 수 없기 때문이다. 특히 국제제품(international product)은 국내제품

(domestic product)과는 달리 급변하는 국제환경 속에서 거래되어야 하기 때문에 무엇보다도 국제마케팅활동의 객체로서 국제제품의 마케팅 관리는 무엇보다 중요하다.

제2절 신제품개발전략

1. 신제품개발의 개념과 중요성

1) 신제품의 개념

신제품(new product)이란 처음으로 개발된 기술로 제조한 제품, 기존의 기술이지만 시장에 처음 나온 제품, 기존의 제품을 개선 또는 개량한 제품 또는 기존의 제품이지만 새로운 용도가 개발된 제품을 포괄하는 개념으로 정의할 수 있다.[10] 다만 원료품, 제조공정에서의 개량품이 아닌 디자인이나 포장의 단순한 변경으로 인한 개량품은 제외된다. 그리고 신제품 개발이란 고객의 니즈와 욕구를 파악하여 소비자에게 새로운 가치를 제공하는 제품을 필요로 하는 시기와 필요로 하는 사람에게 적절한 가격으로 생산·판매함으로서 이익의 창출과 소비자의 만족을 통해 고객 및 기업의 경쟁력을 확보해 나가는 활동이라고 할 수 있다.

신제품의 개념은 신규성의 정도에 따라 매우 혁신적인 제품, 기능향상 제품, 상품 라인 증설 제품, 재포지셔닝 제품 그리고 비용감소 제품으로 구분할 수 있다. 매우 혁신적인 제품이란 시장에 처음으로 출시된 제품을 말한다. 기업이나 소비자 모두에게 새로운 제품으로 이 유형의 신제품들은 새로운 분야의 시장을 형성할 수 있으며, 일반적으로 상당한 기술개발과 함께 새로운 발견을 필요로 하는 제품을 말한다. 기능향상 제품(improved product)은 기존

---

10) 김범종, 박승환, 송인암, 황용철, 「마케팅 원리와 전략」, 2009, p.225

의 제품에 새로운 기능을 추가한 제품을 말한다. 이 분야의 신제품은 비록 새로운 시장을 형성하지는 않지만, 기업차원에서는 특정한 제품군 내에서 새로운 제품개발로 분류될 수 있으므로 이미 형성된 시장에 해당 기업이 새롭게 진출할 수 있는 기회를 제공한다. 노키아나 모토로라가 이미 세계시장을 점령하고 있는 휴대폰 시장에 삼성과 애플이 새로운 특징을 가진 제품을 가지고 진출한 사례를 예로 들 수 있다.

상품라인 증설 제품(additions to existing lines)은 기존에 가지고 있는 제품군에 새로운 특징을 가진 새로운 제품을 말한다. 기업차원에서는 새롭지 않지만 소비자 입장에서는 새로운 제품으로 인식된다. 예를 들어 휴렛패커드(HP)사가 기존의 잉크젯 제품군에 칼라 잉크젯 프린터를 추가한 것을 들 수 있다. 재포지션 상품(repositioning product)이란 상품의 속성의 변경은 없지만 상품 개념만 다르게 심어주는 신제품을 말한다. 기존의 제품으로 새롭게 세분화된 시장을 표적으로 하여 진출하는 경우를 들 수 있다. 비용감소 제품(cost reduction product)이란 생산원가 하락으로 생산된 신제품을 말한다. 기업이나 소비자 모두에게 새롭지 않은 제품이 이에 해당한다. 하지만 기존의 제품과 성능은 유사하면서도 저렴하게 소비자에게 공급할 수 있게 된다는 점에서 기존 시장 내의 고객을 유인할 수 있다. 이 유형의 제품은 대체로 원재료 가격의 하락이나 새로운 소재의 발견, 생산설비의 개선 또는 생산 공정의 개선을 통해 탄생된다.

2) 신제품 개발의 중요성

신제품개발은 어떤 기업이든지 간에 그 기업이 생존하고 성장해 나가기 위해서는 필연적인 작업이라 할 수 있다. 왜냐하면 소비자는 끊임없이 새로운 제품을 원하기 때문이다. 따라서 기업이 생존하고 성장해 나가기 위해서는 계속적으로 신제품을 개발하지 않으면 안 된다. 특히 해외시장에서는 경쟁이 치열하기 때문에 기업이 계속적으로 성장하고 이익을 증대시키기 위해서는 무엇보다도 독자적인 신제품을 계속해서 개발할 수 있어야 한다. 따라서 기업의 입장에서는 국제적으로 경쟁력이 있는 신제품을 어떻게 개발하여 상품

화할 것인가를 끊임없이 연구할 필요성이 있다.

이와 같은 신제품개발의 중요성 및 당위성, 즉 신제품을 개발하는 것이 중요하고, 또한 신제품을 개발해야 한다는 당위성에도 불구하고 신제품개발의 실패율은 아주 높은 편이다. 왜냐하면 신제품개발이 기업의 생존과 성장을 위해 절대적으로 필요하기는 하지만 그 자체에 커다란 위험을 수반하고 있기 때문이다.

즉 신제품을 개발하기 위해서는 개발비용이 상당히 많이 들어가게 되는데, 그러한 막대한 개발비용을 쓰면서도 성공하면 괜찮은데 실패하는 수가 자주 있기 때문이다.

이처럼 신제품개발이 자주 실패하는데, 신제품개발이 자주 실패하는 가장 큰 이유는 국제마케팅조사활동이 철저하지 못한데 그 원인이 있다고 할 수 있다. 이외에 신제품개발의 실패이유를 들면 다음과 같다.

① 불충분한 시장분석

② 제품의 결함

③ 예상보다 높은 개발비용

④ 제품출하시기의 착오

⑤ 기업간 치열한 경쟁

⑥ 국제마케팅전략의 실패

⑦ 판로의 약체 등을 들 수 있다.

이러한 실패요인도 넓게는 국제마케팅조사활동이 철저하지 못한데 그 원인이 있다고 할 수 있다. 따라서 신제품개발의 실패율을 최소화하고 성공률을 높이기 위해서는 이러한 국제마케팅조사활동의 활성화와 함께, 될 수 있으면 타의 추종을 불허한, 그러면서도 독창적인 신제품을 개발하는 것이 중요하다고 할 수 있다.

2. 신제품 개발과정

국제마케팅에서의 신제품개발과정은 국내마케팅의 경우와 동일하다고 할 수 있는데, 그 과정은 [그림 15-3]과 같이 일반적으로 아이디어의 창출(idea

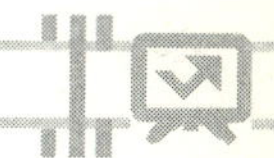

generation), 아이디어의 심사(initial screening), 사업성 분석(business analysis), 제품개발(develop the product), 시장시험(market testing), 상품화(commercialization)등 6단계로 분류할 수 있다.

1) 아이디어의 창출

신제품개발 첫 단계는 다양한 정보원으로부터 신제품에 관한 아이디어를 창출하는 것으로부터 시작된다. 이 과정은 우연에 의존해서는 안 되며 조직적이고 체계적이어야 한다. 그렇지 않을 경우 아이디어의 수는 많으나 실제로 적절하지 못할 경우가 많게 되어 비용만 투입하게 되는 결과를 가져 올 위험이 있다.

신제품에 관한 아이디어를 입수할 수 있는 정보원에는 여러 가지가 있다. 가장 대표적인 예로서 기업 자체 내에서 아이디어를 구할 수 있는 경우가 많다. 그리고 소비자들 자신이 가장 중요한 정보원이 될 수도 있다.

소비자의 욕구나 욕망은 소비자조사, 집단토론, 소비자들의 서신 및 불만사항을 입수하여 알 수가 있다. 또한 과학자들로부터 독창적인 제품이나 제품개량에 관한 정보를 입수할 수 있을 것이다. 그리고 경쟁자의 제품동향도 주시하여 어느 제품이 고객에게 매력을 주고 있는가를 파악하여야 한다. 그 밖에도 판매원이나 유통부문에 종사하는 사람들로부터도 아이디어에 관한 정보를 입수할 수가 있는데 이들은 일상적으로 고객과 접촉하고 있기 때문이다.

2) 신제품 아이디어의 심사

이 단계는 신제품의 아이디어가 그 기업의 기본목표에 어울리는 것인지를 심사, 검토하는 단계이다. 즉 그 아이디어가 제품으로서의 독특한 아이디어인가 혹은 그 제품을 만들기 위한 원료, 생산시설이 있는가? 현재의 회사능력으로 가능한가? 기존제품과 잘 조화될 수가 있는가? 등을 검토하여 그 아이디어를 다음 단계로 넘기든가 아니면 그 아이디어를 철회하여야 한다. 아주 좋은 아이디어를 철회하여 기각오류(drop-error)를 만들거나 나쁜 아이디어를 채택하는 채택오류(adoption-error)를 만들어서도 안 될 것이다.

3) 사업성 분석

이 단계에서 경영자는 아이디어가 매출액, 시장점유율, 수익성 등에서 회사의 목표를 달성할 수 있는가를 평가하는 사업성 분석(business analysis)을 한다. 아이디어가 아무리 좋더라도 그 아이디어에서 나온 제품이 회사에서 설정한 목표를 달성할 수 없다고 판단되면, 경영자는 그 아이디어를 이 단계에서 과감히 버려야 한다. 이와 같은 방법으로 다음 단계인 제품개발과 시장시험에서 소요되는 엄청난 비용을 절약할 수 있기 때문이다.

4) 제품개발

이 단계에서는 제품아이디어를 제품으로 구체화시키는 제품개발(product development)이 이루어진다. 이 단계에서는 앞의 세 단계와 비교가 안 될 만큼 많은 시간과 비용이 소요된다. 제품개발은 주로 제품개발부(product development department)에서 담당하였으나, 최근에는 마케팅 부서를 비롯한 다른 부서들도 이 과정에 참여하는 경우가 대부분이다.

제품개발은 제품의 성능과 안전도를 시험하는 기능테스트(functional test)와 소비자들의 반응을 알아보는 소비자테스트(consumer test)에서 만족스러운 결과가 나올 때까지 반복한다. 때문에 시제품을 만들기까지 많은 시간과 비용이 소요된다. 그러나 좋은 시제품을 만들기 위한 노력은 후에 시장에서 반드시 많은 보상을 받게 된다.

5) 시장시험

개발된 신제품을 시장에 본격적으로 출시하기에 앞서 시장의 반응을 시험해 볼 필요가 있다. 왜냐하면 잘못된 제품을 출시함으로 인해 기업에 막대한 손실을 미칠 위험이 항상 내재해 있기 때문이다. 시장시험(test marketing)은 신제품을 본격 출시하기에 앞서 신제품의 시장반응을 점검해보는 마케팅으로 장래의 매출에 대한 신뢰성 있는 예측, 대체적인 마케팅계획의 사전시험, 제품개발단계에서 간과한 제품의 하자를 발견할 수 있다.

6) 상품화

이제까지의 단계가 성공적으로 달성되면 기업은 생산과 마케팅을 실제로 행함으로써 신제품을 상품화하게 된다. 이 단계에서 경영층은 신제품의 시판 여부에 대한 최종결정을 내려야 한다. 그러나 제품의 상품화가 결정되었다고 해서 모든 과업이 끝나는 것은 아니다. 신제품개발과 관련하여 시판된 제품을 끊임없이 추적하고 감독함으로써 조그마한 허점이라도 조기에 찾아 이를 수정하는 것이 국제마케팅 관리자가 수행해야 하는 중요한 과업 중의 하나이다.

따라서 시장시험까지 무사히 통과된 제품이라 할지라도 상품화에 성공하는 것은 아니기 때문에, 국제마케팅 관리자는 시장시험의 단계에서 얻은 자료와 경험을 최대한 활용하여 신제품의 시판에서 실패하는 일이 없도록 최선을 다해야 한다.

[그림 15-2] 신제품 개발과정

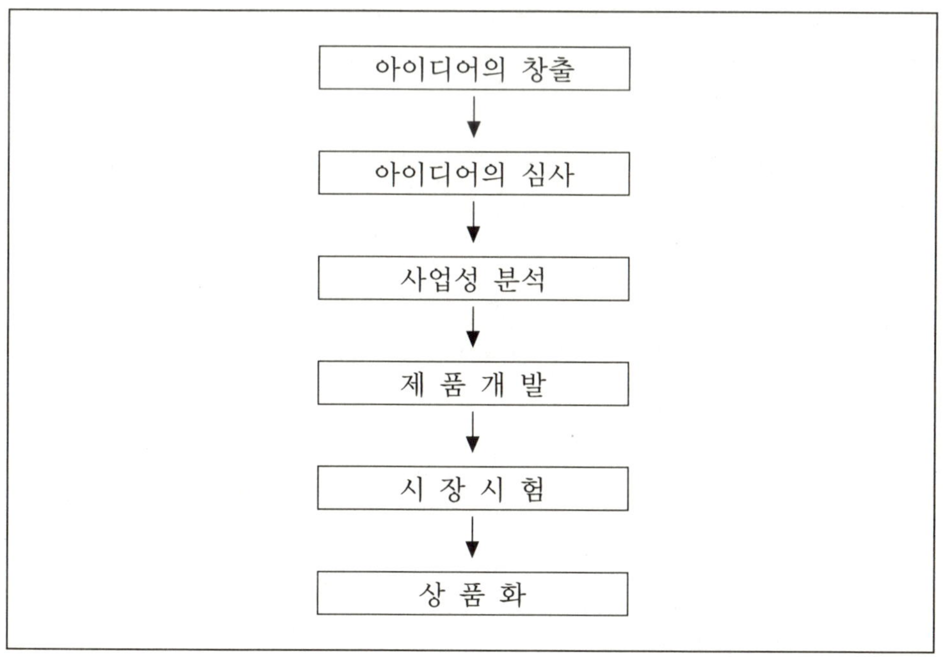

자료원 : G. D. Harrell & G. L. Frazier, *Marketing : Connecting with Customers,* Upper Saddle River, N. J. : Prentice-Hall inc., 1999, p. 284.

3. 신제품 개발과 평가

1) 신제품의 개발

(1) 필요성

동태적 경제에 있어서 기업의 성장 및 생존의 관건은 신제품의 계속적인 개발 및 시장도입이다. 그리하여 무엇이 신제품(new product)인가 하는 것이 문제로 되고 있으며, 새로움(newness)에 관하여 여러 가지 정도를 생각할 수 있다. 신제품은 그것이 완전히 새로운 개발이나 기술혁신일 수도 있으며, 기존제품에 관한 수정일 수도 있다. 또 기존제품이 기업에 대해 새로운 기존제품인 경우도 있으며, 기업에 대해 새로운 것이 아닌 기존제품이 특정시장에 대하여는 새로운 것일 수도 있다.

즉 특정국가시장에는 최초로 도입되지만 기업에 의하여 이미 판매된 기존제품이다. 이러한 유형의 신제품이 시장에 도입될 때에는 하나 또는 그 이상의 시장에 관한 제품판매실적이 알려지고 있으며, 국제적인 판매자에게 당면하고 있는 중요 문제는 기존시장에서의 제품판매기록이 계획된 새로운 국제시장에 어느 정도 적합한가이다.

타이밍(timing)은 이전의 시장경험의 적합성을 평가함에 있어서 중요한 요인이다. 일반적으로 완전히 새로운 제품은 고소득시장에 최초로 도입되지만, 그러한 제품의 개발도상국에 대한 확장(extension)은 이러한 시장의 일반적인 경제개발이 그 제품의 수요를 창조하게 되는 소득 및 사회문화적 조건을 창출할 만큼 충분히 진전될 때까지 기다려야 한다.

따라서 국제상품은 국제마케팅 프로그램의 기본으로 어떠한 신제품을 선정하느냐에 따라서 교류경로, 마케팅촉진, 물류유통 등 모든 기타 마케팅 프로그램의 결정에 막대한 영향을 준다. 그러므로 기업체는 제품계획과 개발의 과정을 결정하기에 앞서 제품에 대한 철학과 전략을 명확히 해야 한다. 최고경영층이 그 전략과 철학을 결정해야 하는 이유는 어떻게 결정하느냐에 따라서 기업체의 미래성격이 좌우되기 때문이다.

제품개발을 하는 데는 여러 가지 기술적인 실무문제가 따르지만, 그런 문제만 해결한다고 해서 제품개발에 성공하는 것은 아니다. 제품개발에 성공하려면 기업은 우선 목표·자원 및 기회를 제품계획과정에 링크(link)시킬 수 있는 적절한 프레임워크(framework)를 짜야 한다. 왜냐하면, 기업체의 입장에서 하나의 신제품 아이디어는 본질적으로 좋은 수도 나쁠 수도 있는 것이며, 신제품이 되어 기업체의 자원효용에 기여하고 목표달성에 많은 도움을 줄 수 있어야만 좋은 것이라고 할 수 있기 때문이다.

(2) 신제품개발의 실패요인

오늘날과 같은 격심한 국제기업간 경쟁의 상황에서는 어떠한 종류의 국제기업에게든 그 기업이 유지·성장하기 위해서는 신제품의 개발(development of new product)이 절대적이다. 이는 해외시장점점유율의 확보, 확대를 위해서는 신제품의 끊임없는 개발이 그 전제조건이 되며, 또 그것이 해외고객창조를 위한 국제기업활동의 핵심이기도 하다는 의미와 같다. 특히 21세기의 문턱에 들어선 고도산업사회에 있어서는 이른바 하이테크(hightech)라고 일컬어지는 첨단과학기술의 소산으로 신제품의 개발은 더욱 더 절대적이다.

그러나 실제의 문제로서 현대가 제 아무리 하이테크 시대라 하더라도 신제품 개발이 그리 쉬운 국제기업활동의 대상은 아니다. 왜냐하면 신제품 개발이 국제기업의 유지나 성장을 위해 절대적이기 하지만, 그 자체가 커다란 위험을 수반하기 때문이다. 즉, 신제품개발을 위해서는 막대한 개발비용이 들게 마련이며, 그런데도 그것은 자칫하면 실패와 직결된 결과가 빗어지게 마련인 것이다.

미국의 경우 적어도 순이익의 약 30%는 신제품개발비용에 투입해야 겨우 명맥을 유지한다고 한다. 그런데도 신제품개발이 번번이 실패하기 되는 까닭은 무엇보다도 부적절한 해외시장지식과 국제마케팅조사활동이 철저하지 못한데 있다고 할 수 있다. 기업은 다음과 같은 제품 개발의 실패요인을 분석하여 효과적인 대책을 강구하여야 할 것이다.

① 불충분한 시장분석(inadequate market analysis)

② 제품의 결함(product defects)

③ 예상보다 높은 코스트(higher costs than anticipated)

④ 타이밍의 착오(poor timing)
⑤ 경쟁(competition)
⑥ 마케팅 노력의 부족(insufficient marketing effort)
⑦ 판로의 약체(inadequate sales force) 등으로 요약할 수 있다.

2) 신제품아이디어의 평가

(1) 평가기준

새로운 제품개발을 위한 신제품아이디어는 다음과 같은 마케팅기준(marketing criteria)에 의해서도 평가되어져야 한다.

첫째, 현재 기업체가 활용하고 있는 마케팅기법과 시설을 그대로 유지하며 판매할 수 있는 신제품일수록 기업체에게 많은 혜택을 준다. 즉, 기존 마케팅기법, 노하우, 유통경로 등을 활용할 수 있고 기존제품을 마케팅면에서 보완할 수 있는 신제품의 아이디어를 선정하는 것이 좋다.

둘째, 기존제품을 대체하지 않고 새로운 세분시장을 만족시킬 수 있는 신제품을 선정할수록 유리하다.

셋째, 궁극적으로 현재 및 잠재적 시장수요가 있는 신제품 아이디어를 선정하는 것이 가장 중요하다.

(2) 평가시 고려사항

아울러 제품개발과정을 거친 신제품은 실제와 같은 최종사용조건(realistic final use conditions)하에서 시험을 해 보아야 한다. 그러면 제품시험(product testing)을 어디서 실시할 것인가? 그 결정은 다음을 고려할 필요가 있다.

① 하나의 시장에서 행한 제품시험의 결과가 다수의 다른 해외시장에 그대로 적용되는 경우는 극히 드물다. 따라서 제품시험 진단의 수는 생산원천의 수보다 많아야 하는 것이 원칙이다.

② 여러 시장에서 제품시험을 하는 것이 바람직한 이유는 각 개별시장의

제품규격과 성능에 대한 필수조건을 만족시키기 쉽기 때문이다. 특히 가공식품, 의약품, 전기기기·용품, 수송기구 등은 현지국의 정부에서 제품을 시험하고 허가를 해 주어야만 판매할 수 있기 때문이다.

③ 해외시장에서 제품시험을 하면 마케팅 촉진을 할 수 있기 때문에 바람직하다. 특히 품질과 성능을 보증 받는데 목적을 둔 시험은 기업체가 직접 시험하기 보다는 세계적으로 유명한 시험기관에 의뢰함으로써 품질보증에 공신력을 높일 수 있다. 예컨대, 미국에 판매하려는 제품은 미국의 시험기관에, 서유럽에 주로 판매하려는 제품은 그 지역내의 시험기관에 의뢰함으로써 품질에 대한 공신력을 높일 수 있으며, 동시에 홍보활동 등을 통하여 마케팅촉진의 효과도 얻을 수 있다.

(3) 선별과정

아울러 신제품 아이디어의 선별과정(screening process)은 다음과 같다.

① 신제품활동을 효과적으로 수행하려면 기업체가 지원체제를 마련해야 한다. 자금을 배정하고 책임자를 임명하는 등 모든 지원을 해야 하므로 신제품위원회나 제품계획위원회를 만들고 위원장에 고위경영자를 임명하는 것이 좋다. 본사위원회는 세계에 걸친 신제품개발활동을 총책임지게 할 수도 있고, 지역사업본부가 위원회활동을 조정만 하게 할 수도 있다.

② 지역사업본부나 본사에서 선별된 주요 신제품 아이디어는 다시 해외시장별 국제마케팅조직에 회부하여 개별시장의 입장에서 다시 선별하는 것이 좋다. 기업체의 해외운영규모와 본사가 지역사업본부에서 책임과 권한을 어느 정도 위임했느냐에 따라서 본사 내지 지역사업본부가 신제품 아이디어의 최종선별권을 행사할 수 있다.

또한 신제품 아이디어의 선별기준(screening criteria)으로는 생산과 관련된 요소, 마케팅과 관련된 요소, 기타 요소 등의 세 가지로 분류할 수 있다. 그 중 생산과 연관된 기준(production criteria)을 설명하면 다음과 같다.

첫째, 신제품은 기업체의 기존생산시설로 생산할 수 있을수록 좋다. 기존생산시설의 활용은 생산원가를 절감시켜 이익성이 높아지기 때문이다.

둘째, 신제품이 기존제품의 공동자재 또는 부산물을 사용하여 생산될 수 있다면 물론 더욱 좋다. 국제기업이라면 생산시설이 본국은 물론 여러 해외 시장에도 있을 것으로 보아야 한다.

셋째, 여러 제품을 생산할 때는 생산입지별로 비교우위(comparative advantages)가 다를 것이기 때문에 가장 높은 비교우위를 가지고 생산할 수 있는 신제품을 선별하는 것이 바람직하다.

1. 브랜드전략의 개념과 중요성

1) 브랜드의 개념

브랜드(Brand)의 정의를 살펴보면 미국 마케팅 협회(AMA)의 의하면 브랜드란 특정한 제품 및 서비스를 식별하는 데 사용되는 명칭(name), 용어(terms), 기호(sign) 그리고 상징(symbol) 또는 이들을 조합으로서 판매업자들의 제품이나 서비스임을 나타내 주는 것이며, 경쟁업자들의 제품이나 서비스와 차별화시켜 주는 것이라고 정의하고 있다. 우리나라 상표법에 의하면 상표라 함은 상품을 생산, 가공, 증명 또는 판매하는 것을 업으로 영위하는 자가 자기의 업무와 관련된 상품을 타인의 상품과 식별되도록 하기 위하여 사용하는 것으로 기호, 문자, 도형, 입체적 형상, 색체, 홀로그램, 동작 또는 이들을 결합한 것과 그밖에 시각적으로 인식할 수 있는 것이라고 정의하고 있다.

브랜드라는 용어는 〈표 15-1〉과 같이 다양한 용어로 표현되고 있으며 그 의미에 있어 각각 다소의 차이를 가지고 있다. 먼저 브랜드는 구체적으로 상표명, 상표마크 및 등록상표를 포괄하는 개념이며, 상표명이란 말로 소리 내어 표현할 수 있는 낱말, 문자, 숫자 등으로 된 상표의 표현을 말한다. 브랜드 마크란 말로 표현할 수 없는 기호, 도형, 색체, 디자인 또는 이들의 결합체를 말한다. 등록상표란 정부기관에 등록함으로써 법률적 독점 사용권이 부여된 상표명이나 상표마크를 말하며, Ⓡ 또는 TM이라는 표식을 붙여 구별하기도 한다.

〈표 15-1〉 브랜드에 대한 여러 가지 표현

명칭	개념
상표 (Brand)	기호, 문자, 도형이나, 이들의 결합으로 이루어진 모든 종류의 식별표시를 말하며, 상품의 출처표시기능과 품질보증의 기능을 함
상표명 (brand name)	소리를 내어 부를 수 있는 낱말, 문자, 숫자 등으로 표시된 상표의 표현을 말함, 상품 명칭이라고도 하며 상품의 이름을 의미함
브랜드 마크 (brand mark)	상표의 일부로서 이름으로 소리 내어 부를 수 없는 기호, 도형, 색체, 디자인 등을 말함
상호 (trade name)	상호는 회사명, 업소명을 의미하며, 상표로 사용되는 경우 이를 상호상표라고 함
등록상표 (trade mark)	특허청에 등록되어 법률적으로 독점권을 부여받은 상표를 말함

자료: 임용택 · 유하상, 국제마케팅, 도서출판 두남, 2011.

2) 브랜드의 중요성

오늘날과 같이 경쟁적인 기업환경 하에서는 기업 상호간에 제품을 모방함으로써 거의 대부분의 제품이 유사하다고 해도 과언이 아닐 정도이다. 그러나 제품의 이름인 브랜드만은 경쟁기업의 것을 사용할 수 없는 유일한 제품의 한 부분이며 특성이라고 할 수 있다. 이처럼 특정제품을 다른 제품과 구별하도록 하는 브랜드는 제조기업, 중간상, 그리고 소비자 모두에게 편익을 제공한다.

먼저 제조기업은 자사제품을 소비자에게 중간상이 다른 제품과 혼동하는 것을 방지함으로써 오직 자사제품만을 원하는 고객들로 하여금 지속적으로 자사제품을 구입하도록 할 수 있다. 제조기업의 입장에서는 소비자나 중간상이 자사제품에 대해 브랜드충성도(brand loyalty)를 유지하는 것이 무엇보다도 필요한데. 이러한 브랜드 없이 이를 유지할 수 없게 된다. 또한 강력한 브랜드의 구축은 신제품의 도입을 용이하게 하며 유통업자와의 거래에서 우위를 제공한다. 즉 중간상의 협조를 쉽게 얻을 수 있고 경쟁사보다 나은 진열위치를 확보할 수 있다. 다음으로 중간상의 편익을 보면, 첫째로 소비자들에게 얼마나 높은 브랜드 충성도를 갖는 제품을 취급하고 있느냐에 따라 찾아오는 고객의 수가 결정되고 고객들의 점포에 대한 충성도(store loyalty)도 아울러 높아진다. 둘째로 브랜드는 중간상들로 하여금 재고관리 등 제품의 취급을 용이하게 한다. 소비자의 입장에서도 브랜드는 중요한 역할을 한다. 우선 쇼핑의 편의를 제공한다. 소비자들은 브랜드를 통하여 제품과 서비스의 구별, 가격과 품질의 구별이 가능하여 쇼핑의 노력을 감소시킨다. 또한 특정브랜드에 대한 자기의 의사를 제조업자에게 반복구매행동이나 재구매 포기행위 등을 통해 간접적으로 전달하는 역할을 수행한다.

2. 브랜드 전략의 유형

1) 제조업자 상표와 유통업자 상표 전략

상표는 상품의 소유자에 따라 제조업자 상표와 유통업자 상표로 나누어진다. 제조업자 브랜드(manufacture brand) 전략이란 제조업자가 상표명을 소유하며, 자사에서 생산된 제품의 마케팅 전략을 직접 통제하는 전략을 말한다. 과거에는 제조업자 상표가 지배적이었지만 최근에 들어 유통업자의 영향력이 증대하면서부터 유통업자의 상표가 증가하고 있는 추세이다. 제조업자가 자사의 상표를 부착하는 경우에는 제품에 대한 책임을 져야 하기 때문에 꾸준한 제품개발 및 품질관리 노력을 기울이게 되며, 소비자에게 자사의 브랜드를 지속적으로 인식시켜 명성을 유지해 나갈 수 있는 이점을 누릴 수 있다. 삼성, LG, 현대, SK, 코카콜라, IBM 등이 대표적인 제조업자 브랜드라 할 수 있다.

유통업자 브랜드(distributer brand) 전략이란 대형 할인점, 백화점, TV홈쇼핑, 인터넷 쇼핑몰 등의 유통업자가 제품에 자사의 상표를 부착하여 판매하는 전략을 말한다. 이 전략은 자사가 구축한 명성과 신뢰를 활용한 매출증대, 자주적 가격결정권 확보, 하청업체의 유휴 설비를 이용한 생산비 절감, 그리고 특정 상품의 독점적 판매를 통해 높은 수익을 창출 등의 장점이 있다. 이마트, 이플러스, 홈플러스, 롯데마트 등 국내의 대형 유통업체들은 적게는 수 백 개에서 수 천 개에 이르는 많은 PB 상품을 가지고 있다.

한편 전국적인 규모로 판매되는 제품에 부착하는 상표를 전국브랜드(national brand, NB)라고 하는데 제조업체 브랜드가 주로 이에 해당하지만, 유통업체 브랜드라고 하더라도 전국적인 유통망에서 판매된다면 전국브랜드라 할 수 있다. 자체브랜드(private brand, PB)란 특정 지역에 한정되어 판매되는 제품에 부착하는 상표를 말하며 대체로 유통업체 브랜드가 이에 해당한다. 하지만 우리나라와 같이 시장이 좁은 국가에서는 이러한 구분 기준의 중요성은 상대적으로 작다고 할 수 있다. 한편 전용상표(National private brand, NPB)란 NB와 PB의 중간 형태로서 제조업체와 유통업체가 공동으로 개발해 특정 유통업체에서만 독점적으로 판매하는 제품에 부착하는 상표를 말한다.

2) 자사상표 전략과 타사상표 전략

기업은 자체적으로 개발한 자사상표로 시장에 진입할 수도 있지만 타사의 유명상표를 자사제품에 부착할 수도 있다. 자사상표 전략의 경우 기업 및 상품을 차별화할 수 있는 장점이 있지만 해외시장에 자사의 상표가 알려지기까지는 많은 시간과 비용이 필요하다는 단점이 있다.

타사상표 전략은 자사의 제품에 타사상표를 이용하는 전략을 말한다. 촉진비용 절약하고 시장 진입을 용이하게 할 수 있다는 장점이 있는 반면 자사의 이미지를 구축하기 어렵다는 한계를 가지고 있다. 타사상표 전략에는 도입상표전략, OEM상표전략 및 ODM 상표전략으로 나눌 수 있다.

제조된 상품에 특정 상표를 부착하도록 요구 받아 제조하는 경우가 있는데, 이때 부착되는 상표를 주문자상표(original equipment manufacturer's

brand, OEM brand)라고 한다. 이는 주문회사들이 자사 브랜드의 높은 명성과 신뢰도를 활용하고자 사용하는 전략으로 제조회사들의 유휴생산시설을 이용함으로써 생산비를 절감하는 이점이 있다. 예컨대 유통업체가 하청업체가 제조한 상품에 자사의 브랜드를 부착하도록 하는 OEM 상표전략을 활용하는 사례가 많다.

이와 유사한 전략으로 ODM 상표전략이 있다. ODM(original development or Design Manufacturing)이란 제품 개발력을 갖춘 제조회사가 판매망을 갖춘 회사에게 제품을 제공하는 일종의 수탁개발 생산방식을 말한다. 주문자의 브랜드가 부착된다는 점에서는 OEM상표전략과 같지만 그 내용은 상당히 다르다. 이 방식에 의하면 생산자는 독자적인 기술력을 바탕으로 연구개발에서 생산에 이르는 과정을 담당하게 되고 판매자는 자사의 전략방향과 성격에 맞는 상품을 선택하게 된다. 예로써 "한국 콜마"가 있다. 이 회사는 세계적인 화장품 수탁개발 그룹인 콜마(Kolmar)의 국내 합작 기업이다.

3) 개별상표 전략과 공동상표 전략

개별상표 전략(individual brand strategy)이란 제품계열마다 각각 다른 상표를 부착하는 전략을 말하며, 기업에서 생산하는 제품이 가격이나 품질면에서 각기 이질적이거나 유통경로가 다양할 때 그리고 브랜드 수명이 짧은 제품군에 적합한 전략이다.

공동상표 전략(family brand strategy, blanket brand strategy)이란 한 기업이 생산하는 여러 계열의 상품에 하나의 동일한 상표를 부착하는 전략을 말하며, 계열 상표 전략이라고도 한다. 삼성, 대우, LG 등의 가전제품 제조업체들이 많이 사용한다.

최근에 기업이 많은 관심을 보이고 있는 상표전략으로는 공동상표전략을 변형시킨 전략으로 브랜드 확장전략이 있다. 브랜드 확장전략(brand extension strategy)이란 좋은 제품을 개발하여 소비자의 신뢰를 쌓은 후 후속제품에 동일상표를 부착하여 기존제품에 대한 소비자의 신뢰도를 후속제품에까지 확산시키려는 전략을 말한다.

4) 글로벌 브랜드 전략과 현지 브랜드 전략

글로벌 브랜드 전략은 현지시장마다 욕구와 선호가 다르다는 점을 인정하면서도 가능한 한 유사한 측면을 찾아 동일한 브랜드를 전 세계적으로 사용하고자 하는 전략이다. 글로벌 브랜드 전략은 기업 이미지의 통일과 상표자산의 활용이라는 점에서 중요한 의미를 가지는데, 주로 널리 유통되는 동일제품을 판매하고 브랜드명이 현지문화와 충돌하지 않는 경우에 유용하다. 예를 들어 Coca-Cola, IBM, Microsoft 등은 전 세계 시장에 동일한 브랜드를 사용하고 있다. 글로벌 브랜드는 다음과 같은 동기에서 사용하게 된다.

첫째, 규모의 경제 효과가 필요한 제품인 경우이다. 글로벌 브랜드는 동일한 제품을 전 세계에 마케팅하는 것이므로 규모의 경제효과를 갖는다.

둘째, 유리한 브랜드 인지도 구축을 위해서이다. 글로벌 브랜드는 현지브랜드에 비해 가시성이 훨씬 높다.

셋째, 브랜드 위상을 높여 마케팅을 유리하게 하기 위해서이다. 글로벌 브랜드의 대부분은 1차적으로 국내시장의 치열한 경쟁을 딛고 일어서 세계적인 브랜드가 된 것으로 인식된다. 즉 일류브랜드로서의 이미지를 갖게 된다.

넷째, 소비자수요의 동질화이다. 세계화 추세에 따라 세계 각국의 소비자 기호가 동질화되어 가고 있다.

현지브랜드 전략이란 진출 시장별로 상이한 환경적 요인에 적합하도록 브랜드 명을 수정하는 브랜드 전략을 말한다. 현지브랜드 전략은 다음과 같은 동기에 의해 사용하게 된다.

첫째, 동일한 브랜드가 이미 현지에 있는 경우이다. 이미 현지에 자사의 브랜드와 동일한 브랜드가 등록되어 있는 경우에는 글로벌 브랜드를 사용하기 어렵다.

둘째, 문화적 장애가 있는 경우이다. 기업이 채택한 글로벌 브랜드가 현지에서 발음하기 어렵다든지 또는 현지어로 나쁜 의미로 해석될 때에는 브랜드의 현지화가 필요하게 된다.

셋째, 현지기업을 M&A하는 경우이다. 인수대상기업의 브랜드가 현지에서

인지도가 높아서 그대로 사용하는 경우가 이에 해당한다.

넷째, 현지에서 규제를 하는 경우이다. 이는 글로벌 브랜드가 이념적으로나 종교적인 관점에서 현지국의 그것과 대치됨에 따라 현지국 정부가 기업의 브랜드 정책을 규제하는 경우에는 브랜드의 현지화가 필요하다.

다섯째, 현지 특유의 욕구가 있는 경우이다. 시장특성에 따라 특유의 욕구가 있는 경우에는 제품을 변형하고 이에 따라 브랜드도 현지화 함으로써 경쟁력 강화를 도모할 수 있다.

제1절 국제가격전략의 개념과 목표

1. 국제가격의 개념

가격(price)이란 상품의 교환가치를 화폐로서 표현한 것으로, 제품이나 서비스를 소유 또는 사용하는 대가로 지불하는 금전적 가치이다. 가격은 브랜드 매출에 직접적으로 영향을 주며, 브랜드 형성에 간접적인 영향을 주는 것으로 기업의 이익창출에 영향을 미치는 가장 중요한 요인이 된다.

국제가격관리(international pricing management)는 가격과 품질이라는 양대 변수의 최적 결합을 통하여 기업이 채택하게 되는 판매가 전략의 핵이다. 즉, 고품질·고가격제품, 저품질·저가격제품의 책정비율을 적절히 배합하여 최대의 매출액을 확보할 수 있는 가의 전략을 세우는 것이다.

가격결정시 고려사항(Consideration of Pricing)으로는 다음과 같다.

① 구매자 측의 제품구매에 대한 효용가치(상한선)

② 공급자 측의 원가(하한선)

①을 상한선으로, ② 평균원가를 하한선으로 하여 시장의 수급상황

③ 시장의 수급상황, 경쟁제품의 가격, 정부의 규제

2. 국제가격전략의 목표

가격전략이란 기업목표를 달성하기 위하여 상품의 가격을 결정하기 위한 기업적인 조치를 말한다. 이러한 가격전략에는 여러 가지 제약이 따르게 된다. 예를 들면, 국가적인 가격 규정, 수요자의 상이한 가격 인식, 기업간의 담합 등으로 인하여 가격전략면에서 자유의사결정의 범위가 줄어들고, 가격전략의 의의가 감소하게 된다.

국제마케팅에 있어서 가격결정이 이루어져야 하는 경우는 여러 가지가 있다. 우선 신제품이 개발되어 처음으로 가격을 산정하는 일, 가격변경을 주도하는 일, 경쟁기업의 가격변경에 대응하거나 반응하는 일, 다수의 제품과 수요가 상호연관이 되어 있는 제품계열의 가격을 산정하는 일이 있다.

국제적으로 가격산정의 결정은 기업에 의한 해외시장 개입의 정도나 단계에 따라 분류될 수 있다. 즉 수출가격 산정(수동적 또는 능동적), 해외지사나 자회사에 의한 해외시장에서의 가격 산정, 모국과 해외시장 사이의 조정가격 산정, 국제리스(lease) 가격, 기업내적인 이전가격 산정 등이다.

가격전략은 기업의 경영 및 마케팅 목표로부터 시작되며, 경영 및 마케팅 목표가 명확히 정의될 경우 가격전략의 목표도 논리적으로 도출되게 된다. 국제가격전략의 목표는 기업이 해외운영으로부터 생기는 일정한 목표를 달성하기 위하여 시장점유율에 관한 목표판매액을 달성하기 위함에 있다. 따라서 기업의 마케팅 목표는 제품에 대한 기업의 가격전략 목표에 직접적인 영향을 미친다고 할 수 있다.

국제가격전략에 있어서 기업의 목표는 크게 두 가지로 분류할 수 있다. 가격전략을 마케팅 목표를 달성하기 위한 적극적인 수단으로 보는 경우와 기업

의 의사결정에 있어서 하나의 정적(static)인 요소로 보는 경우이다. 전자의 경우 기업은 해외운영으로부터 생기는 목표이익에 비례하여 일정한 목표를 달성하기 위하여 또는 시장점유율에 관한 목표판매액을 달성하기 위하여 가격을 활용하게 된다. 그러나 후자의 경우는 해외시장에 판매하는 것에 만족하고 이것을 특별판매액으로 보게 된다. 이것은 해외운영을 하는 기업에는 부적합한 것이며, 수출만 하는 기업이나 해외운영을 중시하지 않는 기업의 견해하고 할 수 있다. 아울러 국제가격전략을 위한 목표를 세분화하면 다음과 같다.

1) 수익지향(profit oriented) 목표

가격은 고객의 욕구를 만족시킬 뿐만 아니라 자본이나 투자에 관하여 사전에 결정된 이익을 달성할 수 있어야 한다. 그러므로 가격전략의 목표는 투자이익을 달성하는데 있게 된다.

이 목표는 주로 목표가격(target-pricing)정책에 의하여 수행된다. 따라서 "모든 시장에서의 최소이익 마진의 달성"이라는 형태로 나타날 수 있다. 그러나 기업전체로 본 이익의 극대화의 목표에서 보면 기타의 가격정책목표와 엇갈리는 경우가 있으므로 주의해야 한다.

이 목표는 고도의 구매력을 가진 비교적 세분화된 시장에 적합하여 주로 개발도상국 시장에서 자주 적용되는 것으로 시간대응 목표라고도 한다. 가격을 모국시장의 원가와 해외시장에서의 경비를 합친 베이스(base)로 산정하므로 제품을 고가로 판매한다. 즉, 이것은 최고가격의 결정을 말하며, 쌀, 빵, 우유 및 그 밖의 식품에 흔히 적용된다.

2) 판매량지향(volume oriented) 목표

가격은 시장점유율을 개선시키기 위한 유력한 도구이며, 방어적 지위에 있는 기업에게는 현재 판매량 점유율을 유지하도록 한다. 그러므로 국제적인 판매자는 이러한 전체적인 목적을 각 시장의 가격전략에 반영시켜야 한다. 그러한 전략을 성공적으로 수행하기 위하여 각 시장과 가격변경에 대한 경쟁기업의 반응에 관하여 정보를 이용할 수 있어야 한다.

또한 각 시장에서 선도기업을 확인한 경우 기업은 시장선도기업의 가격결정을 혼란시키지 않고 보복가능성이 극소화될 수 있는 방법으로 가격을 결정해야 한다. 그렇게 함으로써 현 상태가 유지되고 시장의 안정성이 확보되는 것이다.

시장에의 침투(제품의 폭과 길이에 따른 이차원적 침투) 목표는 국제기업의 가장 우선적인 목표이며, 이는 일반 국내기업의 시장침투와 동일한 양상으로 최저가격 정책을 들 수 있다. 이러한 최저가격에 의한 시장침투 방법들이 여러 국가에서 사용되고 있으며, 몇몇 국가들은 법률로 상품이 정부가 규정한 이윤폭을 추가하여 원가이하로 판매될 수 없음을 규정하고 있다.

3) 경쟁지향(Competition based) 목표

기업이 해외시장에 최초로 진출하는 경우 또는 하나 이상의 기업이 지배적인 지위를 가지는 시장에서 운영하고 있을 경우에 시장경쟁에의 대응 또는 추종을 위해 적합한 목표가 된다. 그러나 신 시장에 가격인하전략으로 진출하는 것은 좋지 않을 수도 있다.

시장침투전략과 관련하여 가격은 경쟁기업의 시장진출을 방지할 수 있는 강력한 도구라고 할 수 있다. 그런데 많은 경쟁기업들은 다른 기업들을 맹목적으로 추종하며, 그 결과 저가격으로 경쟁기업의 새로운 시장진출을 방지하려는 판매자는 스스로 가격경쟁에 직면하게 될 수도 있기 때문에 이러한 가격정책은 신중하게 해야 한다. 이러한 위험은 국제마케팅에서 특히 높다고 할 수 있다.

4) 기타의 목표(other goods)

(1) 제품의 차별화 계열의 공동촉진(product-line promotion) 목표

광범위한 제품범위를 가지는 기업에 있어서 제품간의 차이는 각 시장에 관련된 가격을 변화시킴으로써 제품차별화를 명확히 할 수 있다. 이러한 가격

의 차이는 반드시 제품원가와 관련되는 것은 아니며, 제품가치에 관한 상이한 지각을 창조하고 간접적으로 이익을 증가시키기 위하여 설계된 것이다.

각 시장에서 동일제품 프로그램의 제품가격은 제품계열간의 관계로 보아 구매자가 이해할 수 있도록 산정되어야 한다. 따라서 이 목표달성을 위한 가격산정에 있어서는 특히 제품구색 갖추기와 생산정책의 유연성이 요구된다.

(2) 투자자본의 조기회수(early cash recovery) 목표

유동성부족의 문제를 가진 기업은 신속한 현금회수를 할 수 있는 가격정책을 추구해야 한다. 이를 위해서는 신용조건의 엄격히 통제, 원가의 감시, 공급업자로부터 최대의 신용조건 획득, 고객에게 탄력적인 가격정책을 통하여 유동성의 원천을 개선해야 한다.

이 목표의 경우 해외직접투자의 영역에서 합당한 목표이므로 많은 호응을 받는다. 특히, 투자수용국에서의 정치적 위험이 크면 클수록 이러한 목표를 위한 노력이 더 커지며, 해외시장환경에 대한 인식이 부족한 외국투자자의 경우 수용국 정부당국과의 이해와 상충이 생기면 이러한 목표를 추구하게 된다.

3. 국제가격전략

1) 시장침투전략((market penetration pricing)

시장에의 침투(제품의 폭과 길이에 따른 이차원적 침투) 목표는 국제기업의 가장 우선적인 목표이며, 이는 일반 국내기업의 시장침투와 동일한 양상으로 최저가격 정책을 들 수 있다. 이러한 최저가격에 의한 시장침투 방법들이 여러 국가에서 사용되고 있으며, 몇몇 국가들은 법률로 상품이 정부가 규정한 이윤폭을 추가하여 원가이하로 판매될 수 없음을 규정하고 있다.

이 전략은 신제품 도입 시기에는 저가격으로 시장을 침투하여 점유율을 확인한 후 고가격으로 전환하는 초기 저가 후기 고가의 전략으로 이러한 목표달성을 위하여 기업은 신속한 대량시장에 도달할 수 있도록 초기에 저가격을 설정한다. 시장침투전략이 성공하기 위해서는 가격과 제품라이프 사이클(life cycle) 간의 관계를 충분히 이해해야 한다. 이 전략은 청바지와 같은 시장 잠재력이 큰 생필품에 적당하며, 제품의 라이프 사이클이 짧은 제품에는 위험한 것이다. 이 전략은 다음 같은 조건을 갖출 경우에 적합하다.

① 수요가 가격에 민감하여 탄력적이어야 한다.
② 대규모 생산에 따라 비용이 절감될 수 있어야 한다.
③ 고소득층 흡수정책을 추구하는 경쟁기업이 있어야 한다.
④ 저가격으로 경쟁을 제압할 수 있어야 한다.

2) 시장흡수전략(market skimming pricing)

고소득층 흡수(skimming)를 목표로 하는 판매자는 도입기 초기에는 우선 높은 가격으로 시장에 진출하고, 점진적으로 많은 시장을 세분화(segment)하여 판매를 추구함에 따라 가격을 인하하여 저소득층 시장을 흡수한다. 이렇게 함으로써 비교적 많은 이익을 얻을 수 있으며, 어떤 시점에서 시장관여의 정도를 극소화하여 위험의 수준을 극소화시킬 수 있다. 그러나 이것을 현실적인 목표로 하기 위해서는 일정한 조건이 존재해야 한다. 그 중 가장 중요한 것은 기업이 신기술이나 신제품의 형태로 어느 정도 안전성을 가져야 하며, 그리하여 경쟁 기업이 가격을 인하시키거나 전략을 혼란시키는 것을 방지할 수 있어야 한다.

이 전략은 국제마케팅에서 빈번히 사용되고 있으며, 주로 제품의 질과 이미지가 높은 제품인 VTR 등에 적합한 전략이 된다.

제2절 국제가격 결정의 요인

1. 국제가격 결정의 요소

1) 기본요소

제품가격을 결정하는데 있어서 가장 중요한 것은 기업의 목표가 기본이 된다. 이러한 기업의 목표하에서 현지시장환경을 감안하여 가격체제 및 가격정책을 개발하여야 한다. 어떤 시장에서든 가격결정의 기본요소는 다음 세 가지를 들 수 있다.

제품원가(product cost)에 의하여 결정되는 최저가격(minimum price/the floor price)과 동일하거나 비교 가능한 제품에 관한 경쟁가격과 고객의 지불능력에 의하여 결정되는 최고가격(maximum price/the ceiling price) 그리고모든 제품에 관한 최저가격과 최고가격 사이에 존재하며, 최적가격은 제품에 관한 수요와 제품공급비용의 함수에 의해 결정되는 최적가격(optimum price)이 있다.

2) 주요 요소

국제마케팅 관리자는 기업이 운영하는 각 현지 국가시장에서 이러한 기본요소를 반영할 가격체제 및 가격정책을 개발해야 한다. 그러한 가격체제는 여러 가지 국제적 및 현지국의 제약에 적합하여야 한다. 따라서 국제가격결정에 있어서 중요한 요소들은 ① 비용(costs), ② 수요자의 소비행동 및 시장상황, 즉 수요인자(customer behavior and market conditions ; demand factor), ③ 시장구조, 즉 경쟁요소 및(market structure ; competitive factors), ④ 환경상 제약(environmental constraints), ⑤ 유통구조 및 경로

(distribution channels), ⑥ 기업 목표(business target) 등을 들 수 있다.

이러한 요소들은 국가마다 상이하기 때문에 국내시장과 국제시장 또는 국제시장들 사이에 가격할인, 마진(margin)폭 및 가격보상 등에 큰 차이가 난다.

해외시장의 현지마케팅가격은 각각의 시장을 대상으로 결정하는 것이기 때문에 가격결정에서 고려해야 할 제요소와 전략은 국내시장을 대상으로 할 때와 유사성이 많다. 〈표 16-1〉에서는 국제마케팅관리자의 책임에 속하는 현지시장가격결정에 영향을 주는 요소에 대하여 설명하고 있다.

〈표 16-1〉 가격결정의 주요문제

(1) 가격결정에 영향을 미치는 변수
① 제비용 ② 수요 ③ 경쟁 ④ 정부(가격과 연관된 법률, 정책, 규제 등) ⑤ 기업의 목표 ⑥ 유통의 구조와 경로
(2) 가격결정상의 문제
① 신제품 등 기존제품의 가격결정(또는 제품수명주기에 따른 가격결정) ② 제품계열의 가격결정 ③ 고정가격 대 변동가격의 결정 ④ 시설재의 판매가격 대 그 대체시설가격의 결정 ⑤ 시장지역에 따른 가격결정 ⑥ 대유통기구가격 대 대소비자가격의 결정
(3) 가격결정상의 기타 문제
① 가격과 다른 마케팅 믹스(제품, 촉진, 장소)와의 관계 ② 손익분기분석 ③ 가격결정에 대한 Bayesian 접근방법 ④ 스키밍정책(skimming policy) 대 침투적 가격결정(penetration pricing)

2. 국제가격 결정의 방법

최근에는 환율변동, 인플레이션 등의 요인이 국제가격결정에 있어 더욱 중요시되고 있으며, 세계시장에서 경쟁이 증가할수록 가격이 더욱 신중히 평가되어야 함을 의미하고 있다. 국제가격결정의 방법에는 크게 원가중심, 소비자중심, 비용중심 그리고 경쟁중심으로 나누어 볼 수 있다.

1) 원가중심의 가격결정

원가중심의 가격결정에는 원가가산법과 목표이익법이 있다.

원가가산법(cost-plus)은 평균원가에 기대이윤(markup margin)을 더하여 가격을 결정하는 방법으로 가격의 타당성이 장점이 있지만, 경쟁과 수요측면을 고려하지 못하는 단점이 있다.

한편, 목표이익법(target profit)은 손익분기분석을 통해 목표이익을 달성하기 위한 가격 책정 방법으로 손익분기점에서 판매량을 증대시켜 목표이익을 발생토록 한다. 이 방법은 예상판매량 달성의 어려움이 있다.

2) 소비자중심의 가격결정

소비자중심의 가격결정에는 심리가격과 인식가치가격이 있다.

심리가격(psychological pricing)은 관습적인 가격으로 싼 느낌을 주는 몰수가격, 제품의 명성 및 권의의 위신가격을 말하며, 인식가치가격(perceived value pricing)은 소비자의 제품에 대한 인식가치와 수준에 맞게 결정하는 방법으로 소비자의 인식가치에 차이가 있다.

3) 비용위주의 가격결정

비용(costs)은 중요한 가격결정요인이며, 많은 비용 중에서도 고정비(fixed costs)와 변동비(variable costs)는 국제가격결정에서도 적용되는 것이다. 고정비는 제조단위의 수와 같이 운영규모에 따라 변하지 않는 비용이며, 그 예로는 관리직원의 급료, 사무실 임대료, 기타 사무실 및 공장의 총경비가 있다. 그리고 변동비는 제품생산에 사용된 자재 및 인건비와 같이 운영수준에 대하여 직접적인 관계를 가지는 비용이다.

비용과 매출액의 관계를 개발하고 여러 가지 비용을 고정비와 변동비로 배분하기 위해서는 비용을 정확하게 측정해야 한다. 더욱이 최초에 고정비로 보여졌던 몇몇 비용들은 적절히 규명될 경우에는 변동비로 될 수 있으므로 변동비와 고정비의 구분은 단기적으로만 타당하다. 다양한 제품을 제조하는 기업은 각 제품에 소비된 판매관리자의 시간에 관한 기록을 보존할 수 있으므로 이러한 봉급을 변동비로 취급할 수 있다. 그리고 몇몇 변동비는 특정한 제품이나 업무라인에 배분될 수 없는 경우도 있으므로 비용배분은 각 특정한 경우에 따라 검토되어야 한다.

가격전략에 관한 비용의 영향은 ① 고정비 대 변동비의 이율, ② 기업이 이용할 수 있는 규모의 경제, ③ 경쟁기업과 비교한 기업의 비용구조라는 3가지 관계를 고려할 수 있다. 기업의 총비용에서 고정비가 변동비에 비하여 높은 비율을 차지할 경우 매출액의 증대는 소득의 증가를 가져올 수 있다. 이러한 산업은 매출액 민감형(volume sensitive) 산업이라고 할 수 있다. 그리고 제지산업과 같이 변동비가 총비용에서 높은 비율을 차지할 경우 가격의 작은 인상은 소득을 크게 증가시킬 수 있기 때문에 이러한 산업은 가격 민감형(price sensitive) 산업이라고 할 수 있다.

4) 경쟁과 수요위주(demand factor)의 가격결정

가격은 제품간 경쟁 비교의 기점이므로, 경쟁의 성격과 정도는 시장수요에 중요한 효과를 가진다. 어떤 국가에서나 경쟁은 직접적이거나 간접적일 수 있다. 직접경쟁은 경쟁기업에 의하여 판매되는 자신의 제품과 유사한 재품에 관련되는 것이며, 이 경우 가격은 제품구매에 관한 중요한 결정요인이 될 수 있다. 그리고 가격은 시장 그 자체보다 경쟁가격의 수준에 의하여 대부분 영향을 받는다.

경쟁의 주된 무기가 가격인하인 기업도 있지만, 경쟁이 특히 심할 경우 카

르텔(cartel)과 같은 협정에 의하여 가격경쟁을 제한하는 경향이 있다. 한 국가나 기업의 경영이념에도 불구하고 가격할인전략은 세계시장의 경쟁에서 잠차 중시되고 있다. 대부분의 제품에 관한 경쟁이 증대함에 따라 기업은 가격을 인하하거나, 목적가격(list prices)을 유지하거나, 그 밖의 방법으로 가격유인을 제공함으로써 경쟁에 응하고 있다.

간접경쟁은 한 기업이 제공하고 있는 것과는 완전히 다른 제품으로 예상고객의 욕구와 욕망을 충족시키는 것으로, 특히 한 문화권에서 다른 문화권으로 제품판매를 할 때 중요시 된다. 예컨대, 산업용 설비제조업자는 원가절감이나 효율성으로 제품을 판매촉진 한다. 그런데 개발도상국에서는 노동절약적인 설비의 주된 경쟁상대는 다른 노동절약적인 설비가 아니라 노동 그 자체임을 알 수 있다. 간접비용은 소비용품에 관하여도 중요시 된다. 세탁기, 간이식품과 같이 노동절약적 제품은 하인을 가진 가정주부에게는 소구력이 적다. 하인을 갖지 않을 경우라도 주부의 자존심이나 편견으로 인해 간접경쟁제품을 배격할 수도 있다. 예를 들면, 옷감은 기성복과는 경쟁적인 제품이다. 몇몇 국가에서는 기성복은 빈곤의 표시로 생각되고 있다.

경쟁지향적 국제가격결정에 있어서 중요한 것은 시장형태이다. 특히 과점적 시장의 경우에 경쟁지향적 가격결정이 흔하다. 그리고 흔히 쓰이는 경우에는 위에서 말한 모방가격 이외에 국제입찰가격이 있다. 품목별로는 특히 생산시설재의 경우라고 할 수 있다. 모방가격은 가격결정의 기초를 자사의 비용 또는 수요보다는 경쟁사의 가격에 둔다. 기업으로서는 주요 경쟁사의 가격과 동일하게 하거나 경우에 따라서는 높게 또는 낮게 할 수 있다. 제품차별화의 여지가 없는 제품분야에서 과점상황하에 있는 기업들은 가격을 동일하게 책정하는 것이 보통이다. 중소기업은 선도기업의 가격을 따른다. 이들의 경우 가격변경 또한 자사의 수요나 비용변화보다는 선도기업의 가격변경에 맞춘다. 다소간의 가격차이를 두어야 할 때는 약간 높게 또는 약간 낮게 할 수 있다.

경쟁사 모방에 의한 가격결정은 매우 흔히 사용되는 방법이다. 수요의 탄력성을 측정하기가 어려운 경우 경쟁사들의 현행 가격을 따르는 것이 일반적이며 적정이익을 보장해 줄 것이라고 믿는 것이다. 동종 산업의 기업들이 현행 가격을 따르면 업계의 조화를 도모할 수 도 있는 것이다.

공개입찰에 의한 가격결정을 따르는 기업은 자사의 비용이나 수요보다는 경쟁사들이 어느 정도로 책정한 것인가에 기초하여 결정한다. 어떤 기업이나 계약을 따내기를 원하고 그렇게 되기 위해서는 경쟁사보다 가격을 낮게 책정하여야 한다. 그러나 가격을 일정수준 이하로 낮게 할 수는 없다. 자사의 위치를 손상시키면서까지 원가이하로 낮은 가격을 책정할 수는 없는 것이다. 반면에 가격을 높게 책정하면 계약을 따낼 확률이 낮아진다.

3. 해외시장에서의 가격결정

경제학에서의 가격(price)은 국내시장이나 국제시장에 있어서 수요와 공급의 상호작용에 의하여 결정된 교환비율 내지 제상품의 교환가치가 화폐적으로 표현된 것을 말하는 것이므로 가격기구(price mechanism)를 통한 시장경재의 해명이 그 주제가 된다. 이에 반하여 경영학 또는 마케팅에서는 가치는 투하된 생산비나 마케팅비용 등을 회수하고 기업의 존속과 성장에 필요한 이익을 확보하는 직접적인 수단이라고 간주된다. 따라서 마케팅관리의 대상인 가치는 표적시장에 있어서의 일정한 마케팅 목적, 이를테면 목적이익률이나 목표시장점유율 등을 달성하기 위한 하나의 수단이며, 마케팅믹스의 하나의 구성요소로 파악된다는 뜻이다. 그러므로 개별경제(개별기업)의 입장에서 가격은 대부분의 경우 전체경제(국민경제의 입장에서 말하는 "가격기구를 통한 시장경제의 해명"에 앞서 그 기업의 존속과 성장의 필요에 의해 먼저 결정되게 된다.

해외시장에서의 국제가격결정에 앞서 그 전제조건으로서 무엇보다도 고려되어야 하는 것은 보호무역주의적 영향요인이다. 높은 관세를 비롯하여 각종 비관세장벽(Non-Tariff Barriers)과 반덤핑규제 등은 국제가격결정에 많은 영향을 미친다.

제3절 국제가격결정의 유형

1. 국제무역가격

국제가격결정은 국내가격과는 달리 국제무역거래에서 반드시 부수되는 여러 가지 무역거래상의 가격을 토대로 하여 결정되게 된다. 국제무역가격의 종류로는 〈표 16-2〉 에서와 같이 Incoterms 2000의 13가지 가격조건을 중심으로 다음과 같이 분류할 수 있다.

〈표 16-2〉 무역가격의 종류(INCOTERMS 2000과 2010의 비교)

<table>
<tr><th colspan="2">INCOTERMS 2000</th><th colspan="2">INCOTERMS 2010</th></tr>
<tr><td>E조건</td><td>• EXW(EX Work)</td><td rowspan="2">운송방식 불문조건</td><td rowspan="2">• EXW(EX Work)
• FCA(Free Carrier)
• CPT(Carriage Paid to)
• CIP(Carriage and Insurance Paid to)
• DAT(Delived At Terminal)
• DAP(Delived At Place)
• DDP(Delivered Duty Paid)</td></tr>
<tr><td>F조건</td><td>• FCA(Free Carrier)
• FAS(Free Alongside Ship)
• FOB(Free On Board)</td></tr>
<tr><td>C조건</td><td>• CFR(Cost and Freight)
• CIF(Cost, Insurance and Freight)
• CPT(Carriage Paid to)
• CIP(Carriage and Insurance Paid to)</td><td rowspan="2">수상운송 전용조건</td><td rowspan="2">• FAS(Free Alongside Ship)
• FOB(Free On Board)
• CFR(Cost and Freight)
• CIF(Cost, Insurance and Freight)</td></tr>
<tr><td>D조건</td><td>• DAF(Delivered At Frontier)
• DES(Delivered Ex Ship)
• DEQ(Delivered Ex Quay)
• DDU(Delivered Duty Unpaid)
• DDP(Delivered Duty Paid)</td></tr>
</table>

국제가격은 여러 가지 무역가격조건에 의해 일반적으로 국내가격의 수준보다 훨씬 높게 책정되게 마련이며, 이를 국제마케팅론에서는 국제가격 에스컬레이션(international prices escalation)이라고 말한다. 카토라(P. R. Cateora) 등에 의하면 "가격 에스컬레이션은 주로 해상운송비(shipping cost), 관세(tariffs), 여러 유통경로(longer channels of distributions). 중간상인의 높은 마진(middlemen larger margins), 특별세(special taxes),환율(exchange rate) 등에 의해 이루어진다"라고 말하고 있다.

2. 국제가격결정의 유형

1) 원가지향적 가격(cost oriented pricing)의 결정

원가에 따른 가격결정, 코스트지향적 가격결정, 코스트 플러스방식, 생산비용 또는 구매원가설 등으로 불리어지는 원가가산법은 생산원가에 일정율의 이윤을 가산하여 산출하는 가격결정의 실제적이며 전형적인 방식이다. 이러한 원가가산법(cost plus approach)의 가장 단순한 방식으로는 국제가격결정자(국제기업)가 국제제품을 생산·판매함에 있어 필요로 한 비용(원가)을 계산하여 단위당(혹은 전체에 대한) 바람직한 일정률의 이윤을 가산하게 되는 경우가 그 대표적인 예라고 할 수 있다.

국제기업이 제조업이 아니라 판매업일 경우 그 국제 판매는 예외 없이 구매원가에 일정률의 이윤이 가산되어 결정되는 것이 일반적이지만, 설사 제조·판매를 겸하는 국제기업일지라도 대부분의 경우 이러한 생산원가에 일정률의 이윤이 가산되는 방식이 압도적이다. 다만 생산원가일 경우 회계학적인 측면에서 그 원가가 실제원가인가 표준원가인가, 혹은 예비원가인가에 따라 가산되는 일정률의 이윤에 상당한 변동 폭이 있게 되지만 어떠한 종류의 원가이든 일정률의 이윤이 가산된다는 점에 있어서는 마찬가지이다.

이러한 원가개념에 따라 차등이 있게 되는 여러 방식 가운데 비용론적 입장에서 보면 다음과 같은 4가지 방법이 있다.

(1) 평균비용법(average-cost method)

평균비용법은 평균비용을 원가로 간주하여 가격을 결정하는 원가가산법 중의 가장 간단한 방식의 하나로, 평균비용의 하나인 평균변동비용(average variable cost)이 어디까지나 일정한 것으로 간주했을 때를 단서로 한다. 미국의 경우 생산재상품이나 정부의 조달품의 입찰시에 그 내정가격으로서 이 방식이 쓰이는 것이 일반적이다.

(2) 한계비용법(marginal-cost method)

한계비용법은 평균비용법과는 달리 국제기업에 의해 실제로 도입되는 경우가 많은 원가지향적 가격결정방식의 하나이다. 이 방식은 최적생산비(또는 최적판매량)와는 전혀 관계없이 주어진 실제원가나 일정한 평균비용에 이윤이 가산되는 비현실적인 방식보다는, 일정치 않는 한계비용(marginal cost)과 평균비용(average cost)이 교차하는 최적조업점(도)을 표준원가로 하여 가격을 결정하는 방식이다.

(3) 손익분기법(break-even method)

한계비용법이 조업량 또는 판매량의 관점을 도입하여 비용(원가)과의 관계를 토대로 한 원가가산(cost plus) 방식인 반면, 손익분기법은 이익과 조업량 내지 판매량의 관계를 토대로 한 원가가산 방식으로 엄밀한 의미에서 관점을 달리한 한계비용법의 유사한 방법이라 할 수 있다. 특히 원가가 조업도 내지 판매량에 따라 크게 영향이 있을 때 판매량과 이익의 관계를 명백히 파악하기 위해서 손익분기분석이 행해지게 된다.

이 때 손익분기점(break-even point)은 총비용(원가)과 총수입(매출)이 일치하는 점을 말하는 것으로 판매량이 손익분기점 이하이면 총비용의 증가분에 의해 손실이 발생하며, 그 이상이면 총수입의 증가분에 의해 이익이 발생하게 되어 이 점이 손익의 분기를 나타내게 되는 것이다.

(4) 투자(목표)수익률법(target-return method)

투자수익률법은 총투자액을 일종의 원가로 간주하여 그 원가에 평균수익률을 가산하는 방식이다. 미국의 저명한 WE사(Western Electric Co.)는 오래전부터 총투자액에 대한 평균 8%의 수익을 가져올 수 있는 가격을 산정하여 그 가격을 책정하고 있다는 것이다. 따라서 미국의 국제기업의 경우 이 방식의 가격결정방식을 많이 택하고 있다.

2) 수요지향적 가격(demand oriented pricing)의 결정

수요지향적 가격결정의 수요방식(pricing methods)에는 다음과 같은 4가지 방식이 있다.

(1) 변동마크 업 법(flexible mark-up method)

이 방식은 그때 그 때의 국제시장 조건을 토대로 해서 탄력적으로 이윤율의 폭을 결정해서 그것을 총원가에 부가시키는 방식이다. 다시 말하면 그 기본형은 코스트 플러스방식이며 국제시장이 호황일 때는 이윤폭, 즉 마크 업(mark-up)을 크게 하고 경기의 불황에서는 마크업을 작게 하여 이익률에 유연성을 가지는 방법이다.

따라서 이 방식으로는 국제가격의 결정 이전에 장래의 판매량에 대한 정확한 예측이 행해져야 하는 것이 그 전제이다. 그러나 장래의 판매량이란 원래 그러한 가격의 설정이나 변경에 의하여 크게 영향을 받기 때문에 예상판매량과 설정예정가격 사이에 일종의 순환적인 상호의존 관계가 성립되게 마련이다.

(2) 실험법(experimental method)

실험법은 테스트(test)의 대상으로서 전체의 국제시장을 대표할 수 있는 지역시장을 선정하여 그 시장에 대한 여러 가지 가격을 설정하여 실험한 다음 정밀하게 분석된 결과를 토대로 적절한 국제가격을 결정하는 방식으로 일명, 시행오차법(trial and error pricing)이라고도 한다.

(3) 조사법(research method)

자기기업의 국제제품, 특히 가격에 대한 해외소비자나 해외 판매업자의 평가 및 의견 등을 조사하여 판매촉진상 가장 효과적인 국제가격을 설정하는 방식이다. 더욱이, 조사결과가 실제와 일치된다는 보장이 없기 때문에 실험법과 병행한다면 효과가 더 커질 수 있다.

특히 신제품이나 대체상품이 별로 없는 경우에는 해외소비자가 어느 정도로 지불할 의사가 있는 지를 조사하여 가격을 이에 합치시켜 결정하든지, 가격에 합당한 제품을 개발하는 것과 같은 조사법적 방식이 취해질 경우도 많이 있다.

(4) 직관법(intuition method)

직관법은 수요나 원가에 대하여 과거의 자료와 장래의 동향 등을 조사한 다음, 그것을 기초로 직관적으로 해외시장의 동향을 추축해서 국제가격을 결정하는 방식이다. 이는 다소 국제마케팅 관리자의 주관적인 판단이 있을 수 있다 할지라도 단체협의를 통하여 복수인의 판단에 의해 가격이 결정된다면 더욱 효과적일 수 있는 방식이다.

(5) 추종가격법(price followship)

국제시장에서 경쟁기업의 가격을 그대로 모방하든지, 해외시장점거율이나 가격선도제(price leadership)의 면에서 해외시장점거율이 높은 기업이나 가격선도기업(price leader)에 일정한 간격을 두어 추종하는 가격결정방식이다. 해외시장점거율이 높은 기업이나 가격선도기업과의 간격은 자사 제품의 상대적인 특징이나 비용구성상의 여러 요인 등에 대하여 신중한 고려가 있어야 한다. 이러한 수요지향적 가격결정방식은 국제시장에서 경쟁기업을 최대로 의식하게 된다는 측면에서 흔히 경쟁지향적 가격결정(competition oriented pricing determination)방식 이라고도 한다.

또한 경쟁기업과의 해외시장점거율에 있어서 격차가 그다지 크지 않을 경우라도, 그 경쟁제품을 기준으로 해서 대체로 동일한 가격선을 유지하고자 하는 방식이기도 하다.

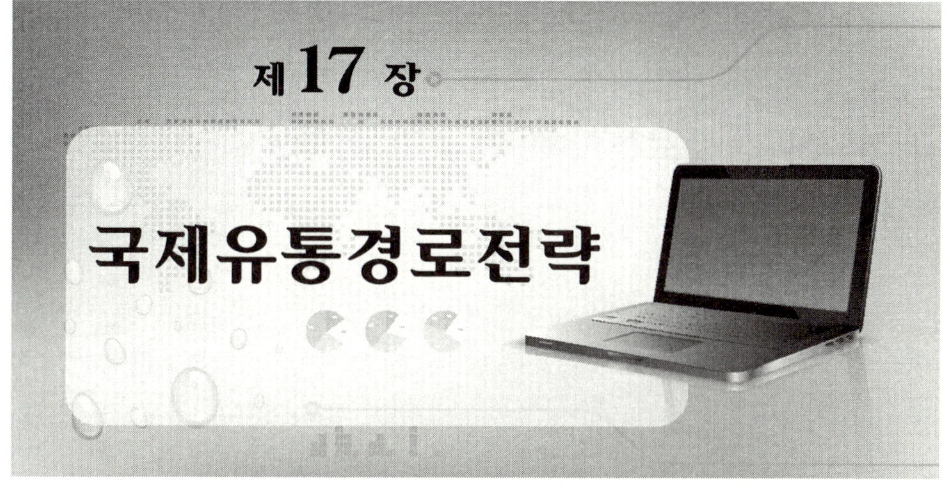

제1절 국제유통경로전략의 개념과 유형

1. 국제유통경로전략의 목표

기업의 유통전략은 경로의 선정에 있으며, 이는 마케팅에 있어서 가장 기본적이고 중요한 의사결정 중의 하나이다. 특히, 국제마케팅의 경우 그러한 의사결정은 기업이 운영하고 있는 시장의 수, 물적인 거리, 유통적인 특성, 시장과 그 환경적인 특성에 관하여 비 친숙성으로 국내마케팅보다 훨씬 더 복잡하다. 그러므로 국제마케팅에서 의사결정을 할 경우에는 기업이 가질 수 있는 대안과 최선의 탐색방법에 관하여 상세한 분석이 이루어져야 한다.

기업의 해외유통경로 개발 전략에는 두 가지 접근법이 있다. 그 첫째는 제조활동 또는 생산지향적인 기업에 의하여 추구되는 방법으로서, 유통경로 선

정시 주요 기준은 마케팅 보다는 물류활동(logistics)적인 측면의 고려이다. 그러므로 기업의 제품시설의 소재지가 시장 및 유통경로의 선정에 영향을 미친다. 둘째는 마케팅지향적인 기업에 의하여 추구되는 방법이다.

2. 국제유통경로전략의 개념과 유형

1) 국제유통경로전략의 개념

국제마케팅의 유통경로전략이란 국제기업이 해외시장에 수출할 제품 및 서비스뿐만 아니라, 현지자회사를 통한 현지시장 및 제3국 시장확보에 있어서 가장 적절한 판매망을 최적 이용하는 국제마케팅 믹스상의 의사결정 전략이다.

국제마케팅관리자는 어떻게 하면 가장 유리하고 싼 값으로 제품이 국경을 넘어 또는 현지국시장에서 직·간접으로 최종소비자나 사용자에게 전달하느냐 하는 것이 중요하게 된다. 즉, 어떠한 방법을 통하여 해외시장에 가장 효과적으로 침투할 수 있느냐 하는 문제에 도달하게 된다.

해외시장진출에 있어서 고려하여야 할 사항들을 살펴보면, 우선 국내시장에서 생산된 제품을 어떠한 유통경로를 거쳐서 수출하여야 하는가 하는 문제인데, 여기에는 제품을 직접 및 간접수출경로를 선택하여 수출이 되고 있다. 그 다음으로는 해외시장에서 생산되어 현지 또는 제3국에 수출하는 방법인데, 현지 판매는 거의 대부분이 직접 이루어지지만, 제3국 수출은 직접수출경로와 간접수출경로 중에서 선택하게 된다.

해외시장진출을 위한 최선의 방법은 회사의 목표 및 규모, 상품계열, 경쟁관계 등의 요인에 크게 의존하고 있다.

해외시장진출의 경우 고려해야 할 중요한 평가기준을 살펴보면, ① 해외시장의 수, ② 해외시장에 대한 침수도, ③ 시장정보의 피드백, ④ 경험에 의한 탐지, ⑤ 해외시장에 대한 경영통제, ⑥ 마케팅비용의 증가, ⑦ 이익가능성, ⑧ 소요투자액, ⑨ 소요인력, ⑩ 해외 제반문제에 대한 대치성, ⑪ 융통성, ⑫ 위험도 등이다.

2) 국제유통경로전략의 유형

(1) 국제경로의 유형

국제유통경로전략의 목표는 이익이며, 표준화 그 자체는 아니다. 국제경로(international channel)는 거시적으로는 구매경로(buying channel)와 판매경로(selling channel)로 대별되며, 미시적으로는 국제기업의 수출경로(export channel)로 일반적으로 수출국의 생산자가 자국내에 있는 수출중간상(export middlemen)을 경유하느냐 안하느냐의 관점에서 직접수출경로와 간접수출경로로 대별될 수 있다.

직접수출경로(direct export channel)는 수출기업이 자사제품을 자국내의 어떠한 중간상도 경유하지 않고 상대국에 직접수출하게 되는 경로를 의미하며, 그렇지 않는 경우를 간접수출경로(indirect export channel)라고 한다.

이때 직접수출경로란 자국내의 경로가 직접적인 경로일 뿐, 수출상대국에서의 경로와는 상관이 없다. 가령, 자국내의 어떠한 수출중간상도 경유하지 않고 수출상대국에 수출되었을 때 그 수출상품이 상대국의 수입중간상(import middlemen)을 거쳐 최종소비자에게 유통되건, 수입중간상을 거치지 않고 유통되건 상관없이 역시 직접수출경로가 된다. 또한 수출국에서의 생산자가 자사제품을 직계수출부조직이나, 국제사업부조직 혹은 별도로 독립된 법인회사로서의 수출판매회사(자회사)를 통해 수출하건 똑같이 직접수출경로로 간주된다.

이러한 양자 중 수출경로의 선택은 ① 수출상품의 특성, ② 목적시장의 상태, ③ 수출기업 자체의 사정 등에 의해 가장 바람직한 경로를 선택하게 되므로 궁극적으로는 국제마케팅관리자의 의사결정의 문제라고 할 수 있다. 협의의 국제경로는 국제제품이 수출국의 생산자로부터 수입국의 소비자에게 도달하기까지의 직접적 수출경로가 일반적이다.

(2) 국제경영상의 중간상 유형

국제유통경로상에 개입하게 되는 일체의 중간상을 총칭하여 국제마케팅기관(international marketing institution)이라고 말한다.

국제마케팅기관은 수출국에서의 생산자(수출기업)와 수입국에서의 소비자(또는 사용자)도 포괄하게 되나, 일반적으로 수출국과 수입국에서 국제제품의 유통을 위해 개재하는 중개상만을 지칭하게 된다.

국제유통기관을 수출경로선정의 문제와 관련한 국제마케팅 관점에서 본다면 간접수출경로상의 수출중간상만을 가리키는 것이 일반적이다. 이러한 수출중간상을 간접수출마케팅기관(indirect export marketing institution)이라고 하는데 이에는 ① 수출중간상, ② 수출대리상((수출대리중간상), ③ 수출조합, ④ 외국기업의 주재수입기관 등이 있다.

3) 수출경로를 통한 유통전략

기업은 국제마케팅을 할 때 여러 대안의 해외시장 진입전략을 할용 할 수 있다. 그중에서도 가장 기초적인 것이 수출경로(export channel)를 통하는 수출전략이다. 단순수출의 경우는 수입상의 마케팅에 의존하며, 수입상에서 소매상을 거쳐 소비자에게 전달되게 된다. 이러한 수출경로전략에는 간접수출전략과 직접수출전략을 생각해 볼 수 있다. 전자는 생산자가 중간업자를 개입하지 않고 직접 해외거래선과 수출거래를 행하는 것을 의미하며, 후자는 생산자가 자국내 수출중간상을 개입시켜 수출하는 경우이다. 직·간접수출경로전략의 선택에 있어서는 제품의 종류, 기업의 규모, 해외지점의 유무, 생산자의 직접수출경험 유무 및 기간의 장단, 시장점유율 등을 고려하여야 한다.

(1) 직접수출전략(direct export channels)

직접수출전략은 생산자인 특정 기업이 수출업무 및 수출계약의 체결, 해외정부기관의 구매입찰참가를 포함한 해외시장운영 등을 국내수출중간상에게 위임하지 않고 수출기능에 대한 주체성을 보유하여 직접 수행하게 되는 것으로, 간접수출경로를 택할 때보다 수출매출액이 일반적으로 증대된다.

제조업체는 간접적인 수출경로에 의존하게 되면, 국내마케팅 노하우를 배우고 해외매출액 및 이익 등을 증대시키는 데 제한을 받는다. 그러므로 제조업체가 해외시장진입을 확대하기를 원한다면, 간접수출보다 직접수출을 하는 것이 바람직하다.

직접수출경로의 장점으로는 ① 중간수수료의 배제를 통한 경비절약과 판매에 대한 직접통제가 가능하며, ② 수출마케팅활동에 적극성을 부여할 수 있고, ③ 판매 계획, 제품의 계량뿐만 아니라 해외거래선의 희망과 주문사항 및 불만 등에 대하여 신속하게 대처할 수 있으며, ④ 판매 이후 및 이전 서비스로 기업신용 증진뿐만 아니라 시장정보의 획득이 용이하며, 정확성을 기할 수 있다는 것을 들 수 있다. 즉, 직접수출경로를 선택하게 되면, 수출매상고 증대뿐만 아니라 수출기능과 유통경로에 대한 통제의 강화, 해외시장정보 수집·활용상의 이점, 국제마케팅 전문성 개발 등도 실현될 수 있다.

직접수출경로의 단점으로는, ① 수출과 연관된 모든 비용을 직접 부담해야 하므로, 경영조직상에 있어서도 인적·재정적 부담이 가중되며, ② 해외판매촉진에 많은 비용이 투입될 뿐만 아니라, 거래경험의 미숙으로 부당한 클레임(claim)을 받을 가능성이 있고, ③ 수출규모와 수출하는 지역 및 시장국의 수에 따라서 직접수출비용이 많이 들 수도 있어 초기단계의 경우 채산성 확보가 문제될 뿐 아니라 판매증진이 어렵다. 그러므로 대규모 시장국에 대해서는 직접수출을 하고, 소규모 시장국과 처음으로 진출하려는 국가시장에 대해서는 간접수출을 동시에 활용 할 수 있다.

직접수출경로를 보면 제조업체의 본사 수출부 또는 계열 무역회사가 해외시장의 제조업체 현지기구(현지지사, 현지마케팅 자회사, 현지 제품단순조립 등, 기타 현지생산자회사)를 거쳐 현지 수입중간상, 대리점을 통해 현지소매상을 거쳐 현지의 소비자(사용자)에게 전달되게 된다.

(2) 간접수출전략(indirect export channels)

간접수출전략은 생산자인 특정 기업이 수출기능의 대부분을 중간상에게 의뢰하게 되는 것으로 기업 자체의 주체성과 기동성을 갖지 못하고 있다. 이 전략은 수출업무 및 해외시장운영 등에 대한 기업 자체의 경험·전문성·투자 등이 없이도 해외시장을 개척할 수 있는 방법으로, 기업이 해외바이어(buyer)와의 직접 접촉이 없거나 수출에 대한 노하우가 없을 때 활용하게 된다.

간접수출의 경로는 국내수출중간상(domestic export merchant middlemen), 국내수출대리점(domestic export agent middlemen), 국내주재외국 인수입상(domestic buying officer) 등에 의하여 이루어지며, 이들이 제품의 생산업체들에게 수출실무서비스를 제공하기 때문에 생산업체들로서는 활용하기가 대단히 편리하다.

간접수출경로의 장점을 보면 ① 제반 직접수출경비의 정략뿐만 아니라 수출클레임과 위험부담의 완화를 들 수 있으며, ② 대규모 무역상사나 종합무역상사의 재정·금융혜택뿐만 아니라 그 회사의 지명도와 정보수집 능력을 활용할 수 있으며, ③ 전문수출업자의 이용은 수출거래를 확실하고 정확하게 실행할 수 있다.

그러나 단점으로는 ① 클레임발생의 경우 부당한 손해가 생산자에게 전가될 수 있고, ② 수출중간상이 다양한 상품을 취급하기 때문에 거래의 기회를 상실할 우려가 있으며, ③ 내구소비재나 생산재의 경우 판매 이루 및 이전 서비스를 소홀히 함으로써 지속적인 판매성과가 우려될 뿐만 아니라, ④ 수출중간상들은 대체적으로 해외 고객과 직접적인 의사소통이 곤란하고 해외시장 정보를 생산업체들에게 제공하거나 생산업체를 대신하여 해외시장에서 판매활동을 효과적으로 전개할 수 없다.

일반적으로 간접수출경로는 국내수출중간상, 대리점 등에서 현지 수입중간상을 거쳐 현지소매상을 거치거나 직접 현지소비자(사용자)에게 전달되게 된다.

4) 해외현지기구를 통한 유통전략

특정 기업이 자체 소유하는 해외기구인 해외지사, 해외마케팅자회사, 제품의 단순한 조립·배합·포장을 하는 해외분점공장(overseas branch plant), 해외생산자회사 등은 자율적으로 현지마케팅 뿐만 아니라 제3국 마케팅까지 할 수 있기 때문에 해외현지유통경로로 취급하고 활용하는 것이 바람직하다. 그러므로 국제마케팅 활동을 확대하고자 하는 기업들은 해외기구망을 양적·질적으로 확대할 필요가 있다.

(1) 해외지사

해외지사는 본사의 지시에 의한 업무처리가 주 임무로 마케팅 역할과 기능이 미미한 실정이므로 해외지사가 해외현지시장을 개척하고 현지마케팅활동을 담당할 수 있도록 제도적 장치를 마련하여야 한다.

그러므로 새로이 개척하려는 시장 또는 이익잠재성이 비교적 적은 시장국에는 소규모의 해외지사를 설치하고, 시장규모가 커서 가까운 장래에 대규모 마케팅진입을 계획중인 지역이나 시장국에는 좀 더 큰 규모의 해외지사를 설치하여 운영하는 것이 바람직하다.

대부분 국가들은 외국기업의 현지지사가 자기계정(own account)으로 상거래하는 것을 법적으로 금지하고 있으며, 위반시에는 제제를 가하고 있으므로 이는 해외지사의 가장 취약점이라고 할 수 있다.

(2) 해외마케팅자회사

주요 지역 및 시장국에서 현지마케팅활동과 제3국 마케팅활동을 강화하려는 기업들은 단순운영 또는 공동운영을 자기계정으로 자유로이 상거래를 할 수 있는 해외지사, 해외판매자회사, 현지전시판매장, 현지상설판매장, 해외교포판매장 등을 현지법인체(local corporation)로 설립·운영할 해외현지마케팅활동을 강화할 필요가 있다.

특정기업체가 특정지역 및 시장국에서 국제마케팅목적을 달성할 수 있는 능력(capabilities)은 해외마케팅자회사가 수행할 수 있는 다음과 같은 기능과 역할에서 비롯된다.

① 마케팅기능의 직접 수행

특정기업이 해외시장에 진입할 경우 자체적으로 설립·운영하여 현지 지역 및 시장국과 인접 지역 및 시장국을 포함한 제3국을 대상으로 국제마케팅활동을 직접적으로 전개할 수 있다. 특히 주요 마케팅믹스인 제품·가격·유통·촉진 증을 시장별 환경에 맞추어 적응시키고 직접적으로 통제할 수가 있다.

② 재판매상품의 경제적 구입

해외마케팅자회사는 대부분의 경우 구입한 상품을 변형시키거나 재가공하지 않고 판매하는 기능을 수행하므로 시장성이 높은 재판매상품만을 골라 경제적으로 신속하게 구입할 수 있다. 또한 시장별로 이질적인 마케팅환경에 적응하면서, 이익적인 국제마케팅활동을 전개할 수 있다.

③ 판매량 증대 및 현지마케팅의 촉진

특정 해외마케팅자회사는 수입제품의 단순조립(simple assembly), 단순가공(simple processing), 재포장(repackaging) 등의 단순한 생산활동으로 재판매하여 판매량을 증대시킨다. 또한 제품원가, 수입관세, 국제물류비 등을 절감하면서 시장국별 수요조건에 맞추어 제품을 개량화할 수 있으므로 현지마케팅 촉진의 효율성(marketing effectiveness)을 높일 수 있다.

④ 정확하고 신속한 해외마케팅조사 수행

해외마케팅자회사는 해외시장에 직접 마케팅활동을 전개하므로 제품조사 및 소비자조사 등을 포함한 해외마케팅조사를 정확하고 신속하게 경제적으로 수행할 수 있다. 또한 현지에서 수집·분석한 해외마케팅정보는 현지마케팅활동에 유익하게 활용될 뿐만 아니라 본사에 피드백함으로써 본사에게도 많은 편익을 제공할 수가 있다.

⑤ 본사 국제경영전략의 발전 계기

해외마케팅자회사는 본사를 대신하여 여러 가지 해외활동을 전개할 수 있다. 즉 본사가 필요로 하는 자금을 조달하기 위한 해외기채(overseas debt financing)를 하는 것, 해외에 있는 잠재적인 거래선 내지 합적선과 본사를 위하여 접촉하고 협상을 하게 된다. 해외마케팅자회사는 본사가 국제마케팅단계에서 해외생산단계로 국제경영전략을 전환·발전하여 수립하는데 중요한 계기를 마련해 줄 수 있다.

또한 자체 계정으로 수출입을 할 수 있으므로 좀 더 능동적으로 해외시장의 현지수요를 예견하여 본사제품과 본사가 대행수출하는 제품의 수입을 증대시킴으로써, 본사의 수출활동을 능동적으로 촉진시킬 수 있다.

⑥ 현지의 서비스 강화

기업들이 자동차와 같은 내구성소비재를 해외시장에서 현지마케팅을 하거나 판매 후 서비스를 제공하고, 이에 필요한 부품 등을 공급·판매하고, 소비자금융을 통한 신용판매를 위해서도 해외마케팅자회사 설립 및 운영이 필수적이다.

(3) 해외생산자회사

글로벌기업들은 다국적 생산과 다국적 마케팅 전개를 필수적 조건으로 하고 있으므로 복수의 해외생산자회사들은 운영해야만 한다. 그러므로 해외생산자회사들은 생산기능과 마케팅기능을 다 같이 수행하게 되는데, 그 주요 마케팅기능은 다음과 같다.

첫째, 국제마케팅 역할과 기능의 수행뿐만 아니라, 해외마케팅자회사의 기능에 제품생산기능이 추가되어 완전한 마케팅믹스전략을 계획할 수 있다. 해외마케팅자회사의 경우에는 4Ps 중 가격, 유통, 촉진만 관리할 수 있는데 비하여, 해외생산자회사는 제품까지 통제할 수 있다.

둘째, 상대적으로 우월한 글로벌 마케팅실적을 올릴 수 있다. 해외생산자회사들은 해외마케팅자회사들보다도 해외시장들의 환경변화에 마케팅전략면에서 더욱 잘 적응할 수 있는 능력(capability)을 보유하고 있다.

셋째, 글로벌 생산-마케팅활동과 역할을 부여하여야 한다. 해외생산자회사들은 글로벌마케팅 경쟁우위확보에 도움이 되는 해외생산유인들(overseas production incentives)까지도 활용할 수 있기 때문에 글로벌 생산-마케팅활동을 직접 담당함으로써 우월한 마케팅실적을 올리게 된다.

3. 국제유통경로의 설정 및 관리

1) 유통경로의 설정

유통경로설정에 있어서 고려사항으로는 무엇보다도 각국시장의 소비자 및 제품특성 뿐만 아니라 마케팅구조와 경쟁적 상황 그리고 기업 자체의 장·단

점 등을 들 수 있다. 또한 그 밖에도 경로선정에 있어서의 경제적 기준, 통제기준, 적응성기준 등의 여러 가지 판단척도를 기업의 장기목표와 부합하도록 조정하여 이를 바탕으로 기업의 유통전략을 설정하여야 할 것이다. 특히 유통구조는 국가에 따라 각기 상이한 양상을 보이는 바, 국제기업은 각국시장별로 중간업자의 활용가능성, 일반적으로 통용되는 이폭, 그들의 기능, 서비스 및 효과를 감안하여 그 시장에 적절한 경로를 선정하여야 한다. 이를테면 유럽제국의 도매상은 미국의 도매상이 수행하는 범위의 서비스를 하고 있지는 않지만 전국적인 도매조직을 가지고 있고, 일본에서는 거대한 상사가 대부분의 상품을 유통시키는 중요한 기능을 수행하고 있지만 수천의 도매업자와 더 많은 소매상들이 존재하고 있다. 소매상의 구조는 국가에 따라 더욱 각양각색이다. 예를 들면 프랑스와 이탈리아 같은 나라에서는 소매상이 영세하지만 백화점, 소비자 협동조합, 슈퍼마켓, 할인점 등은 최근 괄목할 만한 발전을 보였다.

많은 국제기업들이 도매상을 통하지 않고 소매상에게 직접판매를 함으로써 보다 효과적으로 유통을 통제할 수 있도록 하는데 이런 것은 특별히 한 나라에 여러 개의 공장을 설립한 회사의 경우에 적합하다. 제약회사와 가전제품을 생산하는 기업체의 경우 제조에 착수할 때 유통업자매수와 판매지점 설립을 통하여 취급상과 직접판매에 들어간다. 그러나 식료품・의약품・철제품 등의 소비자는 광범위한 지역에 걸쳐 유통을 필요로 하기 때문에 도매상의 배제는 상당한 위협을 내포하게 되는 것이다.

한편, 어떤 나라에서는 그들의 주요 경쟁자가 그 나라의 주요 유통기구를 선권하고 있는 경우도 있는데 이 경우에 있어서는 신시장에 진출하거나 마케팅범위를 증대시키려고 할 때 회사는 그 나라에 존재하는 열세한 중간상을 이용할 것인지, 추가로 중간상을 육성할 것인지 또는 전혀 신유통방식을 채택할 것인지의 선택이 중요하다.

만약의 경우 회사가 중간상과 협력할 경우 시장포괄정도와 협력정도의 문제가 생기는데, 시장포괄정도의 대체안으로는 유통업자, 소배업자와 같은 복수판매경로를 둔 집중포괄적 시장범위와 특정한 지역에 독점적 판매대리권을 가진 소수의 유통업자를 둔 선택적 시장범위가 있다. 한 나라에 다수의 중간업자가 있어 활용할 수 있고, 또 독자적인 광고를 많이 하여 산하 유통업자를 긴밀히 통제할 필요가 없을 경우나 계획기간 중 보다 큰 판매증대를 달성하기를 바라는 회사에게는 집중포괄적 시장범위를 채택함이 필요하다.

한편 선택적 시장범위를 채택하는 경우는 어떤 나라의 유통업자들이 협력하고 더 노력을 해 줄 것을 기대하거나 중간업자의 영업실적에 대한 강력한 통제를 가할 필요가 있는 경우로서 회사는 광고와 판매촉진을 통하여 유통업자를 도와주게 된다.

2) 유통경로의 관리

국제기업이 기본적인 유통경로를 설정한 다음에는 시장포괄정도와 중간상과의 협력문제, 중간상의 정기적 평가와 대체문제 등을 관리하여야 한다. 시장포괄정도와 중간상과의 협력문제에 대한 대체안으로는 복수판매경로를 둔 개방적 유통정책과 특정지역에 독점적 판매대리권을 가진 소수의 유통업자로 이루어진 배타적 유통정책이 있으며, 그 양자의 중간형태로 선별적 유통정책이 있다.

유통경로에 관한 기구들로부터 협력을 얻는 수단으로는 높은 마진, 시장지역특약제, 특수판매권, 광고보조와 협력적 광고, 자금지원, 판매원 훈련 등이 포함되며, 보다 국제적으로 활동하는 기업일수록 지원, 노하우, 전문성 등을 많이 투입하게 되는 것이다.

그러나 시간의 경과와 함께 기업내적 여건은 말할 필요도 없고, 특히 국제마케팅 환경의 변화가 복잡하고 다양하므로 항상 기존 유통경로의 효율성을 분석·검토하여야 한다. 이러한 바탕위에서 새로운 유통경로가 필요한지 또는 이미 존재하고 있는 유통경로의 개선만으로 족할 것인지의 선택이 요구된다.

유통경로에 관한 전략적 의사결정 수행과 관련하여 고려할 사항은 다섯 가지로서 그 내용은 다음과 같다.

첫째, 국제적 또는 국가별 유통패턴에 관련된 문제로서 기업체가 해외시장에서 유통패턴을 국제적으로 획일적 적용을 할 것인가 또는 해외시장별로 적용할 것인가를 결정하여야 한다. 그 이유는 해외시장의 환경조건은 같지 않을 뿐 아니라 시장별로 소비자의 소득이나 구매 관습이 다를 뿐만 아니라 기업체의 내적요소도 결정에 영향을 주기 때문이다.

둘째, 기업체가 해외시장에서 직접경로 또는 간접경로의 이용과 관련된 문제로서 기업의 규모가 작거나 해외시장 개척의 초기단계에서는 간접경로가 유리하지만, 일단 기업규모가 커지면 직접경로 선택이 바람직하다.

셋째, 기업체는 선택적 유통을 이용할 것인가 또는 광범위한 집약적 유통을 이용할 것인가를 결정하여야 하는데, 집약적 유통(intensive distribution)이란 제품을 취급하고자 하는 어떠한 소매상에서도 제품을 판매하는 것을 말하며, 선택적 유통은 특정시장지역 내에서 제한된 판매업체에게만 제품을 판매하는 것으로서 해외시장과 일정한 수준의 고객을 상대로 할 때 선택적 유통이 많이 이용된다.

넷째, 유통경로의 관리문제로서 직접경로가 관리면에 있어서 더 용이하다. 그 이유는 관리비용이 투입되지만, 시장조건이나 시장정보에 관하여 유리한 입장을 유지할 수 있다. 한편 간접경로의 관리는 사실상 불가능하다고 볼 수 있다.

다섯째, 유통경로의 최근변화에 대한 적응으로서 기업의 내·외적 변화에 따라 기업의 경영관리는 큰 도전을 받게 되기 때문에 각 해외시장의 상이한 환경변화를 예의 주시하여야 할 것이다.

제2절 해외시장 현지유통전략

1. 필요성

특정 기업이 단순수출이 아닌 표적 지역 및 시장국에 위치한 자체 소유 해외지사, 해외생산자회사, 해외마케팅자회사 등에 직접수출(direct exporting)을 하고 자회사들이 현지마케팅을 할 때는 그 지역 및 시장국내에서 유

통경로 및 유통기구를 관리해야만 한다.

또한 복수의 해외생산자회사들을 거느리고 다국적 글로벌 생산 및 마케팅 활동을 전개할 때에도, 현지마케팅을 하는 각 지역 및 시장국내에서도 유통경로 및 유통기구를 관리해야 한다.

2. 현지유통전략의 단계

1) 과업

글로벌시장은 하나의 동질적 시장이 아닌 220여개의 이질적 국가시장들(heterogeneous national markets)과 몇 개의 이질적인 블록화 된 시장들로 형성되어 있다. 이러한 사실 때문에 국제마케팅 및 다국적생산-마케팅 등을 하는 기업들은, 모든 표적 지역과 시장국들을 대상으로 획일적인 유통정책(uniform distribution policy)과 유통경로들(uniform distribution channels)을 적용하거나 활용하는 것은, 불가능할 뿐만 아니라 비합리적이라는 사실을 우선 인식할 필요가 있다.

문화적 환경이 이질적인 지역들은 제각기 이질적인 유통환경(heterogenous distribution environment)을 지니고 있고, 마케팅믹스 등으로 어느 지역이나 시장국에서 문화적인 영향을 가장 많이 받는 것은 유통이기 때문이다. 그러므로 기업들은 그 지역국가 시장별로 유통경로와 유통기구를 선정하여 관리하고 통제해야만 한다.

2) 단계

국제마케팅관리자들은 현지유통문제에 대해서는 지역국가 시장별로 다음과 같은 단계들을 거쳐서 해결책을 강구하도록 해야 한다.

첫째, 전사적 글로벌 차원의 전반적인 마케팅전략의 테두리 속에서, 전반적인 유통전략(overall distribution strategy)을 개발해야 한다.

둘째, 시장국별로 달성하려는 유통성과는 무엇이며, 국제제품을 마케팅하고자 하는 시장국들의 유통패턴을 철저히 분석 · 파악해야 한다.

셋째, 그러한 분석에 입각하여, 시장국별로 현실적이면서도 효율적인 유통경로계획수립(distribution channel planning)을 해야 한다. 이 계획에는 유통경로 신설작업과 기존 유통경로 개선작업에 대한 계획도 포함되어야 한다.

넷째, 유통경로믹스를 일단 결정한 다음에 활용에 들어가게 되면, 유통경로믹스를 구성하는 모든 유통기구들에게 동기를 부여하고, 그들이 높은 유통실적을 올리도록 독려해야 한다.

다섯째, 유통기구들이 충분한 시장확보(market coverage)를 달성하고, 적절한 유통서비스를 제공하며 최적의 판매가격을 결정·유지함으로써 매출액과 시장점유율을 증대시키는 등 현지마케팅목적을 달성할 수 있도록, 유통기구들을 지속적으로 관리해야 한다.

3. 현지유통전략의 개발

1) 융통성과 적응성 있는 현지유통정책 개발

만일 모든 시장국들의 마케팅구조(marketing structure)가 충분히 발달되어 있다면, 국제마케팅관리자는 좀 더 융통성을 가지고 현지유통정책(local distribution policy)을 결정할 수 있을지 모른다. 그러나 현실적으로, 비록 마케팅구조 내지 유통구조(distribution structure)가 시장별로 만족스럽지 못하더라도, 국제마케팅관리자는 적응성 있는 대안적 경로의 범위 내에서 현지유통정책을 결정하여야 한다.

경로에 대한 통제, 마진의 정도, 경로의 길이(length of channels), 거래조건 등도국제마케팅관리자가 원하는 대로 결정되기 어렵다. 따라서 유통환경적 요소를 충분히 고려하여 현지유통정책을 결정할 수밖에 없다. 그러므로 정밀한 현지마케팅운영정책을 수립·결정하여 집행하는 기업의 유통정책은 투자에 대한 회수·매출액·이익·시장점유율 등 장기적으로 달성하기 위한 일반적 지침만을 가지고 현지마케팅목표를 설정할 수밖에 없다.

또한 기업은 장기 및 단기마케팅목표 사이의 연계성을 규정하고, 유통시스템에 어느 정도로 직접 개입할 것인지, 중간유통기구를 어느 정도 소유할 것

인지 등을 현지유통정책에 포함시킬 수도 있다.

현지유통정책을 어떻게 결정하든 간에, 기업은 현지시장조건에 적응하여 대응할 수 있도록, 현지마케팅요원들에게 충분한 융통성을 부여하고, 또한 그들의 경험·기법·노하우 등을 최대한으로 활용하여, 시장기회를 이익기회로 최대한 전환시킬 수 있도록 적절한 재량권을 부여해야 한다. 해외시장운영을 할 때에 융통성과 적응성(flesibility and adaptability)을 망각하거나 기본적인 유통정책목표를 망각하는 기업은 현지유통에서 성공하기가 어렵기 때문이다.

2) 현지 유통환경을 고려한 현지유통정책 목표 설정

특정기업의 전사적 마케팅전략의 목표가 장·단기적 이익을 최대화 하는 것이라면, 그 기업의 국제유통경로전략과 시장국별 유통전략은 기업의 경재적지위와 각 현지시장에서 다음 각기 여섯 가지의 구체적인 전략목표에 적합해야 한다. 이러한 6가지 목표 전략을 6C 경로전략(Six Cs of Channel Strategy)이라고 한다. 즉, ① 비용의 극소화(cost), ② 자본조건(capital requirement), ③ 통제(control)의 극대화, ④ 침투시장범위(coverage), ⑤ 특성(character) 및 연속성(continuity)의 극대화 등이다.

(1) 유통경로개발의 비용(Cost) 최소화

현지유통경로를 개발하고 유지하는 데 드는 비용은 두 가지로 분류할 수 있다. 첫째는 유통경로를 개발하는데 드는 투자비용이나 자본이고, 또 하나는 유통채널을 유지하는데 필요한 계속적인 비용이다. 경로유지비는 기업의 판매원을 유지하는 직접비용의 형태가 될 수 있고, 기업의 제품과 용역을 취급하는 여러 중간상의 마진(margin), 마크 업(mark-up) 또는 커미션(commission)의 형태가 될 수도 있다. 그 이외에도 중간상과 거래를 유지하는데 들어가는 관리비, 경로를 보조하는 광고비, 외상판매, 할부판매 등과 관련되는 제비용이 포함될 수도 있다.

기업의 현지유통전략은 이러한 경로비용을 바람직한 수준으로 억제하는 동시에 다른 유통목표(자본, 통제, 침투시장, 특성, 지속성)를 최적화하는 목표

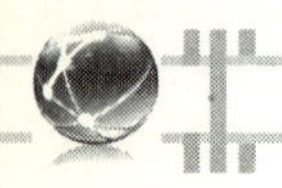

사이에 균형을 이룰 수 있는 방법을 모색해야만 한다.

(2) 자본조건(Capital requirement)의 적정화

기업에 있어서 자본이란 자산에서 부채를 공제한 잔액을 말한다. 자본은 경영에 대한 출자로서 경영권 확보의 의미를 가지며 한 기업이 자본의 유통경로나 판매촉진을 위해서는 많은 투자가 따라야 한다. 그러나 유통업자나 중간거래상을 이용하면 현금투자는 경감할 수 있다. 물론 제조기업은 어느 정도의 투자에 드는 비용을 중간상을 위해서 분담하여야 한다. 즉 제품도입단계에서 보조금을 중간상에게 준다든지 또는 대리상을 이용하는 경우는 제품의 판매대가인 현금유입이 지연된다.

유통업자나 거래인을 이용하는 경우에는 그들과 제품이전이 종료됨과 동시에 제조업자에게 현금이 유입되는 수도 있다. 회사가 급격히 신장되지 않는 한 자본투자나 현금유입의 요소가 유통채널 결정에 중요한 결정인자가 되지는 않는다. 채널이 유통기능을 효율적으로 수행해야만 다른 유통전략 목표가 유통경로 정책에서 주요 결정인자가 되는 것이다.

(3) 유통경로 통제(Control)의 극대화

기업이 자체 판매요원들에 의해 현지유통에 직접 관여하게 되면, 경로통제가 최대한 가능해져 국제제품 마케팅관리를 극대화 할 수 있지만 유통경비가 증가하는 문제가 따른다.

국제마케팅을 효과적으로 통제하기 위한 여러 단계는 국내마케팅에서도 원칙적으로는 같으나 환경여건의 차이와 국제마케팅이 지니는 특수한 문제에 의해 집행하는 데는 상당한 차이가 있을 수 있다. 국제마케팅의 통제단계(control sequence)는 다음과 같다.

① 목적의 선정(establish objective)
② 통제방법의 선정(select control method)
③ 기준의 결정(set standards)
④ 책임의 위치 결정(determine location of responsibility)
⑤ 커뮤니케이션 시스템의 설정(establish a communication system)
⑥ 결과의 평가와 검토(evaluate and review results)

⑦ 시정행위의 시작(initiate corrective action)

기업의 경영권은 국제마케팅의 전반적 목적뿐만 아니라 구체적인 장·단기 목적을 미리 책정해 둘 필요가 있다. 그러한 제목적은 현실적이고 계획수입과 통제제도를 통하여 충분히 달성할 수 있는 것이어야 한다. 그러한 목적이 미리 결정되지 않고서는 국제마케팅활동에 얼마만큼의 자원을 투입하고 어떠한 결과를 기대할 수 있는가를 판단하기가 어렵다.

국제마케팅을 새로이 시작하든지 이미 상당한 규모의 운영을 하고 있는지 간에 경영층은 기업의 기본목표와 운영부서별 구체적인 목적을 모든 구성원에게 알려줄 필요가 있다. 그러한 목표와 목적은 구체적이어야 하고 문서로 전달해야만 구성원들은 기업의 미래방향을 인식할 수 있고, 그 달성을 위해 구체적으로 어떠한 운영을 해야 한다는 것을 제의할 수 있게 된다.

목표와 목적에는 매상고, 이익, 시장점유율 등 계량적으로 표시할 수 있는 것은 물론 제품노출의 증대, 기업체 및 제품의 이미지 향상, 유통구조의 개발 등과 같은 질적인 것도 포함해야 한다. 그러나 계수적으로 명확히 표현하는 것이 의사소통을 촉진시키고 목표와 결과를 비교분석하는 데도 좋다.

아울러 기업이 자체제품의 유통에 깊이 개입하는 중요한 이유 중 하나는 마케팅 경로를 통제하기 위해서이다. 기업의 자체 판매요원들이 유통에 직접 관여하게 되면 통제가 최대한으로 가능해 진다. 이 때 유통경로도 역시 상당히 증가하는 문제가 따른다. 일반적으로 경로의 형태와 중간상의 종류에 따라서 통제가능한 정도와 성질이 각기 달라질 수 있다. 유통경로가 길어질수록 기업이 경로상의 기구와 가격, 판매량, 판촉(promotion) 방법, 중간상의 형태 등을 통제할 수 있는 능력이 약화된다.

일반적으로 경로의 형태와 중간상의 종류에 따라서 유통경로 통제의 정도와 성격이 달라지며, 유통경로가 길어질수록 기업의 경로기구를 통제할 수 있는 능력이 약화된다. 그러므로 기업들은 이러한 유통경로 통제력을 기르는 데도 목표를 두어 시장국별 현지마케팅을 확대해야 한다.

(4) 침투시장범위(Coverage)

국제유통경로전략에서 침투시장은 기업이 운영하고 있는 해외시장 내에서 성취 가능한 한 판매고를 달성하고, 적절한 시장을 점유하고, 나아가 만족할 만한 시장을 침투하는 것을 말한다.

시장 커버리지(coverage)는 지리적인 범위 또는 세분시장의 범위 등의 방법으로 측정할 수 있다. 만일 어떤 기업이 충분한 시장범위를 원한다면 시장 국가별로 또는 지역별로 유통경로를 달리해야 할 경우도 있다. 신제품을 해외시장에 진출시키려면 하부유통경로와 긴밀한 접촉을 하고 제품유통을 어느 정도 보장할 수 있는 유명 중간상을 활용해야 만 신속한 시장범위를 달성할 수 있다. 그 후 어느 시점에 가서 그 기업이 적극적으로 시장개입을 하여 좀 더 침투적이고 집약적 범위(penetrative and intensive coverage)를 달성하겠다면, 그 기업은 자체의 유통시스템을 개발해야 한다.

여기서 시장 커버리지라 함은 기업의 모든 제품라인이 기업이 마케팅을 하기 바라는 시장국가를 완전히 커버(cover)하는 것을 뜻한다. 중간상에게 유통을 맡기게 되면 손쉬운 제품라인만을 취급·판매하고 나머지 제품라인은 등한시하는 경우가 많다. 이와 같이 모든 제품라인에 대한 완벽한 커버리지가 안될 때, 기업체의 이익은 큰 타격을 받을 수 있다.

경쟁이 심하거나 고객이 광범위한 지역에 분산되어 있는 경우에는 시장 커버리지를 달성하기가 어렵다. 특히 경쟁제품이 현지시장내에 확고한 기반이 구축되어 있을 경우에는 상당한 비용과 창의성을 발휘하더라도 충분한 시장 커버리지를 달성하는 데는 한계가 있다.

또한 적은 인구가 광범위하게 분산되어 있는 시장국들에서는 경제적으로 유통하는데 제약이 많지만, 실력 있는 현지유통업체를 통하여 대도시 시장들만을 커버하도록 하는 것이 바람직하다.

(5) 고객, 제품, 판매자, 환경 등의 특성(Character)의 적합성

국제유통경로전략의 특성에는 고객의 특성, 제품의 특성, 판매업자의 특성, 환경적 특성 등으로 구분할 수 있다.

① 고객의 특성

고객의 수, 지리적 분포, 소득, 구매 관습, 그리고 상이한 판매방법에 대한 반응은 국가별로 모두 다르며, 그에 따라 상이한 유통경로 접근법을 요구하게 된다. 일반적으로 고객의 수가 많을수록 시장개발이 어떤 단계에 있든 유통경로 구성원에 관한 필요성이 커진다. 예컨대, 제품이 많은 고객에게 판매될 경우에는 소매경로나 우편주문판매가 필요하게 되며, 판매액이 적은 소매업자가 많은 경우에는 도매업자의 경유가 적합하다. 대량판매 소매업자에게는 직접 판매가 효과적이며, 어라한 일반원칙은 모든 국가에 적용할 수 있다.

② 제품의 특성

제품의 표준화 정도, 부패성, 크기, 서비스 필요성 및 단위당 가격과 같은 속성은 유통경로 설계에 커다란 영향을 가지고 있다. 예를 들면, 단위당 가격이 높은 제품은 판매비를 저렴하게 하기 위해 직접 기업의 판매원을 통하여 판매하는 것이 보통이다. 이러한 제품의 높은 비용은 복잡성 또는 상세히 설명될 필요가 있는 제품특징과 관련되어 있는데 그 대표적인 예가 컴퓨터이다.

제품의 마진에는 세일즈 엔지니어링(sales engineering)의 비용뿐만 아니라 백과사전과 같은 판매원에 대한 금전적 유인을 제공하기 위한 것도 포함되어 있다. 부패성제품은 보통 최종소비자에 의한 구매가 만족스럽게 되기 위하여 직접마케팅에 의존하고 있다. 선진국에서는 채소, 빵, 낙농품 및 많은 부패성 식료품이 직접 판매원에 의하여 판매된다. 개도국에서는 생산자가 직접 이러한 제품을 공설시장에서 판매하는 것이 일반적이다. 대 용적제품(bulky products)은 운송거리와 유통경로에서 제품의 취급시간을 극소화시키기 위한 유통경로협정을 체결하는 경우가 많다. 그 대표적인 예가 청량음료와 맥주가 된다.

③ 판매업자의 특성

판매업에 있어 유통경로전략은 기존 판매업자의 특성을 인지해야 한다. 판매업자는 제조업자의 이익보다 자신의 이익을 극대화하기 위하여 거래를 하며, 수요가 있는 제품・상표 및 제조업자에 관하여 주문을 하며, 판매하기 힘든 제조업자의 제품에 관한 판매를 회피하는 관행이 있다. 이러한 관행은 신

제품으로 시장진출을 시도하는 제조업자에게는 심각한 장애가 될 수 있다. 판매업자의 이러한 관행을 회피하기 위한 방안으로는 다음과 같다.

첫째, 일정한 시장점유율을 얻기 위하여 직접유통조직을 설립하는 것이다. 목표시장의 일정한 점유율이 획득되고 나면 보다 비용효과적인 간접유통제도를 채택하게 된다. 이것은 간접유통이 직접유통보다 더 낫다는 것을 의미하는 것은 아니다.

둘째, 자사제품을 취급하는 판매업자의 판매원에 대한 모든 비용을 보조하는 것이다. 이 방법의 장점은 지원적 판매를 판매업자의 판매관리 및 물류와 관련시킴으로써 그 비용을 배제하게 되며, 판매업자측은 신제품에 관한 무임(free) 판매원을 얻는다는 것이다. 이러한 방법은 수출제품의 유통에 적합하다.

표적시장에서 판매업자의 선정은 대단히 중요한 과업이다. 유능한 판매업자는 첫째로 제품에 대한 인격적이고 개인적인 열성이 있어야 하며, 둘째는 제품을 성공적으로 판매할 능력이 있어야 한다. 유능한 판매업자를 확보하는 유일한 방법은 그 제품에 관하여 이익을 얻을 수 있다는 것을 확신시키도록 밀접한 관계를 가지는 것이다.

④ 환경적 특성

국제기업의 그 과업(task)으로서 지향하는 나라의 모든 시장적요인을 파악해야 한다. 이는 사회·문화적 환경으로서 인구특성, 소득특성, 사회적 조건 등을 모두 포괄하게 된다. 일국의 시장은 사람들에 의해 구성되어 있으며, 그 사람들이 곧 국제마케팅의 대상이 되는 소비자를 구성하게 되므로 소비자의 특성을 파악하는 것이 무엇보다 중요시된다. 이외 마케팅적 환경으로는 지리적 특성, 지역개발적 특성, 산업환경적 특성 등을 들 수 있다.

아울러 전체 환경의 일반적 특성은 유통경로설계에 있어서 주요한 고려사항의 하나가 된다. 국제적으로 경제적·사회적·정치적인 환경이 다르기 때문에 현지의 관리자나 판매업자에게 독립성을 부여할 필요가 있으며, 개발단계가 상이한 국가의 식료품유통을 비교하여 유통경로가 각국의 주요한 시장조건을 어떻게 반영하고 그것에 의한 반응을 파악하여 이에 대한 대응전략을 세워나가야 한다.

(6) 유통경로의 지속성(Continuity)

현지시장의 유통경로를 형성하는 유통기구들에 변화가 생겨도, 특정기업은 유통경로를 변경할 필요가 생길 수 있다. 중간상인들의 브랜드나 그 생산업체에 대한 충성심의 희박, 계절상품의 경우 생산업체에게 유통경로문제를 안겨준다. 특히, 경쟁업체가 더 좋은 이익 마진 및 더욱 긴 여신기간 등 좋은 조건을 제시하면, 중간업체들이 기존 취급품목을 포기하는 경우가 많다.

유통경로의 지속성 없이는 유통경로가 주어진 유통책임을 효과적으로 수행할 수 없다는 사실을 감한 할 때 현지유통경로의 지속성은 국제마케팅을 수행하는 기업에게 중요한 전략목표가 될 수 있다.

제3절 글로벌 유통전략

1. 글로벌 유통동향

1) 유통의 대규모화 경향

미국과 서유럽제국을 중심으로 대규모의 할인점, 도매점, 소매점 등 소매기구들의 평균규모가 대규모화, 지역화, 글로벌화 등으로 운영체질을 강화하고 있다.

이러한 경향은 유통기구들이 다양한 제품계열들의 상품화를 대폭적으로 늘리고, 자원도 강화하여 현지 제조업체들뿐만 아니라 외국기업들에 대한 협상력(bargaining power) 역시 강화되어 더욱 유리한 거래조건을 쟁취할 수 있게 되어가고 있다.

2) 유통기구의 지역화 경향

미국 소매업자들의 캐나다 진출 및 캐나다, 영국. 네덜란드, 프랑스 등의 대규모 소매상들 역시 인수합병, 합작 등으로 소매활동의 지역화(regionalization)와 글로벌화를 강화하고 있다. 또한 FTA의 확산으로 지역 경제협력 강화될수록 유통은 국가시장 중심에서 더욱 더 지역중심 내지는 글로벌시장 중심으로 바뀌게 될 것이다.

3) 우편주문소매(셀프서비스 슈퍼마켓의 확장)

우편주문의 소매 방법은 원래 미국에서 시작되어 지금은 서유럽, 일본 등 다른 개도국에서도 확장되고 있다. 또한 셀프서비스 슈퍼마켓(self service supermarket), CVS, CMS, Ware houses Economy Store, 할인점 등의 확장도 세계적인 유통경향의 하나이다.

경제개발과 더불어 임금인상, 노동력 부족, 고객의 원 스탑 쇼핑(one stop shopping) 선호, 여가선용 경향, 소비생활의 합리화 등은 세계적으로 이러한 유통기구들의 중요성을 증가시키게 될 것이다.

4) 인터넷 쇼핑, 텔레마케팅의 급증

PC보급과 더불어 정보통신망이 확산됨에 따라, 인터넷 쇼핑(internet shopping) 및 텔레마게팅(telemarketing) 등이 급격히 늘어나고 있다.

2. 글로벌물적유통네트워크

〈그림 17-1〉은 전형적인 글로벌물적유통망을 보여주고 있다. 보편적인 국내 물적유통망과 물적유통망을 비교해 보면 다음과 같다.

1) 물적유통망 개입의 수

글로벌물적유통망에 개입된 수준들의 수는 국내물적유통망에 비하여 훨씬 많다. 전형적인 국내망은 공급업체, 생산공장, 물적유통센터, 수요지역 등 4개 내지 5개 수준들에 불과한데 반해, 글로벌망의 경우에는 12개 수준들이 개입되어 있는 것을 볼 수 있다.

또한 글로벌물적유통의 흐름들(flows)을 관리할 때는 몇몇 수준들을 우회(by-pass)할 수 있는 반면에, 국내흐름을 우회할 수 있는 경우는 극히 드물다. 따라서 글로벌물적유통의 목적을 달성할 수 있는 한, 그 관리자는 그 흐름을 단축시킬 수 있는 대안들을 개발해야 한다.

2) 대안의 선택

공급업체들로부터 수요지역들까지 이르는 글로벌물적유통망의 수준들 내지 중심점(nodes) 하나하나마다 국내망에 비하여 대안들이 훨씬 많다. 예컨대, 공급업체들이나 수요지역들만 하더라도 여러 대안들 중에서 선택할 수 있는 여지가 많다는 뜻이다. 그러므로 글로벌물적유통관리는 주어진 목적을 가장 효과적으로 달성할 수 있는 최적의 국제물적유통망 배치(optimal international /global physical distribution network arrangement)를 찾는 기법을 갖추고 찾아야만 한다. 그렇게 하지 않을 경우 최적이 아닌 총 배치로 인하여 초래되는 불이익은 막대한 수도 있기 때문이다.

3) 활용가능 요소 고려

글로벌물적유통의 경우 활용 가능한 유통망들을 분석하고 최적의 총 배치를 결정하고자 할 때는 국내망의 경우와는 달리, 항만(공항)의 선정, 자유무역지역(free trade zones), 보세구역(bonded areas), 관세 등의 요소들을 추가적으로 고려해야만 한다.

〈그림 17-1〉 국내/글로벌물적유통망의 비교

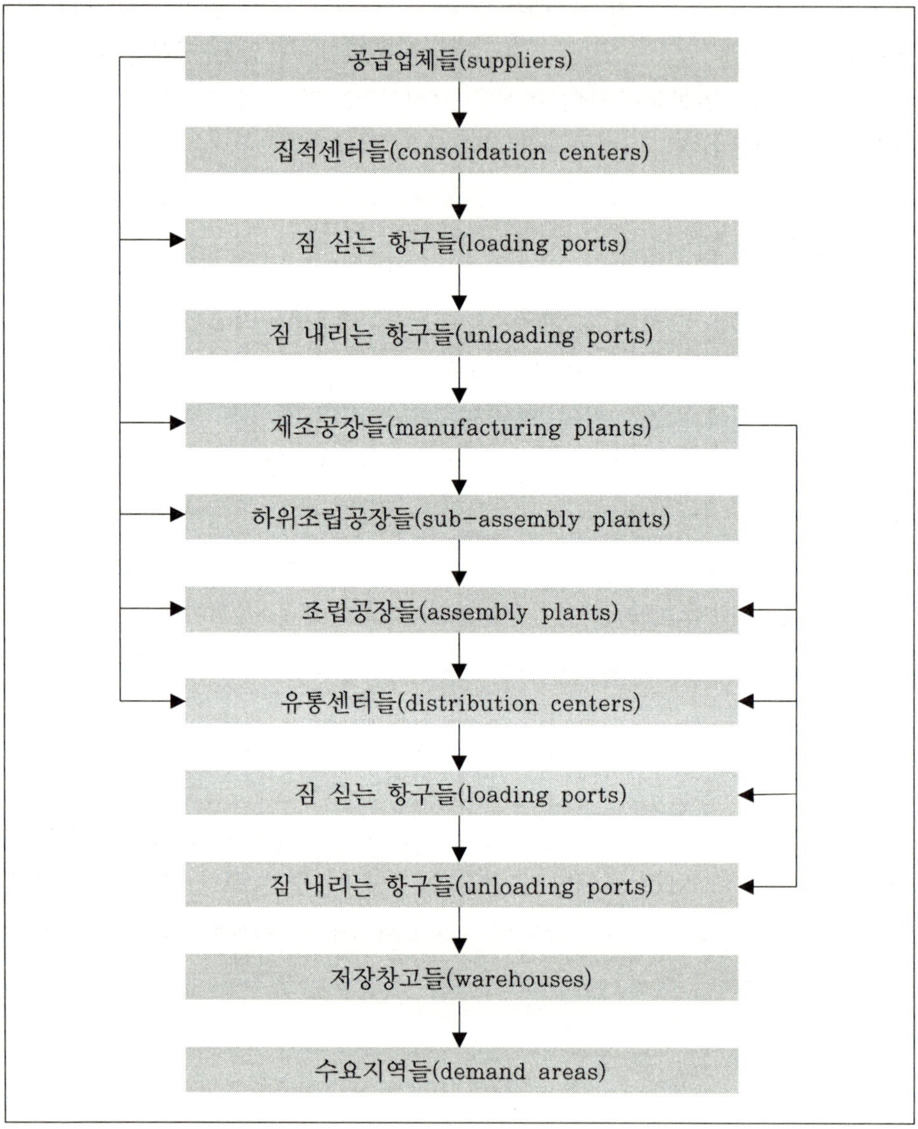

공급업체들(suppliers)
↓
집적센터들(consolidation centers)
↓
짐 싣는 항구들(loading ports)
↓
짐 내리는 항구들(unloading ports)
↓
제조공장들(manufacturing plants)
↓
하위조립공장들(sub-assembly plants)
↓
조립공장들(assembly plants)
↓
유통센터들(distribution centers)
↓
짐 싣는 항구들(loading ports)
↓
짐 내리는 항구들(unloading ports)
↓
저장창고들(warehouses)
↓
수요지역들(demand areas)

자료 : 반병길, 국제마케팅론, 박영사. 1997

사례 17-1 일본의 폐쇄적인 유통망

세계 최대 다국적곡물회사인 미국의 Cargill사는 1990년 가을 일본현지법인 Cargill Japan을 통해 소화산업과 합작투자로 다수지분을 보유한 Cargill Foods Japan을 설립하여, 일본최대의 공장을 세우고 월 9백만 톤의 쇠고기를 스테이크와 샤브샤브 등 가공육으로 만들어 슈퍼마켓 등에 공급하는 유통망을 1991년부터 독자적으로 구축해 나갔다.

일본의 쇠고기 시장이 개방되는 것을 계기로 가공에서 판매에 이르기까지 일괄사업을 펼침으로써 일본시장을 장악하자는 것이 Cargill의 목적이었다. 그러나 Cargill는, 한꺼번에 대량 주문을 하는 미국과 달리, 항상 소량주문만을 하는 슈퍼마켓 등 일본소매상의 상관행에 적응하지 못했다.

즉, 소량주문에 응하는 일본의 대형 유통업체들에게 대항할 수가 없었다. 판매선을 잡지 못해 공장의 가동률은 항상 절반 이하의 수준에 머물렀다. 공장가동률을 높이기 위해 위탁가공도 시도해 봤으나, 외국계 기업에게 임가공시키는 일본기업은 없었다.

Cargill뿐만 아니라 그 동안 일본유통시장에 진출하려 했던 외국인기업들은 대부분 실패했다. 1991년부터 일본의 명치유업과 제휴관계를 끊고 독자적인 생산-판매조직을 구축하려 했던 미국의 다국적낙농업체인 Borden사는 대표적인 실패작으로 손꼽히고 있다. 독자적인 유통망을 구축하여 이익을 크게 늘리려 했던 Borden은 제휴관계를 끊고 나서 매출액이 4분의 1로 줄어들었기 때문이다.

Cargill도 결국 1994년에 일본에서 영업을 중단하고 철수했다. 외국인기업으로서는 ① 워낙 복잡하고 뚫기 어려운 일본의 유통구조와 ② 다품종 소량주문, 까다롭기 그지없는 품질관리 요구, 단기적 이익보다 안정적 공급선호 등 일본특유의 상관행 등 때문이었다.

사례 17-2 미국 소매업체들의 캐나다 진출

북미시장에서도 유통기구 지역화는 급속도로 진전되고 있다.

미국의 소매활동동향에 비해 5~10년 뒤져 있는 캐나다는 전통적으로 일종의 "보호된 시장"이었다. 그래서 캐나다 소비자들은 상당히 높은 가격, 좁은 상품선택, 고객에 대한 빈약한 서비스 등을 감수해 왔다. 그런 모든 것이 1989년에 캐나다-미국간에 체결된 북미자유무역협정의 발효와 이를 대체한 NAFTA의 발효로 바뀌게 되었다. 미국소매업체들이 캐나다에 몰려들어가고 있기 때문이다.

예컨대, 미국 소매업체인 TJX사의 캐나다 자회사인 Winners Apparel사는 진출연도인 1990년에 5개이던 점포를 1994년까지만 해도 37개로 확장했다. Wal-Mart사는 122개 점포를 소유한 현지 소매업체를 매입한 후에 수십억 달러를 들여 개조하고서 영업을 시작했다. 1994년에 Home Depot사는 약 1억 5천만 달러를 투입하여 Home Improvement Warehouse 사의 75%를 매입했다.

미국 최대의 사무실용 제품 소매업체인 Staples사는 캐나다에서 가장 급성장하는 Business Depot사를 완전매입했다. Gap, Talbots, Price/Costs, Machael Store 등의 미국소매업체들도 캐나다 유통시장에서 급속도로 확장을 거듭하고 있다.

캐나다에 새로이 진출한 미국소매업체들은 구매관행, 유통, 컴퓨터의 활용 등에서 현지업체보다 훨씬 앞서 있다. 상품의 구입, 물적유통, 촉진, 운영 등에 걸친 규모의 경제 때문에도 미국업체들은 원가우위(또는 가격우위) 역시 보유하고 있다. 실제로도 그들은 소매가격을 대폭적으로 인하하면서, 고객에게 우월한 서비스를 제공하고 상품의 선택폭을 대폭 늘려주면서 시장기반을 확대해 나가고 있다.

이에 대응하여 캐나다의 일부 대규모 소매업체들은 경쟁력을 강화화고 있는 중이다. 예컨대, 430여개의 내구재 연쇄점들을 운영하는 Canadian Tire사는 경영층을 대폭 개편하고 1만 품목 이상에 대해 대폭적인 가격인하를 단행했다.

그와 같이 소매경쟁이 심화되어감에 따라서, 가장 많은 이득을 보는 것은 낮아진 가격에 더 많은 상품을 구입할 수 있게 된 소비자들이다.

1. 국제촉진의 개념

촉진(promotion)은 제품, 가격, 유통 등과 함께 마케팅믹스의 중요한 구성요소의 하나로서 기업과 제품에 대한 정보를 소비자에게 정확하고 신속하게 전달하기 위한 모든 형태의 정보전달 소비자를 설득하는 과정을 의미한다.

마케팅에 있어서 촉진의 역할은 현재 또는 잠재고객들에게 기업이 제공하는 서비스의 편익과 가치를 알려주고 나아가 고객들로 하여금 자사제품을 구매하도록 설득하는 데 있다. 이러한 의미에서 촉진의 본질은 마케팅 커뮤니케이션이라고 볼 수 있으며 이러한 과정은 해외시장의 소비자들을 대상으로 할 때 더 큰 어려움을 겪게 된다.

커뮤니케이션의 과정은 원천(source), 메시지(message), 목적지(destination) 등의 요소로 구성된다. 커뮤니케이션의 목적을 달성하기 위하여 메시지의 발신자(sender)인 원천은 목적지에서 무난히 해독할 수 있는 방법으로 전달하기 위하여 메시지를 작성(encoding)하게 된다. 이때 전달된 메시지가 목적지에서 발신자의 의도나 목표와 다르게 해석(decoding) 된다면 커뮤니케이션은 실패로 끝나게 된다.

따라서 원천은 발신자로서는 목적지인 메시지의 수신자(receiver)가 어떻게 행동할 것인가와 그의 해석능력 등에 대한 명확한 정보를 가지고 있어야 한다. 이를 바탕으로 특정한 메시지에 대한 수신자가 어떠한 반응을 보이게 될 것인가에 대해 완벽한 이해가 요구된다.

이러한 메시지의 주요 전달경로는 광고, 인적판매, 판매촉진, 홍보 등의 촉진믹스가 된다. 마케팅관리자는 이와 같은 다양한 촉진믹스의 전부를 적절히 활용하여 커뮤니케이션을 꾀할 수도 있고, 상황에 따라서는 이들 중의 일부만을 활용하여 커뮤니케이션 노력을 집중시킬 수도 있다.

국제마케팅에 있어서 커뮤니케이션의 원천은 통상 제품이나 서비스의 판매자가 되고, 메시지는 판매 강조점(제품의 효용이나 가치, 경쟁제품과의 차이점 등)을 포함한 제품의 특성과 관련된 명세 또는 기술(description)을 의미한다. 그리고 커뮤니케이션 노력의 대상이 되는 목적지는 상이한 문화와 언어권에 속한 다양한 해외시장국의 잠재적 구매자가 된다.

2. 국제촉진의 특성

국제촉진은 마케팅 커뮤니케이션이라는 점에서 국내촉진과 크게 다를 바가 없지만, 문화적 환경이 상이한 여러 해외시장에서의 커뮤니케이션이라는 다음과 같은 특성을 가지고 있다.

1) 커뮤니케이션 장벽

국제촉진의 경우 국내촉진의 경우보다 커뮤니케이션 장벽이 높고 그 종류도 더욱 다양하다. 대표적인 국제커뮤니케이션 장벽으로는 언어의 차이, 비언어적 표현방식의 차이, 정부규제, 매체의 활용 가능성, 경제적 차이, 소비자의 기호 및 태도, 구매과정의 창 등을 들 수 있다. 이러한 장벽들은 각기 독립적인 효과를 가지면서 동시에 상호작용을 통하여 마케팅 커뮤니케이션에 막대한 지장을 초래한다.

2) 전략조정의 문제

전략조정의 차원에서 국제촉진과 국내촉진의 다른 점은 무엇보다도 촉진프로그램의 국제이전 및 표준화 문제를 들 수 있다.

국제이전이란 한 국가시장에서의 성공적인 프로그램을 다른 해외시장으로 이전하는 것을 말한다. 즉, 특정프로그램에 대한 예를 들면, 광고의 경우 소구점, 내용, 매체, 배경 등의 구성요소 중에서 무엇을 어느 정도로 국제간에 이전시킬 것인가를 결정하는 것은 국제촉진전략의 주요 과제이다. 이러한 이전 가능성은 해외고객들의 제품에 대한 기대효용과 제품평가기준, 매체가용성, 촉진관련규제, 문화적 차이, 비언어적 표현수단 등에 의해 영향을 받는다.

한편, 표준화의 문제는 전 세계시장에 동일한 촉진프로그램을 사용하는 표준화전략과 개별 해외시장에 각기 다른 프로그램을 사용하는 적응화 전략의 선택을 말한다. 완전표준화 혹은 완전적응화는 현실적으로 찾아보기 힘들며, 이런 의미에서 표준화는 정도의 문제라 할 수 있다.

3) 커뮤니케이션 효과

국제촉진의 경우 국내촉진보다 커뮤니케이션 효과면에서 불확실성이 높다. 이에는 여러 가지 이유가 있겠으나, 특히 중요한 세 가지만 살펴보기로 한다.

첫째, 메시지의 전달이 불확실하다. 다시 만하면 매체가 목표로 하고 있는 수신자에게 미치지 못하거나 혹은 메시지가 수신자에게 인지되지 않을 수 도 있다. 이러한 불확실성은 해외의 목표고객에게 어떤 매체로 언제 도달하는 것이 가장 적합할 것인가에 관하여 충분한 지식을 갖추는 것이 어렵기 때문이다.

둘째, 메시지의 해석에 있어 불확실성이 높다. 촉진담당자가 해외고객들이 어떻게 메시지를 해석할 것인가에 관하여 충분한 사전지식이 없을 경우, 메시지가 전달되더라도 그것은 발신자의 의도대로 해석되지 않을 가능성이 높다.

셋째, 메시지의 효과에 있어 불확실성이 높다. 비록 메시지가 올바로 전달되고 인지되었다고 하여도 소비자의 태도형성과 구매행동이 발신자가 원하는 대로 이루어지지 않을 가능성이 많다. 이는 소비자들의 행동 및 이에 영향을 미치는 경제·시회·문화적 요인이 국가에 따라 매우 다양하여 이에 관한 충분한 지식을 갖추는 것이 어렵기 때문이다.

3. 국제촉진의 고려요소

촉진의 본질을 커뮤니케이션으로 볼 때 환경이 상이한 여러 해외시장에서의 촉진은 국내시장에서의 촉진에 비하여 장애요인이 더욱 다양하므로 이에 관한 충분한 지식 없이는 효과적인 커뮤니케이션이 이루어질 수 없다.

1) 메시지의 작성 및 해석

국제기업은 촉진메시지를 작성할 때 그 메시지가 해외시장에서 어떻게 해석될 것인가에 대한 면밀한 검토가 필요하다. 이러한 메시지 해석의 차이는 언어, 비언어적 수단 및 상징의 국제적 차이 때문에 발생하므로 이들 요소에 관한 충분한 지식이 있어야 한다.

(1) 언어의 차이

광고를 통한 효율적인 커뮤니케이션에 심각한 장애요인 중의 하나가 언어의 차이이다. 이는 나라마다 다른 언어의 사용과 한 나라에도 많은 방안이 존재하기 때문에 언어문제를 소홀히 취급하다가는 낭패를 당하기 쉽다.

그 예로 우리나라의 대영(DaiYoung)자전거는 미국시장에 국내시장과 같은 상표로 진출했다가 '젊어서 죽는다(die young)'로 발음되어 시장침투에 실패한 적이 있다. 이와 마찬가지로 포드자동차는 제3세계용으로 내놓은 피에라(Fiera)라는 트럭이름이 스페인어로 '추하고 늙은 여자'란 뜻을 지니고 있음을 알고 어려움을 겪기도 했다.

또한 개도국의 높은 문맹률 역시 의사소통에 많은 제약을 가하고 있다. 이러한 경우 효율적인 촉진을 위해서는 몇 배의 창의력이 요구되는 바, 신문, 잡지 등의 문자매체보다는 라디오, TV 와 같은 음성매체가 보다 바람직한 광고수단이 된다.

(2) 비언어적 수단

사람은 말이나 글 이외에도 손, 발, 눈, 코 등 신체의 일부를 사용하거나 몸치장 및 자세를 통하여 서로 의사를 교환하거나 시간, 공간, 사물을 통하여 의사표시의 수단으로 활용할 수 있다. 이와 같은 비언어적 커뮤니케이션(non-verbal communication) 혹은 침묵언어(silent language)는 문화에 따라 그 사용법과 의미가 매우 다양하다.

예를 들면 프랑스와 이탈리아 사람들은 커뮤니케이션에 있어서 미국사람들보다 손을 더 많이 사용한다. 그리고 타인과 가까이 서거나 앉게 될 때 대부분의 사람들은 부자연스럽게 느끼지만 남미와 그리스 사람들은 여타 문화권의 사람들보다 편안하게 생각하고 행동한다.

(3) 상징(symbols)

국제기업이 메시지 작성 시 색깔, 동물 등을 상징적으로 사용하고자 할 경우 이들의 상징적 의미가 국가에 따라 다르게 나타날 수 있으므로 특히 메시지 수신자 등의 감정을 상하게 하는 일이 없도록 조심해야 한다.

예를 들면 보라색은 일본에서는 고상한 색깔이지만 미얀마와 남미의 몇 개 국가에서는 즉음을 상징한다. 중국에서는 황색은 황실을 상징했고 일반대중은 사용할 수 없었으며 지금도 종교적인 목적에만 예외적으로 허용되고 있다.

또한 사람을 동물과 비교하거나 동물을 사용한 광고 등은 윤회설을 믿는 불교도들이나, 사람은 사람이고 동물은 동물일 뿐이라고 생각하는 아랍인등을 화나게 할 수도 있다. 실제로 어느 회사는 인도에서 올빼미가 불운의 상징인 것을 모르고 촉진프로그램에 올빼미를 사용해서 실패했다고 한다.

2) 커뮤니케이션매체

해외의 목표고객에게 메시지가 정확하게 전달되기 위해서는 매체와 광고대행사를 올바로 선정하여야 하는데 해외시장 매체는 국가에 따라 매우 다양하며 믿을 만한 광고대행사를 찾기도 쉽지 않다.

(1) 매체활용 가능성

커뮤니케이션매체는 크게 인적매체와 비인적 매체로 나눌 수 있다. 비인적 판매한 TV, 라디오, 전화, 신문, 간판, 유인물 등으로 가르키는데 이들의 발전단계와 활용가능성은 국가에 다라 크게 차이가 난다.

우리나라의 경우 TV광고 허용시간은 밀려드는 광고주들을 소화하기에는 엄청나게 모자라는 실정이다. 또 어떤 나라는 무수한 신문들이 세분시장을 분할 점령하고 있어서 광고주가 적정한 가격에 만족할 만한 수준의 시장 커버리지(market coverage)를 기대하기가 어려운 경우도 있다.

(2) 광고대행사의 가능성

국제기업들이 활용할 수 있는 해외시장국의 광고대행사와 마찬가지로 광고매체의 질과 수는 각국의 GNP만큼이나 다양하다. 대개의 경우 광고대행사가 제공하는 서비스의 질은 경제개발수준이나 경제규모와 비례하는 경향이 있다. 따라서 선진국시장일수록 훌륭한 서비스를 제공하고 있는 광고대행사가 많지만, 예외적으로 인도의 경우에는 1인당 국민소득은 낮지만 방대한 시장 때문에 다수의 광고대행사가 수준급의 서비스를 제공하고 있다.

3) 수신자의 반응

메시지가 매체를 통하여 전달되었을 때 수신자의 반응을 예측하는 것은 촉진전략의 필수적 고려요소라 할 수 있다. 이를 위해서는 해외고객의 정보탐색, 태도형성 및 구매결정에 고나한 충분한 지식이 필요하다.

(1) 정보탐색

일반적으로 신제품이 시장에 소개되었을 때 고객들은 제품에 대한 기초적인 지식을 대중매체를 통해 획득하지만 시간이 지나면서 기업광고 등을 통해 제품에 대해 흥미를 가지게 되고 구매시점에 가까워 오면 가족, 동료, 친지 등의 인적원천으로부터 사용경험 등 주관적 지식을 구하게 된다.

그런데 세계 각국에 제품이 소개되는 시기가 다르고 그 제품에 대한 정보의 양과 질에 차이가 날 뿐만 아니라 정보원천이 상대적 중요성도 국가에 따라 상이하다. 따라서 국제기업은 해외고객들이 구매의사결정을 위하여 언제, 어떤 종류의 정보를 탐색하며 그들의 주요 정보원천은 무엇인가를 알아야 한다.

(2) 태도형성

해외고객들이 여러 가지 제품 및 서비스를 어떻게 평가하고 특정제품에 대한 태도를 어떻게 형성하는 가를 아는 것은 효과적인 촉진전략 수립을 위하여 매우 중요하다. 다시 말하면 해외시장별로 제품의 평가 및 태도형성 과정에 영향을 미치는 여러 가지 요소들과 이들의 상대적 중요도를 찾아내는 것이 필요하다. 특히 각국의 외국 제품 선호도, 유명상품에 대한 태도, 원산지 효과, 품질 및 가격 등의 제품평가에 미치는 영향을 알아야 이를 촉진프로그램에 반영할 수 있다.

(3) 구매결정

국제촉진에서는 해외고객들의 구매결정을 고려하여야 한다. 특정제품의 구매결정에 있어 누가, 언제, 어디서, 어떻게, 왜 결정하는가에 관한 지식이 있어야 효과적인 촉진전략을 수립할 수 있다,

예를 들면, 구매결정시 주요 의사결정자, 주부의 역할, 가족 및 동료의 영향력과 일주일에 몇 번 정도 구매하는가, 백화점에서 구매하는가 또는 현금을 사용하는가 등에 관하여 알아야 한다.

4) 법적 제약

특정 시장국의 법적제도는 촉진활동의 유형을 결정하는 중요한 요인이다. 그러므로 국제마케팅관리자는 촉진전략수립에 있어서 법적제도의 저촉여부를 알기 위해 상당한 법률적 지식을 갖추고 있어야 하며, 변호사 또는 법률전문가로부터 법률자문을 구해야 한다.

국제마케팅관리자들이 빠지기 쉬운 다음과 같은 점들의 법적 제도에 대하여 이해하여야 한다.

(1) 매체규제

많은 나라에서 주류, 담배, 의약품, 산아제한용품 등의 범주에 속하는 제품들은 광고가 전혀 불가능하거나 허용된다고 해도 특정 매체만으로 제한되고 있다. 우리나라의 경우 일간지, 라디오, TV 등을 통한 외국담배의 광고를 금하고 있다.

(2) 내용 및 언어 규제

각 국가마다 메시지의 내용과 언어에 대한 규제도 다르다. 예를 들면 독일에서는 최상급의 광고표현이나 경쟁사의 제품과의 비교 광고를 법률로 금지하고 있다. 또한 대부분의 개도국들은 TV를 통하여 저속한 의상이나 폭력 또는 충격적 장면이 방영되는 것을 엄격히 통제하고 있으며, 소비자를 오도할 수 있는 단어나 표현의 사용을 금지하고 있다.

한편, 프랑스와 불어권인 캐나다의 퀘백(Quebec)주에서는 불어 이외의 외국어를 사용한 광고가 허용되지 않고 있다.

(3) 촉진비용규제

국가에 따라서는 촉진비용의 허용한도에 대해서도 법에 명시하고 있으며, 매체에 따라 부가가치세, 광고세 등의 세율을 달리 책정함으로써 주어진 여건하에서 기업들의 매체선정 의사결정에까지 영향을 미치는 경우도 있다.

(4) 판촉행사 내용규제

국가에 따라서는 과대한 판촉행사를 통한 무질서한 경쟁을 규제하기 위해 연중 판촉행사 가능기간, 판촉선물 액수 등을 규제하기도 한다.

제2절 국제촉진전략 수립

1. 국제촉진전략 수립의 고려요소

특정 기업은 본사수준에서 국제촉진 커뮤니케이션전략(international/global promotion/ communication strategy)을 수립 후 5개의 요소 즉 ① 광고(대량촉진도구), ② 인적판매, ③ 판매촉진, ④ 대중관계와 홍보, ⑤ 특수형태의 촉진활동 등의 촉진커뮤니케이션 믹스를 글로벌차원과 각종 시장들의 차원에서 결정하여야 한다.

1) 촉진의 구체적인 목적 설정

촉진커뮤니케이션의 일차적 목적은 특정 메시지의 수신자(receiver)가 발신자(sender)가 바라는 대로 어떤 특유한 방식·방향으로 행동(behave)하도록 영향력을 미치는데 있다. 그러므로 특정 기업은 국제촉진전략을 수립할 때 그 구체적인 목적부터 명확히 설정하여야 한다.

기업이 바라는 행동이란 소비자의 태도 전환(shift in attitude)일 수도 있다. 특정 국가시장의 일반국민으로부터 호의적인 태도를 획득하여 현지기업활동을 원활화하기 위해, 특정 외국인 기업이 대중관계 프로그램과 이미지광고를 실시하여 기업 이미지를 제고하는 것이 그 한 예이다.

또한 대부분의 경우 기업이 촉진커뮤니케이션을 통하여 메시지 수신자로부터 바라는 행동은 자사제품을 실제로 구매하는 행위(purchasing action)이

다. 그러므로 글로벌마케팅의 국제촉진믹스(international promotion mix)를 활용하는 목적은 일반 소비자나 산업고객의 태도와 행위가 특정 기업에 유리하게 변화하도록 정보를 제공하고 커뮤니케이션을 함으로써 궁극적으로는 그 기업의 제품을 구매하도록 유인(induce)하는 데 있다.

국제마케팅관리자는 이러한 목적이 무엇이든 간에 표적시장의 문화적 차이를 우선 감지하고 국제촉진전략 수립에 반영시킨 다음, 수립된 전략을 토대로 시장별 커뮤니케이션활동을 전개해야만 한다.

2) 촉진의 표적 설정

무엇들을 어떤 순위로 표적(targets)으로 할 것인가를 결정하여 국제촉진전략수립에 반영하여야 한다. 국제마케팅 기업에 있어서 일반적으로 가장 중요한 공중(publics)은 고객들인 소비자로 구성된 공중이다. 소비자, 고객들에 추가하여 일반 공중 · 정부 등 여타 공중들에게도 커뮤니케이션을 해야만 하는 이유는 표적 지역 및 국가시장들에서 자율적이고 이익적인 마케팅활동을 전개할 수 있도록 자사에게 호의적인 마케팅환경을 조성하기 위해서이다.

3) 촉진의 과정

폭넓게 인정되고 활용될 수 있는 촉진커뮤니케이션의 과정도 국제촉진전략을 수립할 때 고려해야만 한다. 광고, 인적판매, 판매촉진, 대중관계와 홍보, 특수형태의 촉진활동 등을 포함하는 국제 촉진커뮤니케이션의 과정은 다음 7개의 과정으로 구성되어 있다.

① 정보원천(information source)

이는 특정 표적시장의 특정 공중에게 전달할 메시지를 가진 국제마케팅관리자를 가리킨다.

② 부호화(encoding)

이는 원천정보로부터의 메시지가 의도한 대로 수신자에게 효과적으로 전달되도록, 메시지를 상징적 기호(symbol)로 전환시키는 것을 말한다.

③ 메시지 경로(message channel)

의도된 수신자에게 기호화된 메시지를 전달하는 인적판매원, 광고매체, 로비스트(lobbyist) 등의 경로들을 말한다.

④ 해독(decoding)

원천정보로부터 전달되는 기호화된 메시지를 수신자가 해석하는 과정을 말한다.

⑤ 수신자(receiver)

원천정보로부터 전달되는 기호화된 메시지의 표적을 말한다.

⑥ 피드백(feedback)

표적인 수신자로부터 커뮤니케이션 과정 및 기호화된 메시지의 효과 등에 대한 평가정보를 정보원천자에게 전달하는 역류 과정을 말한다.

⑦ 잡음(noise)

경쟁사들의 광고, 인적판매활동, 최종수신단계에서 발생하는 혼란과 커뮤니케이션 과정 자체보다는 외적요소들로부터 오는 영향을 말한다.

4) 촉진의 장벽(obstacles)

국제촉진과정에서 잡음을 일으키고 커뮤니케이션을 빈번히 왜곡시키고 오도하게 만드는 중요한 요인 중의 하나는 국가시장간의 문화적인 차이이다. 그 중에서도 특히 언어의 차이, 촉진활동에 대한 정부통제의 차이, 언론매체 및 광고대행사의 가용성의 차이, 경제적 차이, 소비자 니즈(needs), 전통, 가치관 및 규범 차이 등이 촉진의 장벽들이다.

이러한 장벽들은 국제마케팅을 하는 기업들의 촉진활동을 제한하는 동시에 그 실패율과 실패비용(rate and cost of failures)을 크게 높이는 작용을 한다. 그러므로 특정 기업이 국제촉진전략을 수립할 때에는 이러한 장벽들을 고려하여야 한다.

5) 국제촉진전략 결정기준

(1) 구매자 행동의 단계

구매결정을 할 때에 잠재적 고객들은 주의, 관심, 욕구, 구매행위(attention, interest, desire, action, AIDS) 등의 단계를 거치게 된다. 국제마케팅관리자는 구매자 행동의 단계별로 촉진도구(광고, 인적판매, 소비자교육, 홍보)를 적절한 비율로 믹스하여 활용할 필요가 있다.

또한 이러한 일련의 구매자행동의 단계에 따라서 인적정보원천(personal sources of information)과 비인적정보원(nonpersonal sources of information)의 상대적 중요성이 달라진다.

따라서 국제마케팅관리자는 구매행동 단계별로 달라지는 두 가지 정보원천의 상대적 중요성을 감안하여, 촉진도구들을 활용하는 전략을 결정해야 한다.

(2) 마케팅 제품의 유형(product types)

특정 기업이 마케팅하는 제품의 유형에 따라서도 촉진믹스전략이 달라질 수 있다. 일반적으로 산업재, 첨단기술제품, 고가 소비재의 경우에는 인적판매를 가장 강조해야 하고, 소비자들이 빈번히 구매하는 중・저가 소비재를 마케팅할 때에는 광고에 가장 중점을 두고 판매촉진, 인적판매, 홍보 등은 부수적인 촉진수단으로 사용하면 된다.

한편, 제조업체가 일반소비재를 마케팅할 때에도 제품의 성격(nature of product)에 따라서 인적판매도 중요하게 된다. 예컨대, 해외자회사 판매요원들이 현지유통기구들의 경영자들을 방문하여 그들이 더 많은 자사 제품들을 취급하도록, 제품 회전율을 높이도록, 진열면적을 늘리도록 설득을 하고 특별한 재무적 유인도 제공할 수 있기 때문이다.

(3) 활용하는 제품/시장믹스전략

제품/시장믹스전략이란, 변화하는 시장수요에 맞추어서 오퍼하는 제품들을 적응시키는 전략을 말한다.

일반적으로 제품다각화전략(product diversification strategy)을 활용하

는 기업일수록 동일 국가시장 내에서도 다양한 형태의 촉진믹스를 활용해야 하고, 시장다변화전략(market diversification strategy)을 채택하는 기업일수록, 국가시장별로 상이한 형태의 촉진믹스를 활용해야한 한다.

(4) 촉진전략의 유형

특정 기업체이 현재 채택하고 있거나 앞으로 채택하고자 하는 촉진전략의 유형(promotion strategy type)도 고려요소가 된다.

〈그림 18-1〉 촉진전략의 세 가지 유형

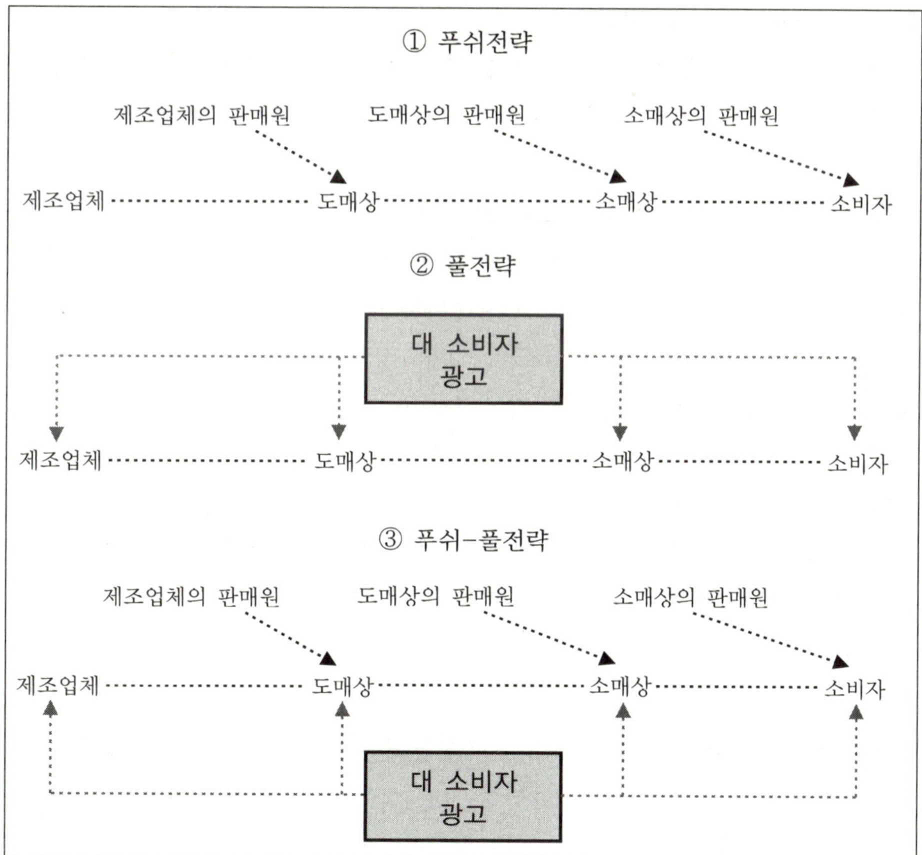

자료 : 반병길, 전게서

기업이 해외시장별로 마케팅을 촉진할 때에 광고와 같은 매스 촉진(mass promotion)에 주로 의존하는지, 아니면 인적촉진(personal promotion)에 주로 의존하는지에 따라서, 그 기업은 제시된 세 가지 유형의 촉진전략 중에서 어느 하나를 채택할 수가 있다(〈그림 18-1〉 참조). 그 세 가지 중에서 어느 것을 채택하느냐에 따라서 특정 기업이 해외시장별로 활용하는 촉진믹스는 달라져야 한다.

① 푸쉬전략(push strategy)

강압전략(pressure strategy)이라고도 부르는 푸쉬전략은 그 대상에 따라서 두 가지로 나눌 수 있다.

첫째, 유통기구 대상 푸쉬전략을 들 수 있다. 수출만을 하는 특정 외국인기업체와 현지자회사들을 운영하는 글로벌기업의 입장에서 본다면, 자사제품을 해외시장 현지유통업체들이 우선 취급(handle)해 주어야만 그 제품은 유통경로를 통하여 궁극적으로 최종소비자들에게까지 판매될 수가 있다.

그러므로 외국인 수출기업이나 글로벌기업의 해외시장 현지자회사들은, 현지유통기구들에게 가격할인 · 신용판매 · 가격리베이트(price rebate/kick- back) · 점포임대료 · 광고비 · 판촉비 · 판매원 경비 · 판촉차량 · 판매보너스 등을 믹스한 적절한 유인(inducements, incentives)을 제공하면서, 자사제품을 취급하고 판매하도록 그들을 설득해야만 한다.

거래선 촉진전략(dealer promotion strategy)이라고도 부르는 해외유통기구들을 대상으로 하는 푸쉬전략에서 주축을 이루는 수단들은 재무적 유인, 인적판매, 판매촉진이다. 따라서 거래선 촉진전략을 강조하려면, 광고나 홍보보다는 위의 세 가지 수단들을 주로 활용해야 한다.

둘째, 실수요자/최종소비자 대상 푸쉬전략이다. 이것은 주로 일선 판매원(field salesmen)을 동원하여, 실수요자들과 최종소비자들로 하여금 구매결정을 하고 실제로도 구매하는 행위를 취하도록, 전 판매과정에서 인적판매를 강조하는 전략을 말한다. 특히, 기업자원과 촉진예산이 부족할수록 풀-푸쉬전략이나 풀전략보다는 푸쉬전략을 강조할 필요가 있다.

③ 풀 전략(pull strategy)

흡인전략(suction strategy)이라고도 부르는 풀전략은 현지유통경로의 마지막 단계에 위치한 최종소비자를 대상으로 대대적인 광고를 통하여 자사제품에 대한 일반소비자들의 수요를 유발(arouse)하게 하고, 그 수요 풀(demand pull)이 도매상 및 대리점과 소매상을 거쳐 현지자회사에게까지 도달하도록 하는 전략을 말한다. 그러므로 결과적으로 현지자회사는 제품판매를 증대시킬 수 있게 된다.

풀 전략에서 중요한 수단은 물론 광고이며, 판매촉진 등은 부수적인 수단에 해당한다. 따라서 풀 전략을 활용하려면, 자체 브랜드 네임(brand name)을 부착한 제품을 마케팅해야 할 뿐만 아니라 브랜드광고에 많은 비용을 투입해야만 한다.

③ 푸쉬-풀 전략(push-pull strategy)

푸쉬-풀 전략은 푸쉬전략과 풀전략 중에서 어느 하나만 사용해서는 촉진목적을 효과적으로 달성하기 어렵기 때문에 두 가지 전략을 함께 활용하는 일종의 결합전략(combination strategy)을 말한다. 이러한 전략은 어느 해외시장에서나 주로 현지 대형기업들과 글로벌기업들의 현지자회사들이 활용하고 있는 전략이다.

특정 기업이 해외시장에서 푸쉬-풀전략을 활용하려면, 한편으로는 대규모 광고를 하고, 동시에 다른 한편에서는 대규모 인적판매와 거래선 촉진전략을 병행하므로 막대한 촉진예산을 투입해야만 한다.

2. 판매촉진(sales promotion)

판매촉진은 contests, coupons, sample, premiums, point purchase display 등을 사용하는 판매활동이다. 이러한 정의는 제품을 일반소비자들에게 마케팅할 때에 광고·인적판매 등과 더불어 활용하는 소비자판매촉진(consumer sales promotion)의 경우에만 적용된다.

그러므로 해외시장의 유통업체들과 실수요자들에게 주로 수출판매하는 외국인 기업들에게는 별 의미가 없게 된다. 따라서 그런 중간고객을 대상으로 수출판매를 하는 외국인 기업이나 현지판매를 하는 그 현지자회사는 거래선 판매촉진(dealer sales promotion)을 강조해야만 한다.

제3절 국제광고전략

1. 국제광고의 개념과 목적

1) 국제광고의 개념

광고란 기업, 제품 및 서비스에 대한 각종 정보를 제공하고, 제품과 서비스의 수요를 촉진시키는 비인적·유상적 커뮤니케이션활동이다. 광고는 판매할 제품 및 용역과 더불어 회사를 소비자에게 인식시키고자 하는 전문화된 마케팅 활동이다. 그러므로 광고사업에 있어서는 광고만을 대상으로 생각하지 말고 마케팅에 관한 전반적인 업무를 고려하도록 해야 한다.[11)]

한편, 국제마케팅협회의 국제광고에 대한 정의에 의하면 "국제광고(inter- national advertising)란 이름을 명시한 광고주(sponsor)에 의한 모든 유료형태의 아이디어, 상품 또는 서비스의 비인적 제시(non-personal presentation)와 촉진"이라고 간주되고 있다. 그 외에도 광고는 광고주가 유료의 광고매체를 통하여 커뮤니케이션(communication)의 비인적 접촉형태 또는 제품, 서비스, 제도, 아이디어 등에 관한 일련의 비대면적(non-person-

11) 광고나 PR과 유사한 말로 선전(propaganda)이 있다. 선전은 광의로는 어떤 기구에 의하여 대규 모로 아이디어를 전하는 것을 가리키며 협의로는 전치선전·종교선전을 의미한다. 그러나 선전 은 어떤 목적을 위하여 그에 관계되는 정보와 지식을 많은 사람에게 주어 일정한 목적에 알맞은 행동을 일으키게 하는 것으로, 상업 목적 이외에 사상이나 정치적인 것도 포함하게 되므로 광고 에 비하여 상위개념에 속하는 것이다.

al)이며 유료의 시청자에 소구하는 활동 등 여러 가지 개념이 있다.

이러한 광고개념의 공통점으로는 ① 광고의 유료성(paid form), ② 비인적 제시성, ③ 아이디어, 제품, 서비스 등의 대상성, ④ 광고주의 명시성 등 네 가지 특징이 있음을 알 수 있다. 그 중에서도 광고는 무엇보다도 대부분이 일정율의 광고료를 지불하게 된다는 점에 그 큰 특징이 있다. 이러한 점이 국제광고와 국제홍보(international publicity)의 차이점을 나타내고 있다.

국제홍보는 국제광고와는 달리 기사의 내용이나 게재 여부는 일체 편집자의 자유선택권에 달려 있으며, 기사의 표현방식도 소비자 또는 대중의 이성에 호소해서 국제광고의 경우처럼 구매를 촉진 내지 자극하게 되는 감정요인을 내포하지는 않는다. 그러한 의미에서 국제홍보는 흔히 국제PR(international public relations)과도 혼동되기 쉽다.

국제홍보와 국제PR은 그 목적면에서는 비슷하나, 국제홍보는 국제광고의 경우처럼 대중매체를 이용함에 반해 국제PR은 되도록 그러한 대량매체를 이용하지 않는다는 점이 다르다.

아울러 1970년대 이후 광고의 특징은 포지셔닝 광고(positioning Advertising)의 시대라고 할 수 있다. 이 포지셔닝 광고란 상품기능 진가(merit)로 기업 이미지를 나타내지 않고 타사제품과의 시장관계에 초점을 맞추는 것이다. 즉, 소비자의 기억 가운데 주요 위치를 차지하는 브랜드(brand)와 자사의 브랜드가 어떠한 관계에 있는가? 예를 들러 1위와 2위 관계인가? 혹은 순위는 낮지만 다른 상위 브랜드와 전혀 다른 특징을 가지고 있는가를 명확하게 인지하는 것을 포지셔닝 광고라고 한다.

포지셔닝 광고에 있어서 가장 중요한 것은 전략이며, 그 광고의 출현을 촉진하는 요소의 하나는 경합이다. 즉, 강력한 라이벌이 시장에 나타났을 때 기존의 주력 브랜드는 소비자의 인식을 명확하게 하기 위하여 포지셔닝 광고를 하게 되며, 독자적인 상품의 특질만 강조하지 않고 시장의 경합관계를 기반으로 한다. 이것을 외적 포지셔닝(External positioning)이라고도 한다.

2) 국제광고의 목적

국제광고는 그 목적에 따라 신시장의 개척과 신제품개발을 위한 개척광고(pioneering advertising)와 개척시장에서의 경쟁력을 증강하기 위한 경쟁광고(competitive advertising) 그리고 해외시장에서 본사 제품의 경쟁력을 안정적으로 유지하기 위한 광고로 구분할 수 있다.

이러한 목적에 의한 광고도 다음과 기능을 올바르게 발휘되어야 함을 원칙으로 한다. 즉, ① 신제품시장 도입(new product introduction), ② 제품차별화와 시장확대(product differentiation and market expansion), ③ 유통경로 확보(channel securing), ④ 판매의 조정과 지원(sales shaping and support), ⑤ 수요창조(demand creation), ⑥ 설득(persuasion), ⑦ 이미지 형성(image formation), ⑧ 소비자교육(consumer education) 등이다.

이러한 기능들은 복합적으로 발휘될수록 국제광고의 상승효과는 커지게 되며, 궁극적인 국제광고의 기능은 제품에 대한 소비의 반복된 창조에 있다.

3) 국제광고의 단계

효율적인 광고관리를 위한 국제광고의 일반적인 단계를 보면 다음과 같다.

첫째, 국제광고조사의 단계이다. 이 단계에서는 국제마케팅조사의 일환으로서 집행하기 위해 전문광고대행기관에 대한 위탁 타당성검토를 하게 된다.

둘째, 국제광고목표의 확립과 광고대상의 결정단계로 주목표가 제품광고인지, 기업광고인가의 검토와 광고 대상지역의 주 청중(audience)을 선정하게 된다.

셋째, 국제광고 계획작성팀의 편성의 단계로 국제광고담당자, 제품제조부문담당자, 해외세일즈담당자, 카피라이터(copy writer), 디자이너, 사진・공예・인쇄관계자 등 팀의 효율적인 운영과 작업을 할 수 있게 편성한다.

넷째, 국제광고대행기관과 광고매체를 선정한다. 이는 국제광고조사를 바탕으로 광고대행기관에의 위탁 타당성 검토와 국제광고매체별 장・단점의 검토와 그 선정이 이루어지게 된다.

다섯째, 국제광고시기와 기간 일수의 결정이 이루어져야 한다. 이것은 계

절별, 주기별, 촉진일(promotional dates)별 등 광고시기의 검토와 반복여부, 그 회수의 결정을 하게 된다.

여섯째, 국제광고의 예산 편성과 판매·구매기점 선정 단계이다. 단독국제광고와 공동국제광고 예산의 편성과 검토와 매체별 판매와 구매기점의 비교검토가 이루어진다.

일곱째, 표현소재의 모집과 표현수단의 선정한다. 여러 가지 표현소재를 다량으로 수집·분석·평가하여 가장 적절한 표현수단을 선정한다.

마지막으로 국제광고전략을 투입하게 된다. 여기에서는 국제광고활동의 개시와 더불어 광고활동의 효과 측정과 결과에 대한 검토가 이루어져야 한다.

2. 국제광고매체의 선정전략

광고활동을 수행하는 과정에서 국제마케팅관리자가 직면하게 되는 세부적인 의사결정 영역은 크게 광고대행사의 선정, 광고메시지의 선정, 광고매체의 선정, 광고예산의 결정, 광고효과의 평가, 그리고 국제협력광고의 실시 여부 등으로 구분할 수 있다.

1) 광고대행사의 선정

전반적인 마케팅기능은 기업 내의 자체 인력에 의해 수행되지만, 광고의 경우에는 대부분의 기업들이 광고대행사 등의 외부전문기관에 크게 의존하고 있다. 따라서 최적의 광고대행사 선정은 광고관련 의사결정에서 기업들이 우선적으로 해결해야 할 과제이다.

국제기업이 활용할 수 있는 광고대행사에는 전 세계에 걸쳐 자회사나 사무소를 두고 있는 국제적 광고대행사, 각 시장국의 현지 광고대행기관, 본국의 광고대행사 등이 있다.

(1) 광고대행사의 선정

광고대행사의 선정에 있어서 가장 중요한 기준은 특정 광고대행사들이 기

업목표 달성에 얼마나 도움을 줄 수 있는가의 여부가 되겠지만, 실제로는 이렇게 단순한 기준을 적용하기가 어려운 경우가 많다. 따라서 광고대행사의 선정은 대부분 다음과 같은 방법으로 이루어지게 된다.

먼저, 각 시장국에 있어 광고대행사를 파악하고, 이들이 경쟁업체에 의해 선정되어 있는가를 알아낸다.

다음으로는 자사가 활용 가능한 광고대행사를 상대로 다음과 같은 구체적 기준을 적용하여 평가함으로써 가장 적합한 광고대행사를 선정한다.

① 광고대행사가 제공할 수 있는 시장의 범위(market coverage)의 정도

② 광고대행사가 각 시장국에서 수행하고 있는 업무의 질

③ 시장조사, 공중관계를 비롯한 광고외의 마케팅 서비스의 수행 가능 여부

④ 기업의 광고부서와 대행사간의 상대적 역할

⑤ 광고대행사와의 커뮤니케이션 또는 조정·통제정도

⑥ 광고의 국제적 표준화 또는 현지적응화 여부

⑦ 기업의 국제경영규모

⑧ 추구하는 기업의 이미지가 현지기업인가 국제기업인가의 여부

⑨ 기업의 조직 - 현지 이익중심점을 두고 있는 고도로 분권화된 기업들은 광고대행사의 선정까지 자회사에 맡기는 경향이 있다.

⑩ 해외사업형태 - 합작투자의 경우 현지합작선이 의사결정의 주도권을 행사하고 있다면 자연히 광고를 현지의 광고대행사에 맡길 가능성이 높다.

(2) 국제광고대행사의 이점

오늘날 자국내의 사무소를 두고 있는 국제적 광고대행사를 이용하는 기업들이 갈수록 늘어나고 있는데, 이는 다음과 같은 이점이 있기 때문이다.

① 광고활동과 관련된 시장조사 및 제작활동의 중복을 방지함으로써 비용의 절감을 꾀할 수 있다.

② 광고의 집중적인 통제가 요구되는 경우 국제적 조직구조를 지닌 단일의 광고대행사와 거래하면 매우 편리하다.

③ 세계 어느 시장에서든지 동일한 광고대행사를 사용하면 국제광고활동의 조정이 용이하고 전 세계시장에 동일한 이미지를 심어주기에 훨씬 쉽다.

특히 산업용품의 광고소구는 각국마다 상당한 공통점이 있으며, 광고예산도 비교적 적기 때문에 단일 국제광고대행사의 선정이 보편화되고 있는 현상이다. 일부 소비재의 마케팅에 있어서도 비슷한 광고소구가 여러 시장에서 활용될 수 있음에 착안하여 국제적인 광고대행사를 선호하고 있다. 펩시콜라(Pepsi-Cola)와 코카콜라(Coca-Cola), 그리고 말보로(Marlboro)의 제조회사인 필립모리스(Philip Moris) 등은 국제적 광고대행사를 통해 세계 전역에 표준화된 이미지를 뿌리내리는 데 성공한 대표적 사례들이다.

다국적 광고대행사들의 끊임없는 성장은 특정 시장국의 고객만을 위해 일하고 있는 소규모 현지광고대행사들에게는 커다란 위협이 되고 있다. 심지어 최근에는 전 세계적인 광고활동의 조정을 위해 국내시장에서의 광고까지 다국적 광고대행사에게 맡기는 기업도 적지 않다.

(3) 현지광고대행사의 이점

국제광고대행사의 증가추세에도 불구하고 국제기업들이 현지국의 광고대행사를 이용하는 이유는 다음과 같다.

① 현지대행사의 특별서비스

현지시장 및 고객정보를 기반으로 현지대행사가 차별적인 서비스를 제공함으로써 당해 시장에서 최고의 대행사인 경우 국제기업은 국제대행사의 이점에도 불구하고 현지대행사를 택할 수 있다.

② 현지기업 이미지

현지대행사를 이용함으로써 선량한 현지기업으로서의 이미지를 높일 수 있고 현지자회사로 하여금 촉진활동에 대해 책임을 지도록 한다.

③ 국제대행사의 조정역할 미흡

국제기업의 촉진프로그램을 국제적으로 조정하는 역할을 국제대행사가 효과적으로 수행하지 못할 수다 있으며, 때로는 이러한 조정이 필요 없는 경우가 있다.

2) 광고메시지의 선정

국제광고를 위한 의사결정에 있어서 중요한 분야 중의 하나는 각국에 적합한 내용을 담은 광고메시지를 개발하여 선택하는 일이다. 각국은 독특한 특성을 지니고 있으므로 시장별로 별개의 광고소구와 메시지를 개발할 필요가 있다. 그러나 진출대상국이 늘어나고 현지시장이 여러 개의 세분시장으로 나누어야 할 경우에는 이러한 과업은 많은 시간과 노력이 없이는 성공하기 어렵다.

효과적인 커뮤니케이션을 위한 광고메시지의 개발에 따른 광고제작의 원칙과 방법 등의 기술적 문제는 근본적으로 모든 국가에서 대동소이하다고 볼 수 있다.

여기서는 국제시장에서의 광고메시지 개발 시 고려해야 할 요인과 함께 국제광고메시지의 표준화 또는 현지적응화의 문제로 논의를 한정하고자 한다.

(1) 국제광고메시지 개발 시 고려요인

① 구매자의 소비시스템

제품이 나라마다 같은 욕구를 만족시키기 위한 것이라면 광고내용으로 사용될 수 있다.

② 구매동기의 유사성

동일한 제품은 기능적인 측면, 편이성, 그리고 당해제품의 지위(status)에 의해 구매가 되지만, 각국별로 상이한 동기부여의 조합을 통해 구매가 이루어진다. 구매동기가 유사할수록 표준화된 메시지의 내용이 바람직하게 된다.

③ 언어의 다양성

영어와 같이 세계적으로 공용되는 언어는 국제광고메시지의 표준화를 가능하게 하지만, 세계 각국의 언어의 다양성은 번역상의 문제점 때문에 표준화된 광고소구의 활용에 커다란 장애가 되고 있다.

예를 들면 우리나라 말이나 영어로 작성된 광고메시지를 다는 언어로 번역할 때에는 각별히 유의하지 않으면 치명적인 과오를 범할 수도 있다. 이를 피하기 위하여 광고카피(copy)는 가능한 짧은 것이 좋으며, 그림과 같은 시각적 표현을 적절히 포함시키는 것이 바람직하다. 특히 시각적인 표현방식을 문맹률이 높은 나라에서 대단히 유용한 커뮤니케이션방법이다.

④ 국제시장세분화

전체적으로는 서로 다른 시장국일지라도 특정 세분시장은 다를 나라와 상당히 유사할 수도 있다. 이 경우 국제시장을 세분화하고, 이에 따라 적절한 메시지를 개발하는 것도 바람직한 접근방법의 하나이다.

(2) 광고메시지의 표준화

표준화된 광고메시지를 사용할 것인가 아니면 시장국별로 광고메시지를 현지여건에 맞도록 적용시킬 것인가는 기업의 국제개입수준과 국제적인 이미지, 광고메시지의 개발비용, 광고대행사와의 관계, 활용 가능한 광고매체 등 여러 가지 요인들을 종합적으로 고려하여 신중하게 결정할 필요가 있다.

시장의 세계화로 표준화된 광고메시지의 활용가능성은 날로 증대되고 있는 바, 이의 장점으로는 다음과 같은 것들이 있다.

① 비용의 절감

하나의 광고개념이 개발되면 적은 비용으로 타국에 이전시킬 수 있고, 또한 광고업무의 새로운 시장에 신출할 경우에도 시장접근이 용이하다.

② 국제적 이미지의 창출

제품이나 기업의 통일된 국제적 이미지의 창출이 가능하고, 이를 통하여 신제품의 개발이나 새로운 시장에 진출할 경우에도 시장접근이 용이하다.

③ 통제와 조정

전사적 수준에서 광고활동에 대한 통제와 조정이 용이하다. 물론 각국 시장은 끊임없이 변화하고 있는 가운데 수요구조가 점차 유사해지는 경향을 보이고 있으나 아직까지도 세계시장이 동일한 필요와 욕구로 이루어진 하나의 동질적인 시장이라고 단언하기는 어렵다. 따라서 전면적인 광고메시지의 표준화에는 너무도 많은 장애요인이 상존하고 있다.

(3) 광고메시지의 현지적응화

제품의 속성과 기능은 각국별로 구매자의 행동에 상이한 영향을 미친다. 설혹 제품의 일차적 기능은 같다고 하더라도 라이프스타일(life style), 소득수준, 시장구조 등의 경제적 또는 사회·문화적 여건의 차이로 소비자들이 요구하거나 인지하는 제품의 특징과 물리적 속성은 다를 수 있다.

이러한 경우 표준화된 광고메시지는 효력을 발휘할 수 없다. 예를 들어, 카메라의 가장 중요한 기능은 사진을 찍는 것이다. 그러나 카메라에 대한 소비자들의 총채적인 역구는 시장국별로 상당한 차이가 있다. 즉, 미국소비자들은 사진이 잘 나오는 것 외에 조작이 간편한 것을 원하지만, 일본이나 독일에서는 훌륭한 촬영기능 외에 디자인에 대해서도 까다롭게 요구하기 마련이다.

이에 비해 소득수준이 낮아 카메라의 보급이 일부 고소득층에 한정되어 있는 개도국에서는 카메라가 어떤 용도에 쓰이는 것인지조차 잘 모를 때가 있다. 따라서 각각의 경우 광고메시지에 포함되어야 할 내용이 달라져야 한다.

다른 마케팅믹스와 마찬가지로 광고메시지의 개발에 있어서도 표준화와 현지 적응화 중에서 어떠한 접근방법이 보다 바람직한가에 대해서는 아직까지도 많은 논란이 거듭되고 있다. 이는 결국 어떠한 접근방법도 결코 완벽할 수 없음을 시사해 주는 것이다.

3) 광고매체의 선정

바람직한 광고매체란 표적시장을 비용·편익면에서 가장 효과적이고 효율적으로 커버할 수 있는 것이어야 하며, 광고매체의 선정을 위해서는 광고매체의 활용 가능성, 비용, 커버리지 등을 고려해야 한다.

그러나 각국별로 매체의 보급과 시청자의 특징에 관한 믿을만한 시장정보가 부족하기 때문에 적합한 광고매체를 결정하기란 어려운 과업이며, 이러한 광고매체 선정상의 불확실성을 해결하기 위해서는 시장별로 장기적인 관점에서 매체조사의 확대가 필요하다.

일반적으로 국제마케팅관리자는 여러 가지 광고매체 대안 중에서 각 매체가 가지고 있는 메시지의 전달범위나 도달능력, 그리고 각 매체활용 시 소요

되는 비용을 감안하여 자사와 자사의 제품에 적합한 형태의 매체를 선정하게 된다.

(1) 인쇄매체

세계시장의 소비자들을 대상으로 하는 대표적인 국제광고 매체로는 인쇄매체로서 신문과 잡지를 들 수 있다. 그 중에서도 Time지나 Newsweek지 같은 시사 또는 전문잡지가 가장 대표적이다. 그러나 이러한 잡지들은 영어 등의 국제공용언어로만 출간되기 때문에 대부분의 시장에서 지식인층을 제외하고는 광범위한 독자층에 파고들 수 없다는 단점이 있다. 그러므로 대량소비를 필요로 하는 제품들의 경우에는 다양한 직업, 소득, 연령, 성별에 걸친 다양한 독자들에게 접근할 수 있는 신문매체의 활용가능성을 적극 모색할 필요가 있다.

신문은 현대생활에 있어서 필수불가결한 매체로서 각국에서 발행되는 신문의 수와 배포부수는 많은 차이가 있지만, 적은 광고비용으로 빠른 효과를 기대할 수 있는 광고매체이다. 전 세계적인 매체별 광고비를 비교한 결과에 의하면 인쇄매체가 가장 중요시 되는 것으로 나타나고 있다.

그러나 신문을 통한 광고는 광고수명이 짧으며, 현지국의 언어나 주요 외국어에 대한 문맹률이 높은 후진국시장에서는 바람직한 광고매체로 활용하기 어려운 단점이 있다.

(2) 방송매체

라디오와 TV 등의 방송매체가 신문, 잡지 등의 인쇄매체 다음으로 국제광고매체의 중요한 비중을 차지하고 있다. 국제광고의 역할면에서 방송매체가 인쇄매체보다 낮은 비중을 차지하고 있는 이유는 후진국의 경우 TV의 보급률이 낮으며, TV와 라디오가 국영으로 되어 있는 국가에서는 방송매체를 이용한 상업광고를 허용하지 않는 경우가 많기 때문이다.

라디오는 세계적으로 보편화된 광고수단의 하나이다. 특히 광고주나 광고대행기관들은 라디오를 이용할 때 자신들의 창의성을 가장 잘 발휘하는 것으로 평가되고 있다. 그러나 라디오 광고의 가장 큰 제약은 소구대상에 따른 시

장세분화와 청취자가 누구인가에 대한 적합한 정보가 부족하다는 점을 들 수 있다.

한편, 오늘날 대부분의 선진국과 상당수의 후진국에서 컬러 방영까지 가능한 TV는 국제광고에 있어서 가장 잠재력이 높은 광고매체이다. 특히 TV방송 및 제작기술의 향상, 보유대수의 증가, 그리고 국제상업의 필요성 등으로 국제상업TV는 날로 확대될 것으로 예상된다. 실제로 전 세계로 방송되는 동일한 프로그램이 증대되고 있고, 또한 인공위성의 발달로 지구촌 어느 곳에서나 올림픽, 월드컵, 아카데미상 시상식 등을 동시에 시청할 수 있게 된 것은 국제광고매체로서 TV의 잠재력을 보여주는 예가 된다.

(3) 기타의 광고매체

인쇄매체와 방송매체 이외에 대부분 나라에서는 옥외광고(outdoor adver- tising), 직접우송광고(direct mail advertising), 판촉물을 활용한 특수광고(specialty advertising), 영화광고, 구매시점광고(point-of-purchase advertising) 등과 같은 다양한 광고매체가 국제광고에 활용되고 있다.

최근에는 종래의 미디어를 사용하지 않는 새로운 「웹사이트 광고」가 잇달아 등장하고 있다. 세계적 PC통신망을 이용하거나 PC 소프트웨어(soft ware)로 자사의 상품과 정보를 게재하여 종래의 광고기법이나 광고대행사를 이용하지 않고 자력으로 전 세계에 정보를 발신할 수 있게 된 것이다.

이러한 기타의 광고매체들은 전통적인 인쇄매체나 방송매체의 활용이 불가능하거나 특정지역의 소비계층에 파고들 때 활용되는 것이 일반적이다.

실제로 오늘날 자유진영과 공산권지역을 포함한 세계 각지에서 기업이나 제품의 옥외광고를 쉽게 접할 수 있다. 국내의 L사는 북경 아시안게임 주경기장 전광판 광고를 위해 200만달러가 넘는 광고비를 투입하였다고 한다.

4) 국제광고예산의 결정

국제적 수준에서의 광고예산 책정 문제는 여러 시장국을 대상으로 하는 만큼 국내보다 한층 어렵고 복잡성을 띤다. 이론적으로는 각국별로 광고에 소요되는 한계 비용이 그에 따른 추가적인 광고효과 보다 적은 한 기업은 계속

광고비를 지출한다. 그러나 실제로는 추가적인 광고효과를 분석하기란 거의 불가능하기 때문에 기업들의 국제광고예산의 결정에는 다음의 방법들이 주로 활용되고 있다.

(1) 가용자금기준법(affordable method)

가용자금기준법은 현재의 자금동원능력에 비례하여 광고예산을 책정하는 것이다. 이는 단기적인 재무부담에는 무리가 없으나, 장기적인 마케팅전략 측면에서는 많은 문제점이 뒤따른다. 즉, 호황일 경우에는 지나치게 많은 광고비용을 지출하게 되는 반면, 불황일 경우에는 충분한 광고비용을 투입하기가 어려워 침체를 가속시킬 우려가 있다.

(2) 매출액비율법(percentage-of-sales method)

이는 기업의 규모나 광고에 따른 매출증대효과를 고려하여 광고예산을 책정하는 방법으로 대개는 광고예산총액을 과거 매출액 또는 미래 예상매출액의 일정비율로 책정한다.

매출액비율법은 기업규모에 맞는 광고비 책정이 가능하고, 광고비와 판매가격간의 관계를 쉽게 파악할 수 있으며, 또한 간편하기 때문에 실무적으로 가장 널리 활용되고 있다.

그러나 이 방법은 제품 또는 지역의 특성을 고려하지 않은 데 따르는 한계를 지니고 있다. 즉, 해외시장에 최초로 진출하거나 신제품을 도입하는 경우에는 상대적으로 많은 양의 광고가 필요하며, 각국별로 경쟁상황, 매체의 활용 가능성과 비용, 개입수준, 마케팅전략이 다르기 마련이다. 그럼에도 불구하고 모든 시장에 대하여 일률적으로 매출액에 대한 동일비율의 광고예산을 책정한다는 것은 불합리하다.

(3) 경쟁평가법(competitive parity method)

이는 경쟁회사의 광고비 지출수준에 따라 기업의 광고예산을 책정하는 방법으로서, 이 방법을 활용하면 해당산업에 있어서 평균적인 광고수준을 유지함으로써 안정성을 기할 수 있으며, 또한 치열한 광고전쟁을 예방하는 데도 도움이 된다.

그러나 여러 해외시장에서 경쟁기업의 광고지출에 관한 자료를 구하기가 힘들고, 설령 구한다고 하여도 당해기업의 능력과 필요한 광고수준을 무시한 광고비 책정은 비합리적이며 또한 바람직하지 않다.

(4) 목표과업법(objective-and-task method)

목표과업법은 각 제품이나 사업부문의 광고목표를 성정한 다음, 목표의 달성을 위하여 구체적으로 수행하여야 할 과업을 결정하고, 그에 소요되는 비용을 최종 광고예산으로 책정하는 것으로, 위의 방법들이 지니는 약점들로 인하여 기업들은 목표와 과업에 입각하여 광고비를 책정하려고 노력하고 있다.

이 방법은 광고예산을 기업의 현재 해외시장 개입수준 뿐만 아니라 앞으로 달성해야 할 마케팅목표와 연관 지어 결정하기 때문에 합리적이고 이상적인 광고예산책정방법이라고 할 수 있다.

그러나 많은 국제기업들에 의해서 시도되고 있는 방법이기는 하나, 구체적인 마케팅목표의 설정과 당해 목표의 달성을 위하여 소요되는 광고비용이 그만큼의 가치가 있는지를 객관적으로 평가할 만한 기준을 세우기가 어렵다.

3. 국제협력광고

국제광고와 관련하여 국제마케팅관리자가 직면하게 되는 특수한 의사결정 분야의 하나는 현지국 유통업체와의 협력광고이다.

기업체가 현지자회사 또는 현지마케팅법인을 이용하여 국제마케팅활동을 수행할 만큼 현지시장 개입수준이 높다면 당연히 자체적인 광고에 중점을 두게 될 것이다. 그러나 시장의 특성상 현지 유통업체에게 판매를 전담시키고 있다면 국제협력광고의 필요성이 증대된다.

현지국 유통업체와의 국제협력광고에는 다음과 같은 장점이 있다.

첫째, 광고비를 현지국 유통업체와 분담하므로 기업이 실제로 투입하는 광고비에 비하여 강한 광고효과를 기대할 수 있다.

둘째, 현지유통업체로 하여금 촉진활동을 더욱 적극적으로 수행하도록 동기부여를 할 수 있다.

셋째, 현지유통업체가 보유하고 있는 노하우나 명성을 활용함으로써 광고 효과를 증대시킬 수 있다.

한편, 국제협력광고에는 다음과 같은 제약점도 있기 때문에 기업들도 이를 꺼리게 된다.

첫째, 현지 유통업자에게 광고를 맡길 경우, 광고의 질을 통제하기가 어렵다. 저질의 광고는 광고비의 낭비는 물론 기업의 해외시장에서의 이미지마저 떨어뜨릴 우려가 있다.

둘째, 현지유통업체가 자신의 이해만을 추구하다 보면 기업이 배정한 만큼의 광고비를 실제는 현지광고에 투입하지 않는 경우에는 이를 파악하기가 어렵다.

이러한 문제점을 해결하기 위해서는 광고대행사를 통해 현지 유통업체를 통제하고, 구체적인 광고지침을 현지유통업체에 내리는 등의 조치가 필요하다.

4. 기타의 국제촉진수단

1) 국제 판매촉진

(1) 국제 판매촉진의 의의

국제 판매촉진은 해외고객들의 제품구매의사를 자극하기 위한 단기적인 유인을 의미하며, 광고·인적판매·홍보의 범주에 포함되지 않는 제반 촉진활동을 말한다. 이러한 국제 판매촉진은 해외시장국의 유통경로에 적극적으로 개입하고 있는 국제기업의 현지 마케팅 자회사에게는 특히 중요한 의미를 지닌다.

해외시장에서의 판촉활동에 있어서 주의해야 할 문제점으로는 다음과 같은 것들을 들 수 있다.

첫째, 판촉은 일반적으로 소득수준이 낮은 시장국 일수록 필요성과 효과가 증대된다.

둘째, 판촉활동을 규제하는 정부정책, 법률 등은 각국마다 많은 차이가 있다. 판촉수단에 따라서는 은연중에 속임수가 많으며, 고객을 현혹시키기가 용이하기 때문에 대부분의 국가들은 소비자를 보호하기 위해서 광고보다 판촉활동에 대해 더욱 강력한 규제를 실시하고 있다.

셋째, 판촉의 필요성과 강도는 현지 경쟁상황에 따라서도 달라지기 마련이다. 일반적으로 국제기업은 현지의 경쟁기업에 비해 판촉활동을 전개함에 있어서 상대적으로 유리한 입장에 있는데, 이는 시장의 세계화로 각국 소비자들의 수요구조가 유사해지면서 판촉 아이디어의 창출이나 판촉물의 구입에 규모의 경제가 작용하는 경우가 많기 때문이다.

(2) 국제 판매촉진의 일반적 유형

판매촉진은 누구를 대상으로 하는가에 따라 크게 대거래선 판매촉진(dealer promotion)과 대소비자 판매촉진(consumer promotion)으로 구분된다.

① 대거래선 판매촉진

해외거래선에 대한 판매촉진은 거래선에 대한 구매의사 확인과 자극을 통해 판매량을 강화함으로써 궁극적으로는 매출액을 증대시키는 데 목적이 있다. 특히 국제화의 초기단계에 있는 기업은 해외시장에서의 지명도가 낮아 현지고객으로부터의 완전수요(demand pull)를 기대하기가 어려운 관계로 유통경로를 통한 판매공격전략(sales push strategy)에 역점을 두어야 하기 때문에 대거래선 판촉이 절대적으로 요구된다.

대거래선 판촉의 구체적인 수단으로는 현금환불(rebate, kickback), 판매점 콘테스트(contest)를 통한 표창과 같은 단기적인 유인 외에도 상점의 매장이나 간판을 비롯한 판매지원, 신제품 설명회, 판촉자료제공, 정보지원 등의 거래선에 대한 장기적인 지원활동 등 다양한 형태가 있다.

국제기업이 효과적인 대거래선 판촉 내지 지원활동을 위해서는 사전에 거래선의 제반상황을 정확하게 파악하여 항목별로 최신의 자료를 보유함으로써, 이를 바탕으로 거래선 관리 자료를 작성하고, 거래선의 매출액, 신용상태 등에 관심을 기울여 다각적인 판매증진책을 강구해야 한다.

② 대소비자 판매촉진

대거래선 판촉전략이 탁월하더라도 제품이 최종 소비자에 의해 사용되지 않고서는 판촉을 전혀 하지 않는 것과 같다. 해외시장의 소비자에 대한 직접적인 촉진수단으로는 다음과 같은 것 들이 있다.

㉮ 판촉물

이는 제품 또는 서비스의 구입을 유인, 자극시키기 위하여 해당제품 또는 서비스와는 별개의 제품 또는 서비스를 구입액에 상응하여 제공하는 판촉수단이다.

㉯ 소비자 콘테스트

이는 불특정 다수의 응모자를 대상으로 추첨 혹은 심사 등의 방법에 의해 입상자를 결정해서 상품이나 상금을 제공하는 방법이다. 이 수단은 사전광고가 충분해야 하며, 과제가 되도록 쉬운 반면 보상이 매력적이어야 만족할 만한 판매성과를 기대할 수 있다.

㉰ 견본제공

상품 그 자체 또는 축소품을 증정하는 방법으로, 이는 견본에 대한 신뢰도를 바탕으로 소비자들에게 확정적인 구매의사를 심어주기 위한 판촉수단이다.

이 밖에도 국내외의 소비자들에 대한 판매촉진은 각종 행사의 개최, 회사·공장 견학을 포함한 소비자 교육 등 촉진담당자의 창의적인 노력에 따라 다양한 형태로 이루어질 수 있다.

(3) 특수한 형태의 국제판매촉진

일반적인 판촉유형들은 국내에서의 판촉활동에도 활용되고 있는 것들이지만, 국제박람회, 종합전시회, 국제견본전시회 등은 국제마케팅의 경우에서만 독특한 촉진수단이 된다.

국제박람회 등은 구체적 명칭에 따라 개최목적, 참가대상 및 규모, 관람대상, 행사기간 등이 조금씩 다르긴 하지만, 전 세계적으로 1년에 약 1,000회 이상의 행사가각처에서 개최되고 있다. 이러한 국제박람회 등은 다음과 같은 장점들이 있다.

첫째, 국제박람회 등에는 세계 각지에서 많은 판매자와 구매자가 모여들기 때문에 다른 방법으로는 몇 년이 걸려도 어려울 정도의 고객과의 접촉 및 상담이 단기간에 가능하다.

둘째, 본격적인 출하에 앞서 제품의 판매가능성과 잠재적인 유통업자들의 반응을 측정할 수 있기 때문에 시장실험이 기회로 삼을 수 있다.

셋째, 행사에 참여하는 기업들은 저마다 홍보효과 또는 고객들의 관심을 얻기 위해 최고의 제품과 새로운 기술을 선보이기 때문에 경쟁업체에 대한 시장조사의 기회를 포착할 수 있다.

이러한 전략적 가치를 감안할 때, 국제마케팅관리자는 촉진전략을 수립할 때 국제박람회 등의 참가 여부를 여타 촉진믹스와의 조화를 고려하여 신중하게 결정할 필요가 있다. 특히 무분별한 국제전시회의 참가는 쓸데없는 비용의 낭비만 초래하기 쉬우므로 참가대상 전시회는 비용과 효과를 엄밀히 분석하여 필요한 수준으로 제한하는 것이 바람직하다.

2) 국제인적판매

인적판매(personal selling)란 광고를 비롯한 여타의 대중적 또는 비인적 커뮤니케이션 수단과는 달리 기업의 판매원에 의하여 수행되는 인적 커뮤니케이션을 통한 촉진활동이다. 이러한 인적판매는 고객의 욕구나 구매동기에 맞추어 제품과 관련된 정보를 제공할 수 있을 뿐만 아니라 고객의 반응을 살펴가며 구매결심을 촉구할 수 있다는 장점이 있다.

그러나 인적판매는 고객당 소요되는 촉진비용이 많이 소요되므로 일반적으로 대량구매를 할 수 있는 고객 혹은 해외시장에서 생산이나 재판매를 위해 제품을 구입하는 산업구매자를 상대로 하는 것이 바람직하다. 특히 제품단가가 높거나 기술적으로 복잡한 산업용품은 구매자에게 정확하고 구체적인 정보를 제공해야 최종적인 구매의사를 끌어낼 수 있기 때문에 인적판매가 중요한 촉진수단으로 활용된다.

국제마케팅에 있어서 어려운 과제 중의 하나는 시장의 확대에 따른 국제마케팅 인력의 부족을 어떻게 해결할 것인가 하는 문제이다. 이러한 국제마케팅인력 중 기업들이 현지에서 가장 필요로 하는 것이 판매인력으로 여기에는

본사에서 파견된 판매인력, 현지채용 판매인력, 국적을 불문하고 여러 시장국에서 근무할 범세계적 판매인력 등의 유형이 있다.

(1) 파견 판매인력(expatriate sales personnel)

세계교역량이 늘어나고 현지 마케팅 업무를 담당할 현지 인력을 쉽게 확보할 수 있게 되면서 본사에서 파견되는 판매 인력의 수는 점차 줄어들고 있는 것이 오늘날의 추세이다. 그러나 첨단기술제품이나 판매를 위해서 상당한 정보를 필요로 하는 경우에는 역시 파견 판매 인력이 가장 적합하다.

파견 판매 인력은 기술적으로 훈련이 잘 되어 있고 기업 및 제품계열에 대한 뛰어난 지식을 가지고 있을 뿐만 아니라 신뢰도와 효율성이 높다. 또한 현지인이 아니기 때문에, 경제발전수준이 뒤떨어진 해외고객에게는 제품계열의 품위를 높게 받아들이도록 유도할 수도 있다는 장점이 있다.

반면, 파견 판매 인력의 단점으로는 상대적으로 비용이 많이 들며, 현지인 고용의무 등의 법적 제약이나 문화적 장벽을 감안해야 하고, 해외에서 장기가 거주하기를 좋아하는 본사인력을 구하기가 그다지 쉽지 않다는 점 등을 꼽을 수 있다.

(2) 현지채용 판매인력(foreign sales personnel)

최근 많은 기업들은 파견 판매인력보다는 현지채용 판매인력을 선호하는 경향이 두드러지고 있는데, 특히 일선 판매인력에는 현지인을 활용하는 경우가 많다. 이는 현지인은 문화적·법적 장벽을 느끼지 않을 뿐만 아니라, 파견 판매인력에 비교해 상대적 보수나 판매비용을 감안할 때 촉진효과면에서 결코 뒤떨어지지 않는 다는 것이 판명되고 있기 때문이다.

특히 대부분의 개도국에서는 현지인으로도 충분히 감당할 수 있는 인력을 본사 파견인으로 충당하는 것을 법으로 금지하고 있는 경우가 많다. 이러한 경우 현지인을 판매인력으로 채용하는 것은 기업의 선택이 아니라 의무가 된다.

한편, 현지채용 판매인력은 아무래도 일에 대한 숙련도에 있어서 본사 파견인력에 비하여 뒤떨어지는 것이 보통이며, 원활한 사내의 의사소통을 위해 필수적으로 소구되는 언어나 문화에 대한 이해가 부족하다는 단점이 있다.

특히 진출국가가 개도국시장일 때는 인건비는 저렴하지만 이에 반하여 판매기술이나 노하우가 부족한 것이 사실이다. 따라서 다국적기업은 현지에서 판매인력을 채용하고 교육훈련을 시킨 다음에 파견하여 근무토록 함으로써 기업이미지 제고와 제품의 판매를 증가시키고 있다. 이 방법은 실제로 LG전자가 중국시장에 채택하여 성과를 거둔 바 있다.

(3) 범세계적 판매인력(cosmopolitan sales personnel)

최근에는 국제마케팅인력의 국적에 있어서 주목할 만한 변화가 나타나고 있다. 즉 A국 사람이 B국 기업을 위해, A국이나 B국 이외의 다른 국가에서 다각적인 마케팅활동을 전개하고 있는 경우도 쉽게 찾아볼 수 있다. 이러한 현상은 특히 관리층에서 두드러지게 나타나고 있으며, 특히 일선 판매인력의 경우까지 확대되고 있다.

이와 같이 제3국인 또는 범세계적 판매인력의 활용도가 늘어나고 있는 이유는 기업의 국제화와 함께 개인적 능력이나 동기여부는 반드시 특정국에 국한되는 것이 아니라는 인식이 확대되고 있기 때문이다. 그러나 궁극적으로 어떤 유형의 판매원을 활용할 것인가를 결정하는 데는 언어 및 문화의 국제적 차이, 법적 제약 등과 함께 판매인력의 인건비 차이도 고려할 필요가 있다.

3) 국제홍보와 공중관계

국제촉진전략의 믹스전략 중에서 그 중요성에 비해 국제기업들의 관심과 이해가 가장 부족한 분야가 바로 국제홍보(international publicity)와 국제공중 관계(international public relations)이다.

(1) 국제홍보의 의의와 필요성

국제홍보란 광의로 해석하면 국내외의 일반대중과 기업내부의 종업원들에게 기업에 대한 좋은 이미지를 심어주기 위한 활동을 말한다. 따라서 과거에는 홍보를 유상의 대중 커뮤니케이션수단인 광고와 구분하는 경향이 있었으나, 최근에는 기업광고를 포함하여 언론, 전시 및 디자인, 내부의사소통, 기타의 청각, 시각적 활동이 모두 홍보의 수단으로 폭넓게 활용되고 있다.

국제홍보는 국제공중관계와 직결되어 특정 해외시장국의 일반대중으로부터 나쁜 기업이라는 인상을 심어주게 되면 제품판매에 커다란 타격을 받을 수 있을 뿐만 아니라, 시장에서 도태될 경우도 있을 수 있다. 따라서 국제기업이 장기적인 관점에서 해외시장 기회를 이익화하기 위해서는 해외에서의 홍보활동에도 적극적인 관심을 기울려야 한다.

특히, 해외에 진출해 있는 기업은 해외진출기업의 본국에 대한 이미지에까지도 영향을 미치는 경우가 많으므로 본국의 민간외교관으로서 역할까지 떠맡아야 함을 명심하여야 한다.

과거에는 마케팅활동이 목표시장 소비자의 필요성과 욕구충족을 극대화하는 방향을 위주로 구성되었으나, 최근에는 대부분의 해외시장국에서 산업사회가 성숙화 하면서 정부나 노동조합, 기타 이익단체들의 행동이 기업의 마케팅활동을 보다 구체적이고 직접적으로 제한하는 경우가 있다. 이와 같이 시장침투가 어려운 상황하에서는 기존의 네 가지 대표적인 마케팅 도구(즉, 제품, 가격, 유통, 촉진)와 더불어 정치적 교섭력 및 공중관계(public relations)를 집중적으로 고려하는 마케팅 전략이 요구된다.

정치적 교섭력이 푸쉬전략(push strategy) 이라면 공중관계는 풀전략(pull strategy)에 가깝다. 일반대중의 의견이 하나로 형성되기까지는 상당한 시간이 소요되지만, 일단 특정기업에 대한 우호적인 공공의 의견이 형성되면 당해 기업의 해당시장국에서의 활동은 순조로워질 수 있다.

따라서 국제공중관계는 국제기업들이 현지 공중으로 하여금 "선량한 기업시민이라는 이미지를 심어줌으로써, 해외시장에서의 기반을 확립하거나 기존의 지위를 확고히 다지기 위한 필수적 마케팅도구로 인식되고 있다.

(2) 국제공중관계의 개선을 위한 전략

국제공중관계의 개선을 위해 국제기업은 기본전략방향과 전략 실행방법상의 문제에 대해 명확한 의사결정을 내려야 한다.

우선 공중관계의 개선을 위한 전략의 기본방향 설정에 있어서 기업들은 나름대로의 필요에 따라 소극적인 전략을 택할 것인가 아니면 적극적인 전략을 구사할 것인가를 결정해야 한다. 대부분의 기업들이 공중관계의 개선에 적극

적으로 개입하는 것이 일반적인 추세임을 감안할 때, 전략의 기본방향은 투자규모의 차이는 있을지언정 보다 적극적인 형태를 가질 필요가 있다.

다음으로 전략의 실행방법은 크게 기업이 독자적으로 실행하는 방법, 현지국에 진출해 있는 다른 기업들과 협력하여 공동전략으로 수행하는 방법, 그리고 현지의 대학, 연구기관, 공공매체 등의 비영리조직 또는 단체들을 활용해서 실천하는 방법 등으로 구분한다. 이때 궁극적으로 어떠한 방법을 선택할 것인가는 무엇보다도 상대적 비용과 협력대상자들과의 상호 신뢰도 및 예상효과에 의해 좌우된다.

결론적으로 효과적인 공중관계의 개선을 위한 전략은 여러 가지 관점에서 평가될 수 있으나, 주로 공공압력으로부터 벗어나 보다 우호적인 환경으로 유도할 수 있는 능력, 공중관계의 개선을 위한 투자가 보다 효율적인 커뮤니케이션효과를 달성할 수 있도록 비용을 최소화할 수 있는 능력, 이익집단(interest group)과의 협상능력 등의 관점에서 평가되는 것이 보통이다.

5. 비대중매체 촉진방법

광고 등 대중매체를 이용하는 대신에 비대중매체(non-mass media)를 이용한 촉진방법에는 스포츠 및 각종 행사에 대한 후원(sponsorship)이 대표적이다.

1) 스폰서십(Sponsorship)의 개념

스폰서십의 주요 역할은 두 가지의 기능 즉 매체(medium)로서의 기능과 메시지(message)로서의 기능을 통하여 브랜드 이미지를 형성하는데 있다.

스폰서십의 매체로서 기능은 스포츠 및 각종 행사를 후원함으로써 보다 쉽게 청중(audience)들에게 접근할 수 있다는 것을 말한다. 스폰서십은 전통적인 커뮤니케이션 매체들에 의해 이용할 수 없는 특이한 속성, 즉 효율적인 의사전달, 표적화, 차별화라는 점을 가지고 있다. 전통적인 광고매체가 혼잡스러움으로 인해 메시지 전달이 어려울 수 있다는 점에 비해 스폰서십은 그들의 메시지를 분리 적용하는 것이 가능하다. 따라서 스폰서십은 표적집단에 대한 주목성을 높이고 커뮤니케이션과정에서의 비효율성을 최소화함으로써 메시지의 가시성을 증폭시키며 정확한 타깃(target)을 겨냥할 수 있다는 장점이 있다. 한편, 스폰서십의 메시지로서 기능은 다양한 종류의 스폰서 활동에 따라 개별 스폰서 활동이 담고 있는 메시지가 브랜드 이미지 가치로 이전되는 기능이라 할 수 있다. 〈표 18-1〉은 스폰서십 행사에 따른 이전되는 가치가 다르다는 것을 보여주고 있다.

〈표 18-1〉 스폰서십 행사에 따른 이미지 가치

행사 종류	이전되는 가치
스포츠	건강, 젊음, 에너지, 빠름, 활기, 남성상
고급 문화예술	정교함, 엘리트, 상위시장, 경건함, 차별화, 자부심
대중예술	젊음, 친근함, 혁신, 상업성, 현재성, 이해용이
사회활동	존경, 지적임, 개척, 봉사
환경프로그램	개척, 관심사, 봉사

자료 : Tony Meenaghan, David shipley, "Media Effect in Commercial Sponsorship," European Journal of Marketing, Vol.33, 1999, p.342.

한편, 스폰서십이 브랜드 이미지를 형성함에 있어서 모든 스폰서십의 활동이 청중들에게 호의적인 브랜드 이미지를 심어주는 것은 아니다. 대체로 스포츠나 대중예술에 스폰서를 할 때보다 사회운동이나 환경프로그램에 스폰서를 할 때 청중들은 좀 더 높은 수준의 호의적인 이미지를 만들어 낸다. 스포츠나 대중예술에 스폰서를 하는 것은 투자자들이 보다 광고적인 동기를 가지고 있다고 생각하기 때문이다.

스폰서십의 종류에 따라 소비자의 민감성 정도가 다르다. 여기서 민감성이라고 하는 것은 스폰서십의 활동을 통하여 광고활동을 하는데 있어서 소비자들이 허용하거나, 저항하려는 정도를 말한다. 즉, 스포츠나 대중예술 같은 활동은 소비자들이 인지하기에 스폰서십 활동을 통하여 좀 더 저항 없이 광고를 하기 쉽고, 사회활동이나 환경프로그램 같은 경우는 이보다는 스폰서십을 통하여 광고를 하는 것에 저항이 크다는 것이다.

2) 스포츠행사 지원

스포츠 스폰서십이란 기업의 스포츠활동을 후원하여 주고 기업의 제품과 이미지를 홍보하는 데 목적이 있는 촉진활동이다.

스포츠 스폰서십은 기업의 목적과 그 목표집단에 적합한 형태를 띄어야만 하며 광고, PR, 판매촉진 등 기업이 행하는 커뮤니케이션의 통합적인 한 부분이 되어야 한다. 기업들이 마케팅 도구를 활용하는 목적은 궁극적으로 판매신장 및 이를 통해 이윤을 증가시키는 데 있다. 점점 여가생활을 중시하는 현대사회에서 스포츠가 여가생활의 중심역할을 하는 현상은 스포츠 스폰서십을 이용하는 것이 더욱 효과적인 방향이 될 것이라는 것을 예견해 준다. 스포츠가 삶의 중요한 행위이며 커뮤니케이션 도구가 되고 있음은 이러한 주장을 충분히 뒷받침해 주고 있다.

이러한 스포츠 스폰서십은 기업의 참여형태에 따라 분류할 수 있다. 첫째, 기업주도형으로 스포츠 이벤트 경비의 전부 혹은 대부분을 부담하여 타이틀(a title) 스폰서십과 비타이틀(non-title) 스폰서십으로 구분된다. 둘째, 매체주도형으로 매체사가 주최하는 대회에 기업이 협찬하는 방식이다. 기타 방법으로는 공동협찬형식과 제품기증형식, 경기장내 광고물 설치협찬 등이 있다. 이러한 스포츠마케팅 활동을 지원하는 스폰서십의 종류에는 첫째, 공식후원사로 일정금액을 지불하고 휘장을 광고, 판촉에 이용할 수 있는 권리를 획득하여 경쟁기업 참여를 제한하는 독점 스폰서가 대부분이다. 둘째, 공식공급업체로 물자나 용역 등을 지원하고 휘장을 광고, 판촉에 이용할 수 있는 권리를 갖는 것이다. 셋째, 공식 상품화권자(official licensee)로서 일정액을 지불하고 휘장을 이용하여 상품을 제조 및 판매할 수 있는 권리를 갖는 것이다.

3) 문화행사지원

기업은 기업이미지를 제고하기 위하여 각종 행사를 지원하는데 실제로 한국기업의 매스미디어(mass media)에 비하여 적은 비용으로 많은 효과를 거두고 있는 것으로 보인다.

〈표 18-2〉에서와 같이 LG전자는 한때 한국에서 크게 유행했던 '장학퀴즈'

를 이용하여 베트남, 태국, 필리핀 등에서 현지방송사를 후원함으로써 브랜드 인지도를 빠른 시간에 높이는 데 성공하였다. 이외에도 현지국의 형편에 맞는 다양한 행사들, 예를 들면 어린이 미술대회, 자선음악회, 노래자랑, 길거리 농구대회 등의 문화행사를 지원하기도 한다.

〈표 18-2〉 LG전자 해외법인의 비대중매체 활용 수단

해외법인명	활용 수단
LGESY(중국심양)	LG촌 건설, 어린이 미술대회, 신혼판촉활동, 3.15판촉활동, 춘설 활동지원
LGEIL(인도)	크리켓게임 후원, 로드 쇼, 유통업자 및 부녀사원 초청
LGEMT(태국)	장학퀴즈, 킹스컵 축구 후원
LGEES(스페인)	열기구 후원, 아이스쇼 후원, 음악회 후원, F1 자동차 경주 후원, 유통업자 한국초청
러시아, 카자흐스탄	한국 드라마 상영, 노래자랑대회, 바둑대회, 문화 페스티발 개최
LGEFS(프랑스)	프랑스 축구대표팀 후원
LGEIS(이탈리아)	기타 여행제공

자료 : 이장로, 국제마케팅, 2005, p. 423.

사례 18-1 삼성전자 디지털 제품의 다양한 촉진전략

삼성전자는 6월28일 전 세계에 동시 개봉한 영화 '슈퍼맨 리턴스'에 LCD TV, 휴대폰, 모니터, 프린터 등 디지털 제품 274종을 공급하는 '간접광고'(PPL: Product Placement)를 진행하여, 금년도 최고 히트 예상 영화 '슈퍼맨 리턴스'(Superman Returns)를 통해 다양한 공동마케팅 활동을 펼치며 업계최고 수준의 브랜드 마케팅력을 선보인다.

영화 '슈퍼맨'에 공급된 274종의 디지털 제품 PPL은 '05년 '판타스틱4'에서 100여종 디지털 제품 PPL을 훨씬 뛰어 넘는 삼성전자 역대 PPL 사상 最多 기록이다. 특히, 헐리우드 초대형 블럭버스터 영화에 디지털미디어·휴대폰·IT기기 등 다양한 디지털 제품군의 종합적인 PPL을 진행할 수 있는 디지털컨버전스 기업의 면모를 보여 주었다는 점에서 의미가 있다. 영화속의 신문사 '데일리 플래닛(Daily Planet)'의 사무실내에 등장하는 여러 대의 LCD TV, 모니터, 노트북 PC, 프린터, 팩스가 모두 삼성 제품이다.

또한 슈퍼맨이 야구장에 등장하는 장면에서 대형 전광판에 삼성로고가 등장하기도 하고, 여주인공이 사용하는 휴대폰과 악당들에 납치되어 몰래 구조 요청 메모를 보내는 팩스도 삼성제품이다.

이와 더불어 삼성전자는 미국시장에서 영화 콘텐츠를 이용한 '보르도' LCD TV 프로모션과 주요 제품 정보를 이용하여 영화 관련 퍼즐 게임을 풀어가는 소비자 응모 행사, FunClub을 통해 휴대폰용 영화 콘텐츠 제공 등 다양한 온라인 프로모션 활동을 벌여 현지에서 많은 인기를 얻고 있다.

한편 삼성전자는 '03년 '매트릭스 리로디드', '05년 '판타스틱4' 등 미국인들이 좋아하는 헐리우드 블럭버스터 대작에 PPL과 함께 활발한 공동 마케팅을 펼치며 큰 효과를 거둔 바 있다.

〈자료 : www.samsung.co.kr〉

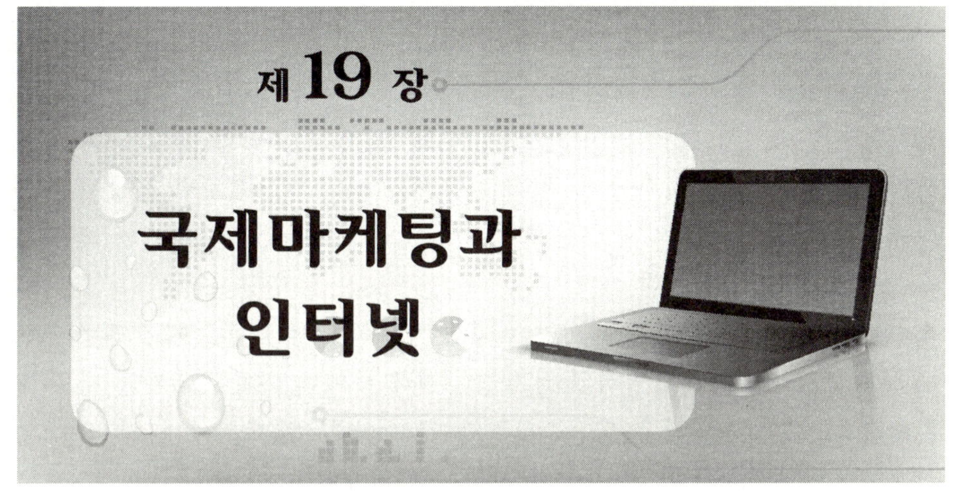

1. 정보기술과 인터넷

최근 빠르게 진행되고 있는 세계적인 환경변화는 국제마케팅에 있어서도 많은 충격을 주고 있다. 이러한 환경변화 중 국제마케팅에 영향을 주는 가장 큰 요인은 인터넷을 포함한 정보기술(IT)의 등장이며, 특히 정보통신기술은 완전히 새로운 비즈니스모델의 기초가 되고 있다.

기업간 표준화된 자료를 전송하는 전자문서교환(EDI ∵ Electronic Data Interchange)으로 출발한 인터넷은 제품과 서비스의 광고뿐만 아니라 정보, 거래, 대화 그리고 교환을 결합하여 완전히 새로운 비즈니스 모델을 창출하여 국제마케팅을 위한 새로운 기회를 제공하고 있다. 이러한 정보통신기술의

발달은 인터넷을 통하여 전 세계를 하나의 네트워크로 연결할 수 있게 된 것이다.

한편, e-마케팅은 거리를 초월하여 소비자에게 접근할 수 있는 능력을 가진 중요하고도 새로운 형태의 마케팅으로 정보기술과 인터넷을 마케팅에 통합하여 이루어지게 되었다. 이와 같은 정보기술의 진보와 보급에 의해 종래 국제마케팅에서 중요시되어 온 거리는 문제가 되지 않음으로써 사람들이 어디에 살면서 일할 것인가에 대한 의사결정, 국경의 개념, 국제무역의 패턴 등을 변화시키게 될 것이다.

인터넷의 등장은 거리와 관계없이 세계 어느 곳에서나 같은 시간과 비용으로 도달할 수 있게 하여 거리의 장벽을 제거해 주며 국내외의 경계는 더욱 희박해지고, 각국 소비자 라이프스타일의 유사성도 가속화시키게 될 것이다. 이제 인터넷과 정보기술의 급속한 보급은 무국경화(borderless)의 진전으로 국경, 조직, 업종 그리고 문화를 초월한 글로벌시장을 더 한층 심화시키게 될 것이다.

2. 인터넷과 세계시장

최근 조사 결과에 의하면 인터넷의 사용은 지난 10년 동안 약 2,000% 성장되었으며, 6개월에서 10개월마다 규모가 배로 성장하고 있다. 2005년까지 인터넷 사용자는 5억 3천만 명에서 8억 2천만 명 이상의 세계인구가 인터넷을 사용하고 있는 것으로 조사되었다. 이러한 성장은 세계시장에서 인터넷의 중요성이 증가하고 있음을 보여주고 있다.

1) 아시아시장

인터넷은 미국에서 시작되었지만 최근에는 아시아·태평양지역에서 급속하게 확산되고 있다. 이 지역에서 가장 빠르게 성장하고 있는 전자상거래부분은 기업간(Business to Business)분야인데 그 성장의 배경에는 두 가지 중요한 요인이 있다. 첫 번째는 정부의 적극적인 관심과 지원이고, 두 번째는 인터넷 기술을 통한 경쟁우위가 기업의 이익을 창출할 것이라는 인식이 아시아 기업들을 움직이도록 하였다. 예를 들면, 태국은 모든 수출입 서류를 온라인화 하도록 하는 법을 통과시켰으며, 홍콩은 사이버항구를 계획하고 있다. 고객과 공급자간의 디지털연결은 경쟁기업보다 유리한 위치에 있기를 바라는 아시아기업들에게 하나의 해결책이 되기도 한다.

그러나 아직도 많은 아시아국가의 기업인들은 인터넷을 통한 익명의 거래보다는 얼굴을 마주보고 하는 대변거래를 선호한다. 따라서 이들 지역에서 사업을 할 때에는 관계를 형성하고 유지하는 것은 아주 중요한 일이다. 또한 기업간 전자상거래에서 또 하나의 장애요인은 많은 아시아기업은 비밀을 깊게 간직하고 있기 때문에, 그들의 공급업자와 정보공유를 꺼린다는 점이다. 특히 홍콩과 싱가포르 같은 아시아 대도시 소비자들은 대부분의 상품을 주변 상점에서 쉽게 구매할 수 있기 때문에 온라인상에서 제품을 구매할 필요성을 느끼지 못하고 있다.

그 외 전자상거래의 구조적인 장벽으로는 오프라인 소비 선호, 다양한 언어사용으로 인한 언어장벽, 통화와 높은 운송비용, 배달지연 등의 문제를 들 수 있다. 또한 신용카드 문화의 초기단계로 아시아 대부분 나라의 소비자들은 신용카드 번호나 개인적인 정보를 인터넷쇼핑몰에서 드러내는 것을 꺼려하고 있다.

2) 유럽시장

유럽의 기업과 소비자는 인터넷을 열광적으로 받아들인다. 특히 남부유럽의 중소기업은 그들의 지역적 활동범위를 넓히는 하나의 수단으로 인터넷을 받아들이고 있다. 유럽에서 가장 인기 있는 e-비즈니스 품목으로는 컴퓨터 하드웨어(44%), 여행(23%), 도서(12%), 음반 소프트웨어(5%) 등이 있으며, 이를 위한 중요한 하나의 촉매제는 유로화의 출범이다. 유로화로 온라인 유럽소매상들은 해외로 판매하기가 훨씬 쉽게 되었다.

그러나 유럽에서의 전자상거래발달은 아직도 몇 가지 장애요인들이 있다. 그 중 주요 장애요인의 하나는 정부의 규제이다. 엄격한 공정거래관련 법규

및 규제 등으로 전자상거래의 활성화를 막고 있다. 예를 들면, 독일에서는 모든 소비자에게 동일한 가격을 제시하는 것을 요구하기 때문에, 개별 소비자에게 특별가격을 제시하는 것은 위법이다. 또한 비행기 티켓, 호텔숙박료 등을 소비자가 제시한 금액으로 항공사 호텔측이 역으로 입찰하는 역경매방식의 사이트를 운영하는 것도 불법이 된다. 또한 EU의 소비자를 보호하기 위한 사생활 보호규정은 세계에서 가장 엄격하며 유럽의 웹사이트들은 제3자와 소비자들의 정보를 공유하지 않는 것을 원칙으로 하고 있다.

3) 중남미시장

인터넷의 열풍은 다른 지역보다 인터넷 보급이 매우 낮은 중남미지역에서도 급속히 번지고 있다. 그 요인을 보면, 첫째로 문화적인 요인으로서 라틴 아메리카 사람들은 미국사람들만큼 직접 쇼핑을 즐기지 않고, 대부분은 집에서 온라인을 통해 쇼핑을 하는 경향이 있다. 또 다른 요인은 인터넷은 기업이 계약을 입찰하는 데 있어 공급체인회원을 연결함으로써 비용을 줄여, 생산성을 높일 수 있게 해 준다.

그러나 역시 몇 가지의 장애요인이 있다. 인터넷 접속에 비용이 많이 든다는 것이다. 인터넷 사용자들은 서비스 비용과 현지 전화비용으로 미국의 2배 정도인 한 달에 평균 53불 정도를 지불한다. 또 다른 장애요인은 복잡한 세관규제와 수입관세로서 이것은 상품의 도착을 지연시켜 비용을 증가시킨다. 그리고 아시아 유럽의 소비자들과 마찬가지로 중남미의 인터넷 소비자들도 신용카드 사용을 꺼려하고 있다.

3. 인터넷과 국제마케팅

인터넷의 등장은 모든 웹사이트를 가진 기업이 시간과 공간을 초월하여 전 세계시장에 진출할 수 있는 것과 같이 새로운 패러다임의 변화와 함께 누구나 인터넷 쇼핑은 성장할 것이라고 전망하고 있다. 이제 소비자는 책과 CD 뿐만 아니라 BMW, Ford, GM과 같은 자동차도 인터넷을 통해 이들 메이커의 가상

공간인 사이트에서 실제와 같은 이 제품을 보고 평가·구매할 수 있다.

많은 국제기업은 국제마케팅활동에서 인터넷의 엄청난 잠재력을 느끼고 있다. 국제기업들에게 있어 인터넷은 국제마케팅수단으로서 전통적인 커뮤니케이션 수단인 매체광고나 카탈로그 등과 같은 유통경로에 비해 전달경로로서 비용절감과 더불어 세계시장에 접근할 수 있는 가능성 주고 있다.

제2절 인터넷과 국제마케팅믹스전략

인터넷은 국제마케팅측면에서 기업에게 비용절감과 전 세계를 연결할 수 있는 중요한 가치가 있다. 기업은 웹(Web)을 통해 전 세계에 있는 판매원과 같은 내부 사용자나 고객과 같은 외부 사용자와 접촉할 수 있다. 인터넷은 표적시장에 관계없이 수익을 창출하고 비용을 줄이는 비즈니스 모델로서 효과적으로 사용될 수 있으며, 기업의 규모와 지리적 공간, 시간적 격차와 관계없이 글로벌시장에서 무한경쟁을 가져오게 되었다.

1. 인터넷 제품전략

제품전략의 관점에서 인터넷은 다양한 기회를 제공한다. 인터넷은 본질적인 특성으로 인해 전 세계적으로 판매할 수 있기 때문에 글로벌브랜드 구축을 촉진할 수 있다.

인터넷에 의한 국제마케팅 관리자가 직면하는 가장 중요한 것은 웹상의 글로벌브랜드를 관리하는 것이다. 많은 국제기업은 그들의 현지 자회사가 독자적인 웹사이트를 구축하는 것을 허락하고 있다. 이러한 현지화 전략의 주요 요인은 문화적인 차이에 있다. 이런 결과 종종 조정이 부족하여, 회사나 브랜드에 대한 상이한 이미지를 주게 되어 관련 브랜드나 기업의 사이트를 찾는 소비자에게 혼란을 줄 수도 있다.

그러므로 광고와 같은 전통적인 커뮤니케이션 매체와 마찬가지로, 통일적인 브랜드나 기업이미지가 바람직할 때는 국제기업의 통제하에 있는 웹사이

트의 내용과 분위기는 반드시 얼마간 조정되어야 한다. 예를 들면 Yahoo! 포탈의 경우 제일 상단에 Yahoo 로고가 나오고 표준서비스를 제공하지만 현지 국가별로 차이가 존재한다.

2. 인터넷 가격전략

전 세계에 걸쳐있는 예상고객들은 웹을 통하여 가격과 제품에 관련된 수많은 정보를 접할 수 있어 비용 투명성이 높아진다. 웹상에서 몇 번의 마우스 클릭으로 여러 시장에 판매되고 있는 특정제품에 대한 가격과 제품속성의 정보를 수집하여 비교할 수 있다. 독일의 DealPilot.com이나 영국의 Shop-Guide.co.uk와 같은 여러 웹사이트는 상이한 쇼핑 사이트의 가격비교를 제공하고 있어, e-구매자들은 오프라인에서보다 상대적으로 노력을 적게 해도 된다. 또한 고객들은 eBay.com이나 auction.co.kr과 같은 경매 사이트를 통하여 가격수준을 알 수 있다. 그러므로 전통적으로 구매자에 비해 판매자가 누렸던 정보우위는 인터넷 기술의 특성 때문에 사라지게 되었다.

이러한 비용투명성은 국제마케팅관리자에게 몇 가지의 문제점을 제기하게 되었다. 첫째, 제품의 높은 마진을 유지하게 위한 기업의 재량권이 크게 약화된다는 점이다. 예를 들면, 유럽에서 강력한 힘을 가진 소매업자들이 공급업자에게 전 지역에 단일가격을 책정하도록 하는 압력이 증대되고 있다. 둘째, 소비자의 브랜드충성심을 약하게 하여 보다 가격지향적으로 만들 수도 있다. 특정은 브랜드를 고집하기보다 오히려 구매의 첫째기준으로 가격이 될 수 있다. 셋째, 소비자는 가격의 공정성에 의문을 제기할 수 있을 것이다. 다양한 제약 때문에 어떤 나라의 소비자는 다른 나라에서 가격이 더 싼 동일한 제품을 인터넷을 통해 주문하지 못할 수도 있을 것이다. 유럽 온라인 소매업자의 경우 유럽 인터넷 사용자들이 미국 웹사이트에서 구매하는 제품이 배송료를 포함하더라도 유럽에서의 가격보다 낮다는 것을 사실을 알게 될 때, 구매자를 글어오는 데 실패하게 될 것이다.

인터넷으로 인한 비용투명성에 대처하기 위해서는 가격이 높은 시장의 가격을 낮추고, 가격이 낮은 시장의 가격을 높여 가격을 조정하거나, 제품을 다

양화하여 현지시장에 맞게 조절하여 제품 차별화를 통한 비교가 쉽지 않도록 하는 것이다.

3. 인터넷 유통경로전략

인터넷은 국제유통전략의 획기적인 변화를 초래하였다. 인터넷을 국제유통경로의 한 요소로 활용하려는 기업은 다음과 같은 문제를 고려할 필요가 있다. 즉, 인터넷 유통은 기존 경로를 보완할 것인가 혹은 대체할 것인가? 현재 유통업자의 역할이 추가적인 경로매체로 변할 것인가? 또한 유통업자 자신의 인터넷 경로구축을 허락할 것인가?

인터넷이 대체 또는 보완적 효과를 가지는가 하는 것은 산업의 특성과 국가에 따라 달라진다. 제조업체들은 여러 국가에서 다양한 유통채널을 가질 수 있으며, 제품의 수명주기단계가 시장마다 다르기 때문에 현재 사용하고 있는 인터넷의 효과도 제품에 따라 달라진다.

한편, 온라인 판매자의 공격에 직면하고 있는 글로벌소매업자는 현재의 비즈니스로 그대로 남을 것인지 혹은 혼합형 소매상으로 기존의 경로에 웹을 구축하여 새로운 비즈니스로 변신할 것인지를 결정할 필요가 있다.

기존 경로의 경우 많은 산업에서 구매자들은 인터넷을 통해 제조업자와 바로 거래하므로 회피하게 된다. 특히 제조업자와 사용자간의 경로 층이 두꺼운 일본에서는 인터넷이 많은 중간상을 제거할 것으로 보고 있다.

소매상의 전망으로는 라인으로만 판매하는 순수 웹 소매상은 전통적인 소매상에 비해 가격우위를 가진다. 그들은 역시 전통적인 소매상에 비해 자산과 창고 비용이 적으며, 종종 판매세금이 없다. 이러한 장점을 지니고 있는 순수 웹 소매상이 야기하는 도전을 극복하기 위해 일부의 대규모 소매업체인들은 웹 사이트를 구축한다. 즉 기존의 영업에 웹 사이트를 구축하여 온라인 판매를 추가하는 혼합형 소매상 형태이다. 예를 들면, 미국의 Wal-Mart, Barnes & Nobles(www.bn.com) 등이 그 예이다. 이들은 기존 소매상의 장점과 온라인의 장점을 결합할 수 있다. 이런 혼합형 소매상은 웹 사이트 시장과 기존의 매장을 넘나들 수 있으며, 고객 또한 온라인으로 제품을 구매하기 전에 실제 만져볼 수 있는 이점이 있다. 혼합형 소매상은 상당한 브랜드 자산을 향유할 수 있으나, 대부분의 웹에만 의존하는 소매상은 하나의 브랜드를 구축하기 위해서 상당한 투자가 필요하다. 이러한 이유로 웹에만 의존하는 소매상이 고객을 확보하는 데 드는 비용은 경쟁자인 혼합형 소매상보다 일반적으로 훨씬 높다.

인터넷과 유통전략을 조화롭게 하기 위해서는 제조업체들은 여러 대안들을 생각할 수 있다. 먼저, 단지 제품에 대한 정보만을 제공하는 수단으로서의 기능만을 수행하는 것과 중간상에게 인터넷을 통해 제품을 판매하도록 허가하고 제조업자는 인터넷을 통해 직접 판매하지 않는 것이다. 또한 중간상을 잠식시키고 채널갈등(Channel Conflicts)의 위험을 초래할 수 있지만, 제조업체도 인터넷을 통해 제품을 판매하고 중간상도 온라인을 통하여 제품을 판매하도록 허가하는 전략이다. 가장 위험에 대응할 수 있는 방법은 차별화된 다양한 제품라인을 다양한 채널을 통하여 판매하는 것이다.

4. 인터넷 촉진전략

인터넷을 통한 세계적인 광고비용은 증가하고 있지만, 전체 광고비용에서 인터넷이 차지하는 비용은 여전히 낮다.

이러한 인터넷은 국제광고인에게 몇 가지 유리한 점을 제공한다. 하나는 세계 전 지역의 고객을 웹 광고의 표적으로 할 수 있다. 또 하나의 유익한 점은 인터넷의 쌍방향 특성이다. 대부분의 다른 광고매체는 일방적인 것이지만, 인터넷은 쌍방향이므로 구매자와 판매자는 서로 커뮤니케이션을 할 수 있다.

매체로서 인터넷 광고가 매력적이지만, 글로벌촉진수단으로서의 잠재력에 대해서는 회의적인 면도 있다. 많은 나라에서는 인터넷의 접속이 아직도 제한적이므로, 인터넷광고의 범위는 표적 인구 중에서 아주 한정적인 세분시장에 국한될 수 있다. 또한 많은 나라에서 매력적인 인터넷광고를 제작할 수 있는 능력이 있는 대행사가 부족하다는 것도 문제점이다.

온라인 광고의 성공은 다음의 요인에 따라 결정된다고 할 수 있다. 첫째, 제품의 특성이다. 구매자가 가격비교에 관심이 많은 제품의 경우에는 온라인 광고가 보다 적절할 수 있다. 둘째, 목표대상의 설정이다. 일반적으로 대중시장(mass market)의 경우 인터넷은 적절한 광고매체라고 볼 수 없다. 셋째, 사이트의 선택이다. 인터넷 사용자들이 많이 드나드는 일반적인 포탈사이트보다는 인터넷 방문자가 적더라도 틈새 사이트에서의 광고가 보다 효과적일 수 있다. 넷째, 광고의 제작이다. 많은 사이트에 배너광고를 싣더라도 배너(banner)가 참신하지 못하면 사용자들의 주의를 끌지 못하게 된다.

제3절 국제 전자상거래의 과제

국제 전자상거래의 미래에 대해 대부분 낙관적으로 예측을 하고 있지만, 다음과 같은 몇 가지의 구조적인 장애요인이 전자상거래의 확산을 둔화시킬 수 있다.

1. 웹 사이트의 현지화

인터넷은 미국에서 시작되었으므로, 웹의 언어로 영어가 지배하고 있다는 것이 놀라운 일이 아니다. 그러나 인터넷 사용자가 증가함에 따라, 영어를 사용하지 않는 비영어권의 사용자는 영어로 된 메시지를 이해하는 데 어려움이 따른다. 미국의 저명한 시장조사기관인 포레스터 리서치(Forrester Research)의 한 연구에 의하면 웹사이트가 사용자들의 모국어로 표현될 때 구매확률이 3배 이상 증가한다는 결과를 제시하였다. 따라서 글로벌 전자상거래를 계획하는 기업은 표적고객과 의사소통을 하기 위해서 웹 사이트를 현지화할 필요가 있을 것이다.

이러한 웹 사이트 현지화서비스에 대한 수요로 인해 기업들은 다음과 같은 대안을 생각해 볼 수 있다. 첫째는 월드포인트(WorldPoint.com) 같은 전문 번역기업에 의뢰함으로써 새로운 웹사이트지향 번역사업이 번창할 것이다.

둘째는 웹 사이트의 내용을 번역하여 국제화하려는 기업은 번역하기 위해 현지인을 고용할 수도 있으며, 동시번역 소프트웨어를 사용할 수도 있을 것이다. 셋째로는 인터넷 사용자의 수를 조사한 다음, 잠재력이 큰 일부 몇 개국의 언어로 웹 사이트를 구축하는 방법도 있다. 예를 들면, Gillette는 인터넷 사용자의 수롤 조사한 다음, Mach3 면도날을 위해 일본어와 독일어로 된 웹 사이트를 구축하였다.

2. 문화적 규범과 전통 존중

문화적 규범과 전통은 역시 인터넷의 확산을 방해할 수 있다. 대부분의 아시아국가와 같이 유교에 뿌리를 둔 문화에서는 사업이 주로 개인적인 관계에 기초하여 이루어진다. 네트워킹과 개인적 친분이 사업거래에서 중요한 역할을 한다. Dell은 중국과 홍콩시장에서 주문형 PC제작이라는 비즈니스철학으로 확고한 시장점유율을 차지하고 있다.

또 다른 장애요인은 크레디트 카드(credit card)의 미비이다. 북미 이외의 나라에서는 크레디트 카드 보급률이 여전히 아주 낮다. 만약, 크레디트 카드 보급률이 높을지라도, 온라인 구매자들은 보안성 때문에 그들의 카드번호와 기타 개인적인 자료를 공개하지 않을 것이다. 대신에 인터넷 사용자는 판매자에게 전화나 팩스로 이러한 정보를 줄 것이다. 암호화나 스마트카드(smart card) 기술의 발전은 이러한 보안문제를 해결할 수 있을 것이다.

한편, 현지국의 문화적 규범을 존중하지 않으므로 기업은 고객들에게 반감을 살 수 도 있다. 예를 들면 아랍세계의 웹사이트에서는 여성을 권위적인 역할로 묘사하는 내용을 삼가야 한다. 웹사이트 색상 또한 국가 따라 다른 의미를 줄 수 있다. 일본에서는 부드러운 파스텔색은 효과적이지만, 미국에서는 대담하고 강한 색상이 고객의 주의를 끄는데 효과적이다.

3. 법적 제약 및 정부 규제

대부분의 정부는 전자상거래가 제공하는 기회에 대해 대단한 관심을 보이

고 있다. 그러나 까다로운 행정절차와 정부규제는 상당수의 나라에서 전자상거래의 성장을 가로막고 있다. 자료보호, 지적자산보호, 조세, 관세 등과 같은 문제에 대한 규제는 나라에 따라 다양하다. 전자상거래는 세계적이지만, 법률은 대부분 지역적이다. 그러므로 가장 기본적인 문제는 어느 나라 법률을 적용할 것인가라는 재판관할권에 관한 것이다. 또한 전자상거래에 대한 법률적 판례와 법률적 규정을 해석할 수 있는 전문가의 부족이다. PC제조업체인 게이트웨이(Gateway)가 유럽 온라인 시장을 통해 처음에는 하나의 통일된 홈페이지를 열기로 하였으나 결국 부가가치세, 통화문제, 문화의 차이로 인해 각각의 유럽시장별로 개별 웹사이트를 개설하였다. 각국의 정부는 이러한 전자상거래문제에 대하여 법률을 제정하여 대응하고 있다.

마지막으로 인터넷 사용자는 인터넷의 비싼 접속비용으로 또 하나의 어려움을 겪고 있다. 벨기에, 프랑스, 이탈리아 등 유럽의 인터넷 사용자들은 웹보이코트를 위한 하나의 조직을 만들어 비싼 인터넷 접속비용에 항의하기도 하였다. 이러한 것은 향후 풀어야할 과제들이다.

인터넷은 이상과 같이 국제마케팅관리자에게 많은 기회를 제공해 주지만, 아직 풀어야 할 과제들도 많다. 인터넷은 전 세계 기업에게 상당한 영향을 주었으며, 새로운 패러다임인 전자상거래를 창출하였다.

1. 박기안 외, 국제경영론, 무역경영사, 2001.
2. 반병길, 국제마케팅론, 박영사, 1997.
3. 심재현, 국제마케팅론, 학문사, 1994.
4. 이수형, 글로벌 마케팅, 도서출판 대명, 2004.
5. 이장로, 국제마케팅, 무역경영사, 2005.
6. 이장로 외, 무역개론, 무역경영사, 2002.
7. 이철 외, 국제마케팅, 학현사, 2006.
8. 전용욱 등, 국제경영, 문영사, 2003.
9. 정구현, 국제경영론, 법문사, 1989.
10. 최상래 외, 무역영어연습, 도서출판 두남, 2005.
11. 구종순, 무역실무, 박영사, 2006.
12. 임용택・유하상, 국제마케팅, 도서출판 두남, 2011.
13. 정대영, 국제마케팅, 도서출판 두남, 2010.
14. AT커니・매일경제, 창조혁명보고서, 매일경제신문사, 2005.
15. 田内幸一·堀出一郎, 國際マーケテイソグ, 中央經濟社, 1994.
16. 高井 透・山下達哉, グローバル經營要論, 同友館, 1993.
17. 竹内昭夫, 新國際經營學, 同文館, 1993.
18. 竹内志郎, 國際經營論, 中央經濟社, 1994.
19. 吉原英樹, 國際經營, 有斐閣, 1996.
20. 高井 眞 編著, グローバル・マーケテイソグへの進化と課題, 同文舘, 2000.
21. Albaum, G., Strandskov, J., Duerr E. and L., Dowed, International Marketingand export Management, 1989.

22. Alder, N.J., “Exporting Internationa Sucess : Female Managers Overseas, ” Columbia Journal of World Business, Fall 1984.

23. Bleeke J. and E. D. Ernst, "The Way to Win in Cross-Border Alliances," Harvard Business Review, November-December 1991.

24. Cateora, Philip R. and John L. Graham, International Marketing, MeGraw-Hill, 2002.

25. Czinkota, Michael R., Ilkka A. ronkainen, and Eugene O. Moynihan, Global Business, Dryden, 1998.

26. Czinkota, Michael R., and Ilkka A. ronkainen, International Marketing,Harcourt, Inc., 2002.

27. Czinkota, Michael R., Ilkka A. ronkainen and Michael H. Moffett, International Business, Thomson, 2003.

28. Hill, Charles W. L., International Business, McGraw-Hill, 2002.

29. Root, F. R., Entry Strategies for International Markets, Lexington, 1987.

30. Keegan, Warren J., Global Marketing Management, Prentice Hall, 2002.

31. Kotabe, Masaaki and Kristiaan Helsen, Global Marketing Management, John Wiley and Sons, Inc., 2004.

32. Mooij, M.K. and W.J.Keegan, “The Global Advertising Environment,” Advertising Worldwide, N.Y : Prentice-Hall, 1991.

33. Tony Meenaghan, David shipley, "Media Effect in Commercial Sponsorship," European Journal of Marketing, Vol.33, 1999.

찾아보기

❍ 저자 약력 ❍

최상래(崔相來)

· 경기대학교 대학원 무역학과 졸업/경영학박사
· 무역사/경영지도사
· BHOJSONS & CO., LTD. 서울지사장
· 상신교역 대표이사
· 국제무역연수원 강사
· 대한상사중재인
· 국제무역사 출제 및 선정위원
· 무역영어 검정시험 출제위원
· 한국무역학회 사무국장/이사/부회장
· 한국물류학회 회장
· 한국전자상거래학회 회장
· 경기대학교 사회교육원장/산학협력단장
· 경기대학교 기획실장
· 경기대학교 총장직무대행
· 경기대학교 무역학과 교수

[주요 저서 및 논문]

· 무역영어회화(한국양서원)
· 국제무역영어(학문사)
· 무역영어연습(도서출판 두남)
· 글로벌무역영어(도서출판 두남)
· 손끝에서 우러나는 국가경쟁력(공저/한국경제신문사)
· 한국중소기업의 대중국 직접투자에 관한 연구
· 다자간투자협정(MAI)이 국내산업에 미치는 영향
· 한국 해외직접투자의 특징과 성공전략
· 우리산업의 국제경쟁력실태와 강화방안 외 다수

김현지(金賢芝)

· 경기대학교 대학원 무역학과 졸업/경영학 박사
· 경기대학교/인천대학교/홍익대학교 강사
· 장안대학 겸임교수
· 경기대학교 대우교수
· 국가고시 시험문제 출제 및 선정위원
· 물류관리사 자격시험 출제 및 선정위원
· 한국물류학회 이사
· 한국안보통상학회 이사
· 한국서비스경영학회/한국전자상거래학회 이사
· 한국국제통상학회 편집위원회 간사
· 현재 경기대학교 무역학과 교수

[주요 저서 및 논문]

· 무역영어연습(공저/도서출판 두남)
· 무역실무 매뉴얼(공저/도서출판 청람)
· 대외무역법(도서출판 두남)
· 수출 통제 : 이론과 실제(공저/박영사)
· 외국인직접투자의 결정요인에 관한 비교 연구
· 네덜란드의 물류환경과 외국인직접투자에 관한 연구
· 물류유통부문의 RFID 활용방안에 관한 연구
· 경기남부지역의 산업클러스터 구축에 관한 연구
· 서비스무역 활성화를 위한 유통기업의 對중국 진출전략에 관한 연구 외 다수

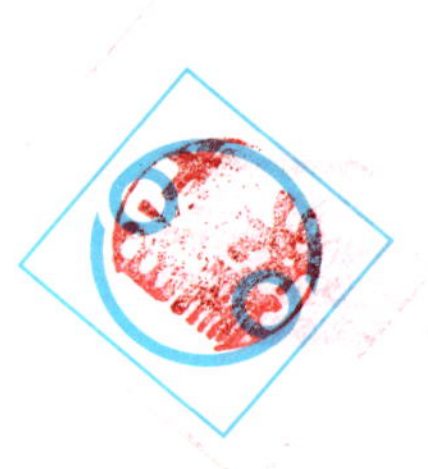

국제마케팅 — 개정판

초　판 1쇄 발행 —— 2006년　8월 25일
개정판 1쇄 발행 —— 2014년　3월　5일
지은이 —— 최 상 래 · 김 현 지
펴낸이 —— 전 두 표
펴낸곳 —— 도서출판 **두남**
서울시 강동구 성내로6길 34-16 두남빌딩
신고 : 제25100-1988-9호
TEL : 02) 478-2065, 2066, 2067, 2311
FAX : 02) 478-2068
E-mail : dunam1@unitel.co.kr
http://www.dunam.co.kr

정가 23,000원

ISBN 978-89-6414-503-6　93320